# 上海"三农"决策咨询研究

——2023年度上海市科技兴农软课题研究成果汇编

上海市农业农村委员会　主编

上海财经大学出版社

**图书在版编目(CIP)数据**

上海"三农"决策咨询研究. 2023年度上海市科技兴农软课题研究成果汇编 / 上海市农业农村委员会主编. -- 上海：上海财经大学出版社, 2024.7. -- ISBN 978-7-5642-4422-4

Ⅰ. F327.51

中国国家版本馆 CIP 数据核字第 2024LF4623 号

□ 责任编辑　施春杰
□ 封面设计　张克瑶

**上海"三农"决策咨询研究**
——2023年度上海市科技兴农软课题研究成果汇编
上海市农业农村委员会　主编

上海财经大学出版社出版发行
(上海市中山北一路369号　邮编200083)
网　　址:http://www.sufep.com
电子邮箱:webmaster @ sufep.com
全国新华书店经销
江苏凤凰数码印务有限公司印刷装订
2024年7月第1版　2024年7月第1次印刷

890mm×1240mm　1/16　17.25印张(插页:2)　408千字
定价:95.00元

# 目 录

1. 上海百村万户大调研报告 ········· 1
2. 关于促进乡村产业发展的调研报告 ········· 12
3. 关于改善农民生活方式的调研报告 ········· 19
4. 关于提升农村生态环境的调研报告 ········· 25
5. 关于提高乡村治理能力的调研报告 ········· 29
6. 关于推动乡村文化发展的调研报告 ········· 35
7. 关于促进农民持续增收的调研报告 ········· 41
8. 把握创新范式转移新机遇 抢占农业科技新赛道 推进上海都市现代农业高质量发展的调研报告 ········· 48
9. 关于推进"三农"人才队伍建设和委系统人才建设的调研报告 ········· 55
10. 上海加快推进城乡共同富裕研究（A） ········· 66
11. 上海加快推进城乡共同富裕研究（B） ········· 81
12. 关于加快"三个百里"建设 打造上海"后花园"的路径和对策措施研究 ········· 92
13. 关于分类施策促进农民增收的路径和对策措施研究（A） ········· 101
14. 关于分类施策促进农民增收的路径和对策措施研究（B） ········· 108
15. 关于国外超大城市农业农村发展对上海的启示研究（A） ········· 118
16. 关于国外超大城市农业农村发展对上海的启示研究（B） ········· 127
17. 上海农业投资促进工作的实践与探索研究 ········· 138
18. 上海现代农业产业园（横沙新洲）建设的实践与探索研究 ········· 155
19. 上海农业科技创新项目组织机制研究 ········· 166
20. 关于面向产业振兴的农业农村现代化人才队伍建设的调研 ········· 176

21. 上海推进乡村建设与五大新城开发中功能协同研究 …………………… 191

22. 发展壮大上海农村集体经济实践路径研究 …………………………… 214

23. 关于优化都市现代农业项目绩效管理的研究 ………………………… 228

24. 上海人兽共患病防控现状和对策研究 ………………………………… 240

25. 优化农业空间布局推动农业高质量发展研究 ………………………… 250

26. 巴黎、东京、伦敦、纽约乡村发展及对上海的启示研究 …………… 263

# 1. 上海百村万户大调研报告

根据习近平总书记在中央农办调研报告上的重要批示精神，按照陈吉宁书记2023年1月27日"要结合上海'三农'工作实际，把握好都市农业现代化发展的要求，充分尊重农民意愿，更有针对性制定和实施好乡村振兴各项措施和任务"的批示，以及2月3日市委常委会关于深入开展调查研究的部署，从2月上旬起，我委组织力量，围绕"乡村产业、生活方式、生态环境、乡村治理、乡村文化、农民收入"六个领域开展调研。我们设计调查问卷，用"解剖麻雀"的方式入户走访了9个涉农区的61个镇209个村，共发放问卷10 579份，回收有效问卷10 399份，并组织召开村民、镇村干部、专家等不同层面的座谈会159次，做到问计于民、问需于民，发现真问题，真解决问题。同时，以大兴调查研究为契机，我们建立健全乡村振兴联系点制度，委班子成员、机关各处室、系统各事业单位分别联系一个村（共46个村，以中、远郊为主，类型覆盖了示范村、规划保留村和非保留村），以蹲点的方式全面了解农业农村发展的真实情况和内在逻辑，为精准施策收集第一手资料。

在系统梳理问卷结果和座谈内容的基础上，我们从四个方面进行聚焦分析，形成课题调研报告：一是对中央农办专题调研报告中的农民种粮意愿、进城落户意愿等11项调研内容逐一对照分析，比较上海与全国情况的异同；二是找准上海农业农村发展的主要特征和问题短板，反映农村基层的需求期盼；三是提出上海全面推进乡村振兴，促进国际大都市城乡融合的对策措施；四是形成近期需要重点推进工作的任务清单，更有针对性地实施好乡村振兴各项措施和任务。

**一、上海与全国问卷调研结果比较分析**

对照中央农办11个领域在全国开展的问卷调查，我们一一对应开展了上海农民意愿调查（见附件）。从调研结果比较看，可分为以下三大类。

（一）土地利用、种粮意愿、公共服务、农村改厕、设施管护、乡村治理、移风易俗七个方面调查结果明显好于全国（平均水平，下同），需要继续保持领先地位

土地利用方面：上海农村的宅基地规范利用性、承包地流转率和契约规范化程度高于全国水平。上海农村"一户一宅"的家庭比例达93.3%；九成以上的承包地实现了流转，流转率在全国名列第一，流转合同签约率达100%，流转稳定性达85.4%。

种粮意愿方面：上海较高的承包地流转率对粮食安全起到了有效保障，农民继续种粮的意愿高于全国水平。近年来，上海着力推动"卖稻谷"向"卖大米"转变，积极发展粮食生产家庭农场，种粮收益持续提高，农民种粮的积极性明显提升。

公共服务方面：上海市域面积小，城乡基本公共服务和基础设施均等化水平相对较高，医疗和教育资源供给比较充足，因此无论是到市区就医还是到城区入学，都极为便利，农民对公共服务的总体满意度达87.6%。

农村改厕方面：上海农村改厕工作全面完成，卫生厕所普及率接近100%，农民对改厕效果的满意度达98.8%。

设施管护方面：上海村内公共基础设施管护效果明显好于全国，农民参与志愿服务的热情高涨。

近年来，上海坚持"人民城市人民建，人民城市为人民"的理念，发扬"全过程人民民主"，善治乡村、文明乡风已然形成。

乡村治理方面：上海村级党组织引领乡村治理坚强有力，党员先锋模范作用彰显，村干部形象积极正面，群众认可度和信任度高，村民对自治的认可程度和参与意愿比较强。

移风易俗方面：上海农村移风易俗成效明显，不良风气比全国低25个百分点。

（二）农民居住方面存在短板，农民诉求强烈亟待破解

上海农民房屋总体较为陈旧，农民对现有居住条件的满意度（79.5%）低于全国水平（91.7%）。大多数农民认为建房需要统一规划、统一风貌。

（三）文化生活、进城落户、农民养老三个方面呈现多元化需求态势，需要因势利导建设，以适应发展需求

由于各地的人文风俗、地理差异、经济社会发展水平不同，在部分领域农民的需求呈现多元化趋势，上海的情况也与全国不同。

文化生活方面：从偏好看，上海农民追求精神层面的享受，全国农民偏爱体锻健身；从选择度看，上海农民热衷于社交活动，全国农民经常收看影视广播；从传播形式看，上海农民倾向于现代网络新媒体，全国农民倾向于传统电视广播。

进城落户方面：上海农民想进城落户的比例高于全国水平，但在位置选择上，上海农民希望在就近的乡镇落户，全国农民希望在县城落户；进城落户后，上海农民选择保留承包地和宅基地的比例低于全国水平。

农民养老方面：上海和全国均有八成以上的农民选择在农村家里养老，但全国农民养老主要依托土地和房屋，上海农民养老主要依托养老金保障。

## 二、上海"三农"发展中的特征特色、问题短板和农民需求意愿

(一)关于促进乡村产业发展的调研

近年来,上海依托超大城市的市场和资源优势,大力发展乡村产业,取得较好成效,呈现两大新态势:第一,产业吸引力增强。超九成的经营者愿意继续从事乡村产业,其中,家庭农场(93.5%)、合作社(95.9%)、涉农企业(96.6%)等规模化经营主体继续从事乡村产业的意愿明显高于普通农户(88.7%)。17%的经营主体从事两种及以上产业类型。在松江,粮食、养殖、农机"三位一体"经营的家庭农场,年净收入约75.5万元,远高于单一经营的家庭农场。越来越多的高学历人才投身到乡村产业的发展热潮中,经营主体具有大专及以上学历的占38.7%,其中不乏知名学府的青年人才。第二,产业新业态凸显。除传统的种养殖业外,经营主体广泛涉猎农产品加工、农产品流通、休闲农业、其他服务业等新业态。63.4%的经营主体认为上海消费市场大是做强乡村产业的主要优势。56.1%的经营主体已熟练利用电商平台进行销售,利用自媒体销售的比例也超过了1/3。

调研显示,有四个方面的问题亟待解决:一是成本相对偏高。成本高是制约乡村产业发展的首要问题(63.6%),主要集中在农资价格和用工成本上。受访者表示,受国际市场影响,近年来国内农资价格,尤其是化肥价格飞涨,钾肥价格较2021年初涨幅超过100%。二是适用劳动力偏少。60.3%的经营主体认为劳动力不足是主要瓶颈,特别是老龄化问题日益加重,农业生产已经从过去常说的"三个农民200岁"变为"四个农民300岁"。此外,从业人员学历层次低(17.8%)、专业能力不足(13.1%)等情况也颇为棘手。三是用地"卡得紧"。23.4%的经营主体遇到"用地难"问题,大家反映,设施农用地、建设用地"卡得过紧",影响了农业产业的提档升级,制约了产业融合发展;"农机无处停放、农具无处摆放、农资无处堆放"的问题时有发生;乡村休闲旅游也存在"汽车无处停、餐宿无处觅"的难题。四是经营主体影响力相对弱。受访的经营主体中有35%是普通农户,即使在全市层面上,知名度高的农业龙头企业数量也不多。

受访者有两大期盼:一是盼望延长产业链。78.4%的受访者计划在今后五年里拓展业态类型,实现产业融合。其中乡村民宿等休闲旅游(68.4%)和农村电子商务(49.3%)是经营主体最希望进入的领域。对延长产业链,种养殖业的主体较为青睐预制菜加工(27.7%)和仓储物流服务(26.8%),认为有赚头。二是盼望获得政策支持。53.6%的经营主体希望政府加大对乡村产业支持力度。从支持领域看,75.7%的经营主体希望得到财政政策支持,67.0%的经营主体希望得到土地政策支持。

(二)关于改善农民生活方式的调研

上海郊区农村经济发达,农民生活方式方面发生了显著变化:首先,农业规模化经营的全面推进为进一步改善农民生活方式提供了前提条件。上海超九成农村承包地已流转,位于全国前列,基本实现承包地"向规模集中"。农民就业高度非农化,生产方式的变革直接带动了生活方式的变革。其次,农民期望"城乡两便"的新型城镇化生活为改善农民生活方式提供了重要遵循。上海城镇化率已超九成,农民生活方式并没有简

单地朝着城市化方向演变,六成上海农民首选城乡"两栖"的居住模式,农民更加青睐能够充分享有城乡两种好处的大都市郊区生活方式。近七成上海农民不想把户口迁移到城镇,变成纯粹的市民,这是在充分理解了城镇生活的好处之后主动地选择要留在乡村。第三,重塑乡村聚落体系,推进农民相对集中居住是改善农民生活方式的"牛鼻子"。调查显示,如果将货币化退出和进镇上楼两种退出宅基地的方式合并,退出、平移和不愿参与集中居住的比例各占1/3;56.1%的受访者表示"很愿意"或"比较愿意"参与现有的农民集中居住,其中,平移、上楼、货币化的比例是"五四一"。调查还显示,九个涉农区中,松江区(77.8%)农民愿意参与集中居住比例最高,崇明区(31.3%)则最低。农民参与集中居住的意愿差异大,动机更是多样。第四,优化农村公共服务体系,提高公共服务能力是改善农民生活方式的"催化剂"。调查显示,农民对公共服务总体上感到"很满意"与"满意"的占比为87.6%,"催化"了政府部门更好地谋划农村社会经济发展,改善农民的生活方式。

受访者反映,当前改善农民生活方式进程中还存在两大问题亟待破解:一是农民居住条件还不理想。调查显示,57.1%的上海农民房屋年龄已超过30年,近八成农民住房为2007年以前建设。调查显示,近五年有9.8%的农户参加了集中居住,即使再加大农民集中居住力度,短期内也难以明显缓解这一难题。二是乡村风貌还没根本改变。调查显示,除了宝山农民房屋比较新颖外,上海其他涉农区"布局分散、房屋破旧、风貌凌乱"的总体状态没有根本改变。

受访者有两个强烈意愿:一是农民翻建房屋意愿强烈。调研显示,在比较严格的政策限制下,仍有33.3%的农民希望翻建房屋。二是农民改善公共服务需求迫切。调研显示,农民最希望改善公共基础设施(37.3%)、增加文化体育娱乐空间(33.6%)和提供商业便民服务水平(31.1%)。

(三)关于提升农村生态环境的调研

近年来,上海市持续推进农村人居环境的整治与优化提升,农村改厕、垃圾分类、污水治理、水质提升等工作都走在全国前列,农民的获得感和满意度不断提高,99%的受访者表示对环境整体满意。因为完成改厕、黑臭河道基本消除,农村生态环境极大改善,已成为乡村亮丽的底色。

调研显示,当前农村生态环境还存在两大短板:一是人居环境改善提升尚未实现全覆盖。由于资金、用地等支持明显不足,非保留村内垃圾乱扔、垃圾设施缺乏、公厕脏臭、管网损坏等还比较严重,河道黑臭还没完全消除。非保留村的农民受访者对环境的满意度比保留村、示范村要低5~10个百分点。二是人居环境管护机制尚未建立。主要原因有"三少",即政府管得少、村集体支持得少、农民参与得少。政府部门对公共基础设施普遍"重建轻管",村集体经济还不够壮大,不足以支撑村内环境维护、设施管护的支出。

从受访者的需求意愿看,农民最大的期盼是提升河道水质。调查显示,农民和游客对清洁美丽、生态宜居、生活便利等方面有着全方位的期盼,农村生态宜居的概念已从环境美延伸到形象美、人文美。大家最向往的乡村整体风貌是"传统乡野",理想中生态宜居的乡村建筑是民宿楼房和传统老民居。农民还期盼乡村从外形美提升到内涵美，希望大力发展美丽经济，让绿水青山变成金山银山。

(四) 关于提高乡村治理能力的调研

近年来，上海坚持农民主体地位，农村党组织领导的自治、法治、德治相结合的治理体系日臻完善，农民对乡村治理的满意度达96.3%。党建引领是根本。农村基层党组织因地制宜整合各类平台资源，将党的领导核心地位和功能作用融入"三治"全过程，八成农民了解并参加过村里的各类议事决策活动，97.4%的农民认为村里能直接调处好邻里的矛盾冲突。网格化管理是抓手。农村基层治理将党建网格与管理网格、服务网格进行整合，推进"多网合一、多格合一"，提高资源整合效率，87.2%的农民认为网格长经常联系或提供服务，发挥了桥梁纽带作用。精细化服务是特色。农民普遍对本村提供的各类服务表示满意，96%的人认为在宜居、便利方面做得较好。特别是各涉农区主动顺应数字化变革的新趋势，用数字为乡村治理赋能，89.8%的人认为村内数字化平台使用方便。

调研显示，上海乡村治理还存在两方面的不足：一是乡村治理主体相对单一。当下农村地区空心化、老龄化现象严重，村民参与议事协商活动积极性还不高，50%的受访者认为需要充分发动外来人员、经营主体等不同力量参与村级事务。二是综合管理能力还不高。村干部反映，智能化管理存在"硬件少，软件杂"的情况，"软件装上了，硬件死机了"的情况时有发生。26.4%的农民认为网格化治理理念不够深入，21.3%的农民认为网格员队伍文化水平不高、年龄偏大，发挥的作用不够充分。

从农民诉求看，近郊地区农民更关心外来人口管理。56.4%的近郊农民认为需要进一步加强对本村外来流动人口和出租房的规范管理。远郊地区农民更关心保障公共活动空间。36.8%的远郊农民盼望增加文化活动中心、老年活动室等公共场所的功能建设；72.6%的农民盼望加强法治内容宣传；59.9%的农民盼望配备乡村法律顾问，提供法律咨询援助。

(五) 关于推动乡村文化发展的调研

近年来，上海积极推动乡村文化振兴，激活传统文化中的有益因子，注重由"物的乡村"迈向"人的乡村"，在物质维度上，着力打造高标准的公共文化空间，极大提升了农民对文化场所的满意度(90%)；在制度维度上，着力搭建多层级的文化展演平台，基本形成了覆盖市、区、镇的常规性文化品牌项目，"村晚"已成为松江、金山、青浦等多个涉农区的保留节目；在精神维度上，着力推动移风易俗和文明乡风建设，有效促进农民在思想价值观念上的转型，性别、婚恋、孝亲、丧葬等生活观念较为开明。总体上看，上海的乡村文化具有高度的丰富性和多样性，呈现出农耕文化、水乡文化、海派文化相互融合的都市型乡村文化特质。

调研显示，上海乡村文化发展过程中还存在三个方面的问题：一是乡村文化活动的覆盖面不足。由于村里的文化活动大多在工作日开展，导致"参与者以老年人为主，年轻人较少；以本地人为主，外地人较少"的现象较为普遍。二是村民自发组织程度不高。农民参加"政府或村镇组织"(62.6%)和"单位组织"(42.8%)的文化活动比例较高，而由"有共同爱好和兴趣的人组织"(21.4%)、"邻居组织"(14.3%)以及"俱乐部或社区组织"(4.7%)的比例相对较低。三是乡村文化遗产传承人后继乏力。如沪剧、田歌、滚灯等非遗项目，现有的传承人往往年逾花甲甚至古稀，且以此谋生的收入不高，以致鲜有年轻人参与其中。

上海农民对高质量文化需求大。呼吁最强烈的是希望提升文化产品配送频次和匹配精度。不少农民反映，前几年受疫情影响，文化活动下乡的次数有所减少；相比高端的讲座和展览，老年农民更喜欢热闹的文艺演出，这类产品的配送量较低。其次是为农村提供更多优质的文化场所。对农村文化发展的改进领域，农民主要选择"增加文化场所的数量"(54.3%)、"丰富文化场所的类型"(48.0%)、"提升文化场所的质量"(45.4%)。第三是盼望政府在人才和资金上给予更多支持。

(六)关于促进农民持续增收的调研

本次调研样本主要选择在远郊地区，更加关注相对贫困群体，2022年农民家庭人均收入为3.5万元，低于全市农村常住居民人均可支配收入(39 729元)10%左右。总体上看，农民对家庭收入的满意度水平为60.4(满分100，下同)，工资性和转移性收入占比超过九成，是家庭收入的主要来源。其中，工资性收入占比约54%，转移性收入（主要是养老金）占比约40%，财产性收入主要依靠土地流转费，人均约0.19万元。农民普遍反映，家庭收入仅够维持日常生活消费，"一周能吃一顿肉，改善一次伙食"，七成以上的农民认为医疗支出高是收入不够用的主因。此外，人情往来也是家庭重要支出，每年在6 000元左右。

从不同类型的人群看，老年农民群体的月养老金水平为1 967.4元，对收入的满意度水平为59.9。其中，71.7%的老年农民享受城乡居民基本养老保险(俗称"农保")，月均1 458.8元；17.4%享受原"小城镇社会保险"(俗称"镇保")，月均2 511.9元；10.9%享受城镇职工养老保险(俗称"职保")，月均4 606.6元，三者差距明显。该群体最大的期盼是提高养老金额度，大多希望在现有的基础上增加1 000元。

非农就业群体平均月工资为5 448.8元，对收入的满意度水平为63.3。16～59岁的就业年龄段中，50.9%的人在民营企业上班，73.9%的人没有技能证书。该群体最大的期盼是通过培训提高就业技能(55.9%)，其次是希望可以就近开发更多的公益性岗位(37.8%)。此外，16%的人由单位为其缴纳"农保"，因此希望政府适当对用人单位为其缴纳"职保"予以补贴。

农业从业群体对收入的满意度水平为67.6，其中，经营主体的年均经营净收入约10万元，普通劳动者的年均报酬约2万元。从年龄结构看，老年农民的占比接近一半，经营主体招不到年轻人从事农业生产的情况较为普遍。该群体最大的期盼是希望政府加对大农业项目的扶持力度，比如提供相关补贴，并且帮助搭建统一的销售平台。

## 三、相关对策措施

(一)促进乡村产业发展

优化农业补贴政策，增强补贴精准性；加强人才队伍建设，健全人才保障体系；盘活现有土地资源,探索灵活用地方式;推动农业招商引资,建立产业投资基金;加大政府支持力度,推动创新融合发展。

(二)改善农民生活方式

完善大都市郊区空间形态整体规划,优化农民相对集中居住政策组合,疏通农民建房政策堵点,完善农村公共服务设施,大力发展"互联网+健康"服务。

(三)提升农村生态环境

消除生态环境改善的盲区,构建生态环境长效管护机制,改善村沟宅河水质,注重乡村风貌塑造。

(四)提高乡村治理能力

丰富乡村治理主体,提高综合管理能力,加强对外来人口管理,保障公共活动空间。

(五)推动乡村文化发展

拉大文化活动覆盖面,提高村民自发组织程度,解决乡村文化遗产后继乏人的问题,精准配送文化产品,为农村提供优质文化场所,满足乡村文化人才和资金保障需求。

(六)促进农民持续增收

多措并举促进各类农民群体持续增收,实施新一轮农村综合帮扶。

附件:上海与全国问卷调查结果比较分析

**牵头领导:** 冯志勇
**牵头处室:** 秘书处
**课题组成员:** 方志权　陈　云　张　晨　楼建丽
　　　　　　　　蔡　蔚　王　珏　张孝宇

附件：

# 上海与全国问卷调查结果比较分析

## 一、农民未来愿不愿意种粮

上海农民中的种粮比例虽然低于全国，但普遍看好种粮前景，种粮意愿明显高于全国水平。调查显示，上海有57.5%的农民种植粮食，比全国低18.3个百分点，但上海种粮农民继续种粮的意愿达77.7%，高出全国5.8个百分点，特别是种植面积在20亩以上的大户及家庭农场，未来继续种粮的意愿达88.9%。对此，上海的镇村干部也持乐观态度，有72.3%的受访者认为近年来农民种粮积极性有所提升，高出全国29.5个百分点。特别是上海积极推动"卖稻谷"向"卖大米"转变，大幅提高种粮效益，是种粮农民积极性高的原因。调查显示，上海约50%的种粮农民以出售为目的，而全国只有1/3的种粮农民以出售为目的。松江区通过大力发展粮食生产家庭农场，户均净收入达18万元，使农民成为一份"体面的职业"。

调查也显示，上海与全国的情况一致，制约农民种粮积极性的主要因素是"种粮收益低"（70%）、"粮食最低收购价格偏低"（54.8%）。

## 二、进城落户，农民啥意愿

上海作为国际化大都市，有41.6%的农民想进城落户，意愿高于全国水平（29.9%）。在进城落户的位置选择上，上海由于城乡空间的融合度高，农民最想在就近的乡镇落户（45.6%），而全国农民最想落户的地点则是在县城（45.0%）。在进城落户后是否保留承包地和宅基地上，67.8%的上海农民选择保留，全国则有83.3%农民选择保留。上海城乡经济发达，农民对土地的依赖度相对较低，这是进城落户意愿高于全国的一项重要支撑因素。

调查也显示，对不愿进城落户的情况，上海农民选择的根本原因是"农村人居环境改善"（67.0%），而全国则只有44.6%。另外，全国有17.1%的农民考虑到"城镇生活成本高"而不想进城落户，上海则没有农民把它作为不愿进城落户的理由。

## 三、公共服务，农民怎么选

调查显示，上海农民对公共服务的总体满意度达到87.6%。医疗方面，九成上海农民选择在本区内看小病，就医选择与全国情况一致；但在看大病时，65.6%的上海农民选择在市区大医院就医，全国则只有48.5%到农民选择到市里大医院就医。教育方面，上海农民子女的学前教育集中在镇区，仅有5.1%的农民选择在本村托幼，而全国在村里托幼的比例达到29.2%。义务教育阶段，上海农民子女大多在区级及以上学校读书，其中小学74.5%、初中71.5%，分别比全国高了15.2%和9.5%。

总体上看，上海市域面积小，城乡基本公共服务和基础设施均等化水平相对较高，医疗和教育资源供给比较充足，因此无论是到市区就医还是到城区入学，都极为便利。调查显示，85.5%的农民对乡村道路设施满意，86.2%的农民认为村内停车容易，87.9%的农民认为取快递方便，半数以上农民靠骑行就能满足日常出行需求，这些都是上海农民就医、就学满意度高的重要支撑。

### 四、农民愿意怎样养老

调查显示,上海和全国均有八成以上的农民选择在农村家里养老。对为何选择在农村养老,上海农民最看重的因素是"农村自然环境好"(64.9%),全国农民最看重的因素是"农村消费低"(60.9%)。在养老条件上,全国有七成农民将"有地种有房住"作为其养老的最大依托;相比之下,上海已构建了覆盖城乡的养老保障体系,61.8%的农民将政府提供养老金作为其养老的最大依托。

### 五、农民愿意怎么住

调查显示,79.5%的上海农民对现有居住条件感到满意或基本满意,低于全国水平(91.7%)。上海近六成的农房建于1993年前,总体较为陈旧,46.9%的上海农民认为本村还有危房存在。对于当前的住房条件,75.5%的上海农民期望改善,远高于全国40.4%的比例。对于建房规划,77.8%的上海农民认为未来建房需要统一规划,高于全国67.1%的比例。对于风貌统一,上海农民对现有农房(75.3%)和新建农房(82.1%)风貌应当统一的意愿也明显高于全国的比例(56.6%和61.3%)。对于闲置房屋利用,上海农民有63.8%希望自行出租或经营,30%希望交由村集体打理;全国农民则恰恰相反,32.9%希望自行出租或经营,43.4%希望交由村集体打理。上海有56.1%的农民希望搭乘相对集中居住的政策东风。

### 六、农村改厕,农民怎么想

调查显示,上海农村改厕工作全面完成,卫生厕所普及率接近100%,而全国仅有六成农户完成了改厕。上海农民对改厕效果的满意度为98.8%,比全国(93.1%)高出5.7个百分点。上海农民对改厕工作不满意的原因依次为缺乏维修服务(25.9%)、化粪池容积偏小(13.8%)、排水不畅(13.3%)和设计不合理(9.3%)等,而全国不满意的原因主要是冲水不方便(54.1%)、粪污清掏不方便(42.1%)和缺少维修服务(40.7%)。调查还显示,上海与全国一样,缺少维修服务,长效管护机制还不够完善,管护服务能力仍需提升,这是农村改厕需要继续加强的地方。

### 七、村内公共基础设施管护,农民怎么想

调研显示,上海村内公共基础设施管护效果明显好于全国,58.9%的农民认为"很好",而全国仅为22.1%。未参与过管护活动的农民比例,上海(61.8%)与全国(67.5%)接近,但未参与的原因不同。上海未参与管护的农民,主要是"不了解相关政策"(46.3%)和"认识有偏差"(27.2%),认为管护都是政府的事,个人没必要参与;全国未参与管护的农民,主要是"村里没人组织"(37.3%)和"家里经济条件或人力条件不允许"(23.3%)。调研还显示,在参与村内公共基础设施管护方式上,上海农民参与志愿服务的热情较高(33.8%)。对于如何发动农民参与管护,上海和全国的农民都希望政府加大宣传力度、加强信息发布。

### 八、文化生活,农民怎么过

文化活动偏好上,上海农民追求精神层面的享受,全国农民偏爱体锻健身。调查显示,上海

农民最喜欢的活动分别是"电影、电视剧等观赏"(56.3%)、"公益志愿者服务"(35.1%);全国农民最喜欢的活动分别是"广场舞等歌舞活动"(43.7%)、"乒乓球等体育活动"(32.5%)。相较而言,上海农民比较看重精神愉悦和陶冶情操,全国农民更喜欢通过体锻活动达到强身健体的目的。

文化活动选择上,上海农民热衷于社交活动,全国农民经常收看影视广播。调查显示,闲暇时,上海农民最常参加"朋友聚餐、聊天等社交活动"(67.9%),全国农民主要用于"看电视电影听广播"(62.1%)。值得一提的是,"刷手机"均是全国农民(47.1%)和上海农民(54.2%)消磨时间的第二乐趣。

文化场所使用上,上海农民使用的积极性远高于全国水平。上海农民和全国农民最常去的村内文化场所均依次是"文化活动广场""老年活动室"以及"图书馆/农家书屋",上海农民对这三类场所的使用频率分别是60.2%、43.4%和37.7%,均比全国使用频率(37.8%、21.2%和11%)高出一半左右。

文化传播形式上,上海农民倾向于现代的网络新媒体,全国农民倾向于传统的电视广播。调查显示,全国农民最接受的文化传播形式是"电视广播"(65.5%),上海农民则对"手机微信/微博等网络新媒体"(80.1%)的接受度最高,这也与上海农民闲暇时"刷手机"的比例高于全国农民相互印证。

### 九、乡村治理,农民怎么看

上海村级党组织引领乡村治理坚强有力,党员先锋模范作用彰显。调查显示,上海村级党组织在改善村庄人居环境(82.9%)、开展基础设施建设(81.9%)、加强农村精神文明建设(69.7%)等乡村治理工作中发挥引领作用,农民的满意程度明显高于全国的44.4%、48.9%和39.4%。同时,95.7%的农民认可党员发挥了先锋模范带头作用,远超全国53.1%的比例。

村干部形象积极正面,年龄结构合理,群众认可度和信任度高。调查显示,99%的上海农民认为村干部年龄结构合理;97%认可村干部在遵守党纪党规、公正清廉方面的表现;89.3%遇到矛盾纠纷时优先选择找村干部反映情况,三个方面均高出全国20个百分点以上。

村民对自治的认可程度和参与意愿比较强。调查显示,63%上海农民认为村规民约的约束力最大,高出全国水平一倍;相比之下,全国的农民更认同法律约束(全国47.6%,上海31.7%)。对乡村治理中最重要的工作,37.1%的上海农民认为是"参与村庄公共事务决策",远高于全国的11.6%。

### 十、移风易俗,农民怎么看

上海农村移风易俗成效明显,不良风气处于较低水平。调查显示,全国有77.2%的农民认为本村有不良风气,上海则只有52.2%农民认为本村有不良风气。从农村各类不良风气看,重男轻女、赌博成风、封建迷信、不孝顺老人等情况,上海普遍比全国低1/3至1/2。其中,对婚嫁情况,全国农民认为"彩礼高"的有43.6%,上海仅25.1%的农民认为"彩礼高"。对"制止农村不良风气的措施"和"制止农村不良风气有效主体"的选择,上海与全国的情况相一致,农民认为要更多依靠地市级政府制定行政规章来加以遏制。

### 十一、农村土地利用啥情况

上海农村的承包地流转率和契约规范化程度高。调查显示,上海农村户均自有耕地面积

3.14亩,低于东部地区平均水平(5.03亩);九成以上农村承包地均已流转,流转率在全国名列第一。上海土地资源稀缺性高,调查农民的耕地撂荒比例较低(上海占0.8%,全国占8.1%)。上海农地流转合同签约率100%,流转期限平均为3年,流转稳定性达85.4%,高于全国水平(60.2%)。上海农村宅基地利用规范性也高于全国。调查显示,上海"一户一宅"的家庭比例为93.3%,高于全国水平(82.3%)。同时,相较于全国376.2平方米的户均宅基地面积,上海67.2%的农民家庭宅基地面积是小的,都在200平方米以下。

# 2. 关于促进乡村产业发展的调研报告

2023年2月起，上海市农业农村委开展了促进上海乡村产业发展的调研，共收到有效问卷1 184份，现将调研情况分析如下。

**一、上海乡村产业发展基本特征**

(一)种植业是上海乡村产业的主导产业

问卷显示，近八成上海乡村产业经营者从事种植业相关产业，其中单一从事种植业比例为65.3%(见图1)。其他经营者占比为：养殖业6.2%，农产品加工10.4%，农产品流通9.6%和休闲农业19.2%。[①]

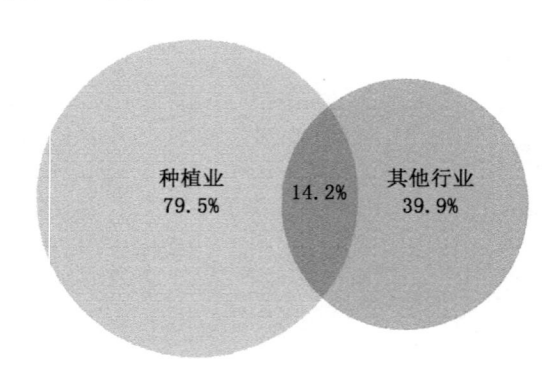

图1 上海乡村产业细分类别

(二)乡村产业经营者的从业意愿强烈

问卷显示，超九成的上海乡村产业经营者愿意继续从事乡村产业，仅6.9%的经营者不愿意继续从事乡村产业。经对数据进一步分析，从事农产品加工的经营者从业意愿最高，其次是种植业和休闲农业(见图2)。

---

① 上海乡村产业经营者从事行业为多选题目，各个行业比例总和不等于100%。

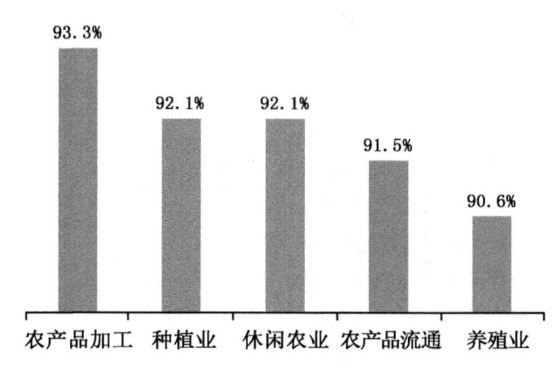

图 2 不同行业经营者从业意愿

农产品加工 93.3%
种植业 92.1%
休闲农业 92.1%
农产品流通 91.5%
养殖业 90.6%

**(三)高学历人才也愿"返乡入乡"**

从学历水平来看,有不少高学历人才有较强的"返乡入乡"从业意愿,大专及以上学历占比达到38.7%。走访调研发现,也有毕业于上海交通大学等高校的人才选择到合作社、家庭农场等农业经营主体就业。

**(四)发展上海乡村产业优势明显**

基于"五大中心"卓有成效的建设成果,上海在消费市场、科创能力、财政扶持和营商环境等方面,能够让本地乡村产业经营者享受到实实在在的发展红利,并形成了较强的竞争优势(见表1)。走访调研显示,得益于庞大的消费市场和较强的购买能力,许多地产特色农产品产销两旺。

表 1　　　　　　　　　　上海乡村产业的主要优势(多选题)

| 选 项 | 占 比 | 选 项 | 占 比 |
| --- | --- | --- | --- |
| 消费市场大 | 63.4% | 具有区位优势 | 19.2% |
| 技术先进 | 29.4% | 重视品牌建设 | 15.0% |
| 财政支持力度大 | 28.7% | 市场投资主体多 | 9.1% |
| 营商环境好 | 27.2% | 人才选择面广 | 8.4% |
| 基础设施条件好 | 20.2% | 其他 | 0.5% |

## 二、上海乡村产业发展存在的主要问题

**(一)乡村产业成本高问题亟须重视**

问卷调研显示,成本过高是制约上海乡村产业的首要问题(见图3)。

以农资成本为例,在实地走访中,调研对象普遍反映,近年来,国内农资价格上涨幅度很大,尤其是化肥价格飞涨。经课题组核实,2023年4月初,国内尿素(46%含量)、磷酸一铵(55%粉状)、磷酸二铵、钾肥价格分别为2 925元/吨、3 600元/吨、3 970元/吨、4 940元/吨,较2021年初涨幅高达57.3%、77.3%、60.1%和148.2%。[①]

---

① 数据来源于Wind数据库,https://www.wind.com.cn/。

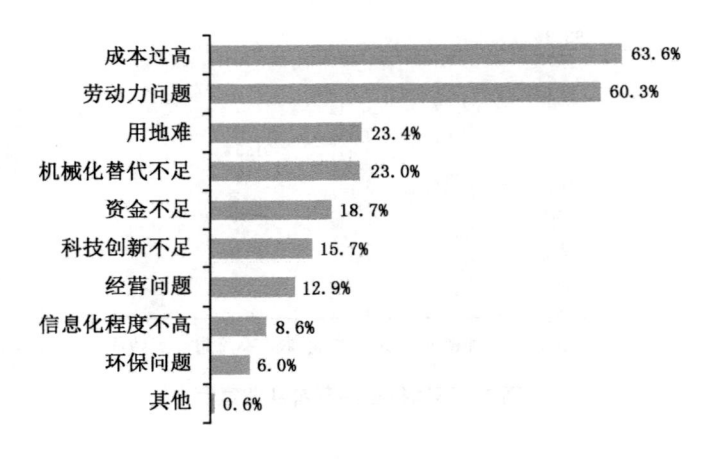

成本过高　　　　　　　　　　　　　63.6%
劳动力问题　　　　　　　　　　　60.3%
用地难　　　　　23.4%
机械化替代不足　23.0%
资金不足　　18.7%
科技创新不足　15.7%
经营问题　12.9%
信息化程度不高　8.6%
环保问题　6.0%
其他　0.6%

**图3　制约上海乡村产业发展的主要问题**

**(二)乡村产业用工难问题有待改善**

问卷显示,60.3%的受访经营者认为劳动力问题是制约上海乡村产业发展的重要因素。经营者认为老龄化、劳动力短缺和用工成本高是造成用工难问题的主因(详见表2)。首先,上海是全国老龄化程度最高的城市,2022年末9个涉农区60岁及以上老年人口为319.77万人,占9个区总人口933.68万人的1/3[①],在农业领域更是"三个人加起来超过两百岁";其次,农业岗位与上海其他产业岗位相比,收益相对较低,缺乏人力资源竞争优势;再次,虽然有部分人才"返乡入乡"回流乡村,但高学历人才对应的用工成本也更高,因此"招不到高才生、留不住年轻人"的现象依然比较普遍。

**表2　　　　　　　　　　　　劳动力问题主要因素(多选题)**

| 选　项 | 占　比 |
| --- | --- |
| 老龄化 | 50.6% |
| 短缺 | 29.7% |
| 用工成本高 | 21.3% |
| 学历层次低 | 17.8% |
| 专业能力不足 | 13.1% |
| 流动性高 | 7.6% |
| 阶段性用工难 | 4.2% |

**(三)乡村产业用地难问题亟待破解**

问卷显示,23.4%的经营者表示遇到"用地难"问题,不少经营主体反映"农机无处停放、农具无处摆放、农资无处堆放",乡村休闲旅游也存在"汽车无处停、餐宿无处觅"的难题。受访者普遍反映,上海有关部门对设施农用地、建设用地"卡得过紧",限制了产业链延伸,影响了农业产业的提档升级。例如:青浦区的草莓种植户在将传统的地面种植提升为先进的立体化栽培方式时,在草莓大棚旁边搭建了一套水肥一体化灌溉系

---

① 数据来源于《2022年上海市老年人口和老龄事业监测统计信息》。

统,却被认为是违规;松江区种粮农户希望通过从"卖稻谷"向"卖大米"转型来提高种粮收益,但稻米仓储和加工设施却无地建设;浦东新区一到水蜜桃成熟期,由于缺乏物流集散用地,农户只能在公路边搭棚售卖。地方政府大多不愿意将有限的建设用地指标用于产值和利润较低的农业产业,从而严重制约了上海乡村产业深度融合发展。

(四)乡村产业规模化程度有待提升

本次问卷调研受访的乡村产业经营者共分四类主体:农户(35.0%)、家庭农场(19.4%)、合作社(28.4%)和企业(17.2%)。以浦东为例,全区耕种面积小于10亩的经营主体有18 000多家,占比超过80%,组织化程度不高,散户种植现象仍普遍存在,生产经营水平参差不齐,难以采用现代化的生产方式实现跨越式发展。

(五)乡村产业升级难问题有待破题

问卷显示,上海休闲农业中从事休闲农园的比例达69.8%,从事农事体验、亲子研学、科普教育、康养的比例较小。而从年接待人次来看,受访的乡村休闲农业经营主体年接待人次规模较小,42%的经营主体年接待人次仅在0~1万区间。以上海乡村民宿产业为例,走访调研中发现,上海乡村民宿的发展存在两大难题。一是由于建筑结构"空斗墙"的问题,取得合法"身份证"渠道不畅。江南民居的结构多为穿斗式木构架,外围砌较薄的空斗墙,屋顶结构也比北方住宅"单薄"。这样的建筑结构不符合民宿建筑要求,并且改建成本高昂。因此,上海众多乡村民宿无法获得认证,不仅造成监管难题,也阻碍了该产业的发展。二是上海民宿产业集聚度不高,与外地比竞争力较弱。虽然上海也有"连民村""廊下"等乡村民宿集聚发展示范性地区,但更多区的民宿产业呈现"小而散"的发展状态。上海的乡村民宿缺乏集聚效应和资源禀赋优势,竞争力较弱,产业发展提档升级后劲不足。

## 三、上海乡村产业主体需求意愿

(一)乡村产业经营者希望产业融合发展诉求强烈

问卷显示,未来5年内,78.4%的乡村产业经营者有计划进入新业态。他们最想进入的首先是休闲农业,其次是农村电子商务、预制菜加工、仓储物流服务等(见表3)。这一结果显示,向产业链更高价值的后端延伸,一二三产业融合发展是上海乡村产业经营者的共同目标。

**表3　　上海乡村产业经营者未来5年计划进入的新业态(多选题)**

| 选　项 | 占　比 | 选　项 | 占　比 |
| --- | --- | --- | --- |
| 休闲农业 | 68.4% | 仓储物流服务 | 26.8% |
| 农村电子商务 | 49.3% | 中央厨房 | 14.2% |
| 预制菜加工 | 27.7% | 其他 | 1.9% |

同时,乡村产业经营者希望能够在融合发展时得到更多的政策支持,比如能够得到财政政策支持(75.7%)、用地政策支持(67.0%)和金融保险政策支持(36.9%)等(见图4)。

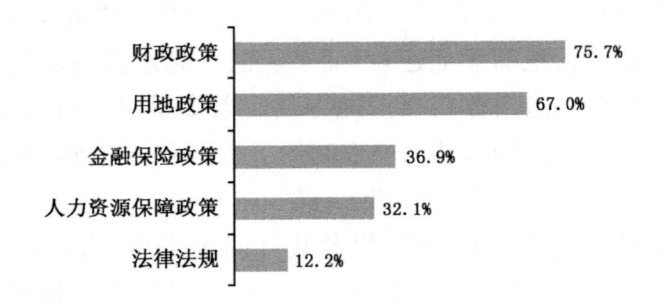

财政政策 75.7%
用地政策 67.0%
金融保险政策 36.9%
人力资源保障政策 32.1%
法律法规 12.2%

**图 4　希望在进入的新业态时得到哪些方面的政策支持**

(二) 乡村产业经营者希望政府加大扶持诉求强烈

政府支持对乡村产业经营者来说是最有力的强心针。调研发现，对于上海乡村产业发展中存在的问题，53.6%的经营者寄希望于政府加大支持力度。走访调研得知，经营者一是最渴望能提高有机肥、农用机械如无人机等农资、农机补贴力度；二是希望农业补贴等扶持政策的覆盖面能够更广，比如目前农业扶持政策在对象上主要面向合作社、家庭农场，在类型上主要面向种植业、养殖业，缺少对农业企业特别是新型、高精尖农业企业的补贴，缺少对乡村产业新业态如乡村民宿的补贴。

(三) 乡村产业经营者希望获得外部支持诉求强烈

随着科技的进步以及乡村振兴战略的推进，受访者普遍认为上海乡村产业必将迸发出新的生命力与活力。56.1%的经营者已经利用鱼米之乡、拼多多、淘宝等电商平台进行销售，利用抖音等自媒体渠道的比例也超过了1/3(见表4)，新型渠道的使用有效提升了产业价值。但同时，由于能力、资源、资金等制约，很多问题仅靠自身难以解决，25.1%的受访者希望引入专业的机构给予引导帮助，比如品牌的打造。也希望得到诸如"电商平台流量"之类的非传统农业方面的扶持。

**表 4　　　　　　　　　　农产品流通经营者销售渠道(多选题)**

| 选　项 | 占　比 | 选　项 | 占　比 |
| --- | --- | --- | --- |
| 传统渠道自产自销 | 75.6% | 商超 | 45.1% |
| 电商平台(如淘宝等) | 56.1% | 自媒体渠道(如抖音等) | 34.1% |
| 批发市场 | 42.7% | 其他 | 11.0% |

## 四、推动上海乡村产业发展的对策建议

结合问卷调查和走访调研中发现的问题及上海乡村产业经营者的需求，课题组认为可着重在补贴、土地、人才、管理机制等方面发力，进一步提升上海乡村产业经营者的从业积极性，加快推进上海乡村产业向高端农业、精品农业和品牌农业方向转型升级。

(一) 优化农业补贴政策，增强补贴的精准性

建议通过以下举措进一步优化农业补贴政策：一是补贴适度向产业链后端延伸。如探索农产品加工销售环节的补贴，对组织化、规模化程度较高的粮食产业化联合体、

生产合作联社等的仓储加工、物流运输、稻米品牌化销售环节予以奖补。二是补贴适度向第三方服务倾斜。如对工厂化育秧、机插、植保、烘干等社会化服务环节可给予一定的补贴倾斜,有助于加快建立社会化服务供给体系,培育新型经营主体的辐射带动能力,既可以用机械化代替人工,又可以提高农业生产效率。三是适度扩大补贴覆盖面。上海乡村产业与全国相比,具有都市化、规模小的特点,在种源培育、先进技术应用等方面具有一定优势,可根据上海实际情况,适度扩大补贴范围,覆盖生态型高标准农田建设、新品种研发、无人农场建设、工厂化栽培等提高劳动生产率的方面。

(二)推动农业招商引资,建立产业投资基金

建议通过以下举措满足乡村产业投资需求:一是坚持城乡融合、突出重点、联农带农、市区联动等原则开展农业招商引资。二是锚定农业全产业链、乡村数字产业、科创技术服务、新产业新业态、乡村更新提升等重点领域,招引一批符合本市高端农业、精品农业、品牌农业发展目标定位的经营主体。三是聚焦现代农业生产集聚区、农业科技创新引领区、乡村特色产业样板区等重点布局招商落地项目,加强融合发展示范创建。四是通过完善土地、财税、金融、人才、公共服务等支持农业农村优先发展的制度供给,吸引各类投资主体向本市乡村集聚,带动农业产业化经营水平提升和乡村产业提质增效。五是通过设立乡村振兴投资基金进行市场化运作,完善乡村振兴多元投入格局。聚焦绿色田园,夯实优势产业,推进产业融合,撬动金融力量和社会资本参与投向乡村产业,促进资金、人才、技术等要素流入。

(三)盘活现有土地资源,探索灵活用地方式

建议通过以下举措解决用地难问题:一是摸清三种用地总量,即农业生产用地、设施农用地和建设用地总量。先解决"存量设施农用地被浪费、占用现象也一样严重"的问题,大力盘活农村存量建设用地,在依法依规的前提下,持续创新和规范农村用地方式。二是用足用好现有土地政策。落实刚性用地支持保障措施,例如点状供地、乡村振兴5%的建设用地指标等政策,让"每块地都物尽其用"。三是给予符合产业规划的项目用地扶持。加大农业招商引资投资促进力度,坚持"项目跟着规划走,土地要素跟着项目走"的原则,对于符合地区乡村产业规划的项目,在存量建设用地基础上,给予用地政策扶持。

(四)加强人才队伍建设,健全人才保障体系

建议通过以下举措解决农业人才问题:一是打通农业人才"5+1"落户绿色通道。对有意在五大新城及崇明生态岛从事农业相关工作的大学毕业生,给予优先落户的待遇。二是针对青年农村基层干部开展系统化培训。让新入职的青年农村基层干部参加系统化培训,熟悉我国及我市的农业相关政策,掌握农业基本知识和技能,了解农业领域的新科技与新技术,提升基层干部的业务能力。三是完善农业从业人员社会保障待遇。给予农业经营主体与其他行业企业同等的"五险一金"社会保险待遇,解决年轻人投身农业的后顾之忧。

(五)完善统筹协同机制,推动创新融合发展

建议通过以下举措解决相关问题:一是落实上海市乡村产业发展规划。在推动乡

村产业融合发展的过程中,进一步梳理明确各个环节的职能归属,明确相关的管理部门。围绕特色农业、农产品加工业、休闲农业、乡村旅游、农村电子商务等产业,真正把乡村产业规划有关工作落到实处。二是创新融合发展体制机制。重点支持参与乡村产业融合发展的专业合作社、家庭农场、农业龙头企业、农业产业化联合体等新型农业经营主体,创新利益联结形式,让农民成为农村产业融合发展的利益共享主体。

**牵 头 领 导:**叶军平
**牵 头 处 室:**产业发展处
**课题组成员:**石达祺　陈广玉　时　代　韦国余
　　　　　　　王广鹏　楼勋炜　李　悦　梁　婷
　　　　　　　王　珏　薛菁华　黄　婧　宋　珉
　　　　　　　王方媛

# 3. 关于改善农民生活方式的调研报告

2023年2月起,上海市农业农村委开展了改善农民生活方式的调研,共回收有效问卷1 251份,现将调研情况分析如下。

## 一、关于上海农民生活方式改善的总体判断

**(一)农业规模化经营的全面推进为进一步改善农民生活方式提供了前提条件**

调查显示,93.8%的受访农户已经流转了家庭承包地。根据市农业农村委的统计,截至2022年底,全市郊区农村承包地流转率达到90.46%,位居全国前列。说明上海已经基本实现承包地"向规模集中"。在问到第二轮延包到期后是否继续愿意流转承包地时,有92.8%的受访者愿意继续流转。与此同时,上海农民的就业已经高度非农化,农村居民从事农业生产经营的意愿低。受访农民中,有66.4%回答对承包土地从事经营"没有意愿",17.3%的农民回答"有意愿但是没有条件",仅有16.3%的农民对承包土地从事经营"有意愿"。其中回答"有意愿"的农民占比最高的区是松江(30%),这与松江的家庭农场制度比较发达有关。家庭农场制度已经是一种不同于小农经营的规模化经营制度。这说明农业经营规模化的态势强劲,不可逆转。

生产方式的变革直接带动了郊区农民生活方式的变革。与小农经济相适应的聚落形态、人口结构、家庭模式、生活水平、生活观念和群众需求都已经和将要发生转变,这对政府回应需求、顺势而为既提出了要求,也提供了条件。

**(二)农民期望城乡两便的新型城镇化生活为改善农民生活方式指明了基本方向**

调查显示,上海的人口城镇化率接近90%后,郊区农民的生活方式却没有简单地朝着城市的方向演变,郊区农民更加青睐的是一种充分享有城乡两种好处的新型城镇化生活或者大都市郊区生活方式。在问及是否愿意进城落户时,仅有32.4%的农民回答"想",说明大多数农民不想把户口迁移到城镇,变成纯粹的市民。农民不想进城落户的最重要原因是"农村环境越来越好,发展机会越来越多"(67.0%);同时,仅有14.4%的农民感觉农村户口比城镇户口值钱,全国这一比例为38.5%。实际上,六成以上的

受访农户在城镇有房子,这部分农民随时可以把户口迁到城镇去,却更青睐城乡"两栖"居住模式。农民户口性质和居住地点虽然福利待遇有一定差距,但农民不想进城落户,是在充分理解了城镇生活的利弊之后主动地选择要留在乡村。值得一提的是,子女进城落户,老人保留农业户口并享有城镇职工保险,这种充分享有城乡两种好处的城乡融合家庭,在1 251个受访农户中有285个,占比22.8%。

(三)重塑乡村聚落体系,推进农民相对集中居住是改善农民生活方式的"牛鼻子"

改善居住环境和居住条件是改善生活方式的基础。上海正在推进的农民相对集中居住,是改善农民生活方式的"牛鼻子"工程。调查显示,如果将货币化退出和进镇上楼两种退出宅基地的方式合并,退出、平移和不愿参与集中居住的农民各占1/3。56.1%的受访对象表示"很愿意"或"比较愿意"参与现有的农民集中居住,但区域间存在差异,农民意愿最高的两个区是松江区(77.8%)和奉贤区(66.7%),最低的两个区是宝山区(43.2%)和崇明区(31.3%)。这种差异主要源于三个方面:第一是政策影响。本次调研的54个村中,有24个村因为镇保、搬迁、撤并等原因形成了比较严格的政策手势,这些村的农民参与集中居住的意愿就明显增加。第二是社区影响。聚落密度已经比较大的社区农民居住已相对集中,参与新一轮集中居住的意愿较低;而远郊的村,农民集中居住意愿比较高。第三是个体特征影响。家里有承包地、多代同住、有老人、房屋比较新,安家模式倾向于留在农村;城镇倾向的家庭,看重城镇房屋资产价值和就业机会,这种家庭比较支持集中居住。

(四)优化农村公共服务体系,提高公共服务能力是改善农民生活方式的"催化剂"

改进农村的公共服务体系,提高公共服务能力,是改善农民生活方式的"催化剂"。虽然上海农民对农村公共服务总体满意度达87.6%的较高水平,对养老服务(76.3%)、村里道路(83.7%)、村内停车(86.2%)和快递便利度(87.9%)的满意度水平也都很高,但依然存在不平衡和不充分的问题。"不平衡"主要是指在各个区域之间不平衡。如闵行区浦江镇农民对公共服务的满意度(61.0%)明显低于平均水平;崇明区由于岛屿性质,区内农民对快递的满意度低(64.8%)。即使在同一个村范围内,公共服务的可达性差异也会引致农民感受的差异,如娱乐活动室在上海各村已普及,但仅有66.5%的农民确认是有。"不充分"是指公共服务仍存在明显的城乡差距。比如在购物的出行工具上,老年人(66岁以上)主要依靠骑行出门(73.0%),年轻人(26~35岁)主要靠驾车出行(71.0%),随着农民老龄化的进一步加深,公共交通在农村的服务体系和服务能力不足以让人满意。进一步实现城乡公共服务均等化,既是改善农民生活方式的重要内容,也是催化政府部门更好地谋划农村社会经济发展、改善农民的生活方式的重要力量。

## 二、在改善农民生活方式专题调研中发现的主要问题

(一)农村居住条件亟待改善

改善居住条件是很多上海农民的刚性需求。调查显示,57.1%的上海农民住房的房龄已超过30年,79.1%的农民住房为2007年以前所建(见图1)。此外,46.9%的村

民认为村庄内有危房,多数为长期无人居住。同时,目前仅有9.8%的农户填答自己家已经参加了某种集中居住,有些农户区分不了动迁和上楼,导致调查所得的数据偏大,实际进度没有这么快。

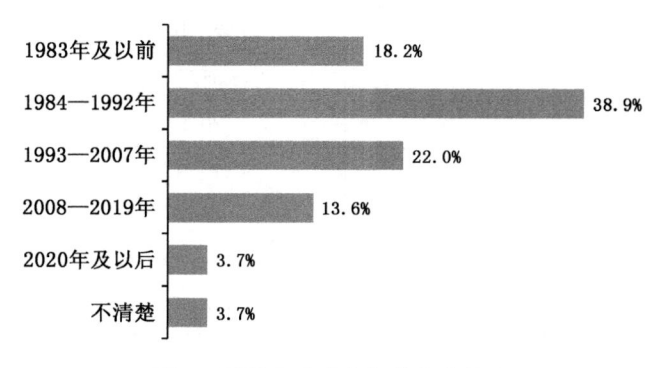

| 建房年份 | 占比 |
|---|---|
| 1983年及以前 | 18.2% |
| 1984—1992年 | 38.9% |
| 1993—2007年 | 22.0% |
| 2008—2019年 | 13.6% |
| 2020年及以后 | 3.7% |
| 不清楚 | 3.7% |

**图1 受访农户建房年份分布情况**

调查显示,79.5%的上海农民对自己的居住条件表示满意(全国是91.7%)。在被问及是否以及如何改变自家的居住条件时,仅有37.9%的农户选择"不做任何改变"或"只做简单修葺装修"(全国是75.5%)。这表明上海农民要对农村居住条件做出彻底改变的意愿远高于全国平均水平。

上海农民希望进一步改善居住条件并不仅仅是因为居住条件客观上不够好,也可能是因为希望提升或变现房屋的资产价值。受访农民在回答愿意上楼集中居住的主要原因时,选择最多的原因是"城镇生活条件更好"(54.4%)与"城镇房产可以交易,且经济价值更高"(52.8%)。

(二)上海乡村风貌尚未根本改变

在上海市,近3万个自然村分布在3 000多平方公里的农村区域(城镇建成区之外)。调查显示,近六成农民住房房龄已经超过了30年,除了宝山和青浦的房屋比较新,大部分地区还能看到连片的小瓦旧房。尽管经过持续的农民相对集中居住政策,2006年以来的村庄改造,2014年以来的美丽乡村示范村建设和2018年以来的乡村振兴示范村建设,上海的乡村风貌"布局分散、房屋破旧、风貌凌乱"的总体状态还是没有根本改变。

在受访农户中,有52.6%的农户表示自己家在20世纪80年代老屋的基础上翻建、新建了房屋,或者参与了政府组织的集中居住。余下的农户之所以没有采取这类措施改善居住条件,有25.8%的农户选择是因为"政策条件不允许",8.5%的农户选择是因为本村或本组有动拆迁或集中居住的可能,5.5%的农户是因为新政策缩小了建房面积感到不划算。因此,约四成的农户因为受到政策的影响没有自建房。

## 三、农民关于改善生活方式的需求意愿

(一)农民翻建房屋的意愿比较强烈

基于居住条件的现状或者为了追求更高的资产价值,上海农民更加希望改变现有

的居住条件,这个意愿高于全国水平。同时,在种种可选的方式中,上海农民更愿意采取更加彻底的方式,比如翻建、新建、平移或上楼,而不是简单装修(见表1)。

表1　　　　　您本人最愿意通过什么方式改变村里自家的居住条件　　　　单位:%

| 选　项 | 全　国 | 上　海 |
| --- | --- | --- |
| 不做任何改变 | 55.0 | 20.9 |
| 简单修葺装修 | 20.5 | 17.0 |
| 原址翻建或异地建房 | 19.9 | 33.3 |
| 政府组织的平移或上楼 | — | 25.3 |
| 其他 | 4.6 | 3.6 |
| 合计 | 100 | 100 |

调查显示,希望翻建的农户比例为1/3。如果家庭经济条件允许或者城镇有房,就会很希望翻建。对"16号令"中关于宅基地面积及房屋高度的规定,有49.2%的农户表示能够接受;在回答"原址翻建或异地建房"问题时,有53.0%表示能够接受"16号令"。

(二)农民对改善公共服务需求比较迫切

调查显示,农民最为满意的是安全保障、社区事务受理和困难帮扶,但对于公共基础设施、文体娱乐空间、商业便民服务和养老服务等方面还有所期待(见图2),有的需求还比较迫切。

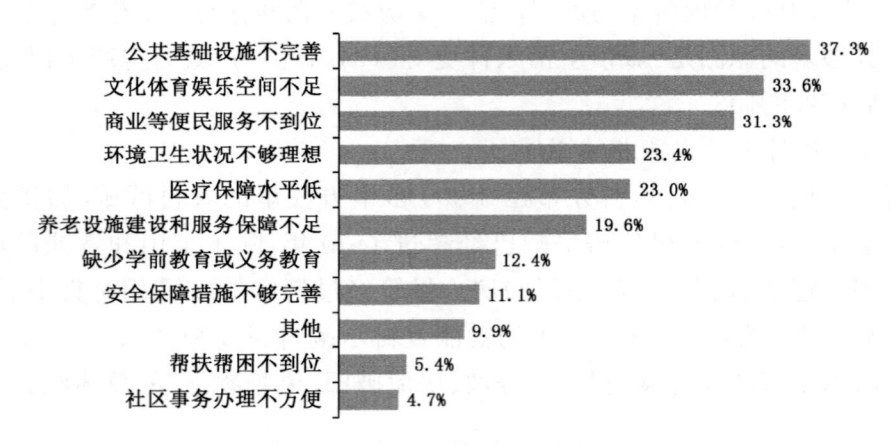

公共基础设施不完善　37.3%
文化体育娱乐空间不足　33.6%
商业等便民服务不到位　31.3%
环境卫生状况不够理想　23.4%
医疗保障水平低　23.0%
养老设施建设和服务保障不足　19.6%
缺少学前教育或义务教育　12.4%
安全保障措施不够完善　11.1%
其他　9.9%
帮扶帮困不到位　5.4%
社区事务办理不方便　4.7%

图2　农民认为村里公共服务最需要改进的方面

在养老服务方面,调查显示,90.8%的66岁以上的上海农民选择"在农村家里养老"(全国是83.6%),说明农村还是农民养老的首选之地。在问及"你是否担心自己的养老问题"时,40.8%的农民回答"是"(全国是43.2%),说明尽管有较多的养老金,上海老人依然有自己的担忧。其主要的担忧是去医院看病难,没有人陪护和照顾,以及缺钱和不能干活。在回答"你觉得在农村养老最需要保障的条件是什么"时,61.8%的农民选择"政府给更多的养老钱"(全国是41.5%),选择"报销更多的看病费用"的有61.7%(全国是33.8%)。

## 四、关于改善农民生活方式的对策建议

**（一）完善大都市郊区空间形态整体规划，以乡村振兴为契机加快优化上海乡村风貌**

一是研究制定优化大都市郊区空间形态的规划意见，明确乡村聚落形态的基本格局，重申集中居住的大方向，明确群众的政策预期，构建规划部门、其他部门以及各级政府之间的工作沟通机制。二是各区镇以郊野单元规划的完善为机制，以新城或镇域为单位制定出科学可行的村庄布点规划，提出规划点位扩大或缩小的明确依据。明确"保留点"概念内涵，禁止随意将保留点扩展成"保留村"。三是推动"五个新城"建设与乡村振兴有效衔接，尊重上海农民就近进城的意愿，在新城全域范围内做好统筹规划，以镇域为单位推动城乡的联动发展。

**（二）优化农民相对集中居住政策组合，破解政策执行的"肠梗阻"**

一是继续按照三种方式推进相对集中居住，加大货币化退出的财政补贴力度，吸引更多的农民选择货币化退出的方式。二是堵疏结合，在非保留保护村按照"16号令"严格执行建房政策，压缩聚落规模。严格执法，严厉禁止以修缮为名行翻建之实的行为，对实施危房资格鉴定的第三方机构进行检查，堵住其中的漏洞。三是分类分步推进集中居住政策实施。区、镇政府应该将政策实施对象分为两类：（1）针对"三高两区"范围内的农户以及确实是农村的危房，应该由区级政府制定出明确的时间表，建立明确的考核指标，要求镇级政府作为规定动作分步按期完成。（2）针对其他非保留保护村范围的可搬迁安置房屋，应该给予镇级政府更大的自主权，依法推进，不搞运动式拆除，但是要严格督查非保留保护村的修缮与翻建政策的落实情况。

**（三）疏通农民建房政策堵点，加快改善农民居住条件**

一是进一步落实集中安置点和保留点的建房政策，鼓励农民自主建房，在乡村振兴过程中发挥农民主体性，缓解基层政府的财政压力，加快上海乡村风貌改善。二是疏通农民建房过程中的政策堵点，大力推动组团式翻建，切实推动在保留点的空当建房。对于一些分户后有新建房屋需求的农民，要研究建立符合实际的权益保障方案。三是加强农民建房的服务指导，研究基层政府参与农民建房风貌设计的具体机制。

**（四）完善农村公共服务设施，提升公共服务水平**

一是探索村级综合服务设施"一点多用"，统筹各类空间，做好"家门口"服务，进一步优化农村生活便民服务网点设施、快递服务网点布局，加强农村智慧化服务设施建设。二是提升农村公共服务水平，采用选送、培育和活动联建等方式挖掘配送更多农民喜闻乐见的文化产品下乡。推进体育赛事下乡工程，鼓励镇村两级举办农民运动会和相关专业赛事。三是健全就业服务体系，开展农民职业技能培训，推广以工代赈，创造更多的"家门口"就业岗位。四是加强农村公共服务人才队伍建设，加强对镇村两级公共服务人才队伍的管理和培训。

**（五）有序推进城乡福利保障一体化，提升农民养老服务能力**

一是研究进一步缩小城乡养老保障水平的可行性，提高老年农民的养老金收入。

二是顺应农民就地养老的趋势,大力发展居家养老服务,切实回应老年人助医、助餐、助浴等需求,提高农村养老服务质量。三是以政府购买服务等方式,提高农村养老服务专业化水平,引入第三方社会组织,盘活农村闲置的养老服务设施。四是大力发展"互联网+健康"服务,充分运用远程医疗和远程会诊平台,进一步向乡、村延伸,优化完善长护险的评估机制和服务流程,推行乡村家庭医生制度,让乡村家庭医生为农村老人提供基础的诊疗、转介等服务,选择试点地区探索针对高龄独居老人的陪医服务。

**牵头领导:** 黎而力
**牵头处室:** 村镇处
**课题组成员:** 温祖良　蒋卫锋　熊万胜　叶　敏
　　　　　　　马流辉　吴开泽　王　阳　周维良
　　　　　　　徐　力　李珍珍

# 4. 关于提升农村生态环境的调研报告

2023年2月起，上海市农业农村委开展了提升农村生态环境的调研，共回收有效问卷1 066份，现将调研情况分析如下。

**一、现状特征**

近年来，上海市持续推进农村人居环境整治与优化提升，开展乡村振兴示范村和美丽乡村示范村创建等工作，农村改厕、垃圾分类、污水治理、水质提升等工作都走在全国前列，农村生态环境极大改善，已成为乡村亮丽的底色。

（一）受访者对本村环境总体满意，但本地常住村民和外来游客满意度相对偏低

越来越多的农村居民和外来游客切身感受到了乡村环境的变化。受访者对本村居住环境整体满意度高，有82.6%认为"好"，16.6%认为"还行"，只有1%认为"不好"。反映上海市近年来在村容风貌塑造、环境治理等方面的工作成效明显，老百姓满意度高、获得感强，乡村振兴示范村、美丽乡村示范村和其他村在满意度方面差异不显著。从不同区域看，宝山区有九成居民认为"好"，主要原因是罗泾镇、顾村镇近年来大力推进水源地保护、郊野公园建设，带动了农村人居环境整体提升，而青浦区和嘉定区认为"好"的只有七成左右，究其原因，主要是因为青西地区发展相对滞后，农村面貌变化较慢，而嘉定区城镇化进程较快，农村居民期待更高。从不同群体看，本村常住村民和外来游客的满意度相对较低，具体来看，55岁以上、本地农村户口的农村居民常住农村，仅有七成人认为村内环境"好"，比短居的年轻人低20个百分点；外来游客认为村内环境"好"的不到八成，主要原因是对生态环境有更高的要求。

（二）受访者普遍认为生态环境在提升，但对提升速度满意度相对偏低

农村生态环境改善的快慢，也是社会关注的重点。总体来看，受访者接近八成（79.2%）认为本村环境"变好很多"，认可度较高。但比较发现，受访的6个区中有4个区得分在80分以下，且受访者对本村环境提升速度的满意度明显低于对本村环境现状的满意度，其中嘉定区相差12.9个百分点，老百姓对环境持续改善有更高的期待。农

村居民希望能通过推进"平移""上楼""保留"等集中居住模式,尽快改善居住环境。调研了解到,本市乡村振兴示范村探索了很多有效路径,环境提升效果更为显著,认为"变好很多"的比例比其他村高出10个百分点,发挥了先行示范的作用。如金山区水库村创设"综合物业",探索建立农村人居环境长效管护机制;浦东新区连民村依托自身资源禀赋,利用迪士尼外溢效应,发展民宿经济,实现生态宜居和产业兴旺双提升。

(三)受访者对改厕满意度高,但对维修服务满意度偏低

本市农村改厕全面完成,卫生厕所普及率基本达到100%。调查显示,农民对改厕效果的满意度为98.8%,比全国满意度93.1%高出5.7个百分点。农民不满意的最主要原因是缺乏维修服务(25.9%),其次是化粪池容积偏小(13.8%)、排水不畅(13.3%)、设计不合理(9.3%)。上海水资源丰富,冲厕比较方便,但与全国一样存在缺少维修服务的问题,长效管护机制还不够完善,管护服务能力需要进一步提升。

(四)受访者参与公共设施管护意愿高,但政策宣传不到位影响了参与度

受访者参与村内公共基础设施管护的意愿较高,参与方式多样,参与积极性最高的是志愿者服务(33.8%),其他有的愿意担任管护人员(23.7%),有的愿意参与监督(16.2%)等。未参与过管护活动的原因有多种,调查显示,大家认为最突出的原因是不了解相关政策(46.3%),其次是认识有偏差(27.2%)。村民普遍希望今后政府加大对村内公共基础设施管护的宣传力度,加强信息发布,提高对公共基础设施管护的参与度。

## 二、存在的问题

虽然本市农村人居环境提升成效显著,但对标国际化大都市生态宜居美丽乡村建设,本市农村生态环境还有提升空间,相关公共基础设施管护水平还有待提高。

(一)农村垃圾随手扔顽症仍是突出问题

垃圾既破坏村容村貌,又影响河道水质,是影响农村环境的关键因素。调查显示,垃圾乱扔是农村目前最普遍存在的环境问题,在各选项中所占比例最高(30%),也是调研中大家反映最强烈的问题,是农村环境中的顽症。民宿发展给村里带来了人气、增加了收益,但随着外来游客增多,垃圾多、车子多等环境问题日益凸显,对乡村环境治理提出了新的挑战。调研中发现,不少村提出垃圾箱、垃圾房不够用,垃圾收集、转运跟不上是农村乱扔垃圾的客观原因,因而垃圾管理是需要尽快破解的难点。

(二)公共基础设施建设和管护是短板

农村生活污水处理不尽如人意,污水乱倒、收集管网损坏、没有污水管网的问题仍然存在。部分村尤其是来沪人员积聚的村反映公厕缺乏、脏臭的问题亟待解决。调研发现,目前本市村内公共基础设施管护不可持续,长效机制尚未建立。主要原因有"三少",即政府管得少、村集体支持得少、农民参与得少。政府对农村各项公共基础设施建设投入大,但对管护环节投入少,"重建轻管"普遍存在;村集体经济还不够壮大,不足以支撑本村环境维护、设施管护的支出。

（三）规划撤并村生态环境治理建管投入都偏低

规划撤并村环境问题突出，农民感观河道黑臭的比例高于其他村，垃圾乱扔、公厕脏、污水收集管网损坏等较为严重，村内环境满意度比保留村、示范村要低5～10个百分点。由于规划锁定但撤并计划不定，投入资金、用地支持等严重不足，规划撤并村的河道、公厕、绿化等公共设施更新明显受阻，在乡村振兴中掉了队。如松江区石湖荡镇金汇村，作为规划撤并村，几年前已经计划撤并，但没有明确时间，且每年人居环境补贴仅为2 000元/户，与保留村6 000元/户的标准差距巨大，人居环境保障资金严重不足。

### 三、需求愿景

（一）从"一美"到"三美"

农民对农村生态环境改善的最大需求是河道水质提升，老百姓不仅是感官上要消除河道黑臭，还要水清澈见底，表达了对蓝天碧水的热切向往。调研中大家反映，上海农民迫切需要拓展生态宜居的概念，从环境美延伸到形象美、人文美，期盼"三美"。调查显示，大家对村庄外貌和谐美观（88％）、邻里关系和睦相处（58％）、蓝天碧水空气清新（56％）、历史文化展示传承（48％）、生活配药方便快捷（46％）、经常举办民俗活动（45％）等村庄和美、乡风和谐等有着全方位的期盼。关于乡村整体风貌，人们最倾向的选择是"传统乡野"，理想中生态宜居的乡村建筑要体现传统民居与现代风格的有机结合。调研中，村干部表达了对集中居住风貌统一、配套设施完善便捷、文化活动丰富多彩等方面的诉求。

（二）从"美"到"富而美"

经济发展是对人居环境持续提升的重要支撑。关于未来乡村发展类型，受访者对发展休闲旅游村、特色产业村的意愿在六成以上，表明当前通过农旅融合实现产业兴旺、经济繁荣的成效最为彰显，代表着"富而美"的休闲旅游村成为最迫切的期待。尽管农民普遍认同乡村建设主要靠政府投入，对政府投入有一定依赖，但进一步调研发现，村里也非常希望共享农旅融合效益，发展美丽经济，让绿水青山变成金山银山，通过集体经济发展带动农民主动参与环境维护，不断改善生态环境。

（三）从"一时美"到"持久美"

农村公共基础设施的常态化长效管护是生态宜居的重要保障。大家盼望乡村能与城市一样，马路定期有人扫、绿化定期有人修、河水定期有人清、垃圾定期有人收，维护费用纳入公共财政，引入专业养护企业，提高公共基础设施管护的市场化程度，通过"建管并举"的城乡一体化公共基础设施建管政策，并结合政府发动、村民参与的日常管护机制，保障生态宜居美丽乡村人居环境的持续提升和长久保持。

### 四、对策措施

（一）探索破解垃圾顽症

将垃圾管理作为解决农村生态环境问题的核心抓手。要加快补充农村垃圾箱、垃圾房配备，满足不同村庄实际需求。更重要的是，要积极创新管理模式，探索长效管护机制,从根本上解决问题。一是推广实施"门前三包"责任制,结合美丽庭院评选、乡村治理积分制实施等,推广人居环境责任区制度,引导村民实行"门前三包",守好自己的责任区域,尽好维护家园环境的主体责任。二是探索发展"综合物业",总结推广金山区水库村做法,优先在村集体经济发展较好的村探索,逐步推行"综合物业"管理模式,将公共区域的垃圾卫生管理纳入统一管理,提高管护效果。

(二)提高村沟宅河清澈度

水务部门结合清洁小流域、幸福河湖建设等工作,全面提升村沟宅河的治理标准,普遍提高农村河道水质,让河道在消除黑臭的基础上,变得更加清澈见底。水清不仅让乡村变得更美,更是能满足老百姓的亲水需求,从岸上观水到河中游水、嬉水。

(三)注重乡村风貌塑造

充分尊重村情民意,完善村庄规划,加强村庄风貌设计,挖掘村落特色文化元素,优化生产、生活、生态空间布局,保持乡村肌理与韵味,在环境空间中融入艺术创意,让村庄形态风貌与自然环境相得益彰。针对示范村生态环境优势建设中明显、建成后弱化的问题,要进一步研究破题,让亮丽的"底色"变成不衰的"成色"。

(四)提高社会参与度

生态宜居的乡村既是村民的家园,也是游客的后花园和公园。推广人居环境责任区制度,推动村民普遍落实"门前三包",探索积分兑换等灵活多样的形式,推动游客实行"环境积分",激发村民、游客"自治"的主人翁意识,形成村民游客"共治"的有效机制。

针对农村依然存在的公路、桥梁、公厕、绿化等公共基础设施短板,建议各级各部门加大投入,普遍提升建设和管护水平。另外,调研中反映的规划撤并村问题,的确是乡村建设和发展的一个难点,不仅存在生态环境短板,还涉及方方面面不足,建议相关部门牵头另外开展专题研究,提出对策措施。

**牵头领导:** 方　芳
**牵头处室:** 科教处
**课题组成员:** 徐　杰　彭　友　屈计宁　钱晓雍
　　　　　　　贺凌倩　曹家俊　楼甜甜　段育科
　　　　　　　孙晓红　周佳俊　曹　勇　库英冰
　　　　　　　张亦藜　赵　振　张　辉　王丹萱
　　　　　　　李　卓　贾晋璞

# 5. 关于提高乡村治理能力的调研报告

2023年2月起,上海市农业农村委开展了提高乡村治理能力的调研,共回收有效问卷2 072份,现将调研情况分析如下。

## 一、上海乡村治理的特色

(一)党建引领"三治"融合夯实治理基础

我市农村基层党组织能够因地制宜,整合各类平台资源,将基层党组织的领导核心地位和功能作用融入"三治"全过程,注重发挥村民自治作用,健全乡村矛盾纠纷调处化解机制和农村公共法律服务体系,持续推进移风易俗,打造金山区"巷邻坊"、崇明区"百言堂"姐妹议事会等村民议事平台,凝练"礼乐嘉定""上善青浦"等乡村文明品牌。受访者中79.9%了解并参加过村里的各类议事决策活动,97.4%认为民主决策和协商制度能够较为有效地解决村中事务,74.5%经常参加村中服务与管理工作,97.4%认为在村里能直接调解处理好矛盾冲突。

(二)网格化管理提升治理精度

上海农村基层治理已在村级基本治理单元的基础上进一步开展微网格治理,将党建网格与管理网格、服务网格进行整合,推进"多网合一、多格合一",提高资源整合效率,提升基层治理工作的执行力和穿透力。涌现出如崇明区"叶脉工程"、松江区叶榭镇四级"全科网格"等网格化探索。受访者中87.2%认为网格长经常联系或提供服务,发挥了桥梁纽带作用;网格化管理在卫生环保(61.9%)、养老服务(44.7%)、治安防控(43.0%)等方面发挥了作用。

(三)精细化服务提升治理温度

各涉农区依托农村党群服务中心(站、点),因地制宜推进新时代文明实践中心(站、点)、农村社区综合服务中心(站、点)等各类基层阵地和民生服务资源整合,提供"一门式"或"一站式"服务,如浦东新区"家门口"服务体系、奉贤区睦邻养老"四堂间"。受访者中96.0%认为村庄在宜居、便利方面做得较好,94.8%对村内提供的便民服务较为满意。

（四）数字化手段提升治理效能

涉农区积极适应数字化变革的新趋势,绝大部分地区已不同程度开展数字化手段的应用。受访村干部对"雪亮工程"视频监控系统感受度最高,认为在数字化赋能平安乡村建设中发挥关键作用。基层也探索建立宝山区"社区通"平台、闵行区马桥镇"平安社区预警"场景、浦东新区航头镇积分制数字平台等应用。89.8%的受访者认为村中数字化平台或设施方便使用。

（五）创新探索推动治理模式更出彩

农村基层坚持问题导向,因地制宜积极开展治理手段和治理方式的创新与探索,在一些乡村治理重点领域或关键环节形成了一批可复制、可推广的经验做法。针对外来人口管理问题,闵行区华漕镇"代理经租＋户管家"管理模式通过"以房管人、服务进户"化解"城中村"治理难题；青浦区重固镇依托"微管家""租管家"人房信息化管理系统有效化解"人户分离"与自建房出租难题。为更好地引导村民参与乡村治理,形成奉贤"和美宅基"、罗泾"宝善治"积分制等一批乡村治理积分制模式；奉贤区迎龙村建立公益服务社,吸纳中老年村民参与村里力所能及的工作。

## 二、调研中发现的问题

（一）共建共治共享的治理格局有待进一步完善

一是村民自治的作用发挥需进一步深化。当遇到矛盾纠纷时,89.33%的村民优先选择找村干部反映情况,4.2%的村民会找法律顾问进行咨询,仅9.7%的村民会优先找老党员、老干部、老教师等威望高的村民进行调解,可见通过村民自治化解矛盾的比例并不高。关于村规民约的运用,在回答"您认为制止农村不良风气最有效的措施"时,仅34.5%的村民选择制定村规民约,远低于政府监管处罚（59.9%）和文件引导（46.8%）。二是乡村治理多元主体参与需进一步引导。关于目前乡村治理需要强化发挥作用的主体,有34.0%的受访者选择村民,有27.9%的选择社会组织；关于希望村内进一步加强的自治工作,有50.0%的受访者认为需要充分发动本村村民、外来人口、经营主体、社会组织等不同力量参与村级公共事务。实地调研中,村干部普遍反映,本地村民参与村级议事协商活动积极性不高,外来人口大多流动性较强,对居住地缺少归属感。

（二）网格化治理有待进一步完善

一是网格划分需根据权限进一步规范。个别地区网格划分中存在超越村级组织职能的情况,使得村级组织在公共服务、人居环境、综合治理等各领域的任务越来越繁重,责任越来越重大,影响乡村治理效能。实地调研中,近郊某"城中村"反映,在其网格管理范围内有涉及近7公里的铁路路段以及近6 000户类住宅的管理,给村级治理带来极大负担。二是部分村网格工作力量需进一步配强。有24.6%的村民认为网格工作力量不够，办事情找不到人。21.3%的村民认为网格员队伍文化水平不高，年龄偏大。有16.0%的村民表示网格长较少或没有与其联系（或提供服务）。三是网格作用发挥需进一步加强。有26.4%的村民认为网格化治理理念不够深入。大部分被调研村民认为网格化管理的作用主要集中于卫生环保(61.9%)、养老服务(44.7%)和治安防控(43.0%)。仅有20%左右的村民认为网格化在收集社情民意和调解矛盾纠纷中发挥了作用。此外，在网格化管理中如何有效激发村民自治活力也有待关注，有45.2%的村民认为网格化管理中存在村民参与度不高的问题。

（三）数字化赋能乡村治理有待提升

一是智能化管理存在"硬件少，软件杂"的问题。在硬件方面，有24.9%的村民表示希望可以增设监控等数字化设备。虽然雪亮工程已实现所有行政村全覆盖，但是部分被调研村反映村内存在探头老化等问题，有村干部表示村内对"高空鹰眼"等更智能化的监控和管理设备也有一定的需求。另外，还有村干部反映希望可以配强和更新村内的数字化管理终端，包括电脑、移动终端等，避免出现"软件装上了，硬件死机了"的情况。在软件方面，实地调研中，部分村干部反映，上级各信息系统填报平台缺乏整合，村干部只能疲于做"系统填报员"，无暇去真正了解村民情况。二是智能化服务供给还不能充分满足村民需要。在数字化方面，村民认为最需要加强的工作是提供远程医疗、在线挂号、健康管理等智慧养老和医疗服务(56.9%)。对于开展线上网络文化活动，线上法律咨询、援助、视频调解等服务，线上就业帮扶和就业培训等服务，村民都有不同程度的需要（均超过20%）。

（四）外来人口管理成为治理难点

部分被调研的近郊区和二三产业发达的村庄，外来人口比例高，有些存在人口倒挂的现象，个别村的外来人口比例甚至接近90%。问卷显示，56.4%的村民认为需要进一步加强对本村外来流动人口和出租房的规范管理。实地调研发现，近郊"城中村"大多房龄较老，房屋群租普遍，存在较多安全隐患。还有村干部表示，外来人口管理缺乏直接有效抓手，目前村内只能以村规民约等方式约束房东，难以直接有效约束租客。

（五）保障不足成为乡村治理瓶颈难题

乡村产业发展整体层次偏低、村集体经济偏弱，使得乡村治理容易陷入"无钱办事"的瓶颈和尴尬境地。特别是远郊及承担生态保护责任的村，由于产业发展受限，乡村治理物质基础更薄弱，村干部陷入了"有想法但没办法"的困境。部分中远郊，特别是纯农地区反映，由于村级长效管护资金短缺，人居环境的建设与整治工作难以深入、持续开展，每年村里保洁保绿的费用全靠上级转移支付来维持，在公共设施维护等方面的资金更是捉襟见肘。崇明某村干部反映，村内前期由市政府投入的郊野公园配套项目，由于缺少维护资金，后续长效管护给村集体造成很大负担。

### 三、调研中村民反映的需求

**(一)村民对提升部分服务水平较为关注**

一是村民对于为老、看病等服务的需求最为迫切。有66.0%的村民希望提高村内为老服务,如为村内老年人提供助餐、配药、看病等。调研中发现,部分村民对提升村卫生室的药品储备、完善诊疗设备配备、开展巡诊、扩大乡村医生诊疗权限等有所期盼。由于财力不足等方面原因,部分远郊村老年村民还无法享受到助餐送餐服务,对于此类服务有期待。二是大部分村民希望进一步优化提升法律、文化等资源配送服务。有72.6%的受访者希望加强法治内容宣传,如观看普法宣传栏、宣传片,参加普法培训等。有59.9%的受访者希望加强乡村法律顾问提供法律咨询、援助。另外,实地调研中,部分村民反映村内每月都有由镇级提供的文化下乡、便民服务等活动,很受大家欢迎,常常会出现供不应求的现象,希望类似的活动可以增加频次。部分村干部表示希望进一步结合村里的居民作息特点优化资源配置,有效破解"白天村里没有人,晚上村里没资源"的难题。三是部分村民希望有针对性地加强数字技能的培训。有47.8%的村民反映,希望加强手机应用等数字化设备的培训。

**(二)村民对完善村内公共设施配套有所期盼**

一是公共设施的布局需要进一步优化。部分近郊地区农村反映,希望加强村级道路、停车场、体育设施等村内基础设施的建设,将外来人口的诉求考虑在内,满足所有居住人口的基本生活需求。部分非保留保护村村民对更新村内自来水管、安装燃气等公用设施建设表达了强烈的诉求,希望实现公用设施布局的科学化,进一步提高生活质量。二是部分村民希望加强村内公共活动场所功能建设。有36.8%的村民希望进一步增加文化活动中心、老年活动室、健身场地等公共场所的建设。实地调研中,部分村民反映希望村内可以增设办理红白事中心等综合活动场所,以解决红白事费用高的问题。三是人居环境长效管理仍需进一步加强。有22.4%的村民认为需做好村容村貌和基础设施的管护。

### 四、提高上海乡村治理能力的对策建议

**(一)引导多元主体参与,激活乡村治理内生动能**

一是加强常态化的联系服务。定期走访群众,及时掌握社情民意,引导村级组织、本村村民、外来人口、社会组织等参与村级事务,形成多元主体间稳定的党建联建形式和紧密的利益联结机制。二是创新多元主体参与乡村治理的有效形式。因地制宜地探索推广积分制等有效形式,将村貌改善、乡风文明、环境保护等多项内容融入积分制,使群众成为乡村治理的主要参与者。

**(二)聚焦资源、服务、管理力量整合下沉,深化网格化管理**

一是进一步优化网格设置。因地制宜合理设置村级网格和治理微网格,依托网格建立党群服务站(点),进一步将资源、服务、管理力量下沉到网格,确保网格管理权责统

一。二是进一步优化网格运行机制。科学整合配置到网格的管理、执法、作业、服务等力量,建立联勤联动机制。明确网格员日常巡查走访、社情民意收集等基本职责。在网格上设立党员先锋岗、责任区,引导村民参与网格管理。三是提升网格员的管理服务水平。充实网格员工作力量,注重从党员骨干、能人中挖掘网格员人选,提高网格员培训工作的精准性与灵活性。

(三)强化顶层设计和数字基建,推动数字赋能乡村治理

一是着力加强农村地区数字基础设施建设。保障数字乡村建设的财政投入,设置用于数字乡村建设的专项经费,合理规划各级政府的筹资比例,明确筹资责任分工。打造城乡一体的公共信息服务平台,让农村居民能够享受与城镇居民均等的数字化服务。二是加强数字乡村平台与资源的整合。市级层面要加大数字乡村建设中乡村治理工作的推进力度,进一步优化统筹整合,打造出内容多样化、载体集约化、流程规范化的数字平台。依托市、区"社区治理主题数据库",健全动态更新机制,加强基层治理数字化平台整合,增强数据在部门与基层间的流动性,按照相应权限实时向基层开放。三是强化数字化系统在乡村治理中的功能性。坚持谋划为先、应用为要、管用为王,加强对数字化场景的探索与应用,注重将村民关心的养老、医疗、就业等服务与数字化融合,提升管理服务效能。

(四)突出风险防控和规范管理,多措并举加强外来人口管理服务

一是发挥党建引领力量,加强对外来人口的团结与凝聚。通过发动外来人口中的党员力量,或者与村内外来人口相对集中的工作单位开展党建联建,以党员为骨干带动群治。二是加强法治保障,建立"以房管人"工作机制。进一步加强行业管理和基层执法力度,建立"以房管人"工作机制。村级组织要加强宣传引导和外来人口服务,辅助开展相关管理工作。三是依托数字化手段提升管理效率。应用现代科技手段,或因地制宜开发、完善流动人口与房屋租赁的信息化管理平台。

(五)财政保障与自我积累相结合,增强乡村治理物质保障能力

要做好顶层设计,系统谋划,促进各类资源要素为乡村治理现代化提供"造血"功能。一是加强财政资金的保障力度。对农村建设项目,妥善安排后续管护资金,特别是对承担环境保护任务较重的乡村,应加大倾斜力度,保障财政资金在长效管理方面的持续投入。二是扶持村级集体发展。进一步探索乡村产业与新型村级集体经济的发展,开展综合帮扶,增强经济相对薄弱村"造血"能力,为乡村治理打好物质基础。三是鼓励外来人口比例高的村借鉴城市精细化治理经验。开展社区化管理,通过物业服务收益保障治理经费支出。

(六)打造乡村"15分钟社区生活圈",补齐农村公共服务短板

一是加强镇域资源的统筹与分配。优化以党群服务中心为阵地的社区综合服务设施布局,合理规划助餐点等为老服务设施,以各村实有人口进行科学分配,推动公共服务资源区域共享。建议推进本市农村老年人助餐送餐服务镇级全覆盖。二是精准对接村民的实际需求。进一步推进农村集中公益办宴点建设,提升村民喜闻乐见的送戏下

乡、便民服务等的供给力度,加强村卫生室的设备和药物配置和功能提升,优化各类养老服务的适配性。三是分类施策,推动完善公共基础设施建设。对于保留保护村,高品质提升乡村基础设施配套水平和乡村风貌。对于非保留保护村,因村施策,充分考虑村民的切身利益与生活困难,在改善基础设施等方面给予充分保障,不强制"一刀切"。

**牵头领导:** 夏明林

**牵头处室:** 社会处

**课题组成员:** 应建敏　李　俊　吴艳强　陈怡赟
　　　　　　　王　铮　叶建平　杜小强　尹　寅
　　　　　　　付兴慧　曹亚娟　李　攀　张　瑜
　　　　　　　单　金　张乐钰　杨玥书　施䚡赟
　　　　　　　陈雅斯　郑水静

# 6. 关于推动乡村文化发展的调研报告

2023年2月起,上海市农业农村委开展了推动乡村文化发展的调研,共收到有效问卷1 143份,现将调研情况分析如下。

**一、上海乡村文化的发展现状与主要特征**

*(一)发展现状*

近年来,上海积极推动乡村文化振兴,注重由"物的乡村"迈向"人的乡村",激活传统文化中的有益因子,并取得显著成效。

(1)物质维度。公共文化空间建设不断升级,农村居民对文化场所的整体满意度较高。上海一直高度重视农村公共文化设施建设,2018年以"提升4 500个标准化居村综合文化活动室(中心)服务功能"为契机,市政府完成了郊区3 800余个居村综合文化活动室服务效能的提升,基本实现"郊区15分钟公共文化服务圈"的建设目标。农村居民对文化场所的满意度整体较高,90.0%表示乡村文化场所完全或基本能满足他们的需求。

(2)组织维度。多层次文化活动平台搭建日益完善,乡村文化产品和文化项目逐步实现常态化推送。在发掘和培育乡村优秀文化活动的同时,上海还致力于文化产品和文化项目的推广。在市级层面,从2019年开始,"上海市农民体育健身活动周农民健身广场舞大赛"已连续举办三届,极大激发了广大农村居民参与的热情。在区级层面,包括金山、闵行、松江、青浦、嘉定、崇明在内的涉农区每年都会定期举办"乡村春晚",鼓励农村居民自编自导自演,充分展现乡村文化的魅力。在镇级层面,很多乡镇也会组织居村举办种类多样的文体活动,据嘉定区徐行镇劳动村村干部介绍,"镇里每年都会举办十余次比赛,包括广场舞、飞镖、钓鱼等,每个村每年至少要承担一个项目"。

(3)精神维度。乡风文明建设稳步有序推进,乡村居民的思想价值观念实现现代化转型。在物质生活稳步提升的同时,上海农村居民对文化生活的重视程度也与日俱增,87.7%的人认为文化休闲活动对于自己非常重要或比较重要。此外,在政府大力推动乡风文明建设的背景下,上海农村居民的思想价值观念也实现了现代化转型,在性别、孝道、婚恋、彩礼、丧葬观念上均较为开明。近半数(48.6%)的人不赞同"男人应该以事业为主,女人应该以家庭为主",还有11.4%和5.1%认为说不清和无所谓,可见上海农村居民在性别平等方面的意识较强。64.1%的人不赞同"送长辈去养老院是不孝顺的表现",说明大部分上海农村居民接受家庭以外的养老方式。针对"如果孩子大龄未婚,我也可以接受",67.0%的人选择了赞同、无所谓或说不清,可见上海农村居民较为尊重子辈的婚恋意愿。66.3%的人不赞同"高价彩礼有一定的合理性",说明上海农村基本不存在高价彩礼的土壤。近八成(77.3%)的人赞同"支持土葬改为火葬",说明丧葬改革在上海农村已经深入人心。此外,52.8%的人赞同"为了传宗接代,至少要生一个孩子",说明多数上海农村居民的生育观念整体较为传统。

(二)主要特征

依托于优秀传统文化及大都市区位优势,上海形成了以农耕文化、水乡文化及海派文化为代表的城乡融合的都市型乡村文化。

(1)调动传统文化要素的现代发展潜力,提升多样农耕文化的经济附加值和社会影响力。上海的农耕文化资源丰富多样,传统村落建筑、民俗节庆、舞蹈戏曲等种类繁多。近年来,上海以优质农产品为抓手,赋予其多重文化意涵,提升产品附加值。青浦区白鹤镇依托区位、农业等方面的资源禀赋,以草莓文化元素为IP,推进"白鹤草莓"这一国家地理标志产品品质升级,现已连续13年举办草莓音乐节活动,每届平均吸引游客20余万人次,销售额超6 000万元。此外,松江区新浜镇的"松江荷花节"、奉贤区庄行镇的"奉贤菜花节"、青浦区金泽镇莲湖村的"红柚丰收体验节"等一批农耕文化节日在全市已经享有一定的知名度。

(2)依托历史悠久的水乡文化优势,构建城乡互融、"农文旅"综合发展的乡村新业态。上海河湖众多,水网密布,拥有包括朱家角古镇、南翔古镇、松江古镇、嘉定古镇在内的一大批历史悠久的古镇,属于典型的江南水乡。不少地方以"中国美丽休闲乡村"及"乡村旅游重点村"建设为契机,开始重新挖掘村内的水资源,使得传统的江南水乡焕发出新的生机。浦东新区川沙新镇连民村围绕着"水乡花村,宿游连民"的文化主题,打造了以江南水乡部落为核心,以原乡田园、海派艺术和玫瑰花村三个部落为支撑的部落群,使得村落四季有景,吸引了大批市民游客前来观光。

(3)融汇传统文化传承与外来文化引进,构建开放包容、创新引领的海派新风尚。海派文化作为上海文化的重要组成部分,其内含的开放性、创造性、扬弃性和多样性对上海文化的发展影响深远。近年来,上海郊区的农村凭借着在生态和区位上的优势,吸引了国内外著名的一流艺术家进村驻扎,推动新时期海派文化在农村地区的创新发展。嘉定区马陆镇大裕村按照整个文化产业的引进、扶持和发展规划,引进了包括周春芽、马卫东、丁乙、岳敏君在内的国内外一流艺术家长期驻扎。青浦区朱家角镇林家村则相继吸引了相声演员赵松涛的田耘社、杨冬白雕塑工作室、电影导演王磊的路上有马电影工作室、李文连文创室等一批优秀的文化团队入驻。同时,村里和艺术家联合举办的文化活动每年有上百场,仅2020年的游客量就达到了3万余人次。

## 二、上海乡村文化发展过程中的问题及原因分析

虽然上海乡村文化在发展过程中取得了不少成效,但在现实中仍面临文化活动的覆盖面不足以及村民自组织程度不高、非遗传承人后继乏力、乡村文化整体受重视程度不足等问题。

### (一)乡村文化活动的覆盖面不足以及村民自组织程度不高

在座谈过程中,不少村民都提及目前乡村文化活动的参与者存在两个突出特征:"以本地人为主,外地人较少;以老年人为主,年轻人较少。"造成这一现象的主要原因包括:一是在上海务工的外地人以青壮年为主,平时工作忙碌,抽不出太多时间参与文化活动,而村里的年轻人平时在外工作,基本只有周末回村看老人;二是村里的文化活动大多在工作日开展,这也限定了乡村公共文化活动的参与群体。同时,村民自组织程度不高一定程度上也阻碍了乡村文化的发展。如表1所示,62.6%和42.8%的上海农村居民经常参加"政府或村镇组织的"和"单位组织的"文化活动,而参加"有共同爱好和兴趣的人组织的"(21.4%)、"邻居组织的"(14.3%)以及"俱乐部或社区组织的"(4.7%)比例则相对较低。

表1　平时经常参加谁组织的文化活动(可多选,但最多选三项)

| | | 频 数 | 百分比 |
|---|---|---|---|
| 有效 | 政府或村镇组织的 | 715 | 62.6 |
| | 单位组织的 | 489 | 42.8 |
| | 家人或亲友组织的 | 389 | 34.0 |
| | 同学、同乡或战友组织的 | 319 | 27.9 |
| | 有共同爱好和兴趣的人组织的 | 245 | 21.4 |
| | 自己去 | 171 | 15.0 |
| | 邻居组织的 | 163 | 14.3 |
| | 俱乐部或社区组织的 | 54 | 4.7 |
| | 从没有参加过 | 13 | 1.1 |
| | 其他 | 2 | 0.2 |
| | 总　计 | 2 560 | 224.0 |

### (二)乡村文化遗产在发展过程中面临传承人后继乏力等问题

非遗不仅是乡村文化的重要组成部分,还是其中的关键元素和外在表征。当前,上海不少非遗项目,如沪剧、田歌、滚灯等,其现有的传承人往往年逾花甲甚至古稀,鲜有年轻人参与其中。造成这一现象的主要原因包括:一是上海农村年轻劳动力流失严重,长期生活在村里并且对非遗感兴趣的年轻人少之又少;二是不少非遗项目演变成为表演性节目,相当一部分非遗传承人的收入主要依靠政府的补贴,对于年轻人缺乏足够的吸引力;三是很多地方的非遗项目大同小异,挖掘深度不足,发展前景不佳,很难进行产业化,继而难以吸引年轻人投身其中。

### (三)乡村文化发展受重视程度相对不足且在考评中所占权重偏低

绩效考评对于乡村文化发展不可或缺,一个良性合理的绩效考评体系有助于乡村文化沿着正确的方向前进。当前,上海乡村文化发展的绩效考评机制受重视程度相对不足,在考评体系中所占权重偏低,在现实中往往处于"说起来重要、干起来次要、忙起来不要"的境地。造成这一现象的主要原因包括:一是上级的绩效考评是基层工作的风向标,它直接影响到基层干部的注意力分配,在上级对乡村文化发展不甚重视的情况下,基层干部也不会将其摆在优先发展的位置;二是文化建设不仅投入周期长,而且见效慢,这也导致基层干部在精力有限的情况下,不愿意将更多的人力物力财力投入文化发展中。

### 三、上海农村居民在文化方面的突出需求

伴随着上海农村居民文艺素养的提升,他们对文化产品的质量以及配送频次,对文化场所的数量、类型和质量,对文艺指导员专业化的指导和培训等方面均提出了更高的要求。

#### (一)进一步提升文化产品的配送频次和匹配精度

相关统计数据显示,2018年上海基本实现了居村公共文化服务配送全覆盖。不过,上级配送的文化产品存在频次较低以及供需错配等问题。首先,由于近年来疫情防控和经济形势的影响,市级和区级配送到村里的文化活动出现频次下滑。其次,优质的文化产品有限,这导致配送到村里的文化产品往往参差不齐,且高水平、高规格的文化产品通常对场地的要求较高。再次,当前农村居民文化水平整体偏低且老年人占比较高,其普遍偏好热闹的文艺活动,但现有的配送清单中此类文艺产品的占比较低。

#### (二)进一步提升文化场所的数量、类型以及质量

虽然上海农村居民对文化场所的满意度处于较高水平,但如图1所示,当问及"您认为本村的文化发展在哪些方面还需要改进"时,选择比例最高的前三项分别是"增加文化场所的数量"(54.3%)、"丰富文化场所的类型"(48.0%)以及"提升文化场所的质量"(45.4%),说明上海农村居民对文化场所的需求仍然较为迫切。

在现实中,不少地方在文化场所的新建和运维上都存在困难。一方面,为了加强土地资源管理,中央和上海市都出台了一系列严格的土地管理政策和条例,这在某种程度上限制了乡村文化场所的新建。有不少农村居民坦言:"我们知道农村的土地是要宏观调控的,但是现在的场地还是不够,希望领导也能够理解我们的诉求。"另一方面,政府在统一完成乡村文化基础设施的建设之后,后期的运维费用由村委会承担,这对于部分村委会是笔不小的开支,因而很多乡村文化场所在新建后基本上处于闲置状态。

#### (三)进一步提升文艺指导员专业化的指导和培训

在农村居民文艺素养提升的同时,他们对上级文艺指导员的需求也愈发旺盛。从供给方来看是"文艺人才"下乡难。在上海的文化配送中,文艺指导员的标准是全市统一的每次200元,到远郊不仅路途远,而且交通不便,所以他们一般也不愿意到乡村尤其是远郊地区授课。从需求方来看是农村居民对专业文艺指导和培训的需求激增。当

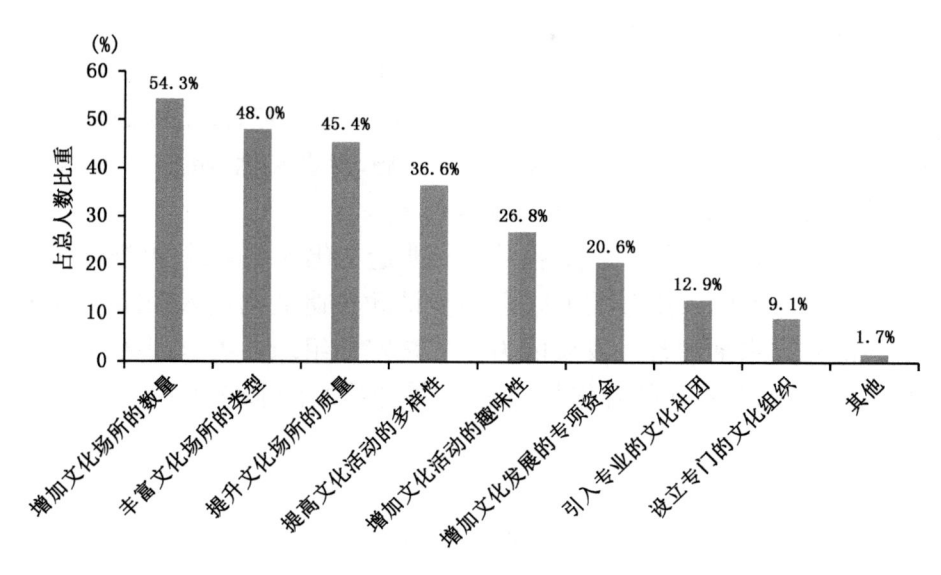

图1 本村文化发展需要改进的地方(可多选)

数据标签：增加文化场所的数量 54.3%；丰富文化场所的类型 48.0%；提升文化场所的质量 45.4%；提高文化活动的多样性 36.6%；增加文化活动的趣味性 26.8%；增加文化发展的专项资金 20.6%；引入专业的文化社团 12.9%；设立专门的文化组织 9.1%；其他 1.7%

前，无论是市级，还是区级镇级的各类文艺比赛都开展得如火如荼，且比赛的专业程度较以往大幅提升，乡村文艺团队要想竞争更高的荣誉和奖项，就必须接受更加专业的培训。

## 四、推动上海乡村文化发展的对策建议

针对上海乡村文化发展过程中的主要问题及农村居民需求突出的部分，课题组从体制机制完善、文化政策引领、公共服务提升、文化产业发展、非遗传承创新等方面提出相应的对策措施。

(一)统筹文化发展规划，强化体制机制建设

一是完善顶层设计，深化乡村文化发展政策研究，适当提高文化事业在镇村工作考评中的权重。二是对土地保护和文物保护政策进行相应的修订和完善，适当放宽针对新建和修缮文化场所的限制，加强对已有公共文化空间的管理和维护。三是加强政府各级财政投入，并引入第三方力量，在镇村层面设立文化发展专项资金。

(二)加大政策倾斜力度，夯实文化人才队伍

一是吸纳民间艺人、文化能人以壮大乡村文化人才队伍，支持和鼓励他们举办各类文艺活动。二是大力引进相关专业的优秀人才作为基层文化条线的负责人，鼓励有条件的地区设置专人专岗。三是进一步扩充文艺指导员队伍，适当增加对远郊的津贴补助。

(三)优化产品供需结构，提高公共服务质量

一是将包括乡村文艺团队在内的更多更优秀的文艺创作团队纳入政府文化产品采购名单。二是以区为单位，形成各区最受欢迎的"十大文化产品"清单，提高文化产品配送的频次。三是借助移动新媒体平台，最大限度地满足农村居民差异化个性化的文化需求。

**（四）挖掘本土文化意涵，助推文化产业发展**

一是借助高校专家学者和业界精英的力量提取和凝练文化符号和文化要素，确定差异化的发展模式。二是立足上海作为全球城市的区位优势，以市场需求为导向，提升产品附加值。三是充分发挥大都市郊区的区位优势，促进文化、旅游、休闲深度融合。

**（五）拓宽传播交流渠道，推动非遗传承创新**

一是充分利用5G、VR等新技术，推动乡村非遗文化的多渠道、可视化传播，提高非遗吸引力。二是以政府购买服务的方式进一步推动非遗文化进入校园和村居，切实提高非遗传承人的收入水平和自我发展能力。三是定期组织各类非遗传承人的培训，强化非遗传承人跨地域、跨行业的合作与交流，助推非遗的传承与创新。

**牵头领导：** 陆峥嵘

**牵头处室：** 计划财务处

**课题组成员：** 钟绍萍　文　军　石达祺　应建敏
　　　　　　　林卫东　周建敏　李建刚　鞠　炜
　　　　　　　吴越菲　姚　江　李璐璐　刘雨航
　　　　　　　卢素文　王云龙　吴志鹏　高　芸
　　　　　　　王　慧　王妙璇　董方正

# 7. 关于促进农民持续增收的调研报告

2023年2月起,上海市农业农村委开展了促进上海农民持续增收的调研,共回收有效问卷2 342份,现将调研情况分析如下。

## 一、样本分析

本次调查样本选择上强调以整组农户为调查单元,问卷设计遵循"问有用""问得出""问得准"原则,在调研执行上注重入户调研、面对面访谈。共入户调查1 007户、2 342人。样本信息如下:

(1)户均人口2.3,本市农业户籍占比3/4。1 007户样本户中,共有家庭成员2 342人,家庭户规模为2.3;男性比例略低于女性(男48.4%,女51.6%),家庭规模结构、性别结构与面上户籍人口基本持平。本市农业户籍占比为74.9%。

(2)老龄化率约60%,学历水平偏低。60岁及以上人群占比为59.3%。其中,80岁及以上占60岁及以上群体的比例为15.4%,高龄化比例与面上基本相同。1 007户家庭中,独居或者双居的比例合计72.1%(其中,老人家庭占58.7%)。16岁以上人群(不包含在读学生)中,初中及以下学历占比为74.2%,这与老年群体占比较高有关。其中,就业年龄段(16~59岁)农民中初中及以下学历占比为45.1%,高中、大专、本科及以上学历占比均在18%左右。

(3)集体经济相对薄弱,宅基地房屋资源充沛。样本村集体经济相对薄弱,实力差距大。2022年,崇明三个村集体资产均在1 000万元以下,总收入在20万元以内,其中,南桥村集体资产和收入水平最低,分别为132.5万元和0.5万元。奉贤两村受益于农村综合帮扶,集体经济实力相对较强,其中,沈陆村最强,资产和收入分别为6 020.9万元和1 181.4万元。浦东新区和青浦区集体经济处于中间水平,收入普遍不高。调研显示,目前仅奉贤两村和青浦徐练村集体经济组织有分红。样本户宅基地房屋资源相对丰富,盘活利用潜力大。样本户房屋建筑面积在160平方米以上的户数超过70%;人均居住房屋面积约80平方米,独居或双居老人家庭的人均居住房屋面积约105平方米。

表 1 样本村集体经济情况 单位：万元、亩

| 区 | 村 | 2022年末资产总额 | 2022年总收入 | 分红情况 2021年 | 分红情况 2022年 | 经营性集体建设用地面积 |
|---|---|---|---|---|---|---|
| 崇明区 | 三星镇南桥村 | 132.5 | 0.5 | / | / | 10.0 |
| 崇明区 | 新河镇井亭村 | 780.8 | 19.7 | / | / | 18.7 |
| 崇明区 | 中兴镇爱国村 | 256.6 | 4.8 | / | / | 7.9 |
| 奉贤区 | 南桥镇沈陆村 | 6 020.9 | 1 181.4 | 67.0 | 75.8 | 85.0 |
| 奉贤区 | 四团镇五四村 | 3 554.3 | 198.9 | 29.5 | 31.1 | 8.9 |
| 浦东新区 | 航头镇牌楼村 | 1 178.3 | 26.8 | / | / | 1.0 |
| 浦东新区 | 老港镇牛肚村 | 2 817.3 | 116.6 | / | / | / |
| 浦东新区 | 书院镇洋溢村 | 3 078.0 | 25.3 | / | / | / |
| 青浦区 | 白鹤镇江南村 | 2 194.3 | 61.2 | / | / | / |
| 青浦区 | 练塘镇徐练村 | 1 220.4 | 64.9 | 18 | / | 11.6 |

## 二、家庭收入情况分析

（一）家庭人均年收入约3.5万元，收入满意度不高

2022年样本户家庭人均收入3.5万元，低于同期本市农村常住居民人均可支配收入(39 729元)10%左右（主要与本次调查样本户处于远郊地区相关）。1 007户家庭中，65.4%的农户家庭收入水平低于当年度低收入标准线；其中，47.5%的家庭人均年收入处于17 001～34 000元，17.9%在17 000元以下。人均年收入超过4万元的家庭占比为25.4%。

农民对家庭收入满意度不高，满意度水平为60.4，勉强及格。选择"一般"的比例为41.5%（平均收入3.4万元），选择"不太满意"和"不满意"的比例为30.0%（平均收入2.3万元）。对收入状况满意度较高（选择"非常满意""比较满意"）的家庭人均收入约5.1万元，比平均水平高出近一半。

（二）工资性和转移性收入占比超过九成，财产性收入主要集中在土地流转费

样本户家庭中，工资性收入占比约54%，转移性收入（主要是养老金）占比约40%，财产性收入占比很小。沈陆村、五四村和徐练村有集体经济分红，平均每户约200元。有84户在问卷中填写了房屋出租收益，集中在沈陆村、江南村、牌楼村和五四村，年租金在几千到几万元不等，平均每户在1.3万元。样本户土地流转率达到94%，流转费平均为1 443.1元/(亩·年)，平均每户流转收入4 355.9元。老年群体的平均收入为2.7万元，其中，养老金2.4万元，土地流转费0.2万元，也就是说大多数老年人生活主要是靠养老金和土地流转费，部分低龄老人有打零工收入。此外，164户有投资收益，在1 000～5 000元不等。

## (三) 收入仅仅满足日常开支,医疗支出占大头

多数村民反映,目前的收入水平仅能够负担日常消费开支。有老人讲"一周能够吃一餐肉,改善一次伙食""自己家里种菜够吃,主要是怕生病,一生病就完全不够花"。71.6%的农户反馈医疗支出是最主要支出项,样本户中517户家庭成员有"小毛小病、慢性病",128户家庭成员存在"大病、重病",有农户说"不够用,看病一个月要3 000多""不敢生病,看病都贵"。56.1%的农户反馈日常消费支出是家庭的第二大支出项,中位数在9 000元/年左右,不少农民反映"菜、衣服基本不用花钱,但是水电气油都是必须用的"。此外,人情往来随礼支出也是家庭重要支出项,中位数在6 000元/年左右。调研中发现,年纪越大越看重人情往来,有调查农户反映自己的母亲"快90岁的人,去年随礼1万多元,宁愿自己不吃也要随礼到位"。

表2　　　　　　　三星镇南陆村某农户(71岁独居老人)每月日常支出情况

| 水费 | 电费 | 米面 | 食用油 | 手机费 | 有线电视 | 煤气 | 常年药物 |
| --- | --- | --- | --- | --- | --- | --- | --- |
| 53元 | 110元 | 60元 | 90元 | 28元 | 23元 | 60元 | 70元 |

以上日常支出共494元。2022年,该农户人情随礼约5 000元,手术住院自付1.7万元(总花费7万元,报销5.3万元)。同期,月养老金水平为1 370元。

## 三、具体人群分析

从生活状态来看,16岁以上人群中,老年农民1 457人(其中164人打零工),非农就业人员709人,农业从业人员135人,未就业且未领养老金的有71人。

### (一) 老年农民群体

1. 七成老年农民享受"农保"保障,养老金水平约1 400元

老年农民的月养老金水平为1 967.4元。其中,71.7%的老年农民享受城乡居民基本养老保险(俗称"农保"),平均为1 458.8元/月;17.4%享受原"小城镇社会保险"(俗称"镇保"),平均为2 511.9元/月;10.9%享受城镇职工养老保险(俗称"职保"),平均为4 606.6元/月。此外,有个别子女给老年人购买商业健康保险。

2. 最大诉求仍是提高养老金,希望可以增加1 000元

老年农民期望的养老金水平为3 100元,与目前相差约1 000元。其中,享受"农保"、原"镇保"和"职保"的老年农民期望的月养老金水平分别是2 663.9、3 805.4、5 672.0元。"农保"老年群体,普遍希望养老金可以达到或接近原"镇保"水平。"希望农保养老金提高到与小城镇一样""丧葬抚恤金与镇保的差距大,过节费是农保的一倍"。"女农民拿养老金少,还要到60岁;城里面的女性50岁就领养老金,钱是我们的几倍"。还有农民希望对老党员、老村委、荣誉获得者等群体提高养老金的增幅比例。

样本人群中,有164名老年农民打零工,占老年农民总数的11.3%。其中,六成从事非农就业,年报酬约3万元;四成从事农业就业,年报酬约1.6万元。针对"老年人打工到什么年龄合适"的回答中,大家预期可以到64.2岁,与农业经营主体的需求基本一致。此外,调研中发现农民对为老服务需求较高,比如有农户反映"已经70多岁,再过

几年就烧不动菜、洗不动衣,孩子在外面工作,希望村里能给口饭、洗洗衣服"。

3. 对宅基地盘活利用有意愿,集体资产分红倾向于直接发现金

农民普遍希望对宅基地房屋进行征地拆迁补偿。有258户回答了"如果有闲置宅基地如何加以利用",超过50%倾向于宅基地有偿退出;其次是交由村集体统一管理,向村集体收取租金,选择比例有45.4%。有417户参与了宅基地房屋整体出租意愿调查,其中有60%愿意将房屋整栋出租给村里或公司用于经营,期望租金收入在0.5万～10万元不等,平均为6万元。419户回答"支持哪种方式进行村集体经济收益分配"的家庭中,88.8%的农户倾向于直接发现金;其次是通过集体经济组织统一开展对外投资,再对投资收益进行分红,即85户支持"先做大蛋糕、再分蛋糕"。

(二)非农就业群体

1. 非农就业相对充分,过半数人群月工资在5 000元以下

16岁以上人群中709人非农就业(含打零工),占比为31.6%。其中,就业年龄段中非农就业的有621人,就业率为84.7%,就业相对充分。另外,有101名老年农民在非农行业中打零工。

709个非农就业人员平均劳动报酬为5 448.8元/月,相当于同期城镇私营单位就业人员平均水平的三分之二。其中,过半数人群(51.4%)劳动报酬在2 500～5 000元/月,其次是5 001～8 000元/月(19.0%)。非农就业人员对劳动报酬的满意度水平不高,仅63.3,其中40%选择"一般",近25%选择"不满意"。

从就业单位来看,就业年龄段中非农就业人员有近50%在民营企业上班,平均劳动报酬约5 300元/月;其次是镇村公益性岗位,劳动报酬也低于平均水平。从就业岗位来看,近80%的劳动力属于普通职员和体力劳动者,后者劳动报酬明显低于平均水平。此外,有71个样本有就业能力但未就业,约占就业年龄段的8%,其中,七成是由于照顾家庭需要、就近适合岗位少、岗位专业不对口等原因,也有部分是生活有保障不想就业或身体不好不便上班等。

表3　　　　　　　　　　非农就业人员就业状况(就业年龄段)　　　　　　　　　　单位:元

| 就业技能 | 比例 | 收入 | 就业单位 | 比例 | 收入 | 就业岗位 | 比例 | 收入 |
| --- | --- | --- | --- | --- | --- | --- | --- | --- |
| 无技能 | 73.9% | 5 127.5 | 公益性岗位 | 13.3% | 4 229.6 | 高级管理人员 | 2.7% | 10 357.1 |
| 初级 | 10.3% | 5 721.4 | 国有企业 | 11.4% | 7 957.7 | 中级管理人员 | 6.6% | 9 017.6 |
| 中级 | 8.1% | 7 252.6 | 民营企业 | 50.9% | 5 354.0 | 专业技术人员 | 8.7% | 8 257.6 |
| 高级 | 3.6% | 10 133.3 | 集体企业 | 2.7% | 5 303.6 | 普通职员 | 54.9% | 5 618.4 |
| 技师 | 3.1% | / | 机关事业单位 | 11.0% | 7 680.4 | 体力劳动者 | 23.5% | 3 710.0 |
| 高级技师 | 1.0% | / | 其他 | 10.8% | 6 000.0 | 其他 | 3.7% | 6 333.3 |

2. 提高就业技能呼声高,就近就业、社保补贴需求大

大家反映,"上班最主要的问题"是就业技能不高,占比超过30%。73.9%的就业年龄段非农就业人员没有技能证书,月均劳动报酬为5 100元;同期,初级工劳动报酬为5 700元、中级工为7 200元、高级工为10 000元。238个"促进就业最应该做的是什

么"回答中,"通过培训,提高就业技能"呼声较高,占比超过50%。也有人提出"增加就业培训的网上指导"。

除就业技能不高外,还存在就近适合的岗位少和上班工资不理想,占比超过25%。很多村民希望可以就近开发更多的公益性岗位。369户回答"如果需要的话,希望就近能提供什么岗位"中,有46.6%希望可以增加保洁、保安、保绿等公益性岗位,其次是为老、助老等服务性岗位(洗衣、助餐等),选择比例也超过30%。有人建议,可考虑通过增加助老性的公益性岗位,解决部分人群就近就业的同时,释放出部分劳动力。此外,有村民提出"引进企业,发展村内产业,提供就业岗位""适合退休后人员的工作岗位可以多一些""公益性岗位招录需要更公平"。

调研中发现,就业年龄段内有102人就业但参加"农保"的情况,占比超过非农就业群体的16%,其平均劳动报酬不到4 000元/月。主要原因有工作不稳定、单位变动快,私人老板因成本未为其缴纳"职保";女性群体因为年龄限制,用人单位不能为其参加"职保"。也有农户反映,临近退休但"职保"缴费年限不够,因"职保"缴费基数高而不愿意继续参保,最后选择"农保"。

(三)农业从业群体

1. 老年农民接近一半,农业从业者收入尚可

16岁以上人群中有135人农业就业,占比为6.0%。其中,就业年龄段中农业就业的有69人;另有66个老年农民主要在农业行业中打零工,占样本中农业从业人数的48.9%。农业经营主体对招收老年人的态度倾向于"现在老年人身体好,可以继续从事劳动",经营者反映"招不到年轻人"。

从事农业就业的样本中,有17名农业经营主体负责人,2022年经营净收入在5万~30万元不等,平均经营净收入约10万元。有10个管理人员或专业技术人员,年劳动报酬在7万~8万元。普通农业劳动人员的年报酬约2万元,其中,60岁以下农业从业人员约2.8万元。农业从业者的收入满意度水平(67.6%)略高于非农就业人员,但仍有农民反映"地里工作比较辛苦,赚得少"。调研也发现,大多数农业经营主体参加过专业技术培训,受过培训的农业从业者收入水平明显高于未受过培训的农民。

2. 经营主体希望加大扶持力度,搭建统一销售平台

样本户中,经营主体多数从事水稻、蔬菜种植,且大多数经营主体没有与农业相关的其他经营活动,产业融合度不高。农业经营者对扶持政策需求最大的是加大农业项目扶持力度和提供用工补贴,如"提供贷款等金融服务""创业初期艰难,需要政策扶持""生产资料补贴,技术支持,提高机械化水平"。其次是搭建统一的销售平台,如"能多一些销售渠道"。此外,还有经营者提到"种子供应要满足需要,化肥价格要稳定,农资补贴要到位""发放政府补贴时写明具体明细"。

**四、总体思路与对策建议**

共同富裕,最艰巨繁重的任务在农村,突出表现在缩小城乡居民收入差距。展望未来一段时间,常规条件下(从过去五年上海城乡居民收入增速来测算)到2027年有望缩

小到2以内(1.989:1),但仍低于浙江省2020年水平(1.964:1)。因此,共同富裕任务艰巨、任重道远。一要提高站位,真金白银促增收。2022年上海人均GDP 18.4万元,位列全国省市第二(北京为19.01万元);农村人口212万、农业户籍人口121万,占比最低。上海有基础、有条件,也有责任在推动全社会共同富裕上勇立潮头,要突破现有思维框架和政策体系,下定决心、真抓实干,促进农民收入快速增长。二要聚焦重点,分类推进找突破。从调查情况来看,老年农民比重近六成,转移性收入占总量的四成;就业年龄段人群比重占三成,工资性收入占总量的五成半。缩小城乡居民收入差距不能一蹴而就、一哄而上。要在稳住就业基本盘的基础上努力提高老年农民的综合收入水平,扩大受益面、提升获得感。三要设置目标,精准施策缩差距。综合测算,农民收入年均增速在现有基础上提高2个百分点,比城镇居民收入增速高3个百分点,到2024年城乡居民收入倍差有望缩小到2以内(1.989);到2026年缩小到1.9以内(1.871),高于浙江共同富裕示范区1.9的目标;到2034年突破1.5,缩小到1.463,达到发达国家城乡收入倍差水平(在维持常规增长水平的基础上,老年农民月均收入增加800元,城乡居民收入倍差缩小到2以内;增加1 500元,有望缩小到1.9以内)。

(一)提高老年农民综合收入水平

一是提高老年农民养老金水平。增加城乡居民养老保险基础养老金水平,缩小与"职保"年度增加数额的差距,在"十四五"期间,基础养老金水平超过最低生活保障救助标准。调整完善城乡居民养老保险办法,鼓励多缴多得、长缴多得。借鉴城镇职工养老保险专项增加机制,在面上增加养老金的基础上,对高龄人群、特殊贡献人群再增加养老金。

二是研究土地承包权有偿退出重大改革。总结松江区老年农民土地承包权有偿退出经验,鼓励老年农民自愿将农村土地承包权退出;借鉴台湾地区做法,发放"老农津贴",使老年农民的综合收入水平接近或达到原"镇保"养老金水平。

三是鼓励部分群体参加"职保"。对年满50周岁的本市户籍女性农民或者年满60周岁的本市户籍男性农民,有一定"职保"缴费年限但不足15年,尚未领取养老金的,鼓励其补缴"职保",对其社保缴费进行全额补贴,确保老年农民养老金水平差距缩小。

(二)鼓励在职技能培训、开发就业岗位、提高职保覆盖率

一是鼓励用人单位加强在职技能培训。对用人单位开设针对性在职培训课程进行补贴,对取得技能证书的给予奖励。

二是开发一批就近就业岗位。结合示范村建设以及五大新城发展机遇,加大招商引资力度,加快乡村产业布局。鼓励镇、村开发一批洗衣、助餐等为老、助残等公益互助、社会治理岗位。鼓励有条件的地方推行以工代赈,将吸纳本地农民就业作为政府支持农业项目的指标之一。加强农村公共就业服务,促进就业信息和资源到村入户。

三是提高就业人员"职保"覆盖率。对本市户籍农民非农就业参加"职保"的,适当补贴单位缴费部分。开通合作社、家庭农场等农业就业人员的"职保"通道,补贴单位缴费部分。对从事灵活就业的本市户籍农民,鼓励参加"职保",给予社保缴费适当补贴。

(三)大力提高农业效益水平

一是提高农业的土地产出率和劳动生产率。加快农业科技创新和成果转化,大力发展现代设施农业。总结推广浦东农业产业化联合体模式,搭建统一销售平台,提高农业生产效益。

二是加大高素质农民培育力度。进一步开展高素质农民培育,增加专业技术培训课程比例,提高农业从业者技能水平。

三是加强农业生产扶持力度。建设高端现代农业项目,加大招商引资、引智力度,为农业经营主体提供金融、人才等支持,对于优质农业项目加大扶持力度。

(四)加大财政投入,支持盘活宅基地资源

一是实施新一轮农村综合帮扶工作。在继续稳定中心城区和市属国企捐赠帮扶资金的基础上,市级财政重点支持崇明、金山、奉贤等重点地区再造一批"造血"项目。完善和健全农村综合帮扶收益分配机制,主要用于提高薄弱村居民增收、集体经济组织收益分红、"造血"项目再投入等。

二是盘活利用闲置农村宅基地房屋资源。优先在长三角毗邻地区、乡村振兴示范村及美丽乡村示范村中,利用集体经济资产、引入社会资本盘活利用闲置宅基地房屋资源。搭建全市性的闲置宅基地房屋信息发布平台,促进资源要素流动。

三是促进长三角毗邻地区财产性收入增加。立足于乡村资源禀赋,用足、用活各类政策,大力发展乡村旅游、民宿经济,吸引资本、人才向乡村集聚,挖掘农民财产性收入潜力。


**牵头领导:** 施 忠
**牵头处室:** 发展规划处
**课题组成员:** 郭保强　应建敏　郑培泉　叶炽瑞
　　　　　　　　侯明明　朱晓敏　许　峰　丁志远
　　　　　　　　吉　睿　邱　琛　陆裕平　陈　敏
　　　　　　　　陈锦奇

# 8. 把握创新范式转移新机遇 抢占农业科技新赛道 推进上海都市现代农业高质量发展的调研报告

为了贯彻陈吉宁书记在《智库建议我市把握农业创新范式转型战略机遇，抢占全球农业科技新赛道》上的批示精神，时任市委常委、副市长郭芳要求结合主题教育，开展农业科技创新范式转型、抢占新赛道的大调研，市农业农村委成立了工作专班，走访调研了上海交通大学等15家高校、科研院所和农业科技企业，向155家单位发放了调查问卷，邀请专家剖析问题与短板，2次召开专题会议研究政策措施，在分析农业科技前沿发展新态势和上海农业科技创新现状的基础上，提出了农业科技发展的新思路和新赛道，谋划了下一步工作的着力点。

**一、农业科技前沿发展新态势**

综合专家建议和国际先进地区案例分析，调研组认为，当前新一轮科技革命和产业变革加速演变，现代农业领域学科交叉融合快速发展，不断催生出新的技术领域，拓展农业属性和功能，持续推动农业产业转型升级，提升农业质量效益。主要表现在以下三大领域：

（一）生物育种

现代生物技术、人工智能技术推动传统育种向基因组育种转变，新品种培育更加精准高效，可满足高产、稳产、绿色、营养、多抗、宜机等多样化需求。世界种业已跨入"生物技术＋信息技术＋人工智能"的育种4.0时代，我国仍处在以杂交选育和分子技术辅助选育为主的育种2.0~3.0时代，在基因编辑、合成生物学、全基因组选择、分子设计等新兴交叉领域存在一定差距和短板。

（二）生物制造

前沿生物技术与计算机、物理、化学等技术的结合，推动生物制造向原料利用多元化、生物转化体系高效化、产品高值化等方向发展。经合组织预测，至2030年，其组织内国家生物制造的经济和环境效益将超过生物农业和生物医药。我国生物制造市场化程度较低、竞争力不足，相较于国际先进水平差距明显。

（三）智慧农业

物联网、大数据、云计算、人工智能、新能源等现代技术赋能传统农业，催生颠覆性智慧农业技术。欧盟、美国、以色列、日本等国家和地区形成了各具鲜明特征的智慧农业发展模式。我国智慧农业技术起步较晚、根底未深，暂处于跟跑阶段。

## 二、上海农业科技创新现状分析

（一）上海农业科技创新基本情况

近年来，上海深入实施乡村振兴战略、创新驱动发展战略，创新体系逐步健全，创新能力日渐提升，农业科技创新基础更加稳固。2022年，上海农业科技进步贡献率达80.13%。

1. 都市现代农业科技创新体系逐步健全

经过调研梳理，本市农业领域现有国家级涉农科研单位6所、设有涉农专业的高校16所、市级科研及技术推广单位12家，涉及种植、畜牧、渔业、设施装备、食品加工、低碳生态等多个学科领域。上海建有植物分子遗传全国重点实验室、国家设施农业工程技术研究中心等国家级创新平台32个，上海市农业遗传育种重点实验室等省部级平台141个，国际合作科研平台27个，国内联合共建科研平台85个，浦东、崇明和金山3家国家农业科技园区。

根据本次问卷调查统计结果，全市涉农领域科研人员3 834人，其中，正高级职称406人，拥有博士学位683人，院士、杰青、千人、国家百千万人才等国家级人才104人，市级领军人才54人。

2. 重点创新领域取得新突破

据统计，上海"十三五"以来共获得国家科学技术奖励6项，其中"水稻遗传资源的创制保护和研究利用"获国家科技进步一等奖，打破了全国农业领域在此奖项上连续九年的沉寂；共获得上海市科学技术奖励75项。一是生物育种技术取得突破。率先破译了水稻杂种优势遗传之谜，发现了水稻抗高温、抗旱、抗稻瘟病等基因；发现了影响玉米蛋白含量、氮素利用率的相关基因，使种子蛋白质含量增加35%的同时有效减少氮肥的施用；首次揭示了脂肪酸是植物菌根真菌主要碳源，为选育抗真菌病害作物提供保障；创立了香菇纯系亲本选择和多元决定系数的育种理论与技术，创新了金针菇自交纯系育种等理论与技术；构建了黄瓜分子育种技术体系，克服了传统育种误差大、效率低等瓶颈。二是攻克繁育难题并培育了一批优质种源。攻克了刀鱼等长江珍稀鱼类人工繁育技术难题；成功培育了我国雉鸡行业第一个具有自主知识产权的国家审定品种"申鸿七彩雉"；上海祥欣种猪性能已跻身国际领先行列。三是绿色农业技术取得新进展。基于合成生物学研发的第三代吩嗪衍生物农药、一类新兽药沙咪珠利，为绿色、高效发展提供了支撑。

3. 科技创新成果特色鲜明

一是立足上海,服务优质地产农产品供给。经过多年的研发和推广,本市优质稻米品种良种覆盖率近100%,机械化率达98%,自主品种市场占有率超过55%;绿叶菜自给率达85%,自主品种市场占有率达70%;绿叶菜"机器换人"全国领先,综合机械化率达60%;西甜瓜商品种苗覆盖率超60%。二是走出上海,扩大成果溢出效应。"旱优"系列节水抗旱稻在全国种植超1 000万亩,并在非洲、东南亚等"一带一路"沿线国家推广;"申香""沪香"系列香菇在河南、河北、贵州等全国香菇主产区市场占有率超30%,"沪农灵芝1号"在浙江、安徽、福建等主产区成为主栽品种;中华绒螯蟹新品种"江海21"已成为全国应用面积最广的河蟹品种;"锦"系列黄桃成为湖南炎陵县、山东蒙阴县脱贫致富的支柱产业;农机自动驾驶系统全球销售4.2万台套,累计作业超1亿亩。三是聚焦生态,支撑绿色发展水平。集成示范水肥一体化、绿色防控、新型生物农药、养殖尾水处理、农业面源污染治理及废弃物资源化利用等技术,其中,本市农作物秸秆综合利用率已超过98%,农业生产水、土、气综合质量得到显著提升。

(二)上海农业科技创新面临的挑战

专家学者普遍认为,由于超大城市对乡村的虹吸效应,人才、资金、技术等创新要素进入农业科技创新领域面临体制障碍和市场竞争的双重压力。上海农业科技在主体作用发挥、自主创新能力提升、科研组织创新等方面存在问题和挑战。

一是农业科技创新范式滞后于国际先进水平。农业科技创新的组织机制尚不完善,支持方式以科研系统立项选题、财政资金提供支持为主,形成的成果再由产业界根据需要进行转化,科研活动与成果转化相对被动、整体效率不高。农业科技创新手段比较传统,数字技术、信息技术、生物技术等现代高新技术在农业领域应用不多。

二是企业作为创新主体作用发挥不明显。农业领域科技型初创企业少,且规模小、实力偏弱。据调研,2022年全市新增认定9 956家高新技术企业中,农业领域67家,仅占0.67%。涉农科技小巨人企业仅有5家。同时,农业科技企业自主创新内驱动力不强,研发资金投入较少,科技成果成熟度不高,制约了上海农业科技创新体系效能提升。

三是农业科技创新的"核爆点"少之又少。上海农业科技前沿新技术突破能力较弱,关键共性底盘技术储备不足,原创性、引领性、标志性成果缺乏,如像大北农的耐除草剂大豆、玉米,市农业生物基因中心的节水抗旱稻,从品种创新、栽培技术、生产模式等方面引领产业变革的创新成果较少,引领支撑产业爆发式增长的能级不足。

四是围绕产业链组织创新链的能力不强。农业科技创新链与产业链之间协同程度低,联合突破行业关键共性技术能力弱,重点支持生物医药、高端制造、新材料、新能源、新一代信息技术、节能环保等领域的科创板,目前上海企业83家,尚无涉农企业。农业科研组织方式尚不健全,以产业需求为导向的立项方式、过程管理、考核评价等制度机制有待完善。农业科技政策的系统性、融合度不够,支撑服务产业的整体效能发挥尚不充分。

(三)上海农业科技创新发展的机遇

新发展阶段,上海农业科技创新肩负新的使命任务,也面临宝贵机遇。上海应充分利用超大城市的规模优势、外溢效应,更好地发挥农业科技对乡村振兴、农业农村现代化的支撑引领作用,让上海成为展示城乡融合高质量发展和农业农村现代化的重要窗口。

1. 农业数字化转型和绿色低碳发展的强力牵引

当前上海全面推进城市数字化转型和绿色低碳发展,新一代数字技术加快向农业农村领域延伸,进一步推动上海农业实现整体性转变、全方位赋能和革命性重塑,绿色生态农业地位作用更加凸显,对绿色技术、绿色品种、绿色装备、绿色投入品的研发和推广应用提出新要求、赋予新机遇。

2. 上海科创中心建设的溢出效应

上海加快建设具有全球影响力的科技创新中心,在生物医药、集成电路、人工智能等先导产业领域创新能力和产业能级居于国内前列,积累了丰富的技术资源和人才储备,为上海构建农业科技新赛道打下了良好的基础。同时,在政府创新管理、科技成果转移转化、收益分配、创新投入、人才发展、开放合作等方面开展全面创新改革试验,相继出台"科创22条"、科改"25条""基础研究特区"计划等政策措施,一批可复制可推广的经验成果加快向农业科技领域延伸辐射,为农业科技创新提供了良好的政策环境和制度保障。

3. 超大城市资源环境约束对都市农业科技创新的倒逼驱动

上海发展都市现代农业受制于超大城市特定的资源环境,必然要求向高端农业要发展空间、向精品农业要产业效益、向品牌农业要价值,强化农产品规模化、集约化、标准化生产,以不断提高农产品供应保障能力,更好地服务市民高品质生活。这对于调整优化农业科技创新方向、丰富拓展科技创新内涵提出了新课题、提供了新机遇,成为都市现代农业科技创新的强大外部驱动力。

## 三、上海农业科技创新发展总体思路

专家认为,上海亟需把握农业科技创新范式转移新机遇,农业科技创新与改革"双轮驱动",围绕产业链部署创新链,紧盯前沿领域新赛道,加速推进现代高新技术在农业领域应用,构建新型研发机构,发挥龙头企业创新主体作用,加大力度支持科研人员创新创业,培育农业领域"核爆点",依据"研发产业化、技术商品化"理念,以"科技+服务"发展农业研发经济,做强各类科技企业孵化平台,扶持科技型新创企业快速成长,加速农业科技服务业集聚,发展农业新技术、新模式、新业态,引领和支撑都市现代农业高质量发展,力争成为高科技农业的领军者,助推我国加快实现高水平农业科技自立自强,探索走出科技创新支撑超大城市乡村振兴新路径,确保上海率先基本实现农业农村现代化,并在全国实施乡村振兴战略中走在前列、争做示范。

坚持服务超大城市民生需求。突破现代育种技术,培育适宜本地种养殖的新品种,发展绿色高效能农业,满足市民对高品质地产蔬菜、生鲜瓜果、水产、肉蛋奶等的需求,提升超大城市保供能力。

坚持服务都市现代农业发展。坚持学科交叉融合,顺应创新范式转移,推进现代高新技术赋能农业科技创新,促进产业链上下游协同创新,抢占新赛道,引领和支撑都市现代农业高质量发展。

坚持服务农业强国战略。瞄准世界农业科技发展前沿和国家战略需求,充分整合国际国内科技与产业资源,立足上海组织开展关键核心技术攻关,促进农业科技创新成果辐射长三角、服务全国,提升我国农业科技自立自强水平。

## 四、上海农业科技创新发展新赛道

专家认为,上海应全面发挥超大城市的创新型企业、科技设施、专业人才、金融资本等集聚优势,围绕学科前沿和市场需求,聚焦定向育种技术、生物制造技术、智慧农业和植物工厂等新赛道,聚力打造以企业为主体的创新体系,加强原始创新和应用技术创新,打造高水平农业科技研发经济,支撑都市现代农业高质量发展。

(一)基于定向育种技术的品种选育以及产业化应用

在调研和座谈中,专家一致认为,上海要加快推进新一代基因技术创新,发掘新型基因编辑系统,开发高效率碱基编辑器和多位点基因编辑工具、高效植物基因编辑递送工具,提供亟需可落地的底层共性技术,抢占生物育种技术新赛道制高点;创新全基因组选择、分子标记辅助育种、分子模块设计育种等技术,聚焦水稻、(青)花菜、食用菌等培育自主核心种源,建立快速育种技术体系,创制或改良一批功能性强、适合工厂化种养殖的种质,降低优质种源对外依存度。

(二)基于生物制造技术的未来食品和未来农业投入品

专家一致认为,上海应紧抓生物医药产业创新高地建设机遇,积极推进前沿生物技术赋能农业科技,抢占农业生物制造技术制高点,提升农业生物制造技术水平,开发高效合成生物学技术,建立不同源功能基因的高效筛选与鉴定体系,创制水稻、大麦等重要农作物细胞工厂,实现高附加值天然产物低成本生产;创新分子靶向发现、基因重组、微生物发酵工艺等技术,创制农兽药、疫苗、饲料、微生物菌肥等绿色投入品,提高自主创新产品市场占有率。

(三)基于人工智能决策系统的绿色低碳温室制造技术体系

专家一致认为,上海应充分发挥领先全国的数字基础设施资源和技术优势,进一步研制智能农业装备高端专用感知、传输和执行元器件,创制氢能、绿电等驱动大型农机,突破目标识别、智能控制和作业运动等关键核心技术,研发种苗移栽、投喂巡检、果蔬采收等柔性农业机器人;进一步创新绿色低碳和数字赋能的光温调控、水肥管理、精准作业、精准饲喂等智能生产关键技术和装备,构建大田作业耕种管收全过程的智慧决策系统,并推广到番茄、黄瓜、彩椒温室生产领域。

(四)基于多技术体系智能集成的植物工厂

专家建议,上海应大力发展植物工厂技术,围绕新品种选育与高效集约化育苗服务、高附加值作物生产,以及特色果蔬周年生产等应用场景,研发作物高效生产光配方和高效水肥运筹模型、环境控制能耗模型、AI环境和生物感知、嵌入自主模型的智能植物工厂边缘计算控制柜,以及管控云服务平台、自动化垂直农业生产系统、全流程无人化作业装备等,构建有上海本地特色的植物工厂,并培育自主产权的植物工厂专用蔬菜新品种,从而打破国外设施温室蔬菜品种、控制模型和软硬件的垄断。

## 五、抢占农业科技发展新赛道的着力点

下一步,我们将紧抓创新范式转型机遇,强化体制机制创新力度,重构全链条农业科技创新生态,加快抢占农业科技发展新赛道,用科技创新引擎助推上海都市现代农业高质量发展。拟重点从以下几方面着力推进。

(一)顺应创新范式转移推进农业科技体制机制改革

探索构建农业技术攻关新型举国体制的实施路径,优化项目形成机制与管理制度。鼓励企业参与创新全过程,完善"企业出题"机制、引导人才合理流动的激励机制、高效的科技成果收益分享机制等,支持企业牵头联合高校、科研院所开展应用基础研究解决行业关键共性难题。在农业关键核心技术攻关领域试行"揭榜挂帅""赛马"等制度。

(二)引入风险投资基金参与农业科技创新,发挥企业创新主体作用

推动成立乡村振兴基金,以财政资金引导撬动社会资本投入,推动农业科技成果超前孵化。鼓励金融机构开发专门支持农业重大科技任务攻关、战略科技力量建设和促进农业科技企业发展的金融产品。引进培育具有世界影响力的农业科技创新型企业。引导涉农企业加大研发投入,推动光明、上实等国有农业龙头企业履行创新使命责任、落实研发投入强度要求。支持科技型农业中小企业提升研发能力,对企业创新进行分环节分阶段补贴,重点加大初创环节支持力度。推动科技型农业企业在科创板上市。探索由风险投资机构和科技型农业企业联合为农业科技创新活动购买科技保险,由保险公司、科技企业和风险投资机构共同分担创新过程中失败的风险。

(三)改革创新平台组织机制和运营方式

鼓励产学研合作突破行业关键核心技术,支持高校、科研院所和企业共建实体化运作的协同创新平台。整体推进上海市农业科研机构改革重组,加快构建新型研发机构。支持以企业为主体构建创新联合体,由企业牵头承担重大项目破解产业发展难题。鼓励涉农科研力量组建科技创新联盟,实现产业链上下游联合创新。聚焦优势学科领域和新赛道重点培育方向,鼓励引进重大创新平台基地落户上海,支持农业企业建设技术创新中心、研发中心,谋划构建农业生物制造、智慧农业等市级技术创新中心。优化完善农业科技创新资助体系,改进项目组织方式,优化项目立项和评审方式。推行"创新团队+项目经理制"的管理模式,试点开展"经费包干制"和"负面清单制",试点推进经费报销数字化、无纸化。

(四)建立"政府+企业+科研机构"的金三角发展模式

充分发挥政府创新政策、平台等资源优势和引领作用,突出企业的科技创新和成果转化应用主体作用,盘活科研院所和高校的创新资源激发创新活力,建立"政府+企业+科研机构"的金三角发展模式。重点聚焦农作物育种、生物制造、智慧农业等新赛道领域,力争在农业新品种、未来食品、未来农业投入品、农业智能装备、温室制造、植物工厂等领域,加快培育形成重大科技成果和具有自主知识产权的技术产品。

## (五)进一步提升国际国内合作开放水平

主动融入全球创新网络,鼓励上海农业技术和人才走出去,加大国内外先进技术和高水平科技人才引进力度。加强与长三角区域农业科研活动的互动,构建长三角区域科研成果转移转化机制。加强与"一带一路"国家农业科学家合作,推进上海农业科技成果在"一带一路"国家应用推广。

**牵头领导:** 夏明林
**牵头处室:** 科教处
**课题组成员:** 徐 杰　田吉林　贺凌倩　沈 悦
　　　　　　　叶 耿　吴立峰　沈秀平　董言笑
　　　　　　　赵志鹏　易建平　聂海霞　陈红光
　　　　　　　庄 珺　李航祺　余全明

# 9. 关于推进"三农"人才队伍建设和委系统人才建设的调研报告

乡村振兴，人才为本。习近平总书记多次强调："中国现代化离不开农业农村现代化，农业农村现代化关键在科技、在人才。"本次研究围绕学习贯彻十二届市委三次全会，聚焦加快推进本市农业科技人才队伍建设，进一步提升农业科技人才队伍对乡村振兴的支撑力和创新力，找准工作突破口，课题组针对上海市农业科技人才发展现状和短板，总结梳理了近年来国内外的有效经验做法，通过走访调研市人社局、市科委、上海社科院、上海市科技人才服务中心等单位，向科技人才发放调查问卷，召开座谈会研究政策措施，提出了下一步加快打造农业科技人才高地的工作思路。

## 一、上海农业科技人才创新发展的现状

近年来，上海深入实施乡村振兴战略、人才发展战略、创新驱动发展战略，加快推进具有全球影响力的科技创新中心建设。市农业农村委高度重视本市农业科技人才体系建设，初步形成了以涉农高校、科研院所、企业为主体，国家级和省部级创新平台为重点，农业科技园区和现代农业园区为主要载体的农业科技创新体系。

（一）上海农业科技人才队伍建设的主要做法

一是构建了层次分明、务实管用的政策体系。上海先后编制和颁发了《关于加快建设具有全球影响力的科技创新中心的意见》（上海市科创22条）、《关于进一步深化科技体制机制改革 增强科技创新中心策源能力的意见》（上海市科创25条）、《上海市人才发展"十四五"规划》《关于新时代上海实施人才引领发展战略的若干意见》《上海市推进科技创新中心建设条例》，进一步加强海内外人才集聚度。市农业农村委与市委组织部等四部门联合出台《东方英才计划拔尖、青年项目城乡治理平台实施细则》，市农科院制定了《中青年科技人员"攀高"计划实施办法》，对在农业农村领域开展前沿性、创新性或应用性研究的骨干科技人才进行支持。

二是围绕上海农业科技创新重点方向和重点领域搭建事业平台。以科技兴农重点

攻关和现代农业产业技术体系项目为抓手,组织农业科技人才围绕解决制约都市现代绿色农业发展的技术瓶颈和本市优势产业发展需求开展技术研究。2018—2022年,累计支持667人次主持农业科技创新项目,立项总经费14.76亿元,通过项目实施,获得新品种审(认)定72项,申报植物新品种权73个、授权29个,形成各类标准118项、操作规程91项,申请专利613项、授权221项,获得软件著作权162项,发表论文349篇,一批优秀科技人才在探索前沿的过程中获得了长足进步。

三是专项支持青年农业科技人才,优化后备人才储备。通过设立市级农业系统青年人才成长计划项目和青年技术培育项目,专项支持35岁以下青年科技人才开展农业领域具有创新性或实用前景的应用研究。2014—2018年,累计支持青年科技人才362人次,立项总经费3 340万元,通过项目实施,164人获得了职称的晋升,71人获得了各类国家及市级科研计划项目资助。2022年青年技术培育项目共支持50人,立项总经费1 478.8万元,通过项目实施,为青年科技人员提供创新创业和展示风采的舞台。

四是持续改革创新,优化农业科技人才成长发展环境。通过试点科技人才评价综合改革,推进职称评审制度改革,鼓励支持农业科研人员在企事业单位间双向流动、兼职兼薪、依托科研项目成果离岗创业,健全科研单位成果转化收益分配激励机制等一系列举措,为农业科技人才松绑减负,以更开阔的空间、更充分的自由、更强力的激励,支持引导农业科技人才勇于创新、干事创业。

(二) 农业科技创新人才体系不断完善

据统计,全市共有国家级和省部级各类涉农高校、科研单位和创新平台等200多个,拥有涉及种植、畜牧、养殖、设施装备、食品加工、低碳生态等多个学科领域的农业科研人员5 191人,其中,正高级职称745人、拥有博士学位1 699人,农业科技创新人才体系不断完善。

一是各类科研载体中科技人才分布结构合理。本市农业科技人才大多分布在农业企业(约37%)中,其次是市级科研及推广单位(约27%)和高校(约26%),最后是在沪国家级科研单位(约10%)(见图1)。

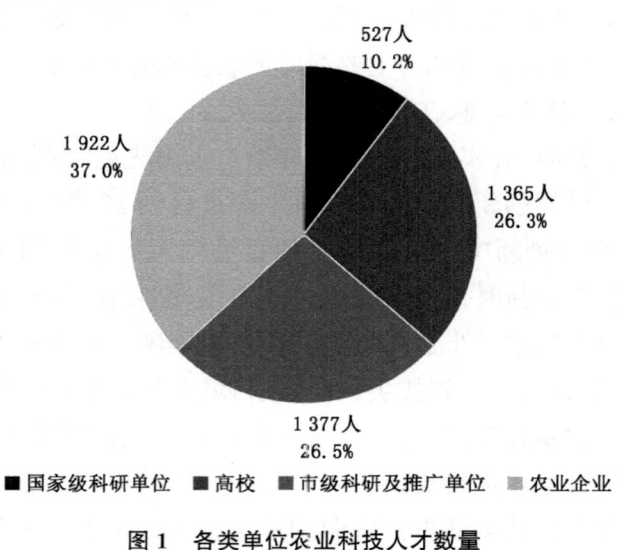

图1 各类单位农业科技人才数量

二是不同时期的各类农业科技精英人才规模不断壮大。"九五"以来,本市农业科技人才数量稳步增长,不同时期人才增长数量详见图2。截至2022年底,本市累计新增农业国家级人才102人(如入选国家"百千万人才工程"计划、"神农英才"计划等),市级人才51人(如入选上海市"领军人才"计划、上海市"东方英才"计划等)。

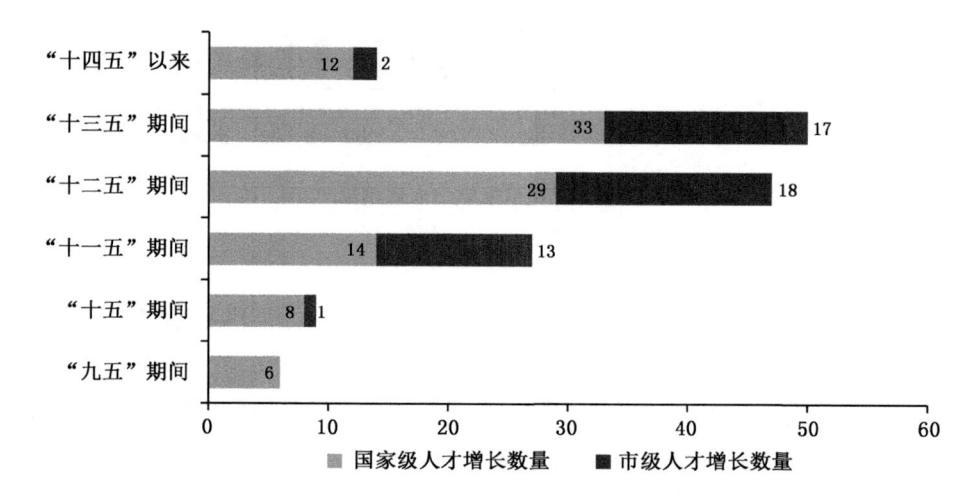

图2 不同时期国家级、市级农业科技人才增长数量

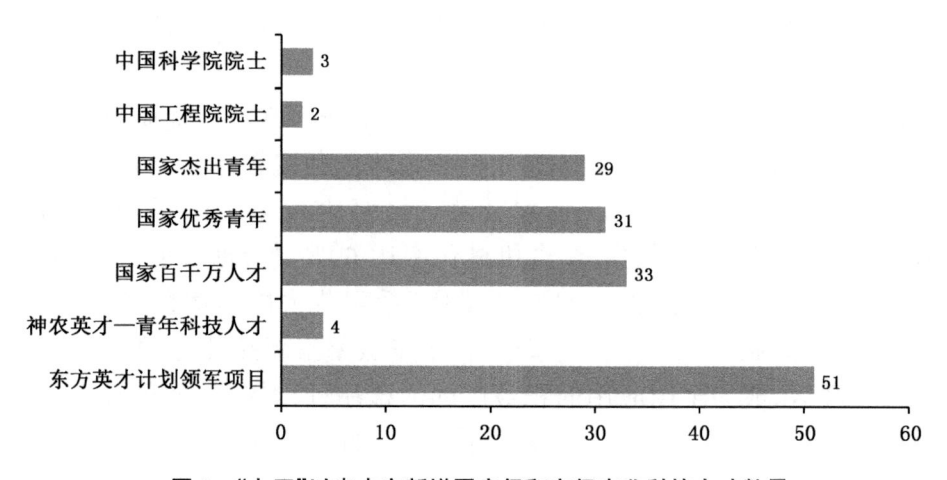

图3 "九五"以来本市新增国家级和市级农业科技人才数量

三是涉农高校学科设置和人才培养的广度和深度进一步拓展。目前,本市高校设有农学、园艺学、生物学等51个涉农学科;其中,"双一流"学科11个,包括生物学、水产、生态学、环境科学与工程、农业经济学、园艺技术、动物医学、设施农业与装备等。现有涉农专业博士点27个,涉农专业硕士点51个,在校涉农专业学生12 357人,其中,博士研究生1 003人,占总人数的8.1%;硕士研究生5 837人,占总人数的47.2%;本科生和专科生共5 517人,占总人数的44.6%(见图4)。

博士研究生　1 003
硕士研究生　5 837
本科生和专科生　5 517

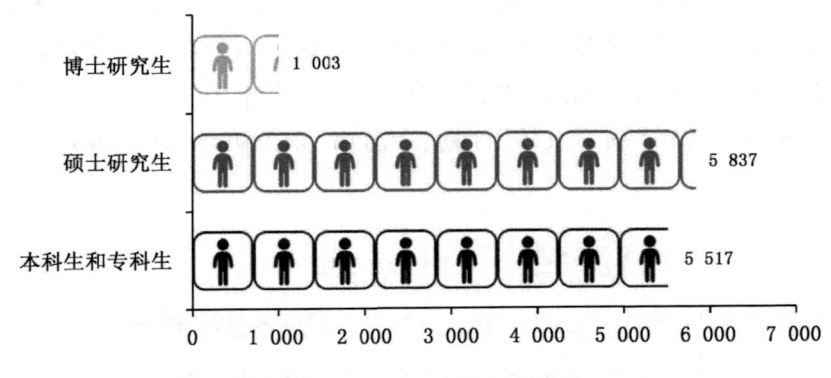

图 4　涉农专业学生人数情况

### (三) 农业科技创新取得突出成效

2022年,本市农业科技进步贡献率已达到80.13%,农业科技创新取得突出成效,为上海都市现代农业高质量发展和乡村振兴提供了有力支撑。

一是取得了一批具有影响力的农业科技成果。如率先破译了水稻杂种优势遗传之谜,发现了水稻抗高温、抗旱、抗稻瘟病等基因资源。破解食用菌种源问题,创立了香菇纯系亲本选择和多元决定系数的育种理论与技术,完善了金针菇自交纯系育种等理论与技术,开创了刀鱼等长江珍稀鱼类人工繁育技术,为"长江大保护"提供技术支撑。"十三五"以来,共获得国家科学技术奖励6项,其中"水稻遗传资源的创制保护和研究利用"获国家科技进步一等奖,打破了全国农业领域在此奖项上连续九年的沉寂;获得上海市科学技术奖56项。

二是推动农业现代产业向纵深发展。一方面,不断提升本市优质农产品保障供给水平。经过多年的研发和推广,本市优质稻米品种良种覆盖率近100%,机械化率达98%,自主品种市场占有率超过55%;绿叶菜自给率达85%,自主品种市场占有率达70%,绿叶菜"机器换人"全国领先,综合机械化率达60%,"夏淡"问题基本解决。另一方面,继续扩大农业科技成果溢出效应。"旱优"系列节水抗旱稻在全国种植超1 000万亩,并在非洲、东南亚"一带一路"国家推广;中华绒螯蟹新品种"江海21"已推广至全国16个省级行政区,成为全国应用面积最广的河蟹品种;"锦"系列黄桃成为湖南炎陵县、山东蒙阴县农民脱贫致富的支柱产业;每年出口的菊花种苗80%来自上海;稻渔综合种养模式在柬埔寨、缅甸等国家推广。

三是不断提高农业科技对绿色发展的支撑能力。水肥一体化、绿色防控、生物农药、养殖尾水处理、农业面源污染治理及废弃物资源化利用等绿色农业技术集成示范应用取得新进展,农业生产水、土、气综合质量得到显著提升,实现了农业"双减"增效,推动农业绿色低碳生产,如本市粮油秸秆综合利用率已超过98%。

## 二、上海农业科技人才队伍建设的短板

具体到本市农业科技人才队伍建设情况看,近年来,本市通过多主体联动、多层次培育、多渠道优化,农业科技人才队伍建设稳步推进,但对标上海建设具有全球影响力

的科技创新中心和在农业强国建设中走在全国前列的战略目标,差距还较为明显。

(一)人才结构性矛盾突出

一是缺乏战略科学家引领。当前,本市农业科技人才队伍散、弱现象明显,缺乏战略科学家聚焦重大任务对现有资源和新赛道建设所需资源进行统筹,导致创新工作缺乏对国家和现实需求的回应,不少研究工作从实验室起步,到论文发表止步,研究成果碎片化、零散化、孤岛化,难以形成能跨界融合的系统性突破。

二是专业结构设置待完善。目前,本市农业科技人才和高水平创新团队的研究领域多分布在传统作物、畜牧、兽医、资源与环境等学科,与本市农业科技新赛道建设所需的基因编辑、分子标记辅助育种、智能农业元器件和设施装备、绿色投入品等领域匹配不足。另外,涉农高等教育的前瞻性布局不足,其涉农专业设置结构与本市农业科技和产业发展所渴求的人才需求结构之间不相匹配。农业企业和科研单位"引才难"与高校学生"就业难"现象并存。

三是农业企业高学历和高水平人才缺乏。农业企业作为科技创新主体,主体地位未能充分体现。其一,高学历人才比例相对高校、科研院所等还比较低。在具有研究生以上学历的农业科技人才数量占该类型单位总人数的比例中(见表1),由低到高排列依次为:农业企业(30.18%)、市级科研及推广单位(70.44%)、在沪国家级科研单位(72.11%)、高校(97.44%)。其二,高水平农业科技人才非常匮乏,本市拥有高级职称的农业科技人才仅有16.8%(323人)分布于农业企业中(见图5),市级领军人才中仅3.4%(1人)就业于农业公司,市农业领军人才仅有10%就业于农业公司或合作社。

表1　　　　　　　　具有研究生以上学历的农业科技人才分布情况

|  | 农业企业 | 高校 | 市级科研及推广单位 | 在沪国家级科研单位 |
| --- | --- | --- | --- | --- |
| 总人数 | 1 922 | 1 365 | 1 377 | 527 |
| 研究生以上学历人数 | 580 | 1 330 | 970 | 380 |
| 占比(%) | 30.18% | 97.44% | 70.44% | 72.11% |

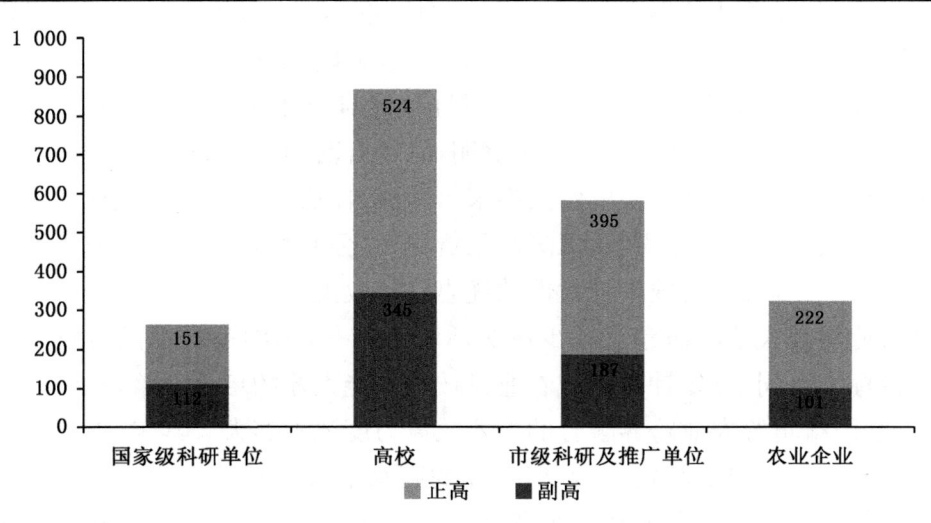

图5　各类单位中农业科技人才拥有高级职称的情况

## （二）用才环境仍需进一步优化

一是用才大环境引力不强。一方面，虽然上海科创中心建设的人才引进力度较大，但是在国际大都市的形象深入人心、城强乡弱甚至"上海没有农业农村"成为刻板印象的背景下，间接形成了公众对上海引进和培育农业科技人才的力度和举措不足的负向认知。另一方面，由于上海农业体量小，传统种养殖农业经营主体在引进农业科技人才和享受高端人才税收等优惠政策方面动力不足，譬如，企业在负担博士后等高层次人才薪酬和科研设施配备费用等方面都面临较大压力，对新一轮科技革命和农业产业革命所急需的生物合成、基因编辑、人工智能等前沿科技领域复合交叉型人才吸引力不强。

二是人才激励政策覆盖面不广。目前，人才项目的现行评价导向和主要目标群体与重大战略需求、市场需求之间的匹配度有待进一步提高，分类、分级评价导向和评价机制还需进一步完善。譬如，一些人才资助项目以论文数量、项目数量、经费总额等定量指标进行评判，对农业相关前沿基础性研究型人才有正向激励作用，但对农业应用科技人才不友好，加之实际应用类农业科技成果的研发存在不确定性高、周期长等特征，使得从事农业应用科技研究的人才获得社会荣誉机会少、渠道窄。

三是产学研中人才脱节现象严重。从本市人才的农业科技成果对促进产业发展的成效来看，具有社会影响力的原创性、颠覆性成果较少。究其原因，其一，科研成果对产业发展的实际促进作用不明显。大部分农业科技人才在科研活动中首要关注的是论文、专利等考核指标，较少考虑研究成果产业化的成本和价值，导致不少研究成果是从实验室起步，到论文发表止步。其二，农业企业技术创新多依赖政府技术补贴、推广或依靠科研院所成果转化，未形成以自身发展目标为需求导向的创新模式。本市农业发展依然存在"技术在专家手里，问题在农民地里"的矛盾。

## （三）人才队伍建设支撑力不足

一是政策供需适配度还需进一步提升。在新发展阶段，相对于传统人才，科技人才的核心利益诉求已发生明显改变——从单纯的"安居乐业"转向以职业发展为核心的动态价值实现。问卷结果显示，75%的受访者认为上海能提供的职业发展机会是其选择上海的主要原因，而职业获得感的最主要来源依次是：对行业领域、国家战略作出贡献的满足感，获得社会地位和学术声望，获得更多报酬和发展机会。

二是政策被感知度有待进一步提高。目前，针对农业科技人才的支持政策较为零散，被知晓度还不够显著，被感受度还不够明显，组合落地见效的推进力度也有待加强。调研显示，有部分农业科技人才依然面临来自薪酬、住房和子女就读优质学校等方面的压力。有一些农业科技人才表示，保障性租赁住房、公共租赁住房与涉农人才工作区域的空间分布匹配度偏低，且缺少针对性的优惠支持政策。

三是农业科技人才队伍建设缺少源头活水。其一，不同市级部门对农业科技人才认定和评价标准不同，导致针对传统农业科技和技能人才的培育政策还有局限性，促进人工智能、基因编辑等农业跨界融合的人才政策力度还不够大。其二，上海涉农高校和相关科研院所具有雄厚的师资力量，但培养的高水平农业科技人才难以沉淀下来从事农业研究工作。崇明区一名智慧农业高科技企业负责人表示，"农业是科技含量最高的行业,但是现在面临人才断档问题","公司曾经招过的两名农学博士,后来都没有留住,转到其他行业去了"。

## 三、国内外农业科技人才发展的实践与启示

农业科技人才不仅是乡村的中坚力量,更是推动乡村全面发展的重要支撑。国际上,以美国、日本为代表的发达国家对农业科技人才高度重视、前瞻布局。近年来,在深入贯彻落实《中共中央办公厅、国务院办公厅关于加快推进乡村人才振兴的意见》基础上,北京、浙江、深圳各兄弟省市也高度重视农业科技人才的培养,出台了专项政策和系列措施推进农业科技人才队伍建设。

(一)美欧专注科技创新引领未来农业

美国推出一系列重大研究计划,如美国农业部推出的"植物遗传资源、基因组学和遗传改良计划",美国国家科学基金会(NSF)与美国国立食品与农业研究所(NIFA)投资4 660万美元联合资助的食品、能源和水系统(INFEWS)联合创新项目等。美国国家科学院、工程院和医学院联合发布了题为"Science Breakthroughs to Advance Food and Agricultural Research by 2030"的研究报告,以农业科技创新引领未来农业现代化生产方式,指导公共和社会资本布局和投入以突破关键农业科技难题,具体提出了加强生物传感器的开发和验证、专用软件和系统模型的应用集成、基因编辑、合成生物学等方面的研究和布局,可以显著提高农业生产效率的突破性科技创新建议。欧盟制定了欧洲地平线计划(2021—2027),投资1 000亿欧元,将食品健康、生态农业和环境保护列为支持的关键性领域,并提出了欧洲农业发展方向4.0,对农业产业需求和农业科技创新人才予以重点支持。

(二)日本农业科技产学研推一体化融合发展

日本作为科技大国,一直致力于将科技与农业紧密结合,重点方向是高科技智慧农业,重视农业机器人、农业数字化管理等在农业中的运用,大力推进"观光农业"和"旅游农业"。除了重视对农业科学技术的投入和立法工作以外,还非常重视产学研推一体化融合发展,成为"小而精、小而强"的农业强国。日本各个大学设立的农学部,大多有自己的农场,学部的老师除上课之外,就是进行农业科学研究,农学部坚持开门办学,注重与社会、与当地的经济发展相结合。在日本农业大学,学生要先到学校农场和农户劳动,亲身体会后,开始学习技术、经营、管理等知识,边实践边学习。学校的教师主要是来自农业推广机构的改良普及员、农业试验场职员,教学内容与当地推广的技术、社区农业、经济紧密结合。日本政府还积极发挥日本学术振兴会(JSPS)和日本科技振兴机构(JST)在基础科学技术研究性人才和科技政策与科技管理人才培养方面的优势,重视人才、项目、基地一体化建设,积极引育国际领先水平的顶尖人才、领军人才和创新团队以及优秀青年科研人才,不断培育基础前沿科学家和战略科学家。

(三)北京建设具有全球影响力的"农业中关村"

北京高度重视农业科创中心建设,提出了聚焦现代种业、设施农业、数字农业等重点领域,通过特别政策扶持、特别金融支撑、特别要素供给和特别市场通道等机制保障,

以北京京瓦农业科技创新中心为引擎,建设具有全球影响力的"农业中关村"的战略方案。在此基础上,不断完善公共服务和基础设施建设,支持面向海内外引进农业科技方面的领军人才及其创新创业团队成员,推动建设农业科技领域成果转化基地,加大重大科研项目支持力度,激发农业科研成果转化活力。

（四）浙江引培结合全力打造农业科技人才库

近年来,浙江全力打造农业科技人才库,实施基础科学研究人才、关键核心技术攻关人才、产业技术研发人才、科技创业人才、乡村振兴科技人才、青年科学家"六大引培行动",全方位引进培育科技创新人才。通过引培结合造就一批农业科技创新、企业管理和技能型人才。加快引进一批国际一流、符合浙江重大发展战略、产业转型升级急需的科技领军人才和创新团队,培养造就一批农业领域青年科学家、学术带头人和科研骨干。加快培育科技型农业企业家和职业农民。加强对农业龙头企业负责人、农民专业合作社带头人等的培训提升,培养一批懂技术、善经营的科技型农业企业家。推动高校毕业生、返乡农民工、退伍军人等在基层创新创业,培养一批有梦想、有技艺、有创意、有韧性、有吃苦精神的科技型职业农民。

（五）深圳"无忧"保障各类农业科技人才荟聚

一方面,《深圳市人民政府办公厅关于推动现代农业高质量发展的实施意见》明确提出加快创新驱动,引领农业科技先行示范。以生物育种、新型绿色农业投入品、农机装备及食品装备、精准营养与功能性食品、数字农业等核心关键技术领域为主攻方向,提出"突破关键核心技术""打造农业创新载体""促进成果转化应用"三个方面的发展思路。重点开展分子育种、种质资源、智慧型农机与食品专用装备、食品安全与营养品质、预制菜、农业大数据、质量安全监管等现代农业基础前沿与共性关键技术攻关,布局建设一批重点实验室、工程技术研究中心、工程研究中心、企业技术中心,探索建设现代农业装备研究平台,建立健全农业高新技术成果转移转化机制。

另一方面,深圳市委人才工作领导小组更是印发了《关于实施更加积极更加开放更加有效的人才政策 促进人才高质量发展的意见》（深圳人才30条）,提出不唯地域引进人才、不问出身培养人才、不求所有开发人才、不拘一格用好人才、不遗余力服务人才。通过构建顶尖人才汇聚项目（"顶才汇"）、企业人才汇聚项目（"企才汇"）、创业人才汇聚项目（"创才汇"）、青年人才汇聚项目（"青才汇"）的人才矩阵,建设海外引才支持体系,优化海外人才寻聘机制,打造关键领域人才"蓄水池",强化特聘岗位奖励支持等方面全方位引进人才。实施顶尖科学家全权负责制,建立境内外高层次人才直认制,强化柔性用才支持,支持保障人才潜心科研。通过"事业无忧"拓展人才创新创业支持举措、"往来无忧"提升人才出入境便利化水平、"安居无忧"构建人才住房多元化保障体系、"生活无忧"打造教育养老医疗配套宜居环境、"申办无忧"完善人才政策福利兑现渠道全面服务人才。

综合来看,美国、日本等发达国家城市乡村情况与上海不同,国外乡村发展的阶段和制度基础也有较大差异,北京、浙江和深圳的农业科技人才政策力度不一,相关经验既有上海已经在做的,也有不能照搬照抄的,但也有一些是对上海农业科技人才队伍建设的方位性、精准性、系统性完善有所启示的。一是前沿科技导向,聚焦未来农业科技的核心技术、现代产业、高新技术抓实人才培养,培养高素质的农业科技人才队伍。二是落地生根导向,通过理论与实践相结合,完善农业科技知识创新体系,实现产学研推一体化融合发展。三是系统集成导向,通过加强顶层规划设计,强化农业科研结构、项目、平台、投入等的"一盘棋"布局,围绕提升产业质量、效益、竞争力的科技需求形成推进合力,从而加快构建具有本土特色的现代农业创新体系,持续提升自主创新能力和国际竞争力。四是保障激励导向,对农业科技人才的培养和引领出台像深圳一样的系统性、包容性的"无忧"激励政策,吸引国内外各层次农业科技人才扎根上海,抢占农业科技新赛道,揭榜挂帅,攻坚克难。这些政策对于本市农业科技人才队伍建设具有重要的启示和借鉴意义。

## 四、建设上海农业科技人才高地的工作思路

深入贯彻落实习近平总书记关于新时代人才工作的新理念新战略新举措,全面落实创新驱动发展战略,聚焦乡村振兴战略实施,以大人才观引领本市农业科技人才队伍建设,多措并举加快农业科技人才队伍建设,让农业科技人才成为实现农业科技高水平自立自强、走出科技创新支撑超大城市乡村振兴新路的主力军。

(一)优化聚才育才用才环境,打造一流农业科技人才方阵

一是加大科技领军人才的培养遴选和引进集聚力度。以国家、市级重大人才工程和人才专项为抓手,采取柔性引进、智力引进、"一事一议、一人一策"等方式,加大农业农村科技重点领域、新兴领域国内外高层次创新型人才引进力度。依托张江科学城等科技创新要素聚集优势,新建设立聚焦重大农业科技创新的新型研发机构,依托市高峰人才计划,聚焦生物育种、智慧农业等农业科技新赛道,引进顶尖战略科学家及创新团队,以超高强度的经费支持、充分宽松的自主权限,支持其开展前瞻性、原创性、颠覆性研究。以战略科学家团队为核心,支持其跨领域、跨省、跨国组建协同创新课题组,解决前沿科学问题,攻克卡脖子技术难题。加大宣传力度,发出上海农业科技全球引才的最强音,打造科技人才招引标杆城市,让更多科技人才在上海都市现代农业热土上建功立业。

二是集聚资源优势,发挥协同机制,打造农业科技现代化的"上海样板"。在具备区位优势的农业科研及产业集聚地,构建"政府搭台、企业运作、科技支撑"的农业科技创新和应用孵化平台,积极吸引科研机构、科创基金等创新要素聚集,形成农业产业"金三角"集聚效益,完善"基础研究+技术攻关+成果产业化+科技金融+人才支撑"全过程农业科技创新生态链,不断提升自主创新能力。同时增强科技成果转移、转化和推广的公共服务功能,建立核心区试验、示范区转化、辐射区推广的技术扩散和联动机制,解决好科研和生产"两张皮"问题,有力推动结构调整和产业升级。

三是营造多元化育才用才良好氛围。其一,推进学生劳动教育基地建设,联动职业院校开发适合高等院校大学生的职业体验项目课程,提升学农劳动基地的课程内涵和服务水平,鼓励大学生参与多样化的农业劳动实践,引导高学历人才未来投身农业科技

工作。其二,鼓励国有资本和银行等金融机构参与农业科技人才培育活动,设立农业科技人才创新创业专项资金,推动农业科技成果产业化和商业化,培养农业特色产业人才。其三,优化组合市区两级资源要素,以奉贤、崇明等的农业科创园为载体,打造农业科技应用场景,以创新平台的"纳才之道"和"承载之力"有效聚集人才、培育人才。

(二)重塑企业高端人才结构,强化企业科技创新主体地位

一是将农业科创人才的招引与招商工作充分结合。一方面,吸引国际国内头部农业科技企业在沪设立总部、区域总部和研发中心,强化企业在科技创新中的主体地位,建设农业科技产业孵化基地,以产业发展促进人才成长。另一方面,动态梳理更新产业链急需的紧缺科创人才目录,为企业量身定制和打造涵盖人才落户、住房保障、子女教育等方面的一揽子人才公共服务政策包,鼓励现代农业科技企业作为引才聚才的重要主体,形成政企间关于农业科技人才的信息交流和服务保障机制,实现人才聚集与产业发展同频共振。

二是布局面向未来的农业科技人才教育链。其一,加大本市涉农高校"新农科"建设的改革力度和步伐,加强对农业相关专业博士后的支持力度,培养符合未来农业科创所需的专业人才。其二,加强国际合作交流,积极与荷兰瓦特宁根等国内外高水平涉农院校或研究机构加强交流合作,争取其在上海开设分院或合作办学,快速为本市注入世界一流的科技、教育、人才资源。其三,在市区联动吸引更多科技精英跨行业成为农业科技人才方面下功夫,鼓励高校毕业生、青年科技研究人员投入"新农科"创新工作,为上海经济高质量发展贡献力量。

三是优化企业农业科技人才职称评定工作。其一,创新农业企业技术人才职称评审方式及评定标准。传统农业企业专业技术人才理论知识相对欠缺,但实际生产操作能力强。要结合农业企业实际情况,把实际生产操作和技术创新作为主要评审依据,提高农业企业专业技术人才职称评审的针对性和科学性,激励专业技术人才扎根农业、服务农业,为稳定企业人才队伍、提升创新能力、增强市场竞争力提供保障。其二,拓宽农业企业科技人才专业技术人才职称申报渠道。统筹农业企业基因编辑、智能农业元器件和设施装备等领域新型农业科技人才职称申报工作,积极完善集中申报、线上线下多渠道申报等机制,充分调动农业专业技术人才参与职称评审工作的积极性,确保农业企业专业技术人才公平公正参与职称评审。

(三)提升人才队伍建设支撑力,鼓励各类人才创新攻坚

一是加强科技项目牵引,明确创新导向。发挥财政资金支持引导作用,发布农业科技重大专项、重点研究与开发项目,鼓励企业与高校院所针对本市特色农业领域中的关键技术难点开展攻关。例如,围绕农业种源"卡脖子"问题开展核心技术攻关,搭建高水平种业创新平台,集聚在沪科研单位优势种业科技创新资源,构建产学研用深度融合的商业化育种体系,增强种业基础科学研究的创新策源能力,培育新型种业科技人才。

二是以重大工程建设为契机,建设科技人才库。彰显上海高质量发展的战略位势,聚焦生物育种、智慧农业、智能农机装备等重点领域,强化农业科技人才的全球资源配置功能,建立上海农业科技人才库,为种源基地、智能温室、植物工厂、无人农场等重点

建设工程出谋划策,提升上海农业精细化、智能化、自动化水平,增强上海农业科技对农业劳动生产率的提升能力。

三是制定一揽子配套保障机制,激发创新活力。积极探索人才梯队配套、科研条件配套、管理机制配套等保障措施,聚焦农业科技战略前沿领域,突出重点方向、重点领域、重点地区,实施更加积极、更加开放、更加包容、更加有效的人才计划,在农业科技人才落户、教育养老医疗配套、创新创业支持、人才政策福利兑现、出入境便利化水平等方面提升保障水平,为各类科技人才消除后顾之忧,提供成就现代化农业事业的舞台。以政策服务的高质量落实激发农业科技人才队伍创新创造活力,加快推进上海农业科技高水平人才高地建设,为全面建成与具有世界影响力的社会主义现代化国际大都市相适应的现代化乡村提供坚强的人才支撑。

**牵头领导:** 夏明林
**牵头处室:** 干部人事处
**课题组成员:** 杜小强　张　漪　梁丽君　樊仁敬
　　　　　　　章　慧　贺小林　赵　江

# 10. 上海加快推进城乡共同富裕研究(A)

## 第一章 上海推进城乡共同富裕进程中存在的问题

总体上看,相对于上海市的全国引领区定位,农业农村发展不平衡不充分问题还比较突出,如何在新形势下加强城乡产业融合发展、如何在都市农业上科学定位和精准站位、如何有效促进收入公平分配和城乡居民增收特别是远郊农民增收,成为目前本市农业农村领域和加快推进城乡共同富裕的重要难题。

### 第一节 政策层面存在的问题

在十三五、十四五期间,上海市政府在乡村问题方面出台了不少政策,对于推动乡村振兴、促进共同富裕有一定的成效,但仍存在一些问题。

(一)总体安排上,既有政策能否充分回应上海乡村的本质困境存疑

上海市城乡关系有其特殊性。一方面,城镇对乡村发展具有强劲的带动效应,对乡村的反哺能力强劲;另一方面,由于汲取郊区乡村土地资源的需要,城市对乡村的控制需求强烈。在大都市格局下,土地资源紧张,乡村发展自主性被都市所钳制,乡村发展自主性处于虚弱状态。[1] 上海乡村面临的困境实质是:在土地资源愈发紧张、政策面向城镇的高度倾斜性下,乡村不得不成为中心城区的附属物而在自主发展上受到制约。[2]

上海乡村的发展面临以下两个问题:一是上海乡村在整体发展思路上探索一条较

---

[1] 参见叶敏、张海晨:《紧密型城乡关系与大都市郊区的乡村振兴形态——对上海城乡关系与乡村振兴经验的解读与思考》,载《南京农业大学学报(社会科学版)》2019年第5期。
[2] 参见朱敏、董宇辉、高显启:《超大城市城乡关系与乡村振兴研究》,载《产业与科技论坛》2021年第17期。

为有乡村特色的道路存在困难,其整体发展规划仍然是随着中心城区的发展需求而变,这使得政策的确定性与连贯性存疑。二是未来上海郊区的乡村振兴形态大概率将会是一种"输血式扶持、配套式发展和收缩式调整"的发展道路[①],乡村很难借由自身特色而实现独立的经济社会发展并呈现出共同富裕的典型样本。

**(二)具体执行上,各区尚未就"十四五"乡村振兴出台具体方案**

目前,仅嘉定区于2021年7月出台了《嘉定区乡村振兴重点配套建设项目的指导意见》(以下简称《指导意见》)。虽然其他郊区此前也出台过推动乡村振兴和促进农业农村发展的相关政策,但在《规划》出台后没有具体实施性文件加以落实。

## 第二节 实践层面存在的问题

### 一、重视仍不充分

相关部门对乡村振兴的重视程度仍比较有限,这直接体现在具体的乡村发展项目的实施上。以"乡村振兴示范村建设项目"为例,从调研报告可知,示范村在比较重要的产业增效、乡村肌理和传统文脉展示等方面仍有较大的发展空间,原因之一正是相关部门"对超大城市郊区工作重要性的认识还不足,尚未在郊区产业发展政策的制定和推进上向市区先进水平看齐"[②]。

### 二、发展仍不均衡

首先,上海城乡基本公共服务、治理队伍资源空间错配。第一,上海的基本公共服务总体呈现"区际差异显著、城乡差距明显"的特征,与常住人口的空间分布格局不相适应。第二,上海乡村治理队伍资源紧张,不适应市域社会治理现代化新格局。乡村地区普遍存在公共服务资源与行政治理资源配置匮乏的情况。[③]

其次,社会化治理能力较弱。一方面社会组织数量、能力有限,尽管近年来上海市"大城市、强政府、弱社会"治理格局正在进行转型,但总体上进展缓慢;另一方面,政府购买社会组织服务的规范化不足,在管理流程和评估监督上均存在一定的不足,同时作为第三方的社会组织在参与治理过程中也有适应的过程。

### 三、能力仍不匹配

目前,上海乡村地区的治理工作中存在信息碎片化、系统繁多、缺少整合的问题。基层往往承接来自市、区两级部门下沉的各类平台系统,而数据分散在不同部门的业务系统内,很难实现共享。乡村振兴项目的推进有赖于各级信息数据,乡村也未对此予以

---

① 参见叶敏、张海晨:《紧密型城乡关系与大都市郊区的乡村振兴形态——对上海城乡关系与乡村振兴经验的解读与思考》,载《南京农业大学学报(社会科学版)》2019年第5期。
② 参见上海市政协农业和农村委员会:《突破难点发挥带动作用 促农业强农村美农民富》,载《联合时报》2020年11月20日,第1版。
③ 参见陶希东:《"十四五"时期上海超大城市社会治理:经验、问题与思路》,载《科学发展》2020年第5期。

足够重视。如何将上海"一网通办"改革的数据治理能力更好地应用于上海市农业农村"内涵式"发展,需要进一步在技术适配上加强建设。

**四、评价仍不科学**

目前,上海未一体化地设立政策实施情况的评价体系,仅在《规划》中提出了乡村振兴的主要指标及其目标值。此处存在两个方面问题:其一,评价指标及其目标值如何适用存疑。指标中不乏需要进一步完善的部分,多项指标的评价标准应当细化。其二,该指标并未明确出台评价标准,很有可能难以发挥较好的指引和规范效能。

## 第三节 上海城乡发展面临的突出问题

### 一、城乡间发展差异突出

城乡间发展的差异程度应当随着城镇化程度与城乡整体经济水平的提升而适当缩小,至少不应继续扩大,然而上海近年来的情况却恰恰相反。据统计,2005 至 2019 年间,上海城乡居民经济水平不断提高,然而城乡发展差异却呈现出扩张的趋势:从人均居住面积来看,上海的城乡居民人均住房建筑面积差有所扩大;从城乡居民物质文化消费水平差异来看,上海存在倍数差异并将持续扩大。[①]

### 二、农村居民收入结构不合理

上海农村常住居民收入方式较为单一,收入结构也不合理。根据统计数据,目前上海乡村常住居民收入中 60% 为工资,30% 为转移性收入,10% 为营业性收入和财产性收入,而上海周边城市的最后一部分收入占比达到了 30% 左右,换算为绝对差距大约是 7 000 元。[②]"十三五"期间乡村振兴战略的初步实施并未改善上海面临的城乡发展不均衡问题。

### 三、乡村产业发展面临困境

上海乡村对企业特别是聚焦乡村振兴领域的企业吸引力不足,有意愿深入乡村发展产业、投身乡村振兴建设的企业较少,尚未形成产业综合体,缺少行业标杆,总体上仍然存在谋划不深、能级不高、产业体系有待实化的问题。[③] 农村集体经济增速放缓,对农民增收带动不明显,其 85% 分布在近郊区,崇明等远郊区仅占 15%。农村集体经济收

---

[①] 参见叶超、庄良、吴佩瑾:《长三角地区城乡融合发展的时空格局》,载《苏州大学学报(哲学社会科学版)》2021 年第 4 期。
[②] 《关于本市实施乡村振兴战略促进农民生活富裕情况的报告》,上海市第十五届人大常委会第 35 次会议审议,2021 年 9 月 28 日。
[③] 张莉侠、刘增金、俞美莲:《上海乡村振兴政策梳理及推进对策》,载《农业展望》2021 年第 17 期。

益分配金额不高,对农民增收带动作用有限。①

**四、人才短缺现象严重**

上海乡村地区面临"农村留人难""留守农民老龄化""干部在农村一线锻炼少"的人才短缺问题。首先,青壮年人才短缺,村干部队伍老龄化现象突出。其次,农业生产经营型人才短缺,许多人不愿意从事农业或到农村工作,已有的涉农主体也普遍感到知识技术欠缺和人才不足,党员干部农村工作锻炼提报的导向机制也显不足。再次,农业专业技术人才短缺,现有农技人员年龄增长,知识更新慢。② 另一方面,乡村治理急需一大批治理人才,大量优秀人才从乡村向市区流动,农业农村事业发展所需的复合型人才相当紧缺。

**五、缺乏可持续资金保障**

上海农村建设的各个项目都有赖于大量资金投入,此种"输血式"的政府扶持思路是否具有可持续发展性存疑。③ 如何使乡村振兴摒弃现有的大投资、大项目模式,尊重村庄的生命史和"小农"经济的演进逻辑,是上海未来乡村振兴之路上不得不面对的问题。④

# 第二章 现存问题成因分析

## 第一节 法律政策制度不完善

**一、中央授权不足**

上海作为超大城市的探索尝试,缺乏中央政策的顶层设计和引导。相较于浙江的各项政策支持,上海缺少推进共同富裕省域示范政策方案,缺少法律政策方面的竞争力,一些措施安排缺乏上位法或相关政策的明确授权,一方面使得制度创新方面受到影响,另一方面难以吸引优质资源流入上海。

---

① 农村集体经济收益分配人均最高的闵行区为4 066元,最低的金山区仅92元,且进行分配的村镇比例不高,仅占全市的45%左右。参见上海人大网,http://www.spcsc.sh.cn/n8347/n8483/u1ai238812.html 最后访问日期:2022年3月15日。
② 参见《上海市政协开展农业农村人才情况调研 建议提高农业农村人才待遇》,载《新民晚报》2021年11月8日,第2版。
③ 近年来,上海市农业农村委曾先后出台《上海市美丽乡村建设项目和资金管理办法》《上海市农业绿色生产补贴资金管理办法》《上海市科技兴农项目立项、日常管理及验收管理规定》《上海市都市现代农业发展专项项目和资金管理补充意见》等提升涉农财政资金使用效率的规范性文件,但结构性问题依然存在。
④ 参见朱敏、董宇辉、高显启:《超大城市城乡关系与乡村振兴研究》,载《产业与科技论坛》2021年第17期。

## 二、自身条件特殊、政策供给不足且缺少可借鉴的地方性政策

上海作为超大城市,面临其独特的问题:一是上海的紧密型城乡关系,"城市性农业""郊区农业"较为明显,农业农村在发展空间上受到限制,农民收入更多受到整体城市发展的影响;二是上海的乡村振兴既没有典型的"脱贫攻坚"的先导性场景,也没有显著"特色化"或"优势性"的农业农村经济的资源禀赋。

# 第二节 超大城市城乡融合发展与联动效能不彰

目前,上海在推进城乡共同富裕的过程中还存在城乡发展不均、乡村产业升级与发展面临困境的突出问题。这一问题的根本原因可以被归纳为上海农村地区的产业融合发展存在困境。①

### 一、产品基础不够坚实

首先,上海农村缺乏高质量、高附加值农业产品,融合发展产业的根本不坚固。长期以来,上海农业单一向城市提供副食品,农业市场几乎停滞在直接生产领域,位于产业链最低端,农业产品深加工系统尚不完善,产业链缺乏竞争力。②

其次,农业产品生产效率低下,过度依赖财政扶持③,引起二三产业互动渗透意愿不高。根据推算,上海市第一产业比较劳动生产率大概是二三产业的10%左右。同时,自2011年之后,本市农业劳动生产率出现每年逐步下降的趋势。

### 二、创新主体不够充分

首先,上海市乡村集体经济组织普遍缺乏统筹资金和人才储备,经营效率低下。一方面,上海市农村经济体量不大,资金匮乏且收益率低,其中偏远农村更加严重。另一方面,农业经营领域缺技术人才,乡村普遍存在劳动力断层,使得经营效益偏低。

其次,上海当前引领农业的企业缺乏创新性、示范性和带动性,涉农产业资源整合效率低下。上海市国家级重点龙头企业和示范性市场主体的数量明显不足,产业方阵和供应链梯队建设乏力。另外,从这些企业的业务构成和发展方向看,农业企业仍以传统型为主。④

### 三、资源要素缺乏活力

首先,我市农业用地规模不断减少,用地规划结构缺少灵活性,阻碍了涉农产业融

---

① 参见崔园园、何婵:《"十四五"时期上海农村一二三产融合发展模式与对策建议》,载《2021中国城市规划年会论文集》,2021年9月15日。
② 参见王莅惠、王阳:《打响"上海农业"品牌 引领上海乡村振兴》,载《上海农村经济》2022年第2期。
③ 比如,近些年来,上海松江家庭农场每季稻谷种植的平均成本在3.5～4元/斤,但实际的出售价却仅为国家标准价1.3元/斤,这些成本大部分由政府财政补贴兜底。
④ 在历史上,郊区的二、三产业对推动上海农村发展起到了不可替代的作用,目前农民收入中60%以上来自二、三产业的工资性收入。

合新业态的规模化运作。与此同时,农村耕地流转也存在一些制约规模化经营、用工成本和创新业态持续经营的实际问题。① 同时,农村产业融合以及"三区划定"政策对郊乡土地的复合化、高效化利用提出了更高要求。当前政策主要关注基本农业生产,对农产品加工流通、园艺温室、科技研发、智能化设施装备、生态休闲等方面的用地支持较少。

其次,搁置房屋等农村集体经济资产需要进一步激活整合,以支撑涉农产业融合业态的提升。目前,仍存在审批难、配套措施不到位、发展定位同质化和低端化、开发利用效率低等问题。另外,支撑产业融合发展的乡村金融体系目前为农业保险、贷款贴息、信用担保等传统方式,有待进一步创新。

**四、业态融合力度不够**

首先,涉农产业融合与上海战略功能衔接不足,城乡互动不够。目前的科技推进、宣传体制和保障机制还不能迎合现代农业的实际需求,种植观念和技艺与国内外顶尖水平存在相当差距。② 此外,当前涉农产业融合仍然存在二三产业对农业的单方向反哺现象,忽视了相关产业在更高的战略连接点上的互动共振,也减少了涉农产业创新型发展的规模和效益。

其次,城乡产业体系的空间分离引起涉农产业资源浪费。上海多数农村的产业体系存在空间分离特征,即分布在农村的二三产业与农业没有直接联系。同时,郊区乡村基础设施与公共服务短板制约了产业融合提升。当前本市各区资源配置重点仍在城镇,农村资源受到一定的"剥夺"。此外,郊野公园、田园综合体等休闲旅游项目在吸引大量游客的同时,也给当地增加了更多交通和环境压力。

# 第三章　推进共同富裕制度设计的可借鉴经验

就域外经验而言,瑞典、美国和日本三国在乡村振兴方面有着较为成功的经验,可为上海市城乡共同富裕提供有益借鉴。就国内经验而言,"浙江省十五年间久久为功,扎实推进'千村示范,万村整治'工程,造就了万千美丽乡村,取得了显著成效"③,可为上海市提供有效参考。

---

① 参见叶春艳:《农村耕地流转卓有成效 薄弱环节仍需多点发力——上海市农村耕地流转情况调研报告》,载《上海农村经济》2021年第9期。
② 上海于2020年12月出台了《关于推进花卉产业高质量发展服务高品质生活的意见》,提出到2025年,将上海建成国内一流的特色花卉研发中心、种源生产繁育中心、花卉交易中心和家庭园艺服务中心。崇明花卉产业发展历史悠久,目前已经初具规模,但仍存在产业基础薄弱、科技支撑能力不足、规模化生产程度较低、物流成本较高等制约因素。参见刘冬青、孙雪彤:《以花为媒 以花兴业——崇明花卉产业发展研究》,载《上海农村经济》2021年第9期。
③ 习近平:《论"三农"工作》,中央文献出版社2022年版,第271页。

## 第一节 域外经验：瑞典、美国与日本的实践路径

瑞典作为北欧福利国家的代表，在福利保障方面走在世界前列，属于资本主义国家较为典型的"高经济社会发展水平支撑的普遍福利"模式；美国作为世界上最发达的国家，收入分配模式注重"公平与效率并重"，是典型的新自由资本主义典范；日本作为亚洲的重要发达国家，更加注重收入分配的公平性，重视国民收入和社会福祉的整体提升。

### 一、瑞典：高经济社会水平下的高福利

瑞典是北欧福利国家的典型代表，被誉为"福利国家的橱窗"，形成了效率与公平兼顾的"瑞典模式"。[1]

**（一）注重政府作用，实行协商工资制**

瑞典实行政府、资方和劳动者共同协商的工资制度。[2] 有赖于强大的工会组织和完备的法律支撑，瑞典业已形成健全的三级协商机制：国家层面上，由政府、雇主协会和雇员工会三方进行集体协商，发挥方向性引领作用；行业层面和企业层面上，对国家层面的协商结果进行细化，使其更具可操作性，逐渐形成行业集体协商机制和企业自由协商机制，政府并不直接干预行业内部和企业内部的薪酬水平，给予企业适应市场经济发展的充分自由。

**（二）构建全面社保，调节收入差距**

瑞典的社会保障体系，主要包含四个方面：一是社会保险制度，主要包括疾病保险、养老保险、事故保险、失业保险等。二是社会补偿制度，指国家对因公死亡或者伤残的人给予补助的制度。三是社会补助制度，指国家对有各种困难的人和群体给予补助，主要包括产妇补助、儿童补助、教育补助、住房补贴等项目。四是社会救济制度，保证每个人都有最低生活水平，主要救济对象是先天残疾者、弱智者、中年丧偶者、单亲父母、多子女家庭、移民家庭，等等。[3]

瑞典致力于提高其社保体系市场化运营能力。在部分社会保障项目中引进社会资本，增加市场竞争，在提升服务水平和选择空间的同时，丰富资金来源，减缓政府支出压力，利于社会保障体系的长远发展。

**（三）推行较高税负，严格税收征管**

瑞典税种健全且税率较高，具体包括个人所得税、社会保险税、公司所得税、增值税、消费税、遗产与赠与税、财产税、印花税与房产税、关税与进口税、机动车税等。其中，个人所得税是瑞典第一大税种，个人所得税收入占全国税收总额约31%，占GDP约17%；社会保险税占税收总额的28%~30%，占比仅次于个人所得税，是瑞典优厚社

---

[1] 尽管如此，瑞典的收入分配模式也遇到相当的挑战。参见张忠波：《瑞典分配模式的特点及面临的挑战》，载《天水行政学院学报》2015年第1期。
[2] 参见孙明慧：《共享发展视阈下中国收入分配制度改革与反思》，吉林大学2017年博士学位论文。
[3] 参见刘玉安：《北欧福利国家剖析》，山东大学出版社1995年版，第46页。

会福利的直接资金来源。税种繁多,重复征税,人民交税数额占其收入的比例超过40%。

瑞典建立垂直式管理体系,由隶属于财政部的国家税务局全权负责税收相关事宜,直接领导各级税务机关,税收执法不受政府和议会的控制,另设专门的税收法院来处理与税收相关的诉讼案。此外,瑞典为各类主体设置终身税务号码,建立全国联网的税务管理系统,并实行双向的税收申报制度,雇主、雇员均要定期向税务机关进行纳税申报。[①]

### 二、美国:公平与效率兼顾的收入分配

美国经验的价值在于,必须注重缩小收入分配差距以应对"中等收入陷阱"挑战,打破利益固化的藩篱以增强社会流动性,扶持中等收入家庭以逐步形成橄榄型分配格局。[②]

**(一)打击垄断行为,推行最低工资制**

早在 1890 年,美国便已颁布《谢尔曼法》,开反垄断立法之先河,为后世各国树立典范,此后相继颁布《克莱顿法》和《联邦贸易委员会法》等,以此鼓励和规范市场竞争。同时,建立最低工资制度,制定《工资支付法》《国家劳资关系法》《公平劳动标准法》等,其标准也随经济发展动态调整,这在一定程度上减少了低收入群体,同时也对家庭消费和经济增长有所促进。

**(二)打造多元社保,管理模式完善**

美国的社会保障体系覆盖全面,主要包括社会保险、社会救济、社会福利三个方面,具体涵盖了养老、医疗、住房、就业、教育等各个方面。美国社会保障体系具有多层次性,以养老保险为例,法定养老保险制度、私营企业养老金计划、个人储蓄型的养老金计划三项制度共同构筑健全的养老保险体系。

社会保障体系资金来源主要包括以下五个渠道:一是政府财政拨款,二是社会保障税,三是社区等各种组织负担,四是个人通过缴纳保险税等也提供了部分保障经费,五是社会保障资金的增值收入。[③]

管理上,联邦政府和地方各级政府分工配合,联邦政府管理共性较多、普及范围广的社保项目,地方各级政府管理具有地域性、特殊性的社保项目。

**(三)体现联邦制色彩,构筑复合型税收,城乡差异较小**

联邦政府和州政府都拥有税收立法权和征管权,各级政府对不同的税种享有征管权,形成以联邦政府为主、地方政府为辅的税收体制。美国推行严密的税收稽查制度,赋予公民个人社会安全码,基本原理与瑞典的终身税务号码相类似,以有效打击偷税漏税行为。

---

[①] 也有观点认为,以社会保障制度与税收制度为核心的瑞典福利制度在减轻财富与收入分配的不平等、促进社会公平等方面发挥着重要作用,但其调节程度相对有限,同时面临可持续的挑战。参见高建昆、陈海若:《瑞典财富与收入的不平等扩大趋势及成因分析》,载《当代世界与社会主义》2020 年第 4 期。

[②] 参见金志奇、张丽云:《美国收入分配差距变化与"美国梦"之关系研究》,载《中共天津市委党校学报》2017 年第 5 期。

[③] 参见孙明慧:《共享发展视阈下中国收入分配制度改革与反思》,吉林大学 2017 年博士学位论文。

在税收体系上,美国形成了以个人所得税和社会保障税为主,以公司所得税、遗产与赠与税、财产税、消费税、州所得税等为辅的复合型税收体系。其中,个人所得税和社会保障税是最为主要的两大税种。个人所得税实行累进税率,贡献了50%左右的联邦政府税收收入;社会保障税提供了联邦政府税收收入的30%~40%。此外,美国也通过税收激励来鼓励慈善捐赠等第三次分配,给予捐赠主体各种幅度的税前扣除,也给予非营利组织和基金会一定的税收优惠等。

总体上,美国在初次分配领域借助政府力量惩治垄断行为、保护劳动者权益;在再分配领域充分发挥税收和社会保障制度的作用;在第三次分配中注重社会力量和慈善组织的调节作用。[1] 而另一方面,美国无论是乡村还是城市,基础设施都非常完善,城乡差距并不突出,城乡融合程度较好。[2]

### 三、日本:政府调节注重国民收入倍增

日本收入分配的结构性特点是:初次分配财富占有向劳动者倾斜、企业所得较少、财产性收入格外少。再分配环节社会保障制度贡献最大,税收作用有限。日本与中国的农耕文化及城乡关系有一定相似性。

(一)推行收入倍增计划,提高国民收入水平

第二次世界大战后,日本政府制订了"国民收入倍增计划"(1961—1970年)。该计划在推动公共投资、充实社会资本、鼓励二三产业发展、促进出口导向等主要内容基础上,将农村居民和城市低收入阶层作为增收的重点:引导农业经济发展,提高农产品收购价格,推进农业机械化、现代化和农业结构升级,加大对农业的补贴力度;转移非农人口,使农民通过出租或出售土地等方式获得大量现金;推行"农民工"转型方案,消除户籍隔阂,给予其教育、住房等方面保障,帮助农民进城务工;推行最低工资制度;等等。

(二)形成独特企业制度,追求收入均等化

日本形成了以终身雇佣制和年功序列制为基础,包括津贴福利制度、经理人报酬制度、股利分配制度等在内的企业制度体系。终身雇佣制,即雇员一旦进入某组织,将一直工作到退休为止,组织不能以非正当理由将其解雇的制度,由此增加雇佣的稳定性,增强员工的归属感和忠诚度,从而愿意为组织最大限度贡献其个人价值。年功序列制,是以员工的学历、工龄等为晋升依据的制度,与终身雇佣制相辅相成,其经理人报酬和股利分红支付率都低于其他发达国家,以此消除企业高管和资本所有者的过高收入,缩小与普通劳动者的收入差距。

(三)完善税收制度,致力缩小阶层与城乡差距

日本国民总体税负较轻,但对于高收入群体严格课税。日本税收制度的一大重点,即抑制高收入职业群体的工资收入和富人群体的资本收入。日本形成以直接税为主体的税收结构,所得税和法人税为主要税种。对股市投资、债券收益、银行存款利息等征收20%的税;对土地和房产征收1.4%的房地产税;对企业按照30%的税率征收所得

---

[1] 参见陈雪峰、于哲:《美国收入分配机制运行经验及对中国的启示》,载《经济研究参考》2015年第30期。
[2] 参见郑风田:《城乡融合的美国模式及其启示》,载《国家治理》2018年第14期。

税。此外,遗产税税率高达55%,而免税额仅有4200万日元(约合252万元人民币)。

(四)发挥社保功能,保障城乡弱势群体生活

日本政府对于低收入家庭的转移支付包括最低生活补贴、住房补贴、医疗补贴和教育补贴等。日本政府致力于将社会保障覆盖所有群体,已经建立起包括农村人口、弱势群体、中老年人在内的所有群体待遇一致、项目齐全、品种多样的社会保障体系。[①]

## 第二节　国内实践:浙江的尝试

2020年3月,《中华人民共和国国民经济和社会发展第十四个五年规划和2035年远景目标纲要》明确提出,支持"浙江高质量发展建设共同富裕示范区"。2021年5月20日,中共中央、国务院发布《关于支持浙江高质量发展建设共同富裕示范区的意见》,明确指出浙江通过推动实现更加充分更高质量就业,不断提高人民收入水平,扩大中等收入群体,完善再分配制度,建立健全回报社会的激励机制,深化收入分配制度改革,多渠道增加城乡居民收入。

### 一、主要框架与要素支撑

(一)稳定的可持续发展性

浙江发展的成长性、均衡性、稳定性和共享性较好。[②] 浙江就业人口稳步上升,在"2019中国最具幸福感城市"榜单中,杭州、宁波、温州、台州进入前10,其中杭州连续13年入选最具幸福感城市,被授予"幸福示范标杆城市"。2020年群众安全感满意率提升至97.25%,连续17年居全国前列,被认为是最具安全感的省份之一。

(二)良好的政商环境

浙江以民营经济为主体,已连续22年位居中国民营企业500强总量第一。浙江以轻工业为主,同时加快向计算机、电子等先进制造业转型。2020年末,浙江城镇调查失业率均控制在4.5%左右,低于全国平均水平。

市场化、工业化、城市化、信息化、国际化"五化"联动,成为浙江发展和走向共同富裕的重要途径。浙江很早便开启了建设"数字浙江"的工程,近年来又深入实施数字经济"一号工程",依靠数字经济引领、撬动、赋能作用增强。浙江一直以来着重发展国际化交流,形成"引进来"和"走出去"双向互动的格局,进出口规模一直保持全国前列。

浙江省致力于打造全国"审批事项最少、办事效率最高、投资环境最优"的政商环境,深入开展"服务企业、服务基层、服务群众"活动,不断推动省域治理体系和治理能力现代化走在前列。

### 二、具体实施方案

在促进城乡融合发展和共同富裕的具体工作方案上,《意见》提出了非常明确具体

---

[①] 参见荞景石:《温和的威权主义、收入分配平等与国家治理——日本的案例分析》,载《日本学刊》2014年第6期。
[②] 参见郭占恒:《扎实推动共同富裕的关键环节和浙江的基础优势》,载《浙江经济》2021年第8期。

的指导方针、工作重点和实施路径。

(一)深化收入分配制度改革,多渠道增加城乡居民收入

强化就业优先政策,统筹各类职业技能培训资金,合理安排就业补助资金,鼓励返乡入乡创业,帮扶困难人员就业。拓宽财产性收入渠道,探索通过土地、资本等要素使用权、收益权增加中低收入群体要素收入。深入推进农村集体产权制度改革,探索股权流转、抵押和跨社参股等农村集体资产股份权能实现新形式。立足当地特色资源推动乡村产业发展壮大,率先建立集体经营性建设用地入市增值收益分配机制。优化财政支出结构,建立健全改善城乡低收入群体等困难人员生活的政策体系和长效机制。

(二)缩小城乡区域发展差距,实现公共服务优质共享

推进城乡区域基本公共服务更加普惠均等可及。推动义务教育优质均衡发展,共享"互联网+教育"优质内容,提高人口平均受教育年限和综合能力素质。高质量创建乡村振兴示范省,推动新型城镇化与乡村振兴全面对接,深入探索破解城乡二元结构、缩小城乡差距、健全城乡融合发展的体制机制。推动实现城乡交通、供水、电网、通信、燃气等基础设施同规同网。健全农业转移人口市民化长效机制,切实保障农民工随迁子女平等接受义务教育。

提升农房建设质量,加强农村危房改造,探索建立农村低收入人口基本住房安全保障机制,塑造江南韵、古镇味、现代风的新江南水乡风貌。健全统一城乡低收入群体精准识别机制,完善社会救助体系,加强社会保险与社会救助制度的衔接,按困难类型分类分档及时给予专项救助、临时救助。保障妇女儿童合法权益,完善帮扶残疾人、孤儿等社会福利制度。

(三)打造美丽宜居的生活环境,建设法治浙江、平安浙江

完善覆盖全省的现代公共文化服务体系,提高城乡基本公共文化服务均等化水平,深入创新实施文化惠民工程,优化基层公共文化服务网络。强化国土空间规划和用途管控,优化省域空间布局,落实生态保护、基本农田、城镇开发等空间管控边界。坚持最严格的耕地保护制度和最严格的节约用地制度,严格规范执行耕地占补平衡制度,对违法占用耕地"零容忍",强化耕地数量保护和质量提升。强化数字赋能,健全覆盖城乡的公共法律服务体系,加大普法力度,建设法治社会。

# 第四章  解决城乡共同富裕难点问题的可行对策

### 一、更高水平的产业升级

一是要立足超大城市特点。大力发展规模农业、绿色农业、品牌农业、科技农业、低碳农业、特色农业,提升现代种业创新能力、资源保护利用能力、涉农科技创新和研发能力。在"寸土寸金"的上海,农业发展具有得天独厚的优势,体现在生态优势(高额补贴

使土地能够休耕)、市场优势(靠近大市场)、品种优势(农产品的种子研发处于全国前列)。①

二是发展数字农业。要充分利用上海的技术、人才、资金优势。一是推动全市农业一张图、一个库共享应用;二是创新一个机制,加快申农码、申农分应用;三是探索农村数字化发展路径,重点做好益农信息社日常管理、宅基地信息管理系统建设等工作。②电子商务已成为农产品重要的销售渠道,在"互联网+"的背景下,通过技术创新、理念创新、模式创新,将农业生产、流通、消费等各个环节有效衔接,推动农业产业结构的转型升级。

三是精心培育品牌性涉农经营主体和农产品。加快推进浦东、崇明、金山三个国家级农业科技园区建设,规划新建一批市级农业科技园区。培育农业龙头企业,聚焦重点产业集群和重大投资项目。发挥绿色食品和有机食品在农村产业发展方面的引领和示范作用。充分利用现代农业种源科技研发优势和消费市场优势③,加快推广农业绿色生产及其他各类标准,加强农产品质量安全监管,聚焦蔬菜生产保护区和农业绿色生产基地,发展"全程机械化+综合农事"服务。

四是大力发展郊区村镇富民产业。支持中心城区疏解产业到郊区特别是"五个新城",大力培育郊区范围内优势明显、带动能力强、就业容量大的产业,支持返乡乡亲、大学生、退役军人等返乡回乡创业。按照供应链和产业链的规律,推动重点村发展乡村作坊、家庭工场、特色民宿等新兴产业,落实创业扶持政策,健全创业服务体系。

五是重点发展乡村旅游业。加快培育一批休闲农业、精品民宿和乡村旅游示范项目,发展主题乐园、科普教育、文化体验等多种功能。鼓励有条件的区域,依托水源、农田、公益林等生态资源,发展生态旅游、林下经济等绿色产业④制定乡村旅游行业标准,规范乡村旅游经营主体行为,推进乡村旅游市场有序运行,促进乡村旅游业规范发展和消费者利益保护。加强乡村旅游品牌建设,把乡村旅游形象和营销作为媒体、政府宣传工作的重要内容。

## 二、更高质量的融合发展

一是大力推动涉农产业融合发展。大力发展依托农业农村资源的二三产业,打造优势特色产业集群、建设产业融合发展平台,提升休闲农业和乡村旅游水平。⑤ 积极培育涉农新产业新业态,支持郊区发展农产品加工业,鼓励企业开展农产品精深加工。提升乡村休闲旅游发展水平,实施乡村休闲旅游提升计划,发展休闲农业新业态,建设休闲农业重点村镇、休闲农业精品园区和新村旅游重点村镇。促进涉农电商有力有序发

---

① 参见王莅惠、王阳:《打响"上海农业"品牌 引领上海乡村振兴》,载《上海农村经济》2022年第2期。
② 参见张国坤:《不折不扣完成各项底线任务 坚持不懈推进"三园"工程》,载《上海农村经济》2022年第1期。
③ 参见高骞、吴也白、朱咏、王沛:《上海推进乡村振兴的瓶颈制约及对策建议》,载《科学发展》2018年第10期。
④ 参见高骞、吴也白、朱咏、王沛:《上海推进乡村振兴的瓶颈制约及对策建议》,载《科学发展》2018年第10期。
⑤ 农村的产业融合发展是对传统农村发展模式的重塑,是农村生产关系的变革,其目的是激活乡村经济发展内生动力,使市场在乡村资源配置中发挥决定性作用。以上海市农业政策为例,2019年上海市农业农村委丰富和拓展了都市现代绿色农业发展专项项目,将休闲农业等新业态培育项目建设也纳入了专项项目申报范围。

展,深入推进"互联网+"农产品出村进城工程。

二是重点推动集体经济创新发展。继续深化农村综合帮扶工作,特别是支持郊区试点实践,通过资产配置手段借助更具有竞争力的产业实现薄弱地区集体资产新的来源。[①] 按照"资金安全、收入稳定"的要求,以区为单位统筹资金、资产、资源,健全区一级农村集体资产管理体制,确保农村集体经济不断发展壮大,确保农民财产性收入不断增值增长。[②]

三是深入推动城乡基本公共服务均等化建设。统筹城乡社会救助体系,完善最低生活保障制度、优抚安置制度。加快推进农村基层综合性文化服务中心建设。完善农村留守儿童和妇女、老年人关爱服务体系,支持多层次农村养老事业发展,加强和改善农村残疾人服务。推动建立城乡统筹的基本公共服务经费投入机制,完善农村基本公共服务标准。[③]

### 三、更高标准的农民增收

一是巩固、开拓和创新农民涉农收入来源。一方面,要鼓励支持更多农民发展乡村产业,直接经营乡村民宿、农家乐,开展生产生活服务;另一方面,要引导发展乡村产业的资本与农民在产业链上优势互补、分工合作的格局,推行保底分红、股份合作、利润返还等方式。完成目前试点郊区宅基地改革试点,探索完善宅基地分配、流转、退出、审批、监管等制度的方法路径。

二是鼓励农民积极创业。培养劳动者的创业意识,激发农民的创业热情,向农民宣传创业政策,鼓励更多农民积极投身创业实践。全面提升农民的创业能力,建立完善的创业培训体系,提供丰富的创业培训课程。落实好减税降费政策,鼓励农村金融机构为创业者提供金融服务。

三是强化农民就业促进工作。落实更加积极的就业政策,吸纳低收入人口就业,建立促进创业带动就业、培育壮大新业态灵活就业机制。扶持发展吸纳就业能力强的乡村企业,支持企业在乡村兴办生产车间、就业基地,增加农民就地就近就业岗位,积极防范、有效应对大规模裁员和失业的风险隐患。

### 四、更强规范乡村治理

一是强化农村"班长工程"。强化村党组织对农村新经济组织、新社会组织等各类组织和新村民的全覆盖。二是重点培育全国乡村治理示范村镇,推广在乡村治理中运用积分制、清单制等工作机制,挖掘乡村治理典型案例并加强宣传。三是充实"阳光村务工程"平台。完善村务公开信息化系统"财务公开"功能,探索将基层党务、村集体经济财务等内容纳入信息化平台。四是推进法治乡村建设。五是涵养文明乡风,开展文

---

① 参见吴方卫、张锦华、贾晓佳:《上海农村集体经济可持续发展的路径与对策》,载《上海农村经济》2022年第1期。
② 参见张国坤:《不折不扣完成各项底线任务 坚持不懈推进"三园"工程》,载《上海农村经济》2022年第1期。
③ 《中共中央、国务院关于坚持农业农村优先发展做好"三农"工作的若干意见》,2019年1月3日,http://www.gov.cn/zhengce/2019-02/19/content_5366917.htm,最后访问日期:2022年5月31日。

明村镇创建,推进农村移风易俗。[1]

## 五、更高品质的绿色田园

一是大力推进农业绿色发展。持续推进化肥农药等农业投入品减量增效,积极循环利用农业废弃物并支持发展种养有机结合的绿色循环农业,加强污染耕地治理,加强修复治理和安全利用示范,从源头保障完全优质农产品生产。

二是加大农村生态环境保护修复力度。加强农村生态环境修复和建设,深入实施生态保护修复工程,深入开展水系连通和农村水系综合整治,推进农业农村减排固碳,巩固提升农业生态系统碳汇能力。

## 六、更细规划涉农资金

一是推进涉农资金政策归类整合,完善财政资金补助方式。加快建立健全涉农资金统筹整合长效机制。调整完善市级财政资金补助方式,赋予各区更大统筹资金的自主权。加快从"项目化+分配资金"模式向"大专项+任务清单"模式转变,具体补助方式由单纯的综合补贴向以奖代补、先建后补等多种方式转变。

二是注重财政资金政策差别化管理,加大资金投入力度,加强事中事后绩效评估。健全城乡一体化财政投入机制,建立财政转移资金逐年稳定增长机制。增加生态补偿专项转移支付资金规模,规范资金使用范围,确保重点用于生态建设、污染源治理、村庄建设整治。加强财政政策对村级层面的延伸覆盖,提高扶持标准,同时,要严格按照规定对财政资金的投入产出进行绩效评估和跟踪。

三是创新引导社会资金投入的机制,逐步形成乡村振兴多元化投入格局。设立市级乡村振兴发展基金,通过政府基金投入、集体资产资金统筹利用等方式,鼓励引导国有资本和社会资本参与乡村振兴发展。完善政策性农业信贷担保和贷款贴息等政策,支持金融机构创新涉农金融产品和服务,引导更多金融资源配置到农村经济发展、基础设施建设、公共服务提升等重点领域和薄弱环节。[2]

## 七、更多扩充乡村振兴人才

一是要加快培育高素质农民和专业人才队伍建设。加快农村富余劳动力转移就业,组织新型职业农民技能培训,大力培养农村电子商务人才。建立农业技术人员的特有管理和晋升机制,进一步落实低收入农户专项就业补贴、离土农民就业专项计划、农民跨区就业补贴等专项补贴政策举措。

二是鼓励吸引社会人才投身乡村建设。完善选派优秀干部支持农村发展的工作制度,加强驻村指导员队伍建设,安排选调生到村任职。鼓励和支持本村在外优秀人才回流。完善支持高校毕业生到农村基层工作的政策措施,通过政府购买岗位、实施学费和

---

[1] 参见张国坤:《不折不扣完成各项底线任务 坚持不懈推进"三园"工程》,载《上海农村经济》2022年第1期。
[2] 参见高骞、吴也白、朱咏、王沛:《上海推进乡村振兴的瓶颈制约及对策建议》,载《科学发展》2018年第10期。

助学贷款代偿、提供创业扶持等方式,积极引导支持各类人才到农村工作和创业。动员城市人才下乡服务,完善新乡贤的支持政策,鼓励离退休党员干部、知识分子和工商界人士"告老还乡"。

**课题负责人:王桦宇**
**课题组成员:罗　昕　王文婷　郭维真　孙伯龙**

# 11. 上海加快推进城乡共同富裕研究(B)

中国式现代化的本质要求之一是实现全体人民共同富裕。共同富裕是生产力较大发展下的产物,因此经济社会文化发展水平较高的超大城市更有基础和条件率先实现城乡共同富裕。但另一方面,超大城市"虹吸效应""大城市病"等问题也非常突出,在实现城乡共同富裕方面也必然面临更大挑战和特殊瓶颈。

上海作为常住人口近2 500万的超大城市和人均可支配收入7.96万元的先富地区,目前仍有266.15万乡村人口,而城乡收入差比高达2.12。这一比例高于同期浙江省1.90的整体水平,也高于周边城市(嘉兴1.56,宁波1.69,无锡1.75,杭州1.71,苏州1.82)。因此,上海促进共同富裕最薄弱的环节是农业,最艰巨的任务在农村,最需要关注的是农民。加快推进城乡共同富裕,既是上海实现共同富裕的核心内容,也是上海实现高质量发展以及满足城乡居民日益增长的美好生活需要的根本要求。

## 一、上海实现城乡共同富裕的基本内核和特殊内涵

### (一)上海实现城乡共同富裕的基本内核

习近平总书记指出,共同富裕是全体人民共同富裕,不是少数人的富裕;是人民群众物质生活和精神生活都富裕,不是仅仅物质上富裕而精神上空虚;是仍然存在一定差距的共同富裕,不是整齐划一的平均主义。习近平总书记的这些重要论断,赋予了共同富裕更加丰富的时代内涵,为准确把握、完整理解和全面落实共同富裕指明了方向。

基于上述科学论断,我们对上海推进城乡共同富裕的基本内核有如下理解:

第一,上海推进城乡共同富裕的关键目标,是实现相对更富裕的多数人(城镇居民)与相对不富裕的少数人(农村居民)收入趋向均等,基本消灭城乡收入差距。

改革开放以来,上海打破传统体制束缚,以"效率优先、兼顾公平"为基本原则,秉持"发展第一"的硬道理,实现了社会和经济的快速发展。2022年,上海人均GDP达18.04万元,折合2.68万美元,位居全国第二,超过中等发达国家2万美元标准线,接近发达国家3万美元标准线,居民人均可支配收入达到79 610元,整体上成为国内先富

地区。

但是,先富起来的上海,266.15万乡村人口收入与城镇居民仍然存在较大差距。2022年,上海城镇常住居民人均可支配收入为84 034元,农村常住居民为39 729元,城乡收入倍差高达2.12。因此,上海居民收入差别的最主要表现之一,是占比89.3%的城镇居民和占比10.7%的农村居民之间的城乡收入差距;上海实现全体居民的共同富裕,既要实现全体居民的更加富裕,更要消灭农村居民这一少数人的相对不富裕。

因此,上海的共同富裕是实现农村居民这一"少数人"群体的富裕。虽然乡村人口只占上海总人口的10.7%,但这个少数人群体是上海实现共同富裕难度最大的一个群体。由于产业特征及经济发展规律使然,农业效益相对低下,农民收入普遍不高的现象在上海长期存在。但这并不意味着这一少数人群体在实现共同富裕中无足轻重,相反,如果未能大幅缩小城乡收入差距,上海就称不上实现了共同富裕,与建设卓越全球城市的定位也难以相称。

第二,上海推进城乡共同富裕的重点内容,是实现城乡基本公共服务的进一步均等化,农村居民享受与城镇居民同等水平的高品质精神生活。

人的全面发展和社会的全面进步,离不开物质和精神生活的双富裕。农村居民既要实现物质生活的富裕,也要实现精神生活的富裕;既要在精神生活设施上实现城乡同步发展,也要在精神生活内容上实现城乡同步丰富。

近年来,上海美丽乡村建设以及乡村振兴战略的实施卓有成效,道路、桥梁、河道整治,污水治理,农业废弃物处理等项目,使农村面貌和基础设施建设得到极大改善。但是,虽然上海农村基本公共服务和文化设施总量处于较高水平,农村公共事业的发展与农村居民日益增长的精神生活需求相比仍有一定差距,与中心城区的精神生活内容和水平差距更大。

虽然城乡共同富裕并不意味着城乡完全一样化,但最重要的公共服务能力需要延伸到农村,医疗、养老、文化、教育资源等公共服务需要做到均衡。因此,上海推进城乡共同富裕,仍需进一步健全财政支持体系,加强基本公共服务能力向农村延伸,提升农民公共文化服务可及性,实现农村精神文化设施建设和农村居民精神生活质量的提高。

第三,上海推进城乡共同富裕的基本途径,是统筹好"做大蛋糕"与"分好蛋糕",以乡村振兴为抓手促进乡村高质量发展,以分配机制为手段促进公平。

共同富裕是全体人民的富裕,但绝不是"同时富裕、同步富裕、同等富裕",更不是整齐划一的平均主义。共同富裕是一个过程,包含"做大蛋糕"和"分好蛋糕"两件事,不可偏废。前者的含义是:尽管有先富后富之分,但通过努力所有劳动者与过去相比收入都提高了,都能过上幸福生活。后者的含义是:在按劳分配的基本原则下,通过合理的分配机制,缩小人们之间的收入差距,使收入差距不至于过大。

上海以及中国在改革开放后四十多年里实现经济腾飞的一个重要经验,就是"允许一部分人先富起来"的政策实现了效率,促进了发展。共同富裕是在生产力有较大发展条件下的产物,不可能与低生产力并存。允许存在一定的收入差距,是发展生产力、提高效率、"做大蛋糕"的前提,而且收入差距也是经济增长的动因。因此,推进共同富裕的关键首先是实现收入差距变动和经济增长同时发生,而非完全消除收入差距。

因此,上海实现城乡共同富裕并不意味着要牺牲效率,更不意味着要回归平均主义,也绝不是简单地把城市居民高收入阶层的收入均分给农村居民低收入阶层,更不是否定通过自身努力去获得更高收入,而是仍要聚精会神搞建设,把乡村振兴战略融入共同富裕,实现乡村振兴、农民增收、农业兴旺,以乡村的高质量发展解决农村与城区之间存在的各种差距,提高城乡发展的均衡性、协调性。充分利用较为充裕的财政收入带来的更多调控手段和政策空间,通过一次分配和二次分配的合理化,以三次分配为补充,"分好蛋糕",完善"先富带后富"体制机制,通过更为公平合理的收入分配,促进城乡共同富裕。

### (二)上海实现城乡共同富裕的特殊内涵

作为国内常住人口第一的超大城市,且经济发展水平已达到发达国家水平的情况下,上海必然在实现城乡共同富裕方面存在着特殊性。在共同富裕基本内核之外,需要深刻挖掘符合上海现实和未来定位的特定内涵,在城乡共同富裕之路上凸显上海特征、展现上海智慧。站在不同层次看待"城乡"范畴,将对上海实现城乡共同富裕有着不同理解。第一层次是人口意义的"城乡"概念,即城镇常住人口(城)与乡村常住人口(乡),比例是89.3%/10.7%;第二层次是地理意义的"城乡"概念,即中心城区人口(城)与郊区人口(乡),比例是26.9%/50.3%(不含浦东新区);第三层次是户籍意义的"城乡"概念,即上海超大城市(城)中的户籍人口与来自外地农村(乡)的外来常住人口。

第一个层次的城乡范畴,是上海实现城乡共同富裕的最基础、最本质的内涵。第二层次的城乡范畴,是强调城乡共同拥有高品质生活的共同富裕。第三层次的城乡范畴,是实现上海全体常住人口的共同富裕。

基于上海的社会经济发展水平、国内国际地位以及未来发展定位,我们认为,理解上海城乡共同富裕的特殊内涵可以从以下几个方面把握:

第一,实现农村人口在就业能力和就业机会上的富裕,是上海高质量发展下实现城乡共同富裕的"攻坚战"。

在上海266.15万乡村常住人口中,有农村人口223万(其中,第一产业从业人员即纯农人口有31万,占全市第一产业从业人员总数的四分之三)。城镇居民与乡村居民之间构成了最基本的"城乡"概念。城乡收入差距的表象是农村居民收入相对低下,本质是三次产业之间的劳动生产率差异,而这种生产率差异是由三次产业的性质决定的。由于农业本身的弱质性特征,农业劳动生产率低于二三产业是普遍规律,从而导致农业从业人员收入相对低下。

上海社会经济实现了高水平发展,在全国处于领先地位,但这意味着实现城乡共同富裕的难度更大。作为中国的经济中心,这座超大城市已基本建成国际经济、金融、贸易、航运中心,并形成了具有全球影响力的科技创新中心基本框架体系。在上海"五个中心"定位下,"高精尖"制造业、金融业、信息服务业等高质量、高生产率产业所占比重将越来越大,第一产业的相对劳动生产率必定相对更低。[①] 2019年,上海三次产业的相对劳动生产率分别为0.1、1.1、1.0,而同期全国三次产业的相对劳动生产率分别为0.3、1.4、1.2。这表明,上海农业劳动生产率绝对值虽然并不低,但二三产业劳动生产率相对更高,从而导致农业相对劳动生产率较低,因此,农业人口实现共同富裕的难度更大。

2022年,上海农业生产总值为265.93亿元,仅占GDP的0.6%;农业从业人员40万,人均GDP仅6.6万元,远低于全市18.04万元的平均水平。这个占比1.6%的农业人口,是上海实现城乡共同富裕的"攻坚战"。而打赢攻坚战的关键,在于要把这部分农业人口尽量从农业生产中解放出来,到二次产业、三次产业中就业。这就需要提高农业人口的非农就业能力、增加非农就业机会,促进城乡收入差距的缩小,并进而实现城乡共同富裕。

第二,实现郊区人口在公共服务和文化设施上的富裕,是上海高质量发展下实现城乡共同富裕的"阵地战"。

根据第七次人口普查,上海2 487万常住人口中,除浦东新区568万人外,中心城区人口为668.4万人,郊区人口达1 250.6万人,占到总人口的一半。这是上海作为超大城市的特点所在。郊区作为与中心城区相对应的地理概念,与中心城区构成了另一对"城乡"范畴。因此,城乡共同富裕并不仅仅是城镇居民与农村居民之间的共同富裕,也是中心城区人口和郊区人口在物质生活尤其是精神生活上的共同富裕。

由于历史原因和经济社会发展的层次性特征,上海郊区无论在基本公共服务还是文化设施上都与中心城区有较大差距,而郊区人口在物质生活尤其精神生活上都与中心城区人口有一定差距。上海实现城乡共同富裕,也需要把郊区作为阵地。相对于占比1.6%的农业人口而言,实现50.3%的郊区人口与中心城区人口的共同富裕,对上海实现城乡共同富裕具有更大意义,这是上海实现城乡共同富裕的"阵地战"。这些非农村居民的郊区人口,因其居住在非中心城区而面临着精神生活品质相对不高的问题。因此,打赢阵地战的关键,是实现郊区与中心城区之间基本公共服务和文化设施既公平又有效率的配置,从而实现中心城区和郊区人口精神生活的"共同富裕"。

第三,实现外来人口的共同富裕,是上海高质量发展下实现城乡共同富裕的"持久战"。

在上海常住人口中,外来人口为1 006.26万人,占比40.6%。这些外来人口大多数来自经济相对落后的中西部地区,超过百万的来源地有:安徽232万人,江苏161万人,河南116万人;超过50万的有四川、浙江、江西、山东等地。这些外来人口,有200万居住在中心城区,其他居住在浦东(242万人)以及郊区(607万人)。站在更高层次来看,上海这座超大城市(城)户籍人口与来自经济欠发达地区农村(乡)常住人口之间,也构成了某种意义上的"城乡"概念。

---

① 相对劳动生产率反映了某一产业单位劳动生产率与社会平均劳动生产率的比较关系,它消除了价格因素影响。相对劳动生产率=(某产业生产总值/某产业就业人数)÷(生产总值/总就业人数)=某产业人均生产总值/总人均生产总值,反映了与全部经济水平相比,各产业投入劳动所得的回报水平。

上海的城乡共同富裕是否也应包含这些外来人口的富裕？课题组认为，站在历史高度思考，从"共同富裕是社会主义的本质要求，是中国式现代化的主要特征"来看，从"上海不仅仅是上海人的上海，也是全国的上海"来看，上海的城乡共同富裕不应仅是户籍人口内的城乡共同富裕。从更长远的视野而言，上海也应思考如何促进外来人口特别是外来农业转移人口的收入、子女教育、社保、医疗、精神生活的提升，这是惠及其他地区的共同富裕，是上海这座超大城市为实现全国范围内共同富裕做出的贡献，这对上海乃至全国都具有更为深远的意义。从经济社会发展来说，这将是上海实现共同富裕的"持久战"。

## 二、上海实现城乡共同富裕的短板和瓶颈

（一）上海实现城乡共同富裕的短板

第一个短板是城乡收入差距较大，与上海经济发展水平不相符。

改革开放以来，上海实现了国民经济跨越式发展，经济实力显著增强，人民生活水平不断提高。2005年，上海居民人均可支配收入17 738元，是全国平均水平的2.78倍，差额绝对值为1.07万元；至2022年上海人均可支配收入增长到79 610元，是全国平均水平的2.16倍，差额绝对值达到4.27万元（见图1）。

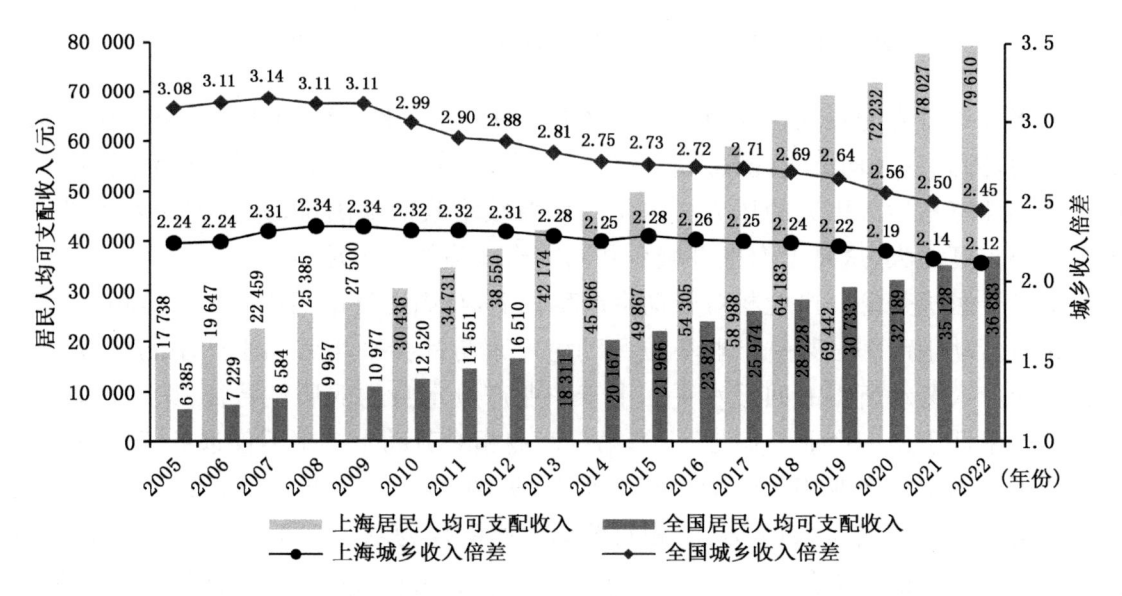

**图1 上海和全国居民人均可支配收入比较（2005—2022年）**

但从相对值来看，上海居民人均可支配收入与全国平均水平倍差呈现逐步缩小趋势。原因在于这一时期上海居民人均可支配收入增长速度低于全国平均水平。2005—2022年，上海居民人均可支配收入年均增长9.2%，比全国平均增速10.9%低了1.7个百分点，其中农村居民收入增速低于全国1.5个百分点。

同时，上海还存在着城乡收入差距较大的现象（见图2）。1991年上海城乡收入差距比仅为1.24，但之后差距逐步扩大，至2008年达到峰值2.34。其后整体上呈下降趋

势,至 2022 年降到 2.12,为阶段性最低点。但是,这一比例高于同期浙江全省 1.90 的水平,也高于周边城市(嘉兴 1.56,宁波 1.69,无锡 1.75,杭州 1.71,苏州 1.82);在 2022 年人均可支配收入超过 6 万元的 18 个城市中同样居于后列,仅低于南京、厦门、广州、北京。①

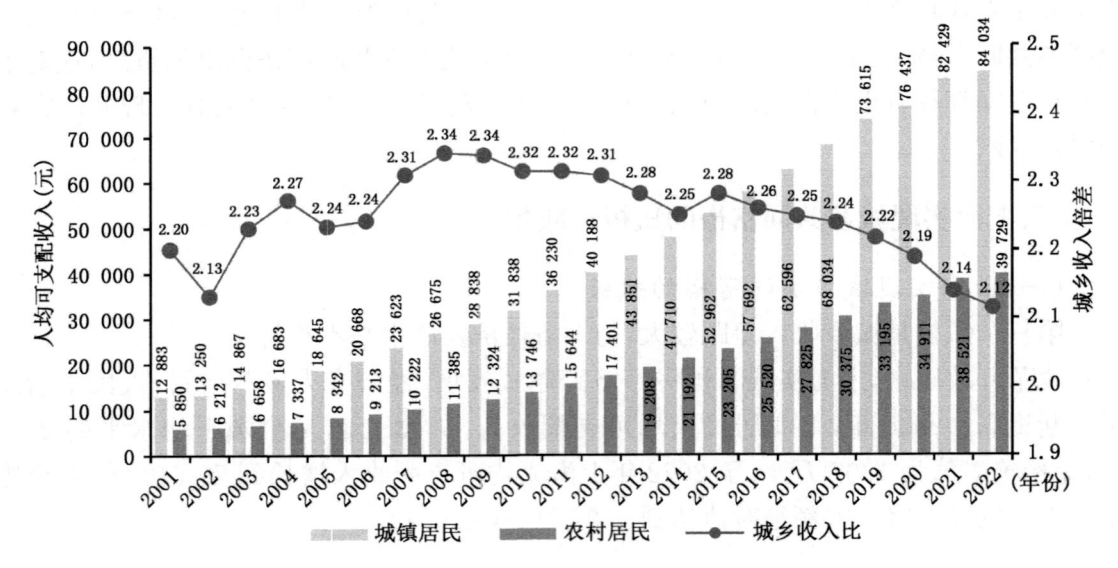

图 2 上海城镇居民和农村居民人均可支配收入(2001—2022 年)

由于人均可支配收入在反映民富水平上更具有参考性,高于 GDP 总量在民富水平上的作用,因此从人均可支配收入城乡差距来看,上海在推进城乡共同富裕上面临着比长三角和珠三角地区更大的压力。由于农民持续增收面临困难,城乡收入差距进一步大幅缩小难度增大,这是上海推进城乡共同富裕面临的一个短板。

第二个短板是第一产业相对劳动生产率较低,与周边省市相比有较大差距。

相对劳动生产率是某一产业单位劳动生产率与社会平均劳动生产率的比较,反映了各产业投入劳动所得的回报水平。由于农业产业本身的弱质性特征,第一产业相对劳动生产率低于二三产业。但是,上海第一产业相对劳动生产率不仅远低于二三产业,也远低于全国第一产业相对劳动生产率水平(见图 3)。2019 年,上海市第一产业从业人员人均生产总值仅为 2.62 万元,相对劳动生产率仅为 0.10,即第一产业人均产值只相当于总人均产值的十分之一。同期,全国第一产业相对劳动生产率保持在 0.3 左右。

从 2000—2021 年上海和全国三次产业相对劳动生产率变化趋势来看,上海第一产业的相对劳动生产率经历了一个先增后降的变化:2000—2011 年期间,从 0.118 波动上升至最高值 0.189;其后一路下降,至 2019 年降至 0.095,为历史最低值。同期,全国第一产业相对劳动生产率保持在 0.25 之上,且近年来呈现上升趋势。相对全国而言,上海二三产业的相对劳动生产率更为均衡,二者近年来都在 1.0 上下波动,但第一产业相对劳动生产率远低于全国平均水平也是客观事实。

---

① 16 个城市分别为上海、北京、深圳、广州、苏州、杭州、南京、宁波、厦门、无锡、绍兴、东莞、佛山、珠海、舟山、嘉兴,深圳不区分城镇和农村居民收入数据。

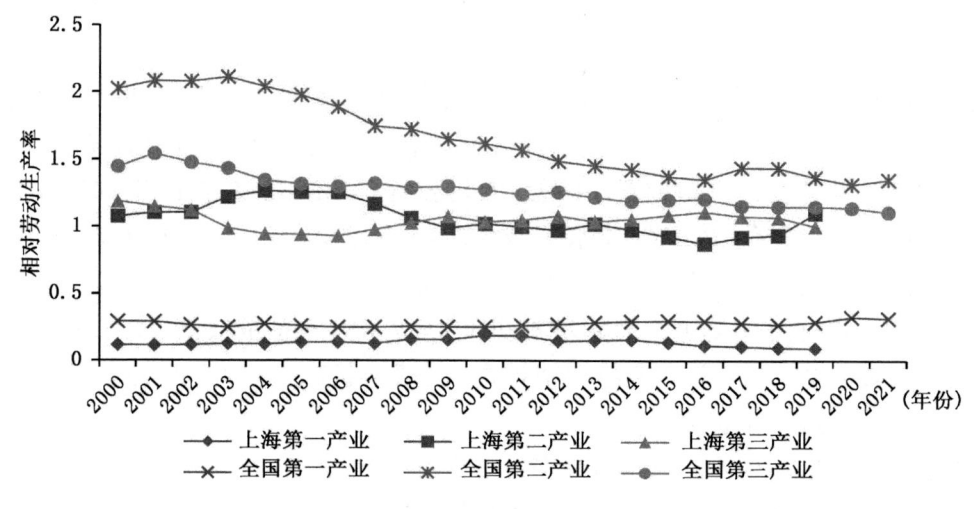

图 3　上海和全国三次产业相对劳动生产率(2000—2021 年)

与浙江省相比,上海第一产业相对劳动生产率和劳均产值差距更大(见图 4)。①2000—2010 年,浙江省第一产业相对劳动生产率在 0.26 至 0.28 之间波动,此后不断提升,至 2020 年提升至 0.62。同一时期,浙江第一产业从业人员人均生产总值从 0.65 万元增加至 10.43 万元;第二产业相对劳动生产率不断下降,2020 年仅为 0.93,已低于全国平均劳动生产率;第三产业相对劳动生产率也从最高值 1.3 降至目前的 1.1。这表明,近年来浙江省第一产业获得长足发展,劳动生产率不断提高。与此相对应,上海第一产业相对劳动生产率自 2011 年以来整体呈现持续下降趋势。这表明上海二三产业生产率更高,这种产业之间的生产率差异,给上海缩小城乡收入差距、行业差距带来了更大难度。

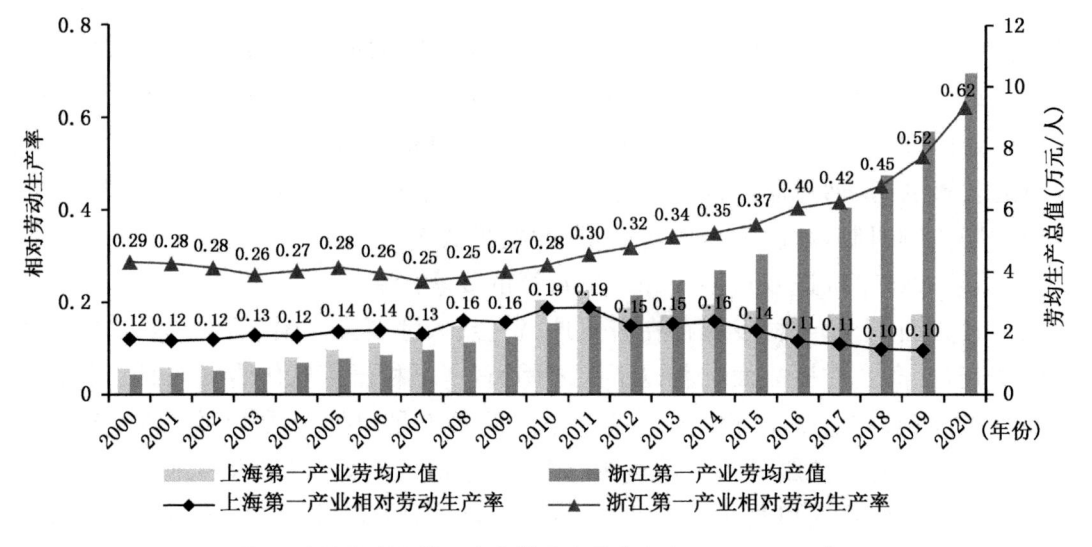

图 4　上海和浙江第一产业从业人员生产率(2000—2020 年)

---

① 上海统计年鉴自 2020 年不再提供各产业从业人员数据,图 3、图 4 中缺少上海市 2020 年以来的产业从业人员数据。

第三个短板是农村基本公共服务水平和居住环境有待改进,与上海国际大都市地位不相符。

高品质的物质生活和精神生活是实现人的全面发展的目标所在,也是城乡共同富裕的核心内容。当前,上海乡村人口和郊区人口在生活品质方面与中心城区人口的差距主要表现在:基础教育资源配置不均衡,农村教育人才缺乏;乡村医生数量偏少,技能相对较差,年龄结构老化;养老保障水平城乡之间还有较大差异,农村养老资源存在放空现象;农村公共文化设施配备数量、效能普遍低于中心城区,文化体育设施未能达到最佳利用效果;农村公共文化生活领域提供的产品和服务总量较低、质量不高;农村居民的科学素养、人文素养、审美素养和精神富有、精神状态、精神文明等方面,与城镇居民仍有差距,需要进一步提升。

(二)上海实现城乡共同富裕的瓶颈

第一,超大城市特有的"滞后效应"和"虹吸效应"。

一是"大都市、小郊区"特点所带来的"滞后效应"。这一特点可以称为"郊区社会"。郊区社会容易出现两个反差:其一,经济发展程度越高的地区城乡绝对差距可能越大,市区建设的日新月异会更加凸显郊区基础设施建设的相对落后、公共服务能力的相对不足,从而出现郊区的"景观滞后";其二,特大和超大城市郊区农民收入不仅落后于中心城区,还可能滞后于周边其他地区,从而表现为大城市郊区农民的"收入滞后"。因此,上海实现城乡共同富裕的一个关键问题是如何探索适合郊区社会的新发展模式,解决大都市下小郊区发展的"滞后效应"。

二是"大城市、小乡村"特点所形成的"虹吸效应"。这一特点可以称之为"城乡失衡"。与东京等国际大都市相似,上海的乡村经济体量很小,第一产业增加值仅占国民生产总值的0.2%,城乡之间面临着极大的不平衡发展。这种"城""乡"失衡问题来自大城市的虹吸效应。上海比其他城市具有更大的虹吸效应,不仅仅是对人才的吸引,也包括对土地、资金要素的吸引;不仅仅是对其他地区的吸引,也包括对本市内部农村要素的吸引。因此,上海实现城乡共同富裕面临着比其他地区更难的"城""乡"平衡问题,需要打通要素通道,通过制度性供给保障乡村和农业发展所需的各种要素,建立健全城乡融合发展体制机制,解决大城市对乡村的"虹吸效应"。

第二,超大城市推进乡村振兴和农民富裕的要素约束。

在要素方面,上海乡村发展存在着土地、资金、人才要素供给瓶颈。以人才为例,据课题组调查,上海乡村振兴面临着以下人才困境:一是村干部队伍青黄不接、后继乏人。调查显示,上海农村后备干部人才因各种原因储备不足,村"两委"干部35岁以下仅有10.2%。二是农村公共服务人员数量少、服务质量低。例如,很多农村地区普遍存在着乡村医生配备与服务人口规模不相匹配的问题,闵行区某村2 900多人口仅配备了1名乡村医生,基本医疗服务难以得到保障。三是农村人才晋升通道少、职称评定难。现行职称评定制度规定只有岗位空缺才能评定职称,农业企业科技人员职称评审没有通道,落户打分没有优势。上述问题表明,上海乡村振兴所需的要素资源仅靠市场配置已趋于失灵。

在资源方面,上海郊区农民增收途径相对不多且受到政策限制和条件约束。以房屋盘活利用为例,针对上海郊区 304 个保留保护村的调研发现,青浦、金山、奉贤、松江等区纯农业村居均有不少闲置农房,样本村常住人口仅占 60%,50% 农户的房屋为半闲置状态,20% 农户的房屋已完全闲置。但农户盘活利用闲置房屋面临着诸多政策和环境约束:一是项目开发审批难,闲置房屋用于发展民宿时因土地不能转性而办不了相关证照;二是消防审核难,发展民宿时房屋的建筑安全难以核准;三是配套设施不到位,发展民宿或众创空间需要建设接待中心、停车场、娱乐活动设施等,同时也需增加乡村排污纳管等公共服务配套设施投入;四是以上海为代表的不少大城市郊区缺乏好山好水好风景,导致产品同质化低端化严重,不仅缺乏故事性,也遗失了乡村性。

## 三、上海推进城乡共同富裕的关键路径

上海破解城乡共同富裕难题,需要以"城乡等值"理念为指导加强顶层设计。"城乡等值"理念既不是城乡等同,更不是消灭乡村,而是认识到乡村是一个地理概念、是与城市并行的一种生活方式。在"城乡等值"理念下推进共同富裕,目标是使城乡居民享有同等水平的收入、社会福利和生活质量,共享现代物质和精神文明。结合上海实现城乡共同富裕的特有内涵和短板瓶颈,本文认为推进上海城乡共同富裕的关键路径有以下几个方面。

### (一)以高质量发展为基础,提升农村居民收入

发展是硬道理,是实现城乡共同富裕的坚实保障,上海推进城乡共同富裕首先要从发展环节上缩小城乡收入差距。

第一,大力推进"绿色田园工程",提高农民家庭经营性收入。第一产业相对劳动生产率较低是形成上海城乡收入差距的主要根源,因此需要通过构建大都市乡村产业体系提升农村产业效益,实现农民增收。一方面,可以通过提升科技装备水平、培育壮大经营主体、加大品牌建设力度等途径,进一步全面推进都市现代农业高质量发展。上海松江区在全国率先创办家庭农场,目前全区 819 户家庭农场户均经营面积 163 亩,第一产业劳均产值达 40.71 万元,土地产出率、劳动生产率、资源利用率和品牌影响力"三率一力"稳居上海第一,打破了第一产业传统的低效益现状,其经验值得推广。另一方面,可以通过培育发展新产业新业态、打造优势特色产业集群、提升休闲农业和乡村旅游水平,持续推动农村一二三产业融合发展,拓展农民就业增收空间。

第二,继续深化"三块地"改革,增加农民财产性收入。在目前的政策环境下,上海郊区农户的"三块地"尤其是宅基地仍难以带来有效的财产性收入,这是典型的要素资源循环不畅现象。应充分认识到宅基地、农地对农民的财产性功能,通过改革为农村土地利用政策松绑,鼓励通过使用权入股、联营等模式,推动从初级"瓦片经济"向"旅游经济""休闲经济""平台经济"转变,实现土地资源的有序流转和高效利用,为增加农民财产性收入创造条件。

第三,进一步改革和发展农村集体经济,发挥其在共富中的保障作用。农村集体经济的一个内生功能就是共同富裕,当前上海农村集体经济面临着区域发展不平衡、经营

模式单一、与农民利益联结机制不强等问题,需要突破新型集体经济发展的困境,充分发挥其做大"蛋糕"和分好"蛋糕"的共同富裕功能。新形势下,农村集体经济的发展要以集体资产增值创收为目标,加快产权制度建设并探索权益流转模式,提升市场主体能力,使其成为现代市场竞争主体,通过统筹资源、盘活要素、拓展渠道等途径挖掘发展潜力,同时也要完善内部治理结构,积极稳妥推进分配机制改革,让农民获取更多的集体经济红利。

(二)以收入分配调节机制为手段,促进城乡财富公平

分配制度是促进共同富裕的基础性制度,由于三次产业之间客观存在的生产率差异,需要建立合理的收入分配调节机制,促进城乡之间、行业之间的财富公平。

第一,充分利用再分配的财富二次调节作用。按要素进行的初次分配,符合尊重个人能力和努力的"效率"原则,但不可避免也会受到其他因素影响导致收入差距拉大。上海经济实力雄厚,比其他地区更有条件通过转移支付、社会福利、公共服务、养老保障等再分配手段,缩小初次收入分配形成的城乡收入差距。要优化财政支出结构,提升民生性支出比重。转移支付项目要向农村地区以及农村低收入群体、纯农群体等薄弱环节倾斜,并注重提升低收入群体获取收入的能力。

第二,积极发挥第三次分配在缩小城乡差距中的重要作用。第三次分配是"基于道德信念而进行的收入分配",政府要构建以第三次分配促进低收入群体迈向富裕的体制,简化公益组织审批程序,积极培育慈善组织,在基于自愿原则和道德准则的基础上,鼓励有条件的企业、个人和社会组织到郊区、乡村举办公益事业,对到郊区或针对农村低收入群体开展的慈善捐赠给予特殊税收减免政策。

第三,构建公平且可持续的多层次社会保障体系。首先,要扭转收入越高保障越高的"逆向保障"现象,缩小城乡之间、户籍和外来人口之间的社会保障待遇差距,提高外来就业人员和灵活就业人员等新型就业形态人员的社会保障水平,逐步将其纳入职工社保体系。完善农村低收入人群基本生活保障制度和兜底保障标准动态调整机制,提高农村经济困难老人补贴。其次,要完善外来人口个体工商户、灵活就业者、家属参保机制,尝试开展外来人口最低生活保障等社会救助,并在保障性住房、社会保险等方面提供机会,最终的目标是让居住在上海的常住人口不受户籍限制地获得均等化社会保障。

(三)以公共服务和文化设施均等化为抓手,实现城乡生活品质共富

基本公共服务和公共文化事业均等化是实现城乡生活品质共同富裕的基石,要进一步促进乡村公共服务可及性和公平性,大力发展完善乡村公共文化服务体系。

第一,努力推进美丽家园工程,提升乡村人居环境面貌。首先,要建立健全乡村人居环境长效管护机制,加强生态治理和环境保护,改善农田环境,提升乡村建筑品位,保留乡土味道、乡村风貌、大地景观和自然肌理。加快数字化农业农村信息平台建设,提高农村公共基础设施和环境管理信息化水平。其次,要推动美丽乡村示范村和乡村振兴示范村"由盆景到风景"转变,通过"平移""上楼"等模式引导农民向规划保留点集中居住,使农民享受到更好的基础设施和公共服务资源,同时也有利于推进乡村环境

整治。

第二，建立城乡统一的基本公共服务清单，提升城乡公共服务均等化水平。其中最重要的是养老、医疗和教育。首先，要健全乡村基层医疗服务体系，强化社区卫生服务功能在村级层面的落实。其次，要提升农村养老服务能力，鼓励养老机构在乡村设立分支，推动农村养老服务设施均衡布局。此外，还要促进城乡和外来人口教育公平与人力资本积累，引导中心城区学校通过集团化办学等方式向郊区、农村学校扩充优质教育资源，健全外来人口子女基本公共教育服务保障机制，试点开展免费外来人口职业教育。

第三，推进城乡公共文化服务体系一体化建设。一是加大郊区和乡村公共文化设施的建设力度，优化乡村公共文化设施布局，提升乡村公共文化设施品质、特色、效能。在有条件的郊区和乡村结合农村闲置宅基地流转推出"家门口的好去处"，植入阅读、演艺、展览、休闲运动等元素，打造适合休憩、交流、活动的新型乡村公共空间。二是创新乡村公共文化供给，加强乡村公共文化内容配送建设，加大符合农村群众需求的公共文化产品供给，加大上海市民文化节等文化活动在郊区的辐射力度。三是提升文化惠民服务范围，推进优质文化服务资源向远郊乡村延伸，向外来常住人口覆盖，提升文化服务的城乡同质化、区域协同化、全民便利化，打造公共文化服务一体化的"上海样本"。

**参考文献**

[1] 方志权：《促进上海城乡共同富裕必须加快健全统筹发展机制》，《上海农村经济》2022年第6期，第29—32页。

[2] 方志权：《发展壮大新型农村集体经济之我见》，《上海农村经济》2023年第1期，第30—32页。

[3] 晋洪涛：《超大城市乡村振兴模式选择和制度性供给问题》，《科学发展》2019年第10期，第41—50页。

[4] 晋洪涛、刘巧娜：《功能认知、风险感知与农户宅基地退出意愿》，《农业经济》2023年第6期，第101—103页。

[5] 马建堂：《在高质量发展中促进共同富裕》，《人民日报》，2021年11月10日（第13版）。

[6] 张来明、李建伟：《促进共同富裕的内涵、战略目标与政策措施》，《改革》2021年第9期，第16—33页。

[7] 赵峥、杨晓东、杨永恒：《超大城市推动共同富裕的经验、挑战与路径——基于北京的调查研究》，《中国经济报告》2022年第6期，第33—38页。

**课题负责人**：晋洪涛　朱哲毅
**课题组成员**：陈　方　朱文君　张海清　吴燕芳

# 12. 关于加快"三个百里"建设 打造上海"后花园"的路径和对策措施研究

乡村兴则国家兴,乡村衰则国家衰,没有农业农村现代化,社会主义现代化就是不全面的。对上海而言,乡村作为上海国际大都市发展的稀缺资源,不仅承担着农产品供应功能,而且日益发挥多元功能、复合作用,成为提升城市能级和核心竞争力的战略空间。然而,上海城乡发展不平衡问题依旧突出,乡村建设品质不高、内生发展动力不足,农业现代化水平不足,与上海加快建设具有世界影响力的社会主义现代化国际大都市的定位不相匹配。上海亟须加快全面推进乡村振兴,构建城乡融合发展新格局。

习近平总书记高度重视"三农"工作。在上海工作期间,深入郊区农村,走田头、访农户、听民生、摸民情、解民忧,对上海"三农"工作作出一系列重要论述和指示。特别是,2007年6月,习近平同志到金山区调研时提出"把金山建成百里花园、果园、菜园,成为上海的后花园"的重要论述。"三个百里"重要指示蕴含了丰富的生态文明思想和城乡融合发展思想,不仅成为金山推进社会主义新农村建设和现代农业发展的总遵循,对于上海全面推进乡村振兴战略也具有重要指导意义。因此,有必要深刻把握"三个百里"的思想内涵,梳理总结发展成效和面临的困难问题,明确未来加快"三个百里"建设打造上海"后花园"的路径和对策措施。

## 一、加快"三个百里"建设 打造上海"后花园"提出的背景

### (一)国家明确提出加快建设社会主义新农村

2006年3月通过的《中华人民共和国国民经济和社会发展第十一个五年规划纲要》明确提出"建设社会主义新农村",强调"坚持统筹城乡经济社会发展的基本方略,在积极稳妥地推进城镇化的同时,按照生产发展、生活宽裕、乡风文明、村容整洁、管理民主的要求,扎实稳步推进新农村建设",提出了建设社会主义新农村的重大历史任务,明确了建设社会主义新农村的总体要求。

## （二）上海正处于破除城乡二元结构关键阶段

2007年，上海市城市居民家庭人均可支配收入23 623元，农村居民家庭人均可支配收入10 222元，前者是后者的2.31倍，城乡差距依然较大。上海正处于加大城乡统筹力度，破除城乡二元结构的关键阶段。在上海市第九次党代表大会报告中，习近平同志指出："加大城乡统筹力度，加快社会主义新农村建设。更加注重郊区农村发展，坚持工业反哺农业、城市支持农村和多予少取放活的方针，加快转变农村生产生活方式，在解决'三农'问题、破除城乡二元结构上走在前列。"在以上经济社会发展大背景下，习近平同志深入上海郊区农村开展了大量调研考察。

## （三）金山正值建区十周年亟须加快转型发展

2007年正值金山建区十周年，金山作为除崇明之外最大的农业资源集聚区，同其他区相比，金山财力薄弱、起步较晚，经济总量相对较小，亟须转型发展。6月12日，习近平同志到金山区调研指出："金山不仅是全市的化工重点，还是上海的农业大区，'三农'问题相对比较集中，推进新农村建设的任务十分艰巨。"同时还提出"把金山建成百里花园、果园、菜园，成为上海的后花园，不断开创金山发展的新局面"，至此正式提出了"三个百里"建设的完整表述，也成为金山推进社会主义新农村建设和现代农业发展的总遵循。

## 二、加快"三个百里"建设 打造上海"后花园"的思想价值

习近平总书记有关"三个百里"建设的重要指示具有深刻思想内涵和丰富思想价值，是习近平"三农"思想和生态文明思想的重要组成部分。

### （一）"三个百里"重要指示明确了乡村产业发展路径

"三个百里"重要论述指明了乡村振兴战略实施过程中乡村产业发展的路径选择。绿色、自然、生态是乡村发展的最大特色和优势，乡村不仅拥有绿水青山、自然资源、古建村落等物质资源，还拥有节庆民俗、乡规民约、传统艺术等非物质资源。能否对这些资源进行合理有效开发利用，直接影响着乡村产业的发展方向和潜力。[①]

金山的优质稻米、绿色蔬菜、名优瓜果、特种养殖等产业优势十分明显，同时金山的农民画、黑陶艺术、山阳故事会、枫泾古镇以及农村自然村落等历史文化资源也极为丰富。"三个百里"的落脚点尽管是"花园""果园""菜园"，但其含义并不是单纯的"种花""种果""种菜"，其核心要义在于以这些自然生态资源为基础，延伸农业产业链，同时融合乡村历史文化资源，打造乡村发展比较优势，形成促进乡村发展的特色路径。这与习近平总书记2022年12月在中央农村工作会议讲话中提出的"各地推动产业振兴，要把'土特产'这3个字琢磨透"相一致。

### （二）"三个百里"重要指示明确了城乡融合发展路径

背靠超大城市是上海乡村发展的最大优势，依托超大城市的人口规模效应，不仅可以很好地支撑休闲农业、乡村旅游等乡村特色产业发展；同时，通过引导中心城区科技、

---

① 《用好乡村"土特产"，实现产业大振兴》，http://www.rmlt.com.cn/2023/0912/682649.shtml。

人才、资金等要素向乡村有序流动,也为全面推进乡村振兴提供了坚实支撑。但从现实来看,上海外围郊区与600多平方公里的中心城区还有很大差距,上海亟须通过城乡融合发展,促进城乡要素的流动和协同互补,实现市域6 000多平方公里的充分发展。

习近平同志在金山调研时,也谈到了600平方公里与6 000平方公里的关系问题,他指出,上海除了600平方公里的中心城区,还有郊县的6 000平方公里,发展空间很大,要让一产和二产有一个理想的选择;他还讲到,郊区要以现代农业为重点,坚持产业化、市场化的方向,加快推进农业技术创新,完善农业基础设施建设,健全农业产业体系,培育农业经营主体,努力率先转变农业增长方式,提升农业经济功能、生态功能和服务功能,切实发挥先行示范的作用。① 从这些论述中可以看出,习近平总书记已经注意到了城乡的分工与互补,因此,在"三个百里"重要指示中提出让金山成为上海的"后花园"。

后花园原本是指在房子后面建造的供人们休息用的普通花园,而此处的"后花园"则是表明了郊区与中心城区的一种关系。"城乡一体化并不是一样化、一律化、无差别化,还是有差别的,城还是城,乡还是乡,风貌还是不一样的。"郊区就是要依托农业农村特色资源,充分挖掘生态资源和历史文化资源,充分保留乡村自然风貌、人文底蕴等,与中心城区形成协同互补的关系,通过发展生态旅游、民俗文化、休闲观光等,成为中心城区的"后花园"。

坚持走城乡融合发展之路,是习近平总书记关于城乡融合发展论述的理论精髓和核心要义,也是习近平经济思想的重要组成部分和马克思主义政治经济学的重要创新成果,进一步丰富了马克思主义城乡关系理论,充分体现了以人民为中心和城乡发展一体化的思想,为新发展阶段全面推进城乡融合发展,实现乡村全面振兴提供了根本遵循和行动指南。② 可以说,习近平总书记关于城乡融合发展的论述与"三个百里"重要指示一脉相承、相互贯通。

(三)"三个百里"重要指示明确了生态价值转换路径

习近平总书记一直高度重视生态环境,在河北正定工作时就提出"宁肯不要钱,也不要污染"的理念。2005年8月,时任浙江省委书记习近平来到余村考察,首次提出"绿水青山就是金山银山"的科学论断。之后,在浙江日报《之江新语》发表评论指出,如果能够把"生态环境优势转化为生态农业、生态工业、生态旅游等生态经济的优势,那么绿水青山也就变成了金山银山","两山"理论由此而来。③

如果说建设百里花园、百里果园、百里菜园是发展路径,那么打造成为上海的"后花园"则是发展目标,两句话充分论证了乡村生态优势转换为乡村经济优势的路径,明确了生态文明建设过程中乡村产业发展的生态价值转换,与"两山"理论一脉相承。同时,"三个百里"重要指示蕴含着习近平生态文明思想强调的绿色发展方式的重要内容,探

---

① 中央党校采访实录编辑室:《习近平在上海》,中共中央党校出版社2022年版。
② 魏后凯:《坚持走城乡融合发展之路》,https://baijiahao.baidu.com/s?id=1779381726732972070&wfr=spider&for=pc。
③ 邰工农:《习近平"三个百里"重要指示,在这个沪浙毗邻地区引发了怎样的变革》,上观新闻,https://web.shobserver.com/wxShare/html/357888.htm?t=1618275302035。

寻从生态效益、生态优势到经济效益、发展优势的转化,实现生态文明建设的"最大公约数";深刻诠释了怎样通过生产方式功能布局和生产力结构的变革,促进人与自然和谐共生这个重大命题①,也成为习近平生态文明思想的重要组成部分。

### 三、加快"三个百里"建设 打造上海"后花园"的时代背景

"三个百里"提出已十余年,国家和地区的经济社会发展背景已发生明显变化,同时郊区发展基础也得到极大改善提升,因此必须重新认识"加快'三个百里'建设 打造上海'后花园'"的时代背景,才能全面理解其内涵。

(一)国家全面推进乡村振兴

2017年12月,"十九大"报告首次提出"实施乡村振兴战略";2021年3月,"十四五"规划纲要提出"坚持农业农村优先发展 全面推进乡村振兴";2022年10月,"二十大"报告进一步强调"全面推进乡村振兴"。从"实施乡村振兴战略"到"全面推进乡村振兴",意味着我国"三农"工作的重心发生了历史性转移。全面推进乡村振兴成为新征程我国"三农"工作的主题主线和重点任务,乡村振兴成为在所有农村地区、农村诸多领域、涉农各个层次展开的重要战略部署。② 对上海而言,也亟须立足超大城市特点,强化城乡整体统筹,促进城乡要素平等交换,推动形成城乡融合发展新格局,不断增强乡村振兴的内生动力。

(二)长三角区域一体化进程加快

推动长三角区域一体化发展,增强长三角地区创新能力和竞争能力,提高经济集聚度、区域连接性和政策协同效率,对引领全国高质量发展、建设现代化经济体系意义重大。自推动长江三角洲区域一体化战略实施以来,长三角三省一市紧扣"一体化"和"高质量"两个关键,推动长三角一体化发展取得丰硕成果。在这个过程中,长三角乡村也迎来了乡村区域一体化建设和振兴发展的新契机。2019年3月,金山区廊下镇、吕巷镇、张堰镇和平湖市广陈镇、新仓镇联合正式启动了长三角"田园五镇"乡村振兴先行区建设,成为打破区域壁垒、突破行政区划、整合区域资源共同推动乡村振兴的典型案例,为进一步从更大空间尺度认识"三个百里"建设提供了参考和启发。

(三)上海加快构建城乡融合发展新格局

习近平总书记强调:"要把乡村振兴战略这篇大文章做好,必须走城乡融合发展之路。"自十九大报告提出建立健全城乡融合发展体制机制和政策体系以来,我国逐步形成了一套较为完整的体制机制和政策体系。各级地方政府也在实践试点中积极探索推进城乡融合发展,例如北京贯彻落实中央"城乡融合发展"战略部署,结合自身特点,提出走"大城市带动大京郊,大京郊服务大城市"的城乡融合发展之路。从中央要求到地方实践,都在进一步推动城乡融合发展落地见效。"未来十五年是破除城乡二元结构、健全城乡融合发展体制机制的重要窗口期。"加快以城乡融合发展推进乡村振兴落地见

---

① 中共上海市金山区委宣传部:《习近平"三个百里"重要指示引领沪浙毗邻地区"田园五镇"乡村振兴典型实践研究》,2022年。
② 《全面推进乡村振兴的逻辑与路径》,https://baijiahao.baidu.com/s?id=1766106598142257989&wfr=spider&for=pc。

效,也对上海未来推进城乡融合发展提出了更高要求。推进"三个百里"建设是推进城乡融合发展的重要路径,城乡融合发展也是"三个百里"建设的应有之义。

## 四、加快"三个百里"建设 打造上海"后花园"面临的问题

金山区不断深化对"三个百里"内涵的认识、理解和把握,高水平打造百里花园、高标准打造百里果园、高质量打造百里菜园、高品质打造上海"后花园",将之作为推进超大城市都市现代农业发展的有效手段,作为促进上海城乡融合发展的行动指南,取得了显著成效。目前,金山区已经获得和正在创建的国家级荣誉达到21个,其中全国首批11个、全市首家2个;乡村振兴工作考核(2020—2022年)连续三年被评为全市优秀,成为上海市第一个入选国家乡村振兴示范县创建名单的区。尽管"三个百里"建设取得了显著成效,但对标其深刻内涵以及当前全面推进乡村振兴的战略要求和新的时代背景,"三个百里"建设仍存在一些短板和不足。

(一)关注度不够高,未能充分认识价值

距提出"三个百里"已十余年,但总体来看,对"三个百里"的现实关注不够高、理论研究不够深、内涵阐释不够透,尚未能充分认识其思想价值。市级层面《上海市乡村振兴"十四五"规划》等文件都未提及"三个百里"相关内容,主要以金山区为主在推进。但就金山区而言,也仅是在乡村振兴"十四五"规划发展目标中有所提及,例如"到2025年,全区乡村振兴取得明显进展,'三个百里'建设不断深化;到2035年,'三个百里'建设成效斐然,农业高质高效水平全国领先",但并未对推进"三个百里"的具体措施进行阐述。"三个百里"具有深刻的思想价值,然而当前不论是理论研究还是现实政策,对其理论价值的认识、解读、研究都还不够充分,未能将其作为重要抓手引导郊区乡村振兴落地实施。

(二)理解存在偏差,未能全面把握内涵

当前有关"三个百里"的理论研究和地方实践,多关注"百里花园、百里果园、百里菜园"的论述,而忽视了"成为上海后花园"的表述,未能全面系统理解其内涵。前者是在论述乡村特色产业发展路径,而后者才是终极目标。"成为上海后花园"阐明了郊区乡村发展的未来状态,与乡村振兴总要求相一致;同时,也阐明了郊区乡村与中心城区的关系,即实现城乡融合发展。这与当前全面推进乡村振兴、构建城乡融合发展新格局的战略相契合,是推进"三个百里"建设的重点。同时,在地方实践中,还多停留于"三个百里"的字面含义,单纯地强调"种花""种果""种菜",未能实现从传统农业生产向现代农业的转变,农业产业链延伸不足,品牌农业、休闲农业、智慧农业、科技农业发展不充分,一二三产业融合有待增强。

(三)缺乏系统规划,未能形成区域合力

当前推进"三个百里"建设,更多的是在金山区镇街层面零散推进实施,缺乏区级层面、市级层面的系统规划,相邻镇与镇、区与区之间的协同规划、整体谋划不足,未能形成推进"三个百里"建设的合力。"三个百里"虽是在金山提出的,但其内涵不仅仅局限于金山,要跳出金山来看"三个百里"的建设。例如,以"百里果园"建设为例,金山区有

"金山蟠桃"国家地理标志产品、奉贤区有"奉贤黄桃"国家地理标志产品、浦东新区有"南汇水蜜桃"国家地理标志产品等,完全可以在市级层面整合相关资源,打造一条跨区的"百里果园"带,形成上海的乡村振兴品牌。但在现实推进中,仅仅局限于金山以"三个百里"为目标在推进,且还以单个镇街为主。例如,吕巷镇提出以"三个百里"绘好乡村振兴"工笔画",成立了"三个百里"乡村振兴经济小区和"三个百里"实业发展有限公司,打造了"三个百里"乡村振兴学院等等。但单纯依靠个别镇的实力,资金缺口较大,很难有财力、有能力高水平推进"三个百里"建设。

(四)发展基础薄弱,难以持续有效推进

郊区乡村发展基础较为薄弱,资金缺口较大,靠财政转移、镇财政、村集体和农民个体难以实现乡村振兴,对于推进"三个百里"建设同样如此。目前,尽管参观学习"三个百里"建设的人员较多,但展示"三个百里"思想的场馆设施缺乏,难以有效集中展示宣传"三个百里"重要思想;在人才方面,乡村人才流失严重,特别是经营性人才缺乏;另外,随着农村老龄化、空心化问题日益严重,很多村庄存在大量的闲置住宅以及生产性用房等,且还存在不少闲置资源与产权制度之间的利益矛盾。总体来看,推进"三个百里"建设的内生动力尚未形成,难以保证持续有效推进建设。

## 五、加快"三个百里"建设 打造上海"后花园"的总体思路

对标"三个百里"的思想内涵和当前的时代背景,推进"三个百里"建设 打造上海"后花园"可以从四个方面来系统理解其内涵。

第一,加快"三个百里"建设 打造上海"后花园",必须跳出单纯的"种花""种果""种菜"。"花""果""菜"只是农业生产的初级产品,需要进一步以此为基础,延伸产业链,提高附加值,要从传统的农业生产向现代农业转变。

第二,加快"三个百里"建设 打造上海"后花园",必须重视乡村人居环境建设。"花""果""菜"作为独特的农业元素,仅是吸引城市居民来到农村的前提,发挥农业的经济价值、生态价值和服务价值则需要更深入挖掘"后花园"的内涵。以乡村人居环境建设为基础,以"花""果""菜"为卖点,吸引城里人到农村地区生活、观光、体验等,让农村地区成为城市学子游学之地,成为城市居民转变生活方式、放松身心、亲近自然之地,成为真正的"后花园"。

第三,加快"三个百里"建设 打造上海"后花园",必须重视乡村文化建设。打造"后花园"既需要乡村人居环境的"自然美",也需要浓厚历史底蕴,保留乡村风貌、地方特色的"人文美",因此推进"三个百里"建设也需要加强对乡村传统文化的挖掘和保护,注重传统文化的传承和发展。

第四,加快"三个百里"建设 打造上海"后花园",必须从区域视角整体推进。具体包括三个空间层次:一是要重视与中心城区的协同发展,加强与中心城区的联动;二是要重视郊区乡村的整体推进,整合郊区农产品、文化、乡村等特色资源,以"三个百里"为统领,整体推进郊区乡村振兴;三是要重视与长三角毗邻地区跨区域协同推进乡村振兴。

总体而言,加快"三个百里"建设 打造上海"后花园"要在系统理解"三个百里"重要指示内涵基础上,立足国家全面推进乡村振兴、长三角区域一体化进程加快以及上海亟须构建城乡融合发展新格局的背景下,以全面推进郊区乡村振兴为目标,通过充分挖掘郊区乡村特色资源,发挥农业的经济价值、生态价值和服务价值,以加强现代农业发展、加强乡村人居环境建设、加强乡村文化建设、加强区域整体推进为路径,增强与中心城区、南部郊区乡村以及长三角的协同联系和互补合作,促进城乡要素有序流动和郊区农村资源互补,打造上海南部乡村振兴示范带,实现乡村全面振兴。基于其内涵,进而也就提出了加快"三个百里"建设,打造上海"后花园"的推进路径。

(一)加强现代农业发展

一是推进科技农业发展。强化现代种业自主创新,开展种源关键共性技术攻关。推动农业科技国际交流合作,引进国内外先进农业技术和生产模式并示范推广。大力发展"互联网+现代农业",推进物联网、云计算和智能终端在农业全产业链的应用,大力发展智慧农业、大数据农业。

二是推进休闲农业发展。推动乡村由单纯卖产品向卖景观、卖文化、卖体验转变。挖掘农业生态、休闲、文化等非农价值,大力发展休闲农业、观光农业以及体验农业等农业新业态。结合历史文化、民俗文化、乡土文化等资源,培育分享农业、定制农业、创意农业、养生农业等。

三是推进品牌农业发展。精心培育一批在全国乃至国际上都有优势、有影响、有竞争力的农业品牌和企业产品品牌。大力发展无公害农产品、绿色食品、有机农产品和地理标志农产品生产基地。充分发挥优势项目、龙头企业、强势品牌辐射带动作用,支持龙头企业与种养大户、家庭农场、合作社等开展合作。

四是延伸农业产业链。延长农产品产业链,发展农产品加工、保鲜储藏、运输销售等,推动乡村产业全链条升级,增强市场竞争力和可持续发展能力。以花卉产业发展为例,建设"百里花园"与花卉产业发展密切相关,借鉴日本北海道富田农场花卉产业发展经验,要从目前单纯的花卉观光为主,到加工制作花卉相关产品转变,例如干花、精油、香水、香皂、香草冰激凌等,同时还可与奉贤区"东方美谷"的美丽大健康产业融合发展。

(二)加强乡村环境建设

一是全面实施乡村建设行动。提升农村基础设施能级,打造生态宜居、文明善治、数字智慧的都市新农村。持续优化农村人居环境,全面开展美丽乡村建设行动,聚焦规划保留村,持续优化田、水、路、林、村等生态空间,加强乡村风貌的串联和融合,提升农村人居环境卫生规范化和精细化管理水平。

二是推进乡村美化行动。统筹规划设计乡村风貌,制定乡村地域风貌特色营造技术指南和乡村建设色彩控制导则,保护村庄肌理、自然水系,凸显江南水乡的自然风貌。深入开展村庄清洁行动,鼓励农户积极参与美化村庄环境,引导农户规范农房改造建设与风貌升级,开展宅前屋后环境整治,建设小花园、小果园、小菜园。

三是持续推进农民相对集中居住。在充分尊重农民意愿基础上,加大政策支持力度,分年度、分批次实施农民相对集中居住,重点解决"三高两区"周边居民以及规划农村居民点区域外分散户的居住问题，进一步提高城乡一体化发展水平，切实改善农民居住环境和生活品质。

（三）加强乡村文化建设

传承发展乡村历史文艺与乡风民俗，推动实施农村"传统工艺振兴计划"。发掘历史文化资源，加强非物质文化遗产保护，推动乡村非遗传承发展，鼓励建设各类民间博物馆，打造博物馆群。深入挖掘乡村特色文化符号，保护传统文化村镇，建设乡村文化地标。支持农村因地制宜、因时制宜举办中国农民丰收节等各类民俗节庆活动。挖掘培育乡土文化本土人才，以乡村艺术节、"一镇一品"展示展演等文化活动为平台，发掘农村文化带头人。建设完善村民活动广场，完善室外文化体育设施，开展各类农民体育活动。

（四）加强区域整体推进

推动"三个百里"建设仅靠单个区、单个镇难以有效推进，必须整合区域资源，形成合力整体推进。在市级层面，建议由市农委牵头对"三个百里"进行系统规划和研究，整合南部区域的浦东、奉贤、金山、青浦、松江等区的农业农村特色资源，在市级层面规划"百里花园""百里果园""百里菜园"产业发展带，跨区域形成覆盖种植、加工、销售等的全产业链，打造市级乡村振兴示范带。另外，结合长三角一体化，以"田园五镇"为基础，进一步拓宽合作范围和内容，以"三个百里"为主题，构建国家级跨地区乡村振兴示范片区，形成更大尺度"百里花园""百里果园""百里菜园"。

## 六、加快"三个百里"建设 打造上海"后花园"的对策措施

（一）强化思想认识

建议进一步强化思想认识，组织高校、科研机构的党建、"三农"等方面专家，进行系统研究，深入阐释其思想内涵和理论价值。同时，加强宣传引导，大力推介"三个百里"建设的地方实践，提高社会知晓度。在市级层面，以"三个百里"提出20周年（2027年）为契机，整合浦东、奉贤、金山、青浦、松江等南部区域的农业农村特色资源，谋划出台《推进"三个百里"建设三年行动计划（2024—2026年）》，在市域层面规划建设"百里花园""百里果园""百里菜园"产业发展带，规划建设一批展览教学场馆设施，打造上海全面推动乡村振兴的"三个百里"品牌。

（二）强化资金保障

着力构建高质量的发展投入保障机制，促进产业融合发展。要按照总量持续增加、比例稳步提高的要求，不断增加财政支农投入预算安排，确保财政对高质量农业发展的需求。吸引金融资本、社会资本支持都市现代农业发展，鼓励金融机构为农业新型经营主体提供多种类型的金融创新服务。加强支农资金整合优化，努力构建科学规范、富有活力、持续发展的支农政策统筹整合长效机制，为高质量推进"三个百里"建设提供资金保障。

（三）强化人才保障

大力培育和提升农业企业、专业合作社、家庭农场等新型农业经营主体的质量和水

平。探索建立家庭农场建设与新型职业农民培训的联动机制,整合利用涉农院校、农业龙头企业等资源,构建高素质农民教育培育体系。制定农业优秀人才选拔、激励、考核办法,引进、培育一批农业领军人才、农业技术骨干人才、创新创业青年等人才队伍,加强农村实用人才队伍建设。同时,进一步落实好《上海市进一步支持返乡入乡人员创业创新促进农村一二三产业融合发展的实施意见》,鼓励和引导农民工、中职校和高校毕业生、留学回国人员、退役军人、科技人员等各类返乡入乡人员,结合自身优势和特长,发展乡村优势特色产业,提升乡村产业水平。

### (四)强化用地保障

在农业"三区"划定的基础上,优化产业空间布局,强化产业发展规划,建立健全与乡村产业发展相配套的用地保障机制。在符合国土空间规划和用途管制要求的前提下,依法依规盘活利用农村闲置厂房、农房等,切实落实建设用地周转指标制度,编制相关区、乡镇国土空间规划时,应当安排不少于10%的建设用地指标;制定土地利用年度计划时,将盘活的建设用地指标按照不低于5%的比例重点向乡村产业发展倾斜。加快实施乡村建设项目点状供地制度,保障休闲农业、乡村旅游、健康养老、餐饮民宿等新产业、新业态的产业融合发展用地需求。

### (五)强化区域合作

加强政府间合作,推动建立长三角共同促进乡村振兴的工作机制。以"三个百里"为引领,以"田园五镇"为基础,进一步推动长三角跨区域的乡村振兴合作实践。拓展优化现有联盟联席制度机制,完善落实《沪浙毗邻地区"大田园"乡村振兴协同发展规划》,打造政策互通平台。探索建立长三角乡村振兴产业引导基金,引进集聚一批制造水平高、产品质量优的上下游农产品加工企业,打造"三个百里"产业集聚区。谋划成立长三角乡村振兴开发建设公司,统筹推进乡村振兴项目建设。

### (六)强化社会参与

搭建全过程、全方位的公众参与平台。建立健全有效激励机制,鼓励和引导社会组织、有志青年和成功人士、社会公众积极参与乡村振兴工作。深入推进"万企兴万村"行动,鼓励引导民营企业按照市场规律参与乡村振兴,促进企业长期可持续发展,为乡村振兴和"三个百里"建设奠定良好基础。

**课题负责人:** 杨传开
**课题组成员:** 戴伟娟　康江江　郭　栩　李鑫豪

# 13. 关于分类施策促进农民增收的路径和对策措施研究(A)

增加农民收入是"三农"工作的中心任务。多年来,上海农民收入水平保持各省市首位,但依然面临着人群差距、城乡差距以及地区差距等问题。为此,孙雷会长牵头成立课题组,组织召开区镇实务工作同志、行业专家座谈会,赴金山、崇明、浦东等的镇村开展实地调研,专程到浙江学习共同富裕示范区建设经验。同时,借助会员单位力量,分群体设计调查问卷,抽取中远郊十个典型村开展入户调查,了解不同群体的收入现状和诉求。在此基础上,剖析问题、提出对策。报告如下:

## 一、不同群体收入及诉求现状

在浦东新区、奉贤区、青浦区和崇明区共选择 10 个典型村开展调查,每个村 100 户,实际调研对象为 1 007 户农户家庭,涉及人数 2 342 人。情况如下:

**(一)家庭收支情况分析**

(1)家庭人均年收入约 3.5 万元,收入满意度不高。2022 年,样本户家庭人均收入 3.5 万元,低于同期本市农村居民家庭人均可支配收入 10% 左右,这与本次调查样本户远郊地区占比高相关。近三分之二的家庭人均年收入在平均水平以下,接近当年度本市低收入标准线;人均年收入超过 4 万元的家庭占比为 25.4%。从问卷调查情况来看,农民对家庭收入状况的满意度不高,满意度水平为 60.4,勉强及格。选择"一般"的比例为 41.5%(平均收入为 3.4 万元),选择"不太满意""不满意"的比例为 30.0%(平均收入为 2.3 万元)。对收入状况满意度较高(选择"非常满意""比较满意")的家庭人均收入约 5.1 万元,比平均水平高出近一半。

(2)工资性和转移性收入占比超过九成,财产性收入主要集中在土地流转费。样本户家庭中,工资性收入占比约 54%,转移性收入(主要是养老金)占比约 40%,集体经济分红、房屋租赁收益等财产性收入占比很小。奉贤区沈陆村、五四村和青浦区徐练村有集体经济分红,平均每户约 200 元。有 84 户在问卷中填写了房屋出租收益,年租金在几千到几万元不等,平均每户在1.3万元左右,集中在奉贤区沈陆村、五四村,浦东新区牌楼村和青浦区江南村。样本户土地流转率达到94%,土地流转费平均为1 443.1元/(亩·年),平均每户土地流转收入4 355.9元,人均1 893.9元。

(3)收入仅仅满足日常开支,医疗支出占大头。大多数村民反映,目前的收入水平仅仅能够负担日常消费开支。有老人讲"一周能够吃一餐肉,改善一次伙食""自己家里种菜够吃,主要是怕生病,一生病就完全不够花"。农民普遍反映收入不够用的主要原因是医疗支出高,71.6%的农户反馈医疗支出是最主要支出项,样本户中517户家庭成员有"小毛小病、慢性病",128户家庭成员存在"大病、重病"。56.1%的农户反馈日常消费支出是家庭的第二大支出项,中位数在9 000元/年左右。此外,人情往来支出也是家庭重要支出项,中位数在6 000元/年左右,年纪越大越看重人情往来。

(二)具体人群收入及需求分析

(1)老年农民收入以养老金为主,最大诉求仍是提高养老金。16岁以上人群中,老年农民1 457人,占比64.16%,其中164人打零工。老年群体的平均收入水平为2.7万元,其中,养老金2.4万元,土地流转费0.2万元,也就是说大多数老年人生活主要是靠养老金和土地流转费,部分低龄老人有打零工收入。一是七成老年农民享受"农保"保障,养老金水平约1 400元。样本户中,老年农民的月养老金水平为1 967.4元。其中,71.7%的老年农民领取"农保"养老金,月均水平为1 458.8元;17.4%享受"镇保"养老金,月均水平为2 511.9元;10.9%享受"职保"养老金,月均水平为4 606.6元。打零工的老年人群中,六成从事非农就业,年报酬约3万元;四成从事农业就业,年报酬约1.6万元。二是最大诉求仍是提高养老金,希望可以增加1 000元。老年农民期望的养老金水平为3 100元,与目前的平均水平相差1 000~1 200元。占总人数七成的"农保"老年群体,普遍希望养老金可以达到或接近原"镇保"水平。此外,调研中发现农民对为老服务需求较高,对宅基地盘活利用有意愿。

(2)非农就业群体就业相对充分,提高就业技能呼声高。16岁以上人群中,709人从事非农就业(含打零工),占比为31.6%。平均劳动报酬为5 448.8元/月,相当于同期城镇私营单位平均水平的三分之二。一是非农就业相对充分,但就业质量不高。16~59岁人群中实现非农就业的有621人,就业率为84.7%,除去学生等群体,就业相对充分。51.4%的劳动报酬在2 500~5 000元/月,其次是5 001~8 000元/月(19.0%)。近50%的在民营企业上班,平均劳动报酬约5 300元/月;其次是镇村公益性岗位,劳动报酬也低于平均水平。近80%的劳动力属于普通职员和体力劳动者,体力劳动者劳动报酬明显低于平均水平。从问卷调查情况来看,非农就业人员对劳动报酬的满意度水平仅63.3。二是提高就业技能呼声高,就近就业、社保补贴需求大。大家反映,"上班最主要的问题"是就业技能不高,占比超过30%。73.9%的非农就业人员没有技能证书,月均劳动报酬为5 100元;同期,初级工劳动报酬为5 700元、中级工为7 200元、高级工超过10 000元。238个"促进就业最应该做的是什么"回答中,"通过培训,提高就业技能"占比超过50%,就近适合的岗位少和上班工资不理想的占比超过25%。村民希望可以就近开发保洁、保安、保绿等公益性岗位以及为老、助老等服务性岗位(洗衣、助餐等)。调研发现,就业年龄段内有102人就业但参加"居保",占比超过16%,其平均劳动报酬不到4 000元/月,主要原因有工作不稳定、单位变动快、私企老板为降低成本不参加"职保";50~60周岁的女性群体因超龄不能参加"职保"。也有农户反映,临近退休但"职保"缴费年限不够,因缴费高而不愿意继续参保,最后选择"农保"。

(3)农业从业群体中,一半为老年农民,经营主体希望加大产业扶持力度。16岁以上人群中,有135人从事农业就业,占比为6.0%。有17名农业经营主体负责人,2022年经营净收入在5万~30万元,经营净收入平均约10万元;有10个管理人员或专业技术人员,年劳动报酬7万~8万元;普通农业劳动人员的年劳动报酬约2万元。一是老年农民接近一半,收入满意度略高于非农就业人员。其中,劳动年龄段从事农业就业的有69人,另有66个老年农民主要在农业行业中打零工。农业经营主体对招收低龄老人从事农业持积极态度,普遍反映"招不到年轻人"。从事农业就业的样本中,农业从业者的收入满意度水平(67.6)略高于非农就业人员,但仍反映"地里工作比较辛苦,赚得少"。调研也发现,大多数农业经营主体参加过专业技术培训,受过培训的农业从业者收入水平明显高于未受过培训的农民。二是经营主体希望加大扶持力度,搭建统一销售平台。样本户中,经营主体多数从事水稻、蔬菜种植,且大多数经营主体没有与农业相关的其他经营活动,产业融合度不高。农业经营者对政府的扶持政策需求最大的是加大农业项目扶持力度和提供用工补贴,其次是搭建统一的销售平台。

## 二、当前面临的主要问题及原因分析

(一)主要问题

(1)本市农民收入水平继续保持各省市首位,但在长三角周边城市中不具领先优势。2022年,上海农民收入为39 729元,环上海周边的嘉兴、宁波、苏州、无锡等8个长三角城市农民收入均超4万元,上海在27个城市排名第9。同期,上海城镇居民家庭人均可支配收入84 034元,是唯一一个超过8万元的城市。上海城乡居民收入倍差为2.12,在27个城市中排名第22位;浙江嘉兴等21个城市均在2以内,嘉兴、舟山接近1.5。同期,浙江全省城乡居民收入倍差缩小到1.90以内。

(2)本市农民收入增速连续多年高于城镇居民,但城乡收入绝对差扩大一倍。近十年来,本市农村居民人均可支配收入从2013年的19 208元增加到2022年的39 729元,年均增速8.4%;同期,城镇居民人均可支配收入从2013年的43 851元增加到2022年的84 034元,年均增速7.5%。本市农民收入年均增速超过城镇居民0.9个百分点,城乡居民收入比不断缩小,自2013年的2.34缩小到2022年的2.12。但是,上海城乡居民收入绝对值差距不断扩大,从2013年的22 415元扩大到2022年的44 305元,收入绝对值差距2.19万元,比十年前翻了一番。

(3)本市农民增收举措成效显著,但区域不平衡的矛盾依然明显。近年来,各区为促进农民增收推出了一系列举措,如浦东的"五头增收"政策,闵行区搭建区级增收平台,崇明、奉贤、金山、青浦等区积极盘活农民宅基地等措施,农民收入保持了较快增长。

全市层面,聚焦薄弱村和生活困难农户,相继实施了两轮农村综合帮扶。市统计局调查显示,近两年生活困难农户人均现金收入增幅12.1%,比全市农村居民高4.4个百分点。但是,区域不平衡矛盾依然突出,崇明区、金山区地处远郊,农村人口数量多,2022年农民人均收入分别为35 225元和37 939元,是低于全市平均水平的两个区。同时,崇明生活困难农户数量接近全市总量的一半。即使在同一区域内,不同乡镇之间也有明显差异,如闵行区七宝等城市化地区与地处农村的浦江镇,松江的浦北与浦南地区,浦东的北片与南片地区等。

当前,乡村振兴工作是党和政府工作的短板,农民增收工作是短板中的短板,城乡收入差距、区域收入差距是突出矛盾。

(二)原因分析

(1)主观上认识不够、重视程度不够、工作力度不够。进入21世纪以来,城市对农村的虹吸效应愈发明显,资源要素加速向城市流动。在这种背景下,政府主动作为尤为重要。但往往是,基层对"三农"工作的重视不够,认识不到位、工作不到位、举措不到位。近年来,上海农民收入不再纳入法定统计范围,也没有纳入对涉农区、乡镇党政班子绩效考核范围,进一步削弱了此项工作的重要性和推动力。

(2)农村居民整体年龄偏大、学历偏低,较难搭上经济发展的快车。据纯农地区农民收入抽样调查显示,我市纯农户人口老龄化比较明显,2022年平均年龄为52岁。60岁及以上人口占比达到61.8%,82.3%的纯农户只有初中及以下学历,普遍缺乏专业技能。一方面,本市"居保"养老金水平仅为"职保"水平的1/4,差距较为明显,虽然相对差距在逐步缩小,但步伐缓慢,养老金的绝对值差距日益扩大。老年农民对养老待遇普遍不满意,对待遇提升的期待较高。另一方面,农村综合环境整治、土地减量化工作在美化环境的同时,也逐步淘汰了传统的就业岗位。随着产业转型升级,农村人口与就业岗位之间匹配矛盾愈加明显,就业岗位少、能级低、收入水平不高、可替代性强,就业增收空间被极大压制。

(3)区域功能划定造成农村地区发展受限,农民收入多渠道来源受阻。受制于空间规划和土地属性,我市自20世纪90年代起,持续推进产业向园区集中,乡镇工业基本绝迹,服务业零散、规模较小。乡村发展以农业生产为主,农业生产以种植业为主。一方面,农产品附加值仍然偏低,粮食蔬菜等大宗农产品生产因单品规模不足、生产成本偏高、劳动供给不足、品牌培育不够等原因,竞争力不强,单位土地产值偏低。另一方面,乡村制造业空心化,与之配套的物流、电商,以及民宿、农家乐等产业的发展不如浙江等地充分,对从业人员需求不多,对农村闲置房屋包括农宅的租赁需求不旺,农民财产净收入来源较少。

(4)农村集体经济发展不平衡、不充分、不明显。我市集体经济发展总体上呈"近郊水平高、覆盖面窄,中远郊水平低、覆盖面广"的特点,收益分配区域差距大,对农民增收的贡献度不高。此外,尽管农村闲置宅基地和房屋盘活虽已有了点上的探索,但未能在面上拉动农民财产性收入明显增长。近年来,建设用地减量化工作不断推进,但盘活的建设用地指标向乡村地区倾斜力度还不够大,集体经营性建设用地入市、宅基地"三权"

分置尚未真正破题。同时,集体经济分红意识弱,分红收入少。与苏南等集体经济发展活力较强的地区比,我市农村集体资金、资产、资源对农民财产性收入的拉动作用尚未真正发挥。

(5)促进农民增收的政策体系尚未完备。进入21世纪以来,本市持续出台了一系列促进农民增收的政策文件,基本建成城乡一体化的社会保障体系、初步构建以扶持经济相对薄弱村和生活困难农户为重点的农村综合帮扶机制,建立健全城乡统一的就业服务体系。但从总体来看,农民增收政策大部分散落在各职能部门,政策虽多但散,尚没有类似于浙江省整体研究缩小城乡居民收入差距实现共同富裕的政策体系。

## 三、分类促进农民增收的对策措施

(1)明确目标、统一思想、落实责任。共同富裕,最艰巨、最繁重的任务在农村,突出表现在缩小城乡居民收入差距。因此,以缩小城乡居民收入差距为战略目标,分解为十四五期末、本届政府期满和2035年三个阶段性目标。同时,把农民增收工作转化为部门工作清单,建立考核、督查和约谈机制。一是设置目标,精准施策缩差距。农民收入年均增速在现有基础上提高2个百分点,比城镇居民收入增速高3个百分点,到2025年,城乡居民收入倍差有望缩小到2以内;到2027年,缩小到1.9以内,高于浙江共同富裕示范区1.9目标;到2035年,突破1.5,达到发达国家城乡收入水平。二是聚焦重点,分类推进找突破。从本次调查情况来看,老年农民比重近六成,转移性收入占总量的四成;就业年龄段人群比重占三成,工资性收入占总量的五成半。缩小城乡居民收入差距要在稳住就业基本盘的基础上,努力提高老年农民的综合收入水平,扩大受益面、提升获得感。经综合测算,在维持常规增长水平的基础上,老年农民月均收入增加800元,城乡居民收入倍差缩小到2以内;增加1 500元,有望缩小到1.9以内。三是顶层设计,强化制度供给。市各相关职能部门加强系统研究、齐抓共管,把促进农民增收相关工作纳入市政府重点工作予以推进。借鉴浙江省高质量发展建设共同富裕示范区的经验,立足本市现实基础、优势和潜力,聚焦城乡和区域差距,研究出台本市城乡居民共同富裕的政策体系。进一步强化各涉农区促进农民增收的主体责任,加大过程的督查和年终的考核力度,将农民增收工作纳入市对涉农区委、区政府的考核内容。

(2)提高农业效益、率先实现农业现代化,提高务农人员收入水平。一是提高农业的土地产出率和劳动生产率。加快农业科技创新和成果转化,大力发展现代设施农业。总结推广浦东农业产业化联合体模式,搭建统一销售平台,提高农业生产效益。建立与大都市现代农业发展和农民增收相适应的农业规模经营体系,促进土地资源向家庭农场、合作社等集中,提高农业劳动生产率。二是加大高素质农民培育力度。借鉴发达国家经验,探索对规模经营主体的专业素养实行准入门槛,逐步提高经营主体的整体水平。进一步开展高素质农民培育工作,在开展农业生产技能培训的基础上,围绕提升品牌影响力、延长农业产业链、提高营销水平等方面加强有针对性的培训,实现优质优价高收入。三是加强农业生产扶持力度。保持农业布局和政策相对稳定,防止因周期性波动或政策因素对农业经营主体收入造成大的影响。建设高端现代农业项目,加大招商引资、引智力度,为农业经营主体提供金融、人才等支持,对优质农业项目加大扶持力度。

(3)鼓励在职技能培训、开发一批就业岗位,提高非农就业人员收入水平。一是鼓励用人单位加强在职技能培训。对用人单位开设针对性在职培训课程、提升农民就业能力和水平等活动进行补贴,对取得技能证书的给予奖励。二是加大招商引资力度,发展乡村产业。结合示范村建设以及五大新城发展机遇,加大招商引资力度,加快乡村产业布局。通过土地全域整治、盘活农村闲置集体建设用地等途径,提升乡村服务业土地资源有效供给,加快适合农村发展的第三产业布局,为农民创造更多就业岗位。三是开发一批就近就业岗位。鼓励镇、村开发一批洗衣、助餐等为老、助残等公益互助、社会治理岗位。鼓励有条件的地方推行以工代赈,将吸纳本地农民就业作为政府支持农业项目的指标之一。加强农村公共就业服务,促进就业信息和资源到村入户。四是提高就业人员"职保"覆盖率。对本市户籍农民非农就业参加"职保"的,给予单位缴费部分适当补贴。对以灵活就业人员身份参加"职保"的本市户籍农民、合作社及家庭农场从业人员,在总结部分涉农区已有补贴政策的基础上,制定扶持政策,从制度层面提升农民保障水平。

(4)提高养老金水平、鼓励参加"职保",提高老年农民综合收入水平。一是提高老年农民养老金水平。在综合考虑当年物价变动幅度及财政负担能力等各方面因素的基础上,增加城乡居民养老保险基础养老金水平,缩小与"职保"年度增加数额的差距,力争在"十四五"期间,基础养老金水平超过最低生活保障救助标准。调整完善城乡居民养老保险办法,鼓励多缴多得、长缴多得。借鉴城镇职工养老保险专项增加机制,在每年面上增加养老金的基础上,对高龄人群、特殊贡献人群再增加养老金。二是研究土地承包权有偿退出重大改革。总结松江区老年农民土地承包权有偿退出经验,鼓励老年农民自愿将农村土地承包权退出;借鉴台湾地区做法,发放"老农津贴",使老年农民的综合收入水平接近或达到原"镇保"养老金水平。三是鼓励政策性边缘群体参加"职保"。对年满50周岁的本市户籍女性农民或者年满60周岁的本市户籍男性农民,有一定"职保"缴费年限但不足15年,尚未领取养老金的,鼓励其补缴"职保",对其社保缴费进行全额补贴,确保老年农民养老金水平差距缩小。

(5)聚焦薄弱村和生活困难农户,推进农村综合帮扶工作。新一轮农村综合帮扶的总体目标是围绕强村富民,努力探索农村共同富裕的有效路径。一是明确帮扶目标。到2027年重点扶持村的村集体经济组织经营性收入达到60万元以上;生活困难农户人均可支配收入增幅高于全市农村常住居民人均可支配收入增幅。二是明确帮扶资金。帮扶资金来源由市级财政、重点扶持区财政和帮扶方(中心城区、市属国有企业)捐赠资金三个部分组成。其中:市级财政安排20亿元,各重点扶持区区级财政按照不低于1:1进行配套,中心城区、市属国有企业捐赠资金总量都不低于上一轮水平。2023年到2027年,全市将筹措不少于55亿元的帮扶资金。三是明确帮扶措施。包括推动产业发展能力提升,促进新型农村集体经济高质量发展,提升重点扶持村治理效能,精准帮扶生活困难农户,巩固和完善对口帮扶工作,以及持续深化城乡党组织结对帮扶。

四要完善和健全收益分配机制。帮扶收益主要用于薄弱村居民增收、集体经济组织收益分红、"造血"项目再投入等。

(6)深化农村改革,促进集体经济高质量发展。一是高水平改革推动集体经济高水平发展。创造性落实集体经济组织的特别法人地位,有限度打开集体经济组织成员身份认定,释放发展活力。搭建区级农村集体经济发展平台,统筹配置资金、资产、土地、项目等资源要素,发挥各类要素的集聚效应。以项目为依托,盘活低效或土地管理法出台前形成的无证集体资产。引入社会资本,通过股份制、合伙制等多种形式,参与并带动农村集体经济发展。二是深化集体经营性建设用地入市改革。借鉴、总结松江改革经验,坚持边试点、边研究、边总结、边提炼的思路,在全市推广松江模式。完善集体经营性建设用地入市后的收益分配机制,让农村集体经济和农民共享收益。三是盘活利用闲置农村宅基地房屋资源。全面开展农村宅基地和房屋情况的排摸,建立健全全市统一的信息数据库和管理系统,引导和鼓励各涉农区盘活农村宅基地和房屋资源用于产业发展。优先在长三角毗邻地区、乡村振兴示范村及美丽乡村示范村中,利用集体经济资产,引入社会资本盘活利用闲置宅基地房屋资源,大力发展乡村旅游、民宿经济,吸引资本、人才向乡村集聚。

(7)完善收入统计监测方式方法,加强统计成果运用。一是优化农村居民可支配收入调查样本。在现有610户农村样本的基础上,进一步增加农村样本数,实现分区、分结构数据分析。在居民可支配收入统计样本范围只限于R层(农村)的基础上,将样本范围扩大为R层(农村)+UR层(城乡结合),确保闵行、嘉定、宝山等城市化程度较高的涉农区也有一定数量的样本户纳入统计监测范围。二是开展专项监测。对农业从业人员收入和规模经营主体收入开展统计监测,为进一步分析和指导农业从业人员增收提供基础数据。三是加强统计数据运用。定期向各区主要领导通报农民收入情况。同时对增收政策的满意度和政策效果进行调查评估,促进农民增收政策更加具有针对性。

**课题负责人:** 孙　雷
**课题组成员:** 邵启良　吴乃山　肖志强　周兰军
　　　　　　　郑培泉　任一澎　张国梁

# 14. 关于分类施策促进农民增收的路径和对策措施研究(B)

## 一、上海农民收入现状和特点

### (一)上海市促进农民增收的政策措施回顾

近年来,上海市致力于推动农民增收,通过"1+1+35"的综合政策措施,明确了乡村振兴的时间表和路线图。决策层通过发展集体经济、高质量农业、优化土地管理等多管齐下的策略,推进了"三园"工程和其他关键项目,从而落实了关键的农业发展举措。例如,集体经济的发展,包括租赁集体资产、购置优质物业项目、与开发区合作等方式,使得镇村集体经济得到显著增强,集体资产保值增值,农民财产性收入得以提升。另外,还有制度化推进家庭农场发展,不仅通过条例确立了家庭农场的地位和政策支持,还在土地使用、金融及税费等方面给予扶持,促进了专业合作社及农业龙头企业的成长。

在促进农业高质量发展方面,上海贯彻实施了绿色循环发展和科技提升行动,确立了高标准的"绿色田园",引进先进技术和装备,使主要农作物机械化水平达到95%以上。这些行动不仅保持了农业生产的可持续性,还提高了农业生产的效率和质量,对农民收入产生了直接的积极影响。

上海优化了土地规划和管理,通过划定"粮食生产功能区"和"特色农产品保护区"等,强化耕地保护,推进了耕地的高标准建设。这些政策确保了土地资源的集约利用,促进了乡村产业的协调发展,而且积极地满足了乡村振兴的需求。

在综合帮扶方面,通过结对帮扶和直接资金投入,提升了生活困难农户的底线保障,确保了经济薄弱村的全面发展。干部支援、资金投入等举措,强化了公共服务和基础设施建设,助力了城乡一体化进程。

促进产业融合发展是另一个亮点,第一、第二、第三产业的有效融合为农民开辟了新的就业渠道和增收途径。上海市政府鼓励返乡人员通过创新发展现代种养业、乡村旅游和农产品加工流通等,巩固了农业多元化的经济结构,增强了农村的综合经济实力。同时,上海市也加强了公共就业服务体系,以提高低收入农户的就业能力和生活水平。

(二) 上海农民收入的现状和特点

基于统计数据显示,上海市农民人均可支配收入在 2007 年至 2022 年间持续增长,从 9 992 元增至 39 729 元,位居 2022 年中国各省市农村居民人均可支配收入排行的首位。尽管如此,城乡之间的收入差距仍旧较大,上海城乡收入差额自 2013 年的 25 670 元上升至 2022 年的 44 305 元。2019 年数据指出,该差距主要来源于工资收入(22 308 元/人)和财产净收入(9 768 元/人)。

在长三角地区,上海市城乡收入差距排名第 21,其中,嘉兴市城乡收入差距最小。全国 36 个主要城市中,上海市的城乡收入比为 2.12 倍,排在第 14 位。

另一方面,上海不同区域的农民收入也显示出差异。这种区域的收入差距反映了不同区位条件对经济发展的影响。例如,在 2016 至 2022 年间,崇明和金山的收入水平仍低于奉贤和松江。

此外,农民收入结构的分析表明工资性收入和转移性收入是主要的收入来源。例如,在疫情发生前的 2019 年,工资性收入和转移性收入分别占农民总收入的 60% 和 29%,加在一起占总收入的相当大一部分(89%)。工资性收入占比高强调了许多农村居民在职业方面实际上已经城镇化的趋势。相比之下,财产性收入和经营性收入的比例较低,且增长幅度有限,分别只占 4% 和 7%。

## 二、上海农民收入增长瓶颈

(一) 上海农民收入低于周边城市且面临不确定性

上海市的农村居民尽管在全国的省份、自治区和直辖市中的人均可支配收入排名领先,但是在长三角城市中,其增长势头受到了压力,并且在"十三五"规划期间定下的增长目标并未得到实现。

从增长速度来看,上海市农村居民的收入增速已经出现放缓的趋势。2022 年,长三角地区增速最快的是池州市,增速达到 7.5%,而上海市仅有 3.1%,这是长三角地区增速最慢的,凸显出了其增长的不确定性。

进一步分析上海农民可支配收入的构成,我们可以看到工资性收入占据了主导地位,而这一部分同时也面临着诸多不确定因素。一方面受到宏观经济形势多变的影响,包括疫情后的经济复苏以及国际经济环境的波动性;另一方面,工资性收入的涨幅也高度依赖劳动就业市场的需求与供给。由于上海是高度国际化的大都市,人才和劳动力汇聚,劳动市场竞争异常激烈,进一步加剧了上海农民收入增长的不确定性

(二) 上海农民收入增长的结构性瓶颈

自改革开放以来,随着工业化和城镇化的快速发展,上海农村居民的收入来源经历了显著的变迁。这种变化主要显示在以下两个方面:

首先,随着农业经营的传统家庭模式逐渐解体,绝大多数的农民并没有转向以非农

业为主的家庭经营方式,而是转向以打工收入为主的家庭模式。

其次,观察农民收入结构,我们可以发现,工资性和转移性收入在上海市农民总收入中占有较大比重,而经营性和财产性收入比重偏低,这在青浦、金山等地区尤为明显。具体数据显示,与长三角的其他城市相比,上海的经营性和财产性收入占比较低,其中与苏州相比,这两项收入分别低4 927元和2 242元;与嘉兴相比,经营性收入低7 630元,财产性收入低875元。这样的对比揭示了上海农村在区域经济发展中面临着多重结构性问题和挑战。

(三)上海农民收入增长的市场性瓶颈

首先是农业经营规模小且农业生产人力结构老龄化严重的问题。在教育程度上,大多数农业生产人员的学历也相对较低,这显然影响了他们适应现代市场需求和参与市场竞争的能力。

其次,非农产业发展短板导致农民增收有限。虽然区域内的农业产业尝试通过融合发展休闲、旅游等方式多元化,但不足的配套设施和服务水平使这一转型进展缓慢。

第三方面的挑战是,中国人口增长转为负增长趋势,将对农产品的需求结构产生影响,加之2019年中国首次出现人口负增长情况。这种结构性改变要求农产品供应由注重数量的增长转向注重质量的提升,对传统以数量为导向的农业生产提出了挑战。

(四)上海农民收入增长的区域性瓶颈

随着上海作为国际化大都市的发展,城市建设和人口正不断向周边地区扩散,这种扩散在近郊区的人口增长和集体经济发展上尤为明显。数据显示,除了浦东,嘉定和闵行区的常住人口增长迅速,而崇明的人口增长却是负数。农村集体经济发展的不平衡性也很明显。2019年,近郊区村级的总资产超过1 000亿元,而远郊区则只有243亿元,这意味着较低的经营性收入和净收益普遍存在于远郊区,限制了农民收入的提高。

(五)上海农民收入增长的群体性瓶颈

由于城乡一体化,农民居住和就业的多样性,引致农民收入的差异化。在定义"谁是农民"的问题上,目前上海郊区农村主要存在五种类型的农户家庭模式,包括仍在农村生活的家庭、青壮年进城务工而中老年留在农村的家庭、全家进城但仍拥有农村土地的家庭、全家进城且无农村土地的家庭,以及其他在外工作但仍与农村有关联的人群。

上海市的这些特征中最明显的是农村人口的老龄化和缺乏务农人才。农业人力老龄化,加之新理念、技术和模式的推广应用受限,严重阻碍了现代绿色农业的发展。另外,像水果和鲜食玉米这类劳动密集型和季节集中性的特色作物生产机械化水平较低,替代不足,形成的生产力落后问题值得关注。

### 三、上海分类促进农民收入增长的机制和路径

农业是一个特殊的产业,具有公共产品性质和外部性。农民是一个特殊群体,是弱势群体。因此,促进农民增收方面,既要有依托市场的发展机制和路径,也要有依托政府的保护性机制和路径。在国家强调生态安全、粮食安全的前提下,针对不同类型的地区、村庄和农户,针对不同层次的农村群体,应实施分层分类的农民增收政策,明确国

家、集体、家庭等不同主体的权责利,实施不同的增收政策。整体而言,政府发挥好兜底保障与利益协调作用;集体经济和合作经济组织利用范围广阔、形式多样的优势,填补政府与私营企业无力解决或不能充分解决的需求缺口;市场私营企业通过创新方法降低产品成本,开发和传递市场"买得起"的产品与服务,同时积极承担企业社会责任。要创建和完善小农户和现代农业有机联结机制,通过联合建设产业园区、发展飞地经济、深化产业协作,通过联户经营、联耕联种等方式联合开展生产,以生产托管、股份合作、保底分红等方式带动普通小农户发展,降低其生产经营成本,提高家庭经营性收入。

## (一)发展性机制和路径

### 1. 普遍性发展机制和路径

普遍性发展机制和路径,首先是发展能力建设和提升路径,包括农户生计系统的生产能力和农民个体能力的提升。在生计系统维度,政策重点是提高区域内部发展能力与发展潜力,营造包容性与益贫性的就业环境,强化产业和就业扶持,着重增加就业以提高居民收入。重点包括以下两个方面。

第一,基本公共服务路径:降低农村发展成本,打造发展平台。一是加大人力资本投资,促进有条件的农村人口有序实现转移,提升就业水平。通过城市化建设使基本公共服务不断向农村拓展延伸,降低农村人口的生计维护与发展成本。二是不断完善乡村基础设施,通过配套高等级电网、硬化道路、灌溉设施、仓储设施等举措营造良好投资环境,改善地区社会经济发展环境,增强农村地区的基础发展能力。三是大力发展办好农村高中和职业教育,加强就业技能培训,提升务工劳动收入水平,实现收入稳定增长。四是完善普惠金融服务,不断拓宽农村普惠金融服务的广度与深度,支持农户创业发展,对于发展能力强且能够自主经营的农村人口,应进一步加大信贷投放力度,优化普惠金融审批程序,给予其信贷贴息扶持;对于发展能力弱的农村人口,积极发挥合作社与集体经济带动作用,引导其通过股份合作形式参与优势产业项目。五是提高农业保险水平,保护农业经营者利益,积极推动农业保险普及并提升农业保险利用效能,培育农户保险意识并提升农业保险经营效率;拓宽农业保险范围提升覆盖率,提高农业保险保障广度、深度和精细化水平,加大财政支持力度,将更多农产品纳入中央财政补贴范围。尽管上海市各级政府持续加强农村公共服务体系建设的投入,但与农村居民的需求仍有差距。根据第三次农业普查数据,2016年81.8%的村有体育健身场所,65.2%的村有农民业余文化组织,但只有12.7%的村有幼儿园、托儿所。

第二,农村企业孵化发展路径:联农带农,支持帮助农村普通经营户和劳动力发展。社会企业是在遵循市场经济规律的同时辅以经济保障的经济运行主体。集体经济组织、专业合作社、供销社等本质上都是社会企业,一些联农带农的产业化龙头企业、社会化服务企业也在发挥社会企业的作用。农业是一个弱质产业,农村的市场发育程度相对较低,仍需要通过政府主导,大力发挥社会企业的作用,推动不同市场主体之间形成伙伴关系,协调社会各大主要建设力量能动统一地解决利益冲突,实现联农带农目标。

### 2. 区域性发展机制和路径

不同涉农地区,因区位不同而需要采取不同的发展机制和路径。

第一,在近郊区,与中心城区联系紧密,也是中心城市人口外延和产业外移的重点区域,近郊区发展导向是培育工商业发展和提升农民非农就业能力。同时,集体资产增值转化的机会比较多,也为增加农民收入创造了条件。

第二,在远郊区,因距离中心城区远,发展导向是提升农业发展能力和生态文化资源的转化能力。通过农业"接二连三"和生态产品价值实现,达到提升农民收入的增长。

3. 行业性发展机制和路径

首先,要因地制宜地推进地区特色优势产业发展,大力发展区域性富民产业并形成"一村一品、一镇一业"的差异化发展格局,强化区域集聚效应和地域品牌特色,切实提高农业产业的市场竞争力。

其次,推动第一、第二、第三产业融合发展,拓展产业链,提升价值链。加强农业产业融合,既包括强化以农产品为基础的产业链上下游贯通,以延长产业链的纵向产业融合,也包括强化诸如农业、农村与文旅事业融合后形成的乡村旅游业、农产品,互联网与大数据融合后形成的农村电子商务等不同产业链与商品间的横向产业融合,进而推动农业产业向精细化、特色优质化转型。

最后,要打通资源变资产、资金变股金、农民变股东等渠道,推动生态资产价值转换,积极挖掘生态环境潜力,充分释放农村土地的财产功能,将生态和资源优势转换为经济优势,加大生态补偿力度,形成生态增绿、低碳循环、农民增收的新型资产收益模式,增加农村人口财产性收入。

4. 群体性发展机制和路径

随着农村人口的分化,出现了不同群体的不同诉求和就业导向。总体而言,主要分为以下两类。

第一,对农村年轻群体,多数在非农领域就业。除了通过教育培训提高其就业能力外,重点鼓励和支持创业就业,开展非农家庭经营,提高经营性收入比重。

第二,对农村中老年群体,重点支持其本地就业能力。通过盘活闲置住宅、厂房等资产,发展民俗产业;通过开发农村生态产品,扩大生态产业就业;开发农村公益性岗位,扩大中老年就业机会。

少数成为新型职业农民的群体,通过农业技能培训和农业金融支持,扩大设施农业、规模化经营农业,提高现代农业的增值能力。

(二)保护性机制和路径

1. 普遍性保护机制和路径

普遍性保护机制和路径,重点是完善社会保障体系,降低农户生计成本。针对农民提供更多劳动保护、社会保险和福利政策,切实发挥社会保障收入再分配功能,建立更为及时的社会救助响应机制,从而为农村低收入群体搭建更为完善的兜底保障网。

首先,完善最低生活保障制度,扩大低保覆盖面。健全分层分类的救助制度体系,拓展内容丰富和形式多样的社会救助项目,强化益贫性社会制度体系建设。

其次,探索建立收入分配调节机制。瞄准优化收入分配格局,合理发挥政府收入调节作用,探索建立家庭津贴制度,统筹高龄津贴、残疾人护理补贴、育儿补贴等,并在全国建立普惠性家庭津贴制度,扩大津贴受益范围。

再次,要给予农民工群体更多的重视与关注,逐步破除农民工持续参保的制度障碍,正视农民工的劳动者身份,实现就业与参保的高度关联,保护其劳动权益以降低这些群体的生计风险。

最后,针对子女教育、医疗卫生预防等热点领域加大农村投资倾斜力度,进一步优化医疗资源布局,加强农村的医疗卫生服务体系建设,探索建立学龄前儿童社会抚育制度,并建立健全结构合理、成本分担、公平普惠的普惠性学前教育财政投入机制,减少农村居民的刚性支出成本。

2. 区域性保护机制和路径

区域性保护机制和路径,就是增加对薄弱地区和边远地区的保护性投入。

第一,强化薄弱地区和边远地区的基础设施建设和基本公共服务体系建设。完善薄弱地区和边远地区的乡村基础设施,包括高等级电网、硬化道路、灌溉设施、仓储设施等,营造良好发展环境;根据《上海市基本公共服务项目清单》规定的9个领域96个服务项目的服务对象、服务内容、保障标准,完善薄弱地区和边远地区的乡村基本公共服务,新增一批社区卫生服务中心、社区文化活动中心、社区嵌入式养老设施、社区健身苑点等。

第二,强化农村集体经济发展的政府跨区协调机制。远郊区的集体资产总额少,增值保值难度大,需要完善政府跨区域协调机制。根据《关于进一步促进农村集体经济高质量发展的意见》,探索创新农村集体经济发展体制机制,督促各涉农区建立健全联席会议制度,搭建区级农村集体经济发展平台,拓展区级统筹农村资源要素路径,提高农村集体资源要素统筹能级,统筹配置全区农村集体资金、土地、项目等资源要素,发挥各类资源要素的集聚效应;分类梳理历年沉淀在银行账户上的集体土地补偿费、集体经济组织自有资金等,在确保资金安全、收益稳定的前提下,由区级集体经济发展基金、公司依照约定统筹使用;通过对低效农村集体物业资产进行二次开发,提升资产效益和产业能级,不断激发农村集体经济发展活力,持续增加农民收入,促进农民农村共同富裕。

第三,盘活土地资源,优先用于农村建设,督促各涉农区将不低于当年度新增建设用地指标总使用量5%的新增建设用地指标专项用于保障乡村振兴项目。在符合国土空间规划、建筑质量安全的前提下,有序盘活乡村房地资源,鼓励对依法登记的宅基地房屋等进行复合利用,发展乡村民宿、农产品初加工、电子商务等乡村产业。规划保留的现状建设用地,可通过规划重新设定土地用途和开发强度,依法实施转型利用。乡村建设项目可以按照建筑占地合理确定建设用地边界,实施"点状"布局。在松江试点集体建设用地入市基础上,出台市级政策文件,按照国家统一部署在面上有序推进。继续推进农民相对集中居住,集约节约使用农村土地资源,为乡村产业发展腾出空间,促进集体经济发展和农民增收。

第四,深化农村综合帮扶,着力抬高农民收入底部。2018年至2022年,农村综合帮扶累计投入资金55.29亿元。一是加快"造血"项目建设。重视"造血"项目的遴选和建设,提高项目收益。二是完善城乡党组织结对帮扶工作。围绕党的建设、经济发展、社会建设、科教文化、医疗卫生、干部教育、人才培养等领域,开展镇级层面合作、村级层面合作。三是选派优秀干部支持经济相对薄弱村发展,在实现直接联系服务薄弱村全覆盖的同时,提高实效性。

3. 行业性保护机制和路径

行业性保护机制,就是对农村弱质产业实行保护性发展,重点是农业产业的保护性发展。

第一,支持都市现代绿色农业产业发展,为农业经营主体的生产经营降本增效。对于从事粮食、蔬菜等重要农产品生产的经营主体实施生产补贴,在提高农民绿色生产积极性的同时,有效降低农民生产成本支出。大力支持高标准农田、设施菜田等农业生产基础设施建设,有效改善农田基础设施条件,提升现代农业装备能力,提高农业综合生产效率。持续支持农业科技研究和应用。支持本市农业企业、专业合作社、家庭农场等经营主体自主或联合科研推广单位开展农业绿色生产技术、产品、装备等创新研究或集成示范,提升新型农业经营主体的科技创新能力和水平。

第二,发挥政策性金融工具作用,为农业经营主体的生产经营保驾护航。健全政策性农业保险机制,对农民和农业生产经营组织向农业保险经营机构投保特定的种植业、养殖业以及其他涉农类险种,按照保费的一定比例给予补贴。通过"政府政策扶持、市场化运作"的农业保险手段缓冲农业生产和市场风险,进一步提升农业经营主体的防灾减灾能力。逐步扩大政策性农业信贷担保资金规模,为广大新型农业经营主体提供融资担保服务。在缓解"融资难"方面,不断加大涉农融资担保产品创新力度,满足优质农业经营主体的差异化信贷需求。在缓解"融资贵"方面,想方设法降低农业政策性融资担保业务担保费率,有效缓解农业经营主体的融资贵的问题。

4. 群体性保护机制和路径

群体性保护机制和路径,重点是对农村弱势群体进行保护,重点是开展生活困难农户精准帮扶。各涉农区重点围绕就业、就医、就学、助残等方面出台了生活困难农户帮扶政策文件,并开展生活困难农户精准帮扶工作,实现所有建档立卡生活困难农户精准帮扶全覆盖。落实国务院《关于加强低收入人口动态监测做好分层分类社会救助工作的意见》,开展动态预警监测管理,形成长效常态,深化"督导+核查"动态管理监管机制,健全社会救助保障体系,探索建立全链条、无死角的信息共享核查长效模式。

## 四、分区域促进上海农民收入增长措施建议

(一)近郊促进农民收入增长措施

近郊区在集体资产的增值保值方面,具有得天独厚的优势。进一步促进集体经济发展,必须深化相关体制机制创新。

首先是释放和利用农村集体存量资金,通过镇级经济联合社将资金归集,投资于现代农业和乡村振兴项目。同时,整合使用土地资源,推动新产业和新业态如文旅康养和创意办公的发展。其次,上海市相关法规要求明确村集体的财政和行政权责,确保集体收益合理用于公共事业。但在实际操作中,因财政资源有限,村集体经济组织往往需要

承担额外事权,相关政府部门亟待关注并进行财政预算的合理分配。第三,对于低效利用的资产,鼓励并加强对其进行二次开发的支持与协调,不仅涉及规划保留村和计划撤并村,也对涉及用地指标变化的项目进行调整。此外,强化镇级平台的制度建设和监督,以确保村集体合作经济组织的权益不受损,并推广搭建区级平台,加强资金和资源的利用效率。最后,推动农村集体经济的高质量发展,注重合法合规的运用、充分和高效的资源使用,以及合理的收益分配,确保发展模式可持续。松江区通过"区区合作、品牌联动"等举措进行资产二次开发,提供了值得借鉴的经验。这些措施整体旨在通过体制创新和资源整合,提高农民收入,促进乡村的全面振兴。

(二)远郊促进农民收入增长措施

为了促进远郊区农民收入的增长,一系列措施被提出实施。首先是借助三产(服务业)发展,挖掘当地的地理标志和文化遗产资源,发展具有地域特色的农业文创产品和特色品牌,打造农业与旅游、康养、文化等产业融合的发展体系。其次,优化农产品物流体系,通过建设大数据平台和物流园区,提升物流配送效率,降低成本。此外,探索数字化销售新渠道,发展线上线下融合的新零售模式,使农企与电商合作,提升农产品电商销售比例。最后,着力打造远郊文旅品牌,通过制定和实施相关政策,不断提升乡村旅游的品牌效应和竞争力。这些措施相结合,将有力推动农民收入增长,激发农产品市场活力,促进远郊区的经济发展。

(三)纯农地区促进农民收入增长措施

为提升远郊区农民收入,一系列综合措施提上议程。首要任务是加强农业基础设施建设,强化耕地的保护与用途管控,推进高标准农田的建设及水利工程,同时强化农业防灾减灾能力。推进农业生产数字化也在计划之中,支持应用先进的信息技术来建设智慧农业和提升农业生产效率。与此同时,中央厨房作为新型餐饮发展模式融合了产品的预制处理与销售,上海通过打通产学研销的全链条来提升该产业的品质。进一步的举措包括支持建设地产农产品品牌,通过线上线下渠道加强市场对接,并提升其品牌影响力。最后,上海着手提高闲置资产的再利用能力,创新机制来盘活远郊区的空心村,满足中心城区养老需求,同时促进乡村振兴,发展乡村休闲旅游,实现区域内的多赢局面。

(四)经济相对薄弱地区促进农民收入增长措施

在经济相对薄弱的地区,区位条件的限制和"造血"功能的缺失是造成发展滞后的主要原因。解决这一问题,关键在于综合帮扶与激发内生动力相结合,同时重要的是通过创新体制机制,促进资源共享与跨区域合作。为此,政府和大型企业集团应将帮扶资金主要投向基础设施建设,以增强这些地区的自我发展能力。推动农民跨区就业是一大策略,通过市、区层面提供培训课程,丰富培训形式,建立更系统化的培训体系,并且出台相关政策增加跨区就业的补贴,支持农民在新城区购房置业。进一步来说,实施跨区域入股,推动地方集体经济的发展,释放和活化农村集体资产也是提升这些地区经济的有效手段。此外,重视提升农民的财产权益,维护土地承包经营权,并在第二轮土地承包到期后进一步延长,并谨慎推进宅基地制度改革。同时,推进农村乱占耕地建房的整治，巩固提升农村集体产权制度改革成果，多元化地探索新型农村集体经济模式并促使农村集体资产租赁进入市级的公共资源交易平台，以确保交易的透明度和公平性。这样的多维度策略旨在从根本上提高这些地区的发展能力和农民的收入水平，从而实现区域的均衡发展。

## 五、分群体促进上海农民收入增长措施建议

(一)务工群体增收措施

针对务工群体增收，相关部门出台了一系列措施，旨在支持稳定农民工就业岗位、提升农民工的就业能力、增强创业就业能力和完善就业帮扶机制。首先，实行社保费缓缴和稳岗返还等政策，特别是对农民工集中的行业给予重点支持，同时通过服务机构组织用工余缺调剂来稳定农民工就业岗位。为了提升农民工的就业能力，将开展市场急需紧缺工种的技能培训，鼓励农民工取得技能等级证书，并给予符合条件的个体补贴。再者，通过发展创业孵化基地和农村双创园区等，实施农村双创带头人培育行动，提升返乡人员创业创新能力，并确保创业项目的土地用地政策支持。最后，完善农民就业帮扶机制，包括强化农村青年和困难群体的就业帮助，确保政策的落实与就业补贴的发放，从而协助多个困难群体实现就业或创业，综合这些措施将有助于提升务工群体的整体收入水平。

(二)务农群体增收措施

为了挖掘现代农业的增收潜力，政策重心放在农业结构调整及技术创新上，鼓励节本增效、废弃物循环利用与种养结合，同时大力推动"一村一品"和"三品一标"认证，完善农业金融服务和保险产品，确保灾害风险补偿机制。通过集体土地使用权抵押贷款试点及引导金融机构加大信贷投放，扶持新型农业经营主体，完善基础设施和培育示范主体。对农业产业融合发展和利用互联网、大数据等新技术进行探索，同时发展冷链物流和乡村旅游，形成利益联结机制，让农民共享产业增值。

另一策略是持续推动高科技农业发展，上海作为有限的农业空间利用的典范，应重视生物技术和智慧农业等前沿领域，发挥已有的种业创新和微生物应用，促进全链条循环利用。

进一步，整合法规与资源，打造可持续发展的培训体系来引进和培养农业技能人才。制定有效规划与政策，建立专业培训基地和认证体系，通过多样化评价模式提升农民技能，确立"绿色通道"让农民享受政策补贴，发挥各类农业高技能领军人才的示范引领作用，激发他们的创新精神并带动技能水平整体提升。这样一来，新型经营主体不仅有技术和管理支撑，还能通过示范带动整个产业的发展，实现农业增效和农民增收。

(三)家庭非农经营群体增收措施

为了保障离农土地权益与支援特色产业发展，政府完善了农村土地流转公开交易机制，推动土地向家庭农场与新型农业主体集中，并对集体建设用地权能予以充分赋权，确立"同地同权同责"原则。同时，支持美丽家园、绿色田园、幸福乐园等工程构建，提倡乡村特色产业，如农业电商、休闲旅游与生产性服务业的发展，并鼓励农产品电商

平台发展和"互联网+现代农业"行动,以求在产业融合上取得新突破。此外,政府放宽企业注册条件,优化审批流程,扩大企业经营自主权,破除不合理限制,促进项目快速落地。在小微企业扶持方面,上海市出台相应措施,推动中小企业创新和数字化转型,实施纾困政策,帮助农村中小企业应对生存和发展的压力挑战,这在稳定就业与保障经营者收入方面扮演着举足轻重的角色。

(四)困难群体增收措施

政府针对具备劳动能力的困难群体制定了一系列帮扶措施,包括强化困难群体的登记认定、动态管理和跟踪服务,实施针对性的技能培训以增强其就业竞争力;通过完善低保与就业的联动机制,推行多样化就业形式,鼓励有能力的困难人员积极就业,并进一步完善各项专项救助制度,确保救助覆盖医疗、教育、住房和就业等多个方面,社会各界也积极参与其中。与此同时,政府正改善最低工资与低保标准的动态调整机制,以保护困难家庭的基本生计并增强他们的就业激励,同时进一步精细化低保对象认定与居民经济状况核对机制,以提升精准兜底保障能力,确保分类救助更加高效精确。


**课题负责人:** 林若飞
**课题组成员:** 程名望　林善浪　祝华军　林玉妹
　　　　　　　黄珺佩　胡小丽

# 15. 关于国外超大城市农业农村发展对上海的启示研究（A）

从世界范围来看，伴随工业化、城镇化的快速发展，普遍出现了农业衰退和乡村凋敝等问题，尤其是在大都市地区，由于特殊的地理区位关系，农业农村与城市存在更紧密、更复杂的相互关联影响，面临更严峻的问题与挑战，也拥有更多的优势与机遇，承载着更多元的功能价值，具有更多样化的发展路径。本课题以纽约、伦敦、东京、巴黎等世界发展水平最高的几大全球城市及其都市区为主要研究区域，梳理总结其农业农村发展的主要经验启示，为上海下阶段推进农业农村工作提供决策参考。

## 一、几大全球城市的农业发展研究

### （一）纽约市的农业发展

纽约市陆域面积约789平方公里，2020年总人口约880万人。纽约市没有乡村，但存在都市农业，是世界都市农业发展的重要引领者。

纽约市都市农业在20世纪70年代以后数量增长加快，高峰时城市农园数量达700余家，90年代后受城市开发建设影响数量有所减少，21世纪以来，随着社会、环境等问题凸显，政府对都市农业的关注和推动力度逐渐加大，都市农业被纳入城市战略规划和发展政策，承载了更多元化的功能价值。2022年起，纽约新一届政府专门成立了纽约市都市农业市长办公室和都市农业咨询委员会等机构，都市农业进入新的发展期。

纽约市都市农业包括城市农场、社区农园、屋顶和阳台农业、学校农园、垂直农场等多种类型；在五个行政区均有分布，包括城市零星地块和多种建筑空间；既存在蔬菜、水果等种植活动，也存在家禽、水产等养殖活动；既有以自产自食、捐赠、教育和社会文化等为主要目的，也有以营利为主要目的；包括非政府组织、普通市民、志愿者、企业、政府机构等多种参与主体；归属和管理涉及公园管理处、住房管理局、教育局、公共土地信托机构、纽约重建计划公司、私人及其他等。

## (二)大伦敦的农业发展

大伦敦区域面积约 1 580 平方公里,现状人口约 890 万人。大伦敦积极保护和发展都市农业,拥有世界最大、最成熟的城市食物种植网络。

大伦敦地区有 200 多个农场,占地约 11 000 公顷,平均规模低于英国平均水平,包括耕地、园艺、放牧和混合农场。城市内部存在数量众多、类型多样的农园。近年,大伦敦更加重视都市农业的保护与发展,相关内容和项目纳入伦敦总体规划与政府公共政策范畴。2008 年,伦敦启动"首都种植"(Capital Growth)项目,为愿意种植食物的伦敦人提供土地、设施设备、资金支持,以及相关培训、咨询和销售等服务;种植区域选择非常灵活自由,如运河中长期不用的驳船、学校墙角空地、停车场边、建筑物屋顶、私人花园等等。目前,该项目已在大伦敦地区形成 2 500 多个种植区域,约 91.2 万平方米的种植面积,10 万以上伦敦人参与,超过 75% 的行政区在学校推广食物种植。

## (三)东京都的农业发展

东京都总面积约 2 194 平方公里,人口约 1 403 万人(2021 年 10 月 1 日)。东京都的都市农业起步早、类型多、水平高。

东京都 2021 年耕地面积 6 410 公顷,在日本 47 个都道府县中最低,以小规模和分散经营为主,但农地利用率和生产率高,农业与城市关联紧密,市民农园数占日本的 1/10 以上。东京都耕地主要集中于多摩地区,但是在岛屿地区,以及已经城市化的区部,也保有耕地和其他农业生产空间。东京都 23 个特别区共有农地约 526.9 公顷,主要分布在西北部的练马区。东京都约一半以上耕地种植蔬菜,其次是花卉和苗木,此外也包括谷物种植,以及畜禽、水产养殖等其他农业,生产着丰富多样的农产品,其中一些已成为地区特色产品,如东京小松菜、东京军鸡等。近年,东京都农业也面临农地和农户减少、人员老龄化、带头人不足、生产资料价格高涨等问题,但同时也出现了新农人增加的动向,成为东京农业发展的新推手。

## (四)巴黎大区的农业发展

巴黎大区总面积约 1.2 万平方公里,2021 年居民 1 221 万人。巴黎大区历史上就是法国农业的核心地带,目前仍保有广袤的农田,是法国首屈一指的农业大区。

巴黎大区共有约 56.9 万公顷农地,其中大田作物种植面积约占 90%,以谷物和油菜为主;畜牧、蔬菜、水果、花卉园艺等生产面积合计约占农用地的 10%。在规模结构上,大农场和小农园并存,但以大型农场为主,农业的规模化、专业化和机械化水平高。空间上呈现较明显的圈层式分异特征。远郊地区,以规模化的大田作物种植业为主;近郊地区,是蔬菜、水果、花卉等园艺作物及多种畜禽的主要生产区域,农业生产结构呈现多样化特征;城区内部以蔬果种植为主,也有蜜蜂等养殖。

## (五)主要经验与启示

### 1. 重新认识农业的价值意义,城农融合建设更好的城市

几大全球城市近十余年的战略规划,都已跳出产业范畴,从城市社会、环境、经济发展多个方面,立足当前也面向未来,重新思考农业的价值意义,推动农业多元化功能价值的确立与发展,着力保护和发展农业,以建设更美好、更可持续的城市区域。

例如,纽约提出农业在提供健康食物,解决食物不安全问题,促进社会公平正义,改善身心健康和社会福祉,促进健康积极生活,应对气候变化,促进更可持续的生活方式,以及增加经济和就业机会等多方面的功能价值。伦敦规划提出农业在提供更健康的饮食,促进更积极的生活方式,促进社会融合和提高社区凝聚力,改善身心健康和福祉,为城市建立一个可持续的食物网络,应对气候变化,实现良好增长等多方面的功能价值。东京提出将"农"的振兴与整个东京的活化联系起来,推进"绿农住"城市建设,通过建设有"农"的都市,提升都市的环境品质等。巴黎大区总体规划提出,农业是建立一座更多样化、更有吸引力、更有生机和更加可持续的大区不可分割的组成部分。

2. 以食物生产功能为核心,推动农业食物系统转型

近年来,几大全球城市都越来越重视食物问题,反思高度依赖外部大市场、长距离运输、来源地复杂食物系统的脆弱与问题,着力提升本地农业的食物生产能力,加强本地生产与本地消费的联系,推动农业食物系统向健康、弹性和可持续转型;在对农业的多功能定位中,食物生产功能成为最重要的核心功能。

例如,纽约市新一届政府将食物政策作为一系列城市政策的重点,专门成立了纽约市食物政策市长办公室等部门,制定了十年食物政策规划,提出确保所有纽约人都有多种途径获得健康的、负担得起的、符合文化的食物的目标。伦敦规划提出要确保每个伦敦人都可以获得健康、优质的食物,加大对本地食物生产的支持,构建健康、有弹性的食物系统。巴黎大区总体规划提出要为全部居民提供多样的、物美价廉的食物,巩固农用地的食物生产功能,增加大区农业对本地居民的食物供应能力。

3. 珍视农田及生产性绿地,保护并拓展农业生产空间

虽然几大全球城市的农用地资源禀赋差异较大,但着力保护并拓展农业生产空间,是近年其政策规划中的共同导向和措施。

例如,纽约市在寸土寸金的城市地区,不仅着力保护既有的农业生产地块,还启动专项研究调查,评估城市中适宜发展都市农业的其他土地,提出用创造性的方法确定更多的城市农业土地,探索城市农业新空间,包括探索其他土地来源等。伦敦规划提出,将致力于促进农业繁荣所依赖的土地资源,各行政区在发展规划中,应鼓励为城市农业提供空间,在空置或未充分利用的土地上生产,以及确定可能用于食物生产的潜在地点等。东京都提出要保护珍贵的农田,保护生产绿地,促进闲置农地和低利用农地的再生再利用等。巴黎大区对农用地的珍视与保护,是其他全球城市的重要典范,目前农地面积占区域总面积的近50%,大区总体规划提出要维护和增加农地,包括规模和空间连续性的保护。

4. 加强政策法规引导支持,促进农业高效可持续发展

一是通过政策法规,明确都市农业的战略地位,保障用地等的合法性,提供政策支持;通过长期战略规划提出愿景目标,指引发展方向;通过行动倡议、项目及具体策略,推动具体实施。

二是提升农业现代化水平和经济收益,增强行业吸引力。例如,纽约支持垂直农业和水培等技术进步,推动城市农业技术的试点创新;东京都通过新品种开发、智慧农业、

品牌化等提升农业附加值;巴黎大区提出要提高农业经济活力和效益,增强农业的产业吸引力,改善当地就业,创造根植于本土的多元化经济。

三是培养农业从业人员,确保农业后继有人。例如,东京都提出将确保培养骨干力量,支持认证农民和职业务农者,为新务农者提供务农培训、咨询、农地等支援,支持企业法人参与农业经营,支持和培养援农志愿者,为希望利用空闲时间从事农业工作的"半农半X"人员提供支持,营造让任何人都能安心从事农业、持续经营的环境等。

## 二、几大全球城市的都市区乡村发展研究

(一)伦敦都市区的乡村发展

大伦敦与东南英格兰以及东英格兰的郡和市镇,组成伦敦都市区,总面积约1.4万平方公里,乡村是其区域组成部分。

19世纪末20世纪初,随着城市化和工商业的高速发展,英国乡村地区人口大量向城市集中,农地不断被蚕食,乡村景观被破坏,农业衰退和乡村衰落问题凸显。伦敦市郊及周围区域,受城市作用力强,农业农村问题更为严重。为此,英国和地方政府制定实施了一系列政策措施,通过长期的保护和建设发展,目前伦敦都市区乡村拥有完善的基础设施和公共服务,形成独具特色的乡村风貌,依托农业和农村资源,发展休闲农业、乡村旅馆、乡村创意活动,约半数农村家庭平均收入高于全国平均水平,村民生活富裕。

(二)东京都及其周边地区乡村发展

东京都总面积约2 194平方公里;与相邻3县构成东京都市圈,总面积约1.3万平方公里;与周边7县构成日本首都圈,总面积3万多平方公里,在三个圈层的地域空间内,均有乡村分布。

东京都及其周边地区积极探索推动乡村发展振兴,其中重要的路径措施是发挥邻近大都市的区位优势,促进城乡联系互动。例如,川场村位于日本首都圈群马县北部,20世纪60年代后,川场村走向衰败,1971年被日本政府认定为"过疏地域";1975年川场村确立了"农业+观光业"的基本策略,1981年与东京都区部的世田谷区缔结合作关系,不断加强城乡互动,走上了持续发展道路。但目前东京都及其周边乡村也面临新的过疏化问题。为了留住和吸引年轻人,政府在财政、公共服务和基础设施、创造就业等多方面提供扶持,即使乡村社区衰退,仍配置较为完善的基础设施和公共服务设施。

(三)巴黎大区的乡村发展

巴黎大区总面积约1.2万平方公里,乡村约占大区总面积的80%,包括市镇、村庄村落、农田、森林和其他自然区域;农业、森林和其他自然空间约占乡村空间的90%。

20世纪60年代后期开始,一些城市居民开始向郊区和乡村地区迁移,尤其70年代至90年代,出现明显的逆城市化趋势,随着城市人口迁入、产业转移以及乡村基础设施建设,乡村经济社会结构发生转变,呈现多样化特征,乡村居住人口中,农户仅占很小比例。近年,巴黎乡村建设的重点因乡村类型而异,在近郊地区,特别控制土地过度开发,要求市镇建设(尤其是居住区)须穿插农田、森林等;在远郊地区,持续改善基础设施、公共设施水平,以容纳更多新迁入人口。

(四)主要经验与启示

1. 不断深化认知,丰富和拓展乡村的功能价值

随着城市化和区域发展阶段变化,不断发现和确立乡村的多元化功能价值。在大都市区,乡村的主要功能围绕城市区域发展阶段和市民需求变化而形成、发展,主要包括生产食物,限制城市蔓延,构建开敞空间,改善大都市环境和景观,为城市居民提供休闲游憩场所,满足居住需求,保护和传承传统文化,促进新经济和就业发展等。其中,居住功能是都市区乡村特有的主要功能之一,发挥其区位、价格和环境等优势,疏解城市住房压力,满足一部分城市人的田园生活需求。例如,巴黎大区乡村为市民提供了理想的第二居所,也为有需要的人群解决了住房问题,如塞纳·马恩省和埃松省,接纳了越来越多由于住房成本问题而远离市中心的工人、职员和退休人员。

2. 加强城乡联系,城乡融合实现共同发展

随着步入城市化中后期阶段,开始重新思考城乡关系,将城乡作为一个整体进行顶层设计,促进城乡平衡、联动发展。同时,加强与城市的联系和互动,也是大都市区乡村振兴的重要路径。例如,东京都及其周边乡村,主要通过为城乡搭建空间载体、促进市场连接、建立文化联系等,促进乡村振兴。例如,与东京都世田谷区建立合作,是群马县川场村从"过疏地域"走上振兴之路的关键。而日本的"故乡休假村""故乡会员制度""故乡物资交流",以及东京市郊人才引进补贴等制度,促进了城乡交流和乡村人口导入。

3. 推进乡村建设,使乡村拥有高品质生活条件

持续推进乡村建设,建设重点从物质空间向社会文化、从完善硬环境向提升软实力、从补短板向提优势转变。几大都市区的乡村建设都是从改善物质空间开始的,包括农业基础设施,乡村道路、供水、污水、电力、通信、燃气等基础设施,以及教育、医疗等公共服务设施。从健全基本配置,到不断优化升级,使乡村地区拥有了完善的现代基础设施和公共服务设施,成为乡村现代化的重要特征和标志,消除了城乡生活条件的差别,确保了乡村居民享有现代化的生活方式。随着基础设施完善,乡村建设更多关注产业发展和生活需求,加强乡村社区建设,改善公共服务,鼓励多样化产业发展和增加就业,提振乡村居民精神,保护和促进乡村文化发展等。

4. 保护乡村特色,促进乡村内源式可持续发展

几大都市区的乡村,已走向保护与发展并重,促进内源式、可持续发展的道路,都重视保护乡村特色,包括乡村自然空间、农业和农田、特色建筑、历史文化遗产、聚落布局形态、传统文化等很多方面,使都市区乡村既拥有现代化设施带来的便利,也拥有乡村特色和美好环境。例如,日本群马县川场村,既有高度现代化的基础设施,也很好地保留着原生态的农业景观风貌,将农业与农产品打造成川场村的文化名片,重视挖掘和培育地域文化。在乡村振兴中,既鼓励引入外力,也重视保护乡村主体,促进内源式发展。例如,日本在推进六次产业发展的同时,也出台了《农工商合作促进法》,将工商业出资股份限制在49%以下,避免农村土地、湖泊、山林等资源等变相成为企业家、投资家等的资本市场。几大都市区及其国家政府,也通过提供贷款、补贴、培训等多种方式,支持

年轻人在乡村地区就业。

## 三、上海农业农村发展政策建议

(一) 战略定位与功能价值

1. 战略定位

市域层面：乡村是上海经济社会环境的基础、民生福祉的载体、美丽上海的底色；是上海超大城市实现稳定、安全、宜居、韧性和可持续发展不可或缺的战略空间，建设具有世界影响力的社会主义现代化国际大都市的基石与亮点。

全国层面：为我国建设农业强国、全面推进乡村振兴作出上海贡献，增强对其他超大特大城市的引领示范作用。

全球层面：建设与社会主义现代化国际大都市相匹配的农业农村，并力争走在前列，成为全球城市典范。

2. 重要价值

根据环境形势和发展需求变化，建议进一步丰富拓展，将生产价值单独列出，增加文化价值，彰显生产、经济、生态、美学和文化五大价值。

3. 主要功能

(1) 食物生产功能。包括：数量安全，保障全市城乡居民刚需类食物充足稳定供应，增强对各类风险挑战的应对能力；价格合理，保证日常刚需类食物价格控制在普通居民家庭可承受范围内；安全优质，完善从田头到餐桌的全过程质量监管，让居民吃得安全安心；发挥距离优势，为上海居民提供更多新鲜、味美的优质食物。

(2) 环境和景观功能。包括：控制城市蔓延，防止城市建成区摊大饼式蔓延；优化超大城市环境和景观，构筑开敞空间，锚固城市生态基底，调节生态环境，促进生物多样性，以自然田园绘就上海大都市的美丽底色；构筑防灾减灾空间，减少沿海超大城市区域因建设开发强度过高导致的地质安全风险，增强对全球气候变暖海平面上升风险的应对能力，以及为城乡居民提供其他减灾防灾空间等。

(3) 社会和文化功能。包括：让城市居民就近感受田园慢生活，缓解大都市快节奏工作生活压力，促进健康积极的生活方式；搭建家庭、邻里、单位交流平台，促进人际互动，建设更加和谐美好的城市社会；为少年儿童就近提供形式多样的农耕教育，培养珍爱农业与乡村、珍惜食物等情感和价值观；为涉农院校和科研机构提供教学科研场地；疏解城市住房压力，满足城市人口的多样化的居住需求；延续乡村历史文脉，留下乡愁载体和精神家园，弘扬乡村优秀传统文化，以乡村文明反哺城市。

(4) 经济功能。包括：促进农民增收，增强农业产业吸引力，促进上海都市农业高效、可持续发展；构建以都市农业为基础、多产业融合多样化乡村产业体系，促进乡村产业振兴和村集体经济发展；盘活乡村闲置和低效利用资源，承接城市向外转移的服务业，以及为新产业新业态的发展提供空间和资源，为全市经济和就业培育新增长点。

(二) 主要目标任务

1. 加快使农村基本具备现代生活条件

根据上海实际,研究制定农村基本具备现代生活条件的政策方案和建设指引,率先实现农村现代化,为全国其他地区尤其是大城市地区做出示范。建设重点:完善乡村基础设施。研究制定分阶段、分区域推进的建设方案,以及更为合理可行的财政投入机制,加快完善污水管网、燃气管网等与乡村所有居民每日生活息息相关的基础设施,让所有乡村居民就地过上现代文明生活,形成现代生活方式,消除城乡生活条件差距,使上海乡村现代生活条件达到全球城市前列水平。乡村其他基础设施和公共服务设施,根据乡村居民生活需求和乡村经济发展需求而优化升级。

2. 持续推动都市农业提质增效发展

根据地区实际和发展需求,积极探索多样化的都市农业发展模式。把握世界生物和信息科技前沿,加强基础研究和应用研究,力争建设世界领先的农业科技创新中心;大力推动种业振兴,增强在全国和世界的地位和影响力;促进智慧农业、垂直农业发展,争取在农业新技术、新模式探索方面走在世界前列。大力发展绿色农业,鼓励探索多种生态循环农业新模式,继续推动化肥农药减量化,最大限度地减少农业生产对环境的负效应,促进可持续发展,为上海人提供更多安全优质的食物。继续推动农产品品牌建设,提升地产农产品附加值;推行上海地产农产品统一标识,提高上海地产农产品的知名度、消费者认可度和市场竞争力。持续推进高标准农田建设及其他农业基础设施更新养护,增强对各种自然风险的弹性应对能力,巩固提升农业生产力。

3. 着力推进城乡融合发展

通过优化布局,使城乡形成有机连接、优势互补、科学高效的空间结构关系;破除体制机制壁垒,促进城乡资源要素自由流动和平等交换,实现城乡资源合理配置、高效利用;突破城乡固有的产业布局模式,以农业和乡村资源为基础,促进三次产业融合发展,探索大都市郊区乡村新产业、新业态;推动城市基础设施和市政设施管网向乡村延伸,使乡村拥有与城市一样现代化、便利化的生活条件;健全完善城乡公平统一的基本公共服务体系,提升基本公共服务均等化水平;在保持各自文化特色的基础上,促进乡村治理和居民生活方式现代化,弘扬乡村优秀传统文化,推动城乡文明互鉴。

4. 保护和重塑乡村特色

保护好农田和其他自然空间、乡村生物资源,努力回归更多乡土田园要素,通过土地整理和空间连通,重塑连续性的乡村风貌,努力保持并提高农田和其他自然空间在乡村用地结构中的比重,乡村内部保留一些传统乡间步道,保护和重塑乡村自然肌理,增强乡村自然底蕴和田园特色。加大对传统村落和乡村传统建筑的保护力度,在乡村建设风貌引导中,更加注重挖掘传承各村的传统村落布局特征和民居建筑特色,更多地体现乡村历史底蕴和地域差异。保护乡村传统文化,支持村史村志编撰,挖掘乡村特色民俗活动、民间技艺和传统美德,以活态传承为主,更好地保护和弘扬乡村优秀传统文化,保护和延续乡村文脉。

(三)主要政策措施

1. 强化价值理念引领和政策法规保障

(1)提升战略地位和功能价值。在上海全局性和长远性的战略规划及重大政策修编或制定中,重新思考农业农村的发展定位与价值取向,在各相关领域充分体现农业农村的功能价值及发展导向,进一步彰显上海农业农村的战略地位,促进上海农业农村多元化功能价值的发挥。

(2)完善政策法规保障。健全完善上海地方政策法规,增强对农业农村保护和发展的保障与促进作用,加大市级层面对推动农业农村现代化的财政支持力度。

(3)加强宣传引导。通过上海市政府网站、主要职能部门网站、区镇村网站、新闻媒体、微信公众号、现场宣传板等多种平台媒介,以多种方式,广泛宣传上海都市农业和乡村的价值意义,强化价值理念引领作用;发布相关政策规划以及年度报告等信息,促进社会各界对上海农业农村的更多了解和关注。

2. 加大农田和乡村保护力度

(1)加大农田保护力度。严守上海2035总体规划提出的耕地和永久基本农田保护红线,确保上海超大城市的战略安全底线。努力提高保有量,留有更多可调节的战略空间,增强对长期性和不可预期性风险挑战的弹性应对能力,增强上海超大城市的宜居性、韧性、多样性、吸引力和可持续发展能力。空间上,外环以外区域是上海农业农村发展的主体空间,现有农田应保尽保,有条件的区域促进农田集中连片,提高空间连续度。外环以内农业地块,力争永久性保留,构成环城绿带的有机组成部分,发挥多元化复合功能。

(2)加大乡村保护力度。根据近年环境形势发生的较大变化以及撤并村面临的现实困境与问题,在市级层面重新研究撤并村的划定与发展问题,着力保留更多的乡村地域、乡村资源及自然村落,保护好乡村战略空间、功能载体和乡村特色,促进乡村永续发展,确保乡村对上海超大城市的多元化保障和服务功能。

3. 推动城乡建立广泛深入联系

(1)探索更紧密的城乡联结机制。鼓励中心城区与乡村缔结合作伙伴关系,不是单向帮扶,而是双向互促,在经济社会发展和文化交流等多个方面,优势互补、需求对接,建立更广泛、深入、长期的联动发展机制。鼓励本地食物生产者和消费者建立直接联系机制,如引导政府机构、企事业单位食堂,建立对地产农产品的直接采购机制,鼓励本市乡村自然成熟、新鲜采摘、安全优质的蔬果直接供应全市中小学等。

(2)促进城乡空间连接。完善城乡主干路网,推进农村道路提档升级,完善乡村地区的交通标识标牌,有条件的区域推进地铁及其他区域快速路网向乡村延伸,优化完善入村公共交通体系,促进城乡人口和资源要素更充分、便捷地流动。推进城乡生态廊道建设,提高生境连续性,促进生物多样性的恢复和发展。

(3)构建多样化的城乡联系平台载体。例如,支持乡村驿站建设,完善设施,丰富功能,为入村市民提供停车、充电、休憩、本村文旅信息宣传和咨询等服务,为本地农业生产经营主体提供地产农产品展示和销售平台等。推动建立公众熟知、权威、规范的乡村信息查询平台,使有需求的市民可以便捷、准确地查询沪郊乡村的市民农园、乡村民宿、乡居租赁及其他信息。广泛利用多种平台媒介,加大宣传力度,让市民公众增加对农业和乡村的了解与热爱。同时,在各类宣传中,增加乡村地址、交通、停车、文旅商场所具体营业时间、联系电话等有效信息。

4. 增强农业农村内生发展动力

(1)培养新型职业农民。优化完善现代农业生产经营主体培育机制,加大政策扶持力度,探索多元化的培育和认定方式,提升培育成效;健全完善配套政策,为本市有意愿回归农业的农民子女,以及外来青壮年务农人口提供扶持激励;推动智慧农业发展,减少从业人员需求量,多途径破解当前农村劳动力短缺、现代农业生产经营主体不足等问题,有效应对上海大都市郊区"谁来种田"的未来风险挑战,促进上海农业高效、可持续发展。

(2)在乡村振兴中,既要鼓励企业资本投入和社会力量参与,也要完善相关政策要求,确保村集体和村民的主体地位与长效利益。在乡村建设发展中,健全完善村民意愿征询机制,充分了解和尊重村民意愿,促进村民全过程参与,着力满足乡村居民合理的生产需求与更美好的生活需求。探索回归故乡、荣誉村民等多种路径机制,吸引城镇人口特别是年轻人回归乡村,防止乡村过度衰退,提高乡村人口活力,促进乡村可持续发展。

5. 将城市内部农业纳入支持引导范围

将城市内部农业纳入上海城市规划和政策法规体系,研究制定专项政策,明确可发展的区域空间、农业类型和规模、环境和社会影响等方面的条件与要求,以及政府的支持政策等,促进城市内部农业规范、较快发展,使有限的城区土地更多发挥生产、生活、生态复合功能,增强对国内其他大城市的引领作用。

相关职能部门和基层社区在推进城市更新、口袋公园建设、屋顶绿化和社区改造中,积极探索纳入可食用景观项目;支持城区中小学建设学校农园,鼓励有条件的企事业单位,利用庭院、屋顶、露台和其他适宜空间,建设小型农园;支持相关社会团体及其项目发展,促进市民参与。支持垂直农场等创新试点,把握世界农业科技前沿,践行大食物观,开拓食物生产新空间、新方式。

**课题负责人:** 薛艳杰
**课题组成员:** 刘玉博　戴伟娟

# 16. 关于国外超大城市农业农村发展对上海的启示研究(B)

**一、研究背景与意义**

为更好地解决农业农村发展不充分、城乡发展不平衡等问题,党的二十大提出加快建设农业强国。习近平总书记在中央农村工作会议上强调,"没有农业强国就没有整个现代化强国;没有农业农村现代化,社会主义现代化就是不全面的"。受制于人均资源等原因,与新型工业化、信息化、城镇化相比,农业农村现代化仍然是短板。当今世界,百年未有之大变局正加速演进,因此,"中国人的饭碗任何时候都要牢牢端在自己手中"的重要性愈发凸显。

上海作为城镇化水平领先地区,对农业农村现代化发展进行了深度探索,为全国其他地区提供了宝贵的上海经验,但也仍存在短板,亟待解决。陈吉宁书记强调,尽管上海农业在GDP中所占比重较小,但其重要性不可忽视,必须加速推动农业现代化,探索一条适应大都市的现代化农业和城乡融合发展的新路径。虽然上海成功展开了乡村振兴示范村建设,但仍然存在发展不平衡和不充分的问题,需迅速解决。具体困扰包括乡村产业提质增效面临挑战、土地资源盘活的瓶颈、乡村对人才的吸引力不足、乡村风貌不够鲜明等。农村地区在薪资待遇、公共服务、职业发展等方面与市区存在较大差距,难以吸引青年返乡创业。尽管新产业新业态逐渐增多,但整体上存在谋划不深、能级不高、产业体系待实化等问题。

巴黎、东京、伦敦、荷兰等地区与上海经济发展程度类似、技术发展水平相当,其在农业农村现代化发展中的经验值得借鉴。巴黎通过"保留—增值—转型"发展模式塑造乡村物质文化与精神内核,东京通过"面—带—块"多功能发展模式协调乡村产业,伦敦将"小型城市农田"与"大型城市农场"相结合构建乡村多景点联合的互补开发模式,荷兰"以点带面"推动小城镇设施农业发展。以上地区在推动郊区乡村发展、鼓励农业农村与城市建设相融合方面发挥了重要作用,有待进一步吸收借鉴。

上海加快建设具有世界影响力的社会主义现代化国际大都市,离不开农业农村现代化,因此有必要在借鉴国外超大城市农业农村发展经验基础上,高质量推动农业农村现代化发展。本研究将在厘清上海农业农村现代化发展面临新形势和阶段特征的基础上,对国外超大城市和地区农业农村现代化发展情况进行梳理,总结发展成效与典型模型,揭示上海在农业农村现代化发展中存在的问题及其原因,探究发展路径,最终提出促进上海农业农村高质量发展的体制机制和保障建议。

## 二、上海农业农村发展成效与问题

### (一)上海农业农村发展基础与成效

**1. 上海农业农村资源禀赋概况**

2020年至2021年,示范村经历了人口、土地和资产等方面的明显变化。人口减少23.9人,其中新村民增加6.01人。耕地面积减少198.80亩,承包地流转面积减少35.66亩,设施农业用地面积增加11.48亩,乡村产业建设用地面积增加52.02亩。村集体总资产7 595.59万元,较2020年减少116.72万元,分红总额增加21.71万元(见表1)。

表1　　　　　　　　2020—2021年示范村要素变化情况

| 指　标 | 单位 | 2020年 | 2021年 |
| --- | --- | --- | --- |
| 第一部分:人口 | | | |
| 乡村人口数 | 人 | 2 888.7 | 2 864.8 |
| 其中:新村民 | 人 | 1 018.41 | 1 024.42 |
| 第二部分:土地 | | | |
| 耕地面积 | 亩 | 2 865.3 | 2 666.5 |
| 其中:承包地流转面积 | 亩 | 1 886.41 | 1 850.75 |
| 设施农业用地面积 | 亩 | 311.5 | 322.98 |
| 乡村产业建设用地面积 | 亩 | 123.71 | 175.73 |
| 其中:租赁 | 亩 | 49.54 | 62.03 |
| 经营性建设用地作价入股 | 亩 | 4.86 | 4.85 |
| 经营性建设用地入市出让 | 亩 | 1.94 | 4.24 |
| 第三部分:资产 | | | |
| 村集体总资产 | 万元 | 7 712.31 | 7 595.59 |
| 分红总额 | 万元 | 62.32 | 84.03 |

**2. 上海农业农村发展成效**

合理规划用地,激励村民创业创新,实现家门口就业。示范村通过多元化助力乡村产业兴旺,鼓励创新创业、发展休闲产业、盘活宅基地。2021年,休闲观光和旅游人次增加10 251人次,盘活宅基地和农宅面积增加815.51平方米,实现了多业态共存互动、因地制宜发展。全村产业总值达9 414.91万元,较2020年增加708.60万元,农业总产值增长 74.58 万元(见表 2)。

表 2　　　　　　　　　　2020—2021 年示范村产业兴旺情况

| 指　标 | 单位 | 2020 年 | 2021 年 |
| --- | --- | --- | --- |
| 全村产业总值 | 万元 | 8 706.31 | 9 414.91 |
| 其中:农业总产值 | 万元 | 1 752.31 | 1 826.89 |
| 累计引入社会主体数量 | 个 | 6.19 | 9.86 |
| 引入社会资本投资金额 | 万元 | 2 912.52 | 1 379.86 |
| 全村新增创业创新人员数量 | 人 | 6.43 | 12.84 |
| 休闲观光和旅游接待人次数 | 人次 | 44 326 | 54 577 |
| 累计盘活闲置宅基地和农宅数量 | 幢 | 11.06 | 15.99 |
| 累计盘活闲置宅基地和农宅面积 | 平方米 | 2 276.76 | 3 092.27 |

居住美、村庄美、环境美,"三美"共进。示范村积极提升农房建筑风貌,2021 年提升户数较 2020 年增加 57 户,进一步实现居住美目标。扎实推进"小三园"建设,通过整治居民宅前屋后环境、提升村容村貌等措施,将"小三园"打造成美丽乡村建设的核心内容。2021 年"小三园"建设覆盖率达 72.64%,较 2020 年增加 0.49%。综合考虑村民生活环境改善和发展需求,示范村还加强了生活污水治理,优化了架空线乱、差等问题,2021 年架空线整治累计增加 1.33 公里(见表 3)。

表 3　　　　　　　　　　2020—2021 年示范村生态宜居情况

| 指　标 | 单位 | 2020 年 | 2021 年 |
| --- | --- | --- | --- |
| 村庄绿化美化面积 | 平方米 | 22 126 | 18 344 |
| "小三园"建设覆盖率 | % | 72.15 | 72.64 |
| 生活污水处理设施出水水质达标率 | % | 98.13 | 98.14 |
| 农房建筑风貌累计提升户数 | 户 | 129.19 | 186.23 |
| 架空线序化整治累计公里数 | 公里 | 3.45 | 4.78 |

传承文化脉络,增强邻里黏度,丰富业余生活。传承睦邻友好文化,增强邻里黏度。其中,2021 年睦邻点活动人次数 2 336 人次,较 2020 年增加 298 人次。示范村充分体现"以人为本"理念,丰富村民业余生活,努力为老年人提供服务。2021 年开展群体性文体活动达 30 次,享受送餐、助餐服务的老年人达 21 人,较 2020 年都有所增长。乡风文明建设既是乡村振兴的重要内容,也是乡村振兴的重要推动力量和软件基础。示范村开展的各项活动,满足村民日常生活以及文化娱乐多样性需求,村民幸福感进一步提升(见表 4)。

表 4　　　　　　　　　　2020—2021 年示范村乡风文明情况

| 指　标 | 单位 | 2020 年 | 2021 年 |
| --- | --- | --- | --- |
| 村规民约"一事一议"的事项数量 | 个 | 5.93 | 7.70 |

续表

| 指　标 | 单位 | 2020年 | 2021年 |
| --- | --- | --- | --- |
| 开展群体性文体活动次数 | 次 | 26.54 | 30.13 |
| 享受送餐、助餐服务的老年人数 | 人 | 16.33 | 20.75 |
| 睦邻点活动人次数 | 人次 | 2 037.88 | 2 335.92 |

村务公开、民事民议，提升基层治理能力。自治是健全乡村治理体系的重要一环，示范村以村民自治为基础，不断提升基层治理能力。为加强村级公示公开工作管理，切实保障群众参与权、知情权、监督权，进一步提升群众满意度，2021年实行"阳光村务"公开的村务事项较2020年增加7个。同时，为更好地保障村民居住安全，2021年安防监控覆盖村组比例达97.97%，刑事案件发生数量也有所下降（见表5）。

表5　　　　　　　　　　　　　2020—2021年示范村治理有效情况

| 指　标 | 单位 | 2020年 | 2021年 |
| --- | --- | --- | --- |
| 新改建公共服务设施面积 | 平方米 | 1 594.92 | 1 257.34 |
| 实行"阳光村务"公开的村务事项 | 个 | 23.72 | 30.49 |
| 民事民议、民事民办事项数 | 个 | 20.88 | 18.97 |
| 安防监控覆盖村组比例 | % | 93.56 | 97.97 |
| 刑事案件发生数量 | 件 | 0.58 | 0.38 |

盘活土地资源，激活内生经济。生活富裕是乡村振兴战略的根本，也是最终的民生目标。2021年村总收入975.42万元，较2020年下降189.62万元，但村民盘活闲置宅基地和农宅的年收入总和较2020年增加36.84万元。示范村用实际行动证明，土地无论何时都是一项财富，通过合理措施，以土地激发经济，促进农民增收，实现生活富裕（见表6）。

表6　　　　　　　　　　　　　2020—2021年示范村生活富裕情况

| 指　标 | 单位 | 2020年 | 2021年 |
| --- | --- | --- | --- |
| 村总收入 | 万元 | 1 165.04 | 975.42 |
| 　其中：较上年增幅 | % | 15.98 | 9.48 |
| 村民盘活闲置宅基地和农宅的年收入总和 | 万元 | 62.38 | 99.22 |
| 村民参与村公共设施维护与产业项目年收入 | 万元 | 84.43 | 82.36 |

(二) 上海农业农村发展面临的问题

地产农产品供给稳定，但农业高质量发展空间受挤压。上海大力推进农业供给侧结构性改革，通过科学划定农业"三区"和一系列政策措施，确保地产农产品的生产供应。然而，农业提质增效仍然面临挑战，农作物播种面积和农村人口大幅减少，谁来种地的问题日益凸显。此外，优质农产品市场占有率较低，截至2021年，上海地产农产品绿色认证率仅约30%,需要进一步提升。

美丽乡村建设稳步推进,但高层级基础设施配套有待完善。截至2021年底,上海已建设13.3万户美丽庭院,农村生活污水处理率达88%,95%行政村生活垃圾分类达标。市郊农民集中居住推进较快,但主要依赖政府推动和政策支持的"示范村集体行动"。自发宅基地翻建等活动受限,导致集中居住与乡村风貌的可持续性有待提升。上海乡村需保留风貌,但当前乡村环境和基础设施水平难以满足预期。

城乡居民收入水平差距大,高水平乡村治理面临难点。2022年,上海城镇常住居民人均可支配收入约84 034元,但农村常住居民仅为39 729元。农村地区老龄化、空心化现象突出,集体经济"造血"功能有所弱化。当前的政策和科技供给仍不能适应超大城市乡村发展要求,人才、资金等生产要素向农村有序流动的动能不足。

## 三、农业农村发展的约束条件:理论探讨与浙江实践

### (一)自然资源约束

农业农村发展需坚持节约和保护原则,解决人与自然资源矛盾是首要任务,都市农村尤其强调高效利用有限资源。土地资源方面,强调永久基本农田的特殊保护,优化布局,推动整合提质,阻止耕地"非农化",完善保护激励机制;水资源方面,提倡水环境质量提升,加强水源地和水体综合治理,推进水环境治理、生态修复和水资源保护。

**案例1:浙江德清绿水青山涵养生态经济**

德清以莫干山为依托,租用农舍发展"洋家乐"等民宿业态。截至2022年,县内850多家民宿中,近600家由本地居民运营,其余260幢农房年收入近3 000万元,平均每幢每年11万元。年接待游客超700万人次,总收入超30亿元,从业人员3万多人,年均收入7万多元,使民宿业成为最实在的乡村共富产业。

**案例2:宁波奉化优化管控促进渔业规范生产**

宁波市奉化区地处象山港畔,是浙江省八大渔业捕捞强县之一。面积87平方公里的海域注册有997艘渔船,从业人员超过6 500人。近年来,奉化区创新推进"编组生产"制度改革,将渔船分组编队,实施数字化共享、网格化管理、全员化联动,缓解了渔业安全隐患,荣获2019—2020年全国平安渔业示范县称号。

### (二)区域经济条件约束

首先,经济禀赋决定农业农村发展方向和模式。巴黎、东京、伦敦、荷兰等国际大都市和地区,依托工业基础积攒经济资源,弥补农业自然禀赋不足,开展各具特色的都市农业农村建设。其次,农业农村发展能带动经济发展,促进经济禀赋提升。《中共中央国务院关于全面推进乡村振兴加快农业农村现代化的意见》提出,各地积极推进农业农村现代化。经济资源禀赋较好的江浙沪地区,2021年农业总产值增长分别为5%、7.90%、6.52%,农业劳动力收入增长迅速。

**案例3:青田县渔稻共生促进生态共富**

青田成功推广"一亩田、百斤鱼、千斤粮、万元钱"高效稻渔综合种养模式,形成"一

田两用、一水双收、渔粮共赢"路径。2017年,实施"五统一"政策推动农民分散种植、政府集中经营销售,建成2万亩稻田养鱼粮食生产功能区、2个省级稻鱼共生精品园、1个稻鱼共生主导产业示范园、1个现代农业生态循环示范区。以鹤城、山口、温溪等乡镇为核心,形成"一核多点"产业格局。截至2022年6月,稻田养鱼产业面积8万亩,年综合产值超过5亿元,增收效果明显。

### (三)经营者素质约束

一方面,农民文化素质提升推动农业农村发展,改善社会风气,促进社会参与和治理水平提升。另一方面,农业农村不同发展模式对农民文化素质有不同要求。农业农村多元化的现代化发展要求农民适应现代农业技术、管理农业产业链和参与市场竞争,需要提高文化素质。在信息技术和农村电商兴起后,表现得更为突出。

**案例4:天台县搭建"红色村播"平台促进农民增收**

浙江省天台县搭建"红色村播"平台,公益性、常态化开展直播带货、旅游宣传、主播培训等活动,引导农民变为"新主播"、手机变为"新农具"、直播变为"新农活"。截至2022年,全县建立1个"红色村播"基地、15个乡镇级工作室、122个村级直播间,培育"村播"300余人,带动农民就业5 000多人,年销售农特产品超15亿元,农民增收1.6亿元。直播电商促进了村民增收致富,推进了农村现代化进程。

### (四)政策制度约束

健全的政策制度环境是农业农村发展的关键。农业保护程度提高是农业现代化的必然过程,农业发展需要战略性的政策导向。实现农业农村现代化发展是优化农业农村政策制度环境的目标。农业农村现代化是实现社会主义现代化强国目标的一部分,为满足农民美好生活需要提供了必要保障。

**案例5:永康"田保姆+田长制"促粮食增产农民增收**

永康通过"田保姆+田长制"推动工农协同,实现了粮食和农民收入双丰收。2021年,播种面积14.05万亩,总产0.597亿公斤。通过培训、宣传和服务提高保险知晓率,规模大户覆盖率达100%。执行省定最低收购价政策,确保畅通种粮销售渠道。全面实施早晚稻订单,2021年订单收购早稻0.8万吨,中晚稻2.66万吨,解决规模种粮大户销售问题。

## 四、国外超大城市农业农村发展典型模式分析

### (一)巴黎:"保留—增值—转型"发展模式

#### 1. 区域发展概况

巴黎,法国核心地区,下辖城市及周边7省,是法国政治经济文化中心。2009年,农场5 300个,平均面积106公顷,每个农场不到2名工人。巴黎农业经历多阶段:①危机阶段(1950—1970年),注重农业现代化和基础设施改善;②转型阶段(1970—1980年),推动乡村多元化;③复兴阶段,根据1995年规划,全面发展乡村;④特色发展阶段

(21世纪以来),强调农村特色产业,由"补短"转向"取长"。

2. 主要措施与成效

巴黎农业创新升级,形成"保留""增值"和"转型"发展模式,为城市提供多元化服务。在"保留"方面,注重农业用地和活动的保护,强调规模和空间连续性。保护农业区域和生物多样性,控制城市扩张,使得农业呈现"圈地分化"特点,近郊以园艺为主,远郊则为大规模农田。在"增值"方面,创造本地多元经济,重塑并激发地区活力。将农业空间增值纳入区域经济发展的核心,推动家庭农场发展促进区域经济,倡导零距离食物供应,提供安全、新鲜的本地农产品;采取节约型耕作方式,保护自然资源,维持生物多样性。在"转型"方面,扩大农业职能,推出新型开发方式。一是强化与扩大农业职能,保护粮食生产的同时发展蔬菜产业,优化经济分配与食物供应。二是转变农业产业,加强有机生产,实行菜园、果园、多功能牧场、教育基地、农业博物馆等多样化经营,对象涵盖普通市民、中小学生、农业教育或科研专业团队等不同主体。三是采用新型开发方式,降低废物处置对环境的影响。

3. 发展的前提条件

行业协会和组织是推动巴黎农业发展的主要力量。园艺组织和家庭农园协会致力于建设社区服务型都市农业,向社区供应农产品,提供居民娱乐和社交场所。政府认定由居民自发组成的农业协作组织为"都市农业项目",成立都市农业发展与支持组织,主导农业项目;设立都市农业与生物多样性工作营,登记和监测郊区都市农业项目,实现项目分级和规范管理。

(二)东京:"面—带—块"多功能发展模式

1. 区域发展概况

受人口众多、耕地有限影响,东京农业以资源节约型和技术密集型家庭经营为主,主要产品为有机蔬菜,保留一定规模畜牧生产。东京乡村发展经历了三个阶段:①明治维新至第二次世界大战结束,以稻米和养蚕为主,具有封闭自给自足的小农经济特征;②第二次世界大战后,农业规模扩大,乡村农业向城市农业转型;③农业现代化发展阶段,实施农业现代化和改良政策,形成规模大、机械化程度高、生产效率优越的专业化乡村。

2. 主要措施与成效

东京市郊乡村演化呈现由面到带再到分散的斑块形态演变,其乡村产业发展是集观光、休闲、体验为一体的多功能模式。①以"面"为基础。东京传统乡村以"面"的形态分布于离东京都较远的近郊,管理组织完善,集自然、社会、经济文化、政治为一体,主要发展稻米生产、养蚕等小农经济。②以"带"为联结。针对邻近都市区且交通发达的近郊绿地保护区带,制定农业生产规模扩大和扶持生产基地政策,促使东京农业由传统乡村产业发展为以城市供给为中心、以林果业栽培为主的新模式。既为城市增添绿色,增加观赏景点,又改善了大城市生态环境,提升生活质量。③以"块"为发力点。东京农业在邻近消费者场所迅速供应新鲜、安全农产品,注重提高土地生产率和农业附加价值。通过科技发展高楼和地下农田,融合农业与城市绿化,保留传统农耕文化,引入现代艺术文化,促进乡村繁荣发展,实现城乡文化交流。

3. 发展的前提条件

东京都市农业快速发展,得益于以下两点:①农产品需求大。东京人口多且过度集中,对新鲜农产品需求大,促使近郊农业发展的同时加快都市农业形成。②政策支持。日本政府强化基层农协力量,调整政策鼓励兼业农户向专业农户发展,推动土地规模经营,提升农户收入的同时推进农业发展。

(三)伦敦:"小型城市农田"与"大型城市农场"相融合的绿色发展模式

1. 区域发展概况

伦敦位于英格兰东南部,占地1 577平方千米,人口883万,是全球最大金融中心。属于温带海洋性气候,农业以规模化畜牧和种植为主,农产品加工服务业和乡村旅游较发达。伦敦乡村发展历程可以概括为:初级阶段(20世纪20至50年代),注重基础建设;完善阶段(50年代至20世纪末),鼓励就业和提升公共服务;成熟阶段(20世纪末至今),强调历史文化遗产保护,促进乡村可持续发展和城乡融合。

2. 主要措施与成效

伦敦采用"小型城市农田"和"大型城市农场"相结合的农业发展模式,支持城市打造最适宜居住环境。一方面,推动小园地种植和农业废弃物循环利用。政府和社会组织投资支持小园地建设,分配给个人或社区小块耕地用于有机农产品种植,鼓励社会参与。同时,政府整合农业基础设施和先进科技,综合利用农业废弃物。另一方面,政府与旅游集团合资打造全域乡村旅游,以实现特色互补,增强乡村吸引力和活力。一是建设全域,创建与伦敦1~2小时车程旅游景区;二是打造"一村一品",保持村庄特色;三是开发多样化产品,包括生态旅游、体育旅游和商业旅游;四是以活动带动,全年举办各种活动、节庆和展览。

3. 发展的前提条件

伦敦都市农业发展源于两方面原因:一是第一次世界大战后,伦敦工商业迅速壮大,导致农村空心化和农业停滞;二是城市环境恶化带来"大城市病",如拥挤、污染、疾病,为保护农村空间、推动农业健康发展,英国政府通过城市绿地和新城建设、农村生态保护等努力发展都市农业。

(四)荷兰:"以点带面"的小城镇设施农业发展模式

1. 区域发展概况

荷兰位于西欧北部,国土面积4.15万平方公里,2022年人口约1 750万,是世界人口密度最高的国家之一。农业劳动力占总就业人口的2%,全国约有1/4的土地低于平均海平面。耕地与牧场199万平方公里,人均耕地(1.3亩)与我国相当。水源充沛但地势低洼,常发生海水倒灌、雨水内涝等问题。全年光照时间较短(约1 600小时),资源条件相对不太适合发展农业,尤其是种植业。

2. 主要措施与成效

投资科技,建立研究机构,解决农业发展问题。建设玻璃温室,通过人工光照、无土栽培技术和营养液滴灌模式应对地势低洼、光照不足难题。实时监测作物生长,提高劳动生产率,降低生产环节对人工的需求。提供义务阶段教育费用,年轻从业者需完成2至4年中级职业教育,获得资格证书才能从事农业。

一体化经营提升产业层级,促进协同发展。一方面,纵向以工助农,应用集约化工业技术,将温室园艺产品生产与管理模式转为工业化生产方式。另一方面,引入农业合作制,推动规模经营。鼓励成立合作联盟,各自在合作协议下独立发展,支出和收益由各成员分享。对于高效生产农场主,政府根据市场需求调整政策,鼓励打造可持续生产体系和"绿色"经济。

赋能小城镇,促进城乡互动。采用三螺旋理论,通过政府协调、鼓励和专业研究机构的技术开发满足农户和企业需求。以城市和小镇为中心,细分人群对农业的偏好,引导指导性建设,促使小城镇联动发展。

3. 发展的前提条件

荷兰农业的卓越表现得益于几个关键因素。首先,因地制宜的发展政策为农业创造了有利条件。政府注重农业教育和科技投入,制定因地制宜发展政策。其次,完善的社会服务体系为家庭农场提供了支持,合作社的多样形式促进专业化生产与市场对接。再者,荷兰以世界一流的设施农业系统为基础,投入大量资金发展玻璃温室技术,建立高效的农业科技体系。最后,政府设立农业学校和科学中心,为农业研究和实践输送了优秀人才,助力农业科技的创新与发展。

(五)国外超大城市农业农村发展的共同特征

通过对巴黎、东京、伦敦和荷兰等地区农业农村发展分析发现,都市农业在功能定位、产业发展、市场选择、区域布局等方面具有共性特征。

从功能定位看,都市农业发挥了除传统生产功能以外更多的功能。尽管都市工业发展、扩张对土地需求巨大,但依然保留农业空间,在强化生态管理和可持续发展中发挥着重要作用。都市农业也实现了由单一生产功能向食品的安全供给功能、生态涵养功能、休闲旅游功能和教育培训功能等功能演进。

从产业发展看,通过产业升级与融合,都市农业成为城市文化和社会生活的重要组成部分。丰富多样的农业活动,比如休闲观光农业、家庭农场等满足市民与农民之间的社会交往、精神文化生活的需要。同时,都市农业具有"窗口农业"的作用,不仅能为城市居民进行农业知识教育,还能对其他地区起到样板、示范作用,突出都市农业的产业联动作用。

从市场选择看,都市农业发挥了城市农产品供给保障作用。都市农业大多聚焦新鲜农产品和加工食品消费市场,在满足城市居民生活需要的同时满足其在精神生活和城市环境美化方面需要。

从区域布局看,都市农业以追求城市和谐发展为目标,带动周边地区发展。都市发展功能复合型农业具有毗邻城市中心区域、运输路程短的区位优势,并且对周边的非都市农业有一定的辐射、示范、带动作用。

### 五、上海农业农村发展思路与对策建议

（一）基本思路

农业农村现代化是技术现代化和制度现代化的结合体。技术现代化通过协调资源配置、提升劳动者素质等提高资源利用水平，促进国民经济内部产业结构变化，为现代产业发展奠定基础；制度现代化则为技术现代化提供保障和支撑。根据前期积累，本研究认为：上海农业农村发展应当在立足资源禀赋优势基础上，批判吸收国外超大城市农业农村发展的经验，以"内增动力、外促融合"的多元化路径寻求差异化最优，凸显高科技、高品质、高效益、强治理的超大城市特色，为农业农村发展贡献上海智慧和经验。

一方面，充分借鉴吸收国外超大城市多功能、多尺度利用农业、农村资源的经验，走产出高效的现代农业发展之路。既要充分挖掘农业农村的多元价值，激活经营主体发展内在动力，将上海的地区优势转变为农业农村的经济优势；又要树立协调发展理念，走城乡融合、一二三产业融合的"两融"之路，促进乡村特色产业提质增效。

另一方面，结合上海禀赋优势，优化要素配置，加速城乡一体化发展，走城乡融合的现代乡村治理之路。以开放发展理念为引领，通过开放乡村带动城乡循环发展；以共享发展理念为引领，改善城乡二元结构，走先富带后富和共创共富的"两富"之路；聚焦治理体系和治理能力，充分调动村干部和村民参与积极性；配套完善乡村公共服务短板，以数字技术推动要素的跨行政区域整合。

（二）对策建议

聚焦当前上海农业农村发展中的短板问题和薄弱环节，以推进中国式农业农村现代化为驱动，嵌入城乡融合的发展机制，精准施策，创造持续提升乡村发展的内生动力，打造上海特色的农业农村发展新蓝图。亟须在借鉴发达国家经验教训基础上，选择适合上海的农业农村现代化发展道路，具体建议如下：

1. 聚焦产业兴旺，推动"风景美"向"产业强"转化

一是加快符合上海需求的农业科技创新及推广应用。提升基础应用研发能力，吸引国内外一流高校、科研院所、企业来沪设立新型研发机构，充分调动创新资源投入创新环节，强化基于主导产业的应用基础研究；加强跨区域的科技协作，加大种子种苗、智能农技攻关力度与区域合作，解决产业发展中急需的共性和关键性技术问题；加大品牌特色农产品扶持力度，完善地产农产品"土特产"目录，吸引精干科研力量开展集中攻关，提升产品品质；健全农业高精尖人才专业目录和人才库，建立跨区域的农业高层次人才共引共培共享机制；创新科技转化推广机制，支持高校科研单位与地方企业、新型经营主体等开展"研共体"建设，建立紧密型产学研合作关系；加大扶持新农人等社会各类经营主体的农技推广和服务，让新农人成为基层农技推广的"主力军"和"示范户"。

二是加快建设与农业新产业新需求相匹配的农业综合服务体系。优化基层农技服务中心体系，构建中心镇街农业科技综合服务平台，跨乡村定向为农户开展有偿运营服务。完善提升基层农技人员大学生定向培养制度，对接新产业新需求，将智慧农业、设施农业等新型专业列入定向培养专业目录。培育社会化服务主体，组建市场化服务组

织,在给予创办补助、税费减免等政策支持的同时,鼓励跨区域开展运营服务,扩大政府购买服务力度。鼓励农机企业从卖产品向卖服务转变,扮演好"生产者+服务提供者"的角色。应用数字化技术开发农机综合服务平台,借鉴江山市"滴滴农机"APP的实践,集成需求汇总、农机调度、上牌管理、保险购买、补贴申报、政策查询等服务功能,兼顾新型经营主体、服务主体、农机手和政府等主体诉求,形成新型综合服务平台。

2. 聚焦全域整治,推动"环境美"向"生活富"拓展

借鉴浙江"千万工程"典型引路、以点带面的理念方法,把美村和富村结合起来,全面推进乡村振兴。一是全员发动聚合力。坚持党建统领、干群联动、人人参与,推行数字化巡查、挂图作战、现场督查等工作机制,提升全民参与积极性。二是高标准打造乡村振兴示范村。以"三园工程"为抓手,从村庄布局、风貌、人居环境、产业发展、乡村治理等方面全面推动示范村建设。统筹推进示范村镇、风景线和示范带等建设,提升村庄发展的显示度、示范性和带动性。三是高水平推进共同富裕。围绕"素质提升、创业创新、充分就业",深化农民素质提升工程,建立农民终身职业技能培训机制,推行"专家+创客团队+基地农户"的组团创业模式,多渠道促进农民就近就地灵活就业,实现"人人有事做,家家有收入"。

3. 聚焦城乡融合,推动"乡村美"向"现代化"蝶变

一是推动基础设施提标。结合村民生活品质改善及发展需要,充分考虑示范村规划后期提升,高标准实施农村生活污水处理、供水管网、电力、通信、公共卫生等基础设施改造,努力实现核心区域内智慧照明、智能水质检测、智能监控、无线网络覆盖。二是推动公共服务提质。推动市级优质医疗资源下沉到镇、村,以生活驿站、睦邻四堂间等为载体,搭建医疗、文教、就餐、智慧养老等多功能养老平台,满足日常生活基本保障功能和文化娱乐多样化需求。三是推动要素流动提效。深化农村改革,推进"两进两回",实施新农人培育计划,招聘、培育农村职业经理人,留住原乡人、唤回归乡人、吸引新乡人。


**课题负责人:** 朱哲毅
**课题组成员:** 沈月琴　朱　臻　刘增金　廖小静
　　　　　　　施　芳　汪程城　龚兴豪

# 17. 上海农业投资促进工作的实践与探索研究

2023年中央一号文件做出了"全面推进乡村振兴、加快建设农业强国"的战略部署。作为经济工作的"牛鼻子"和"生命线",招商引资日益成为推动上海乡村振兴和产业兴旺的重要抓手。为进一步优化上海农业投资促进工作,加快推进上海农业高质量发展,市农业农村委产业发展处会同市投资促进服务中心联合开展专题调研,实地走访重大农业产业项目和工业领域涉农企业,梳理项目和企业方核心诉求,结合国内外研究动态和上海农业投资促进工作基本情况,分析上海农业投资促进工作存在的问题,并提出针对性优化路径。

**一、研究背景和发展趋势**

市委书记陈吉宁在乡村振兴专题调研时指出,要深刻认识乡村之于超大城市发展的重大意义,充分凸显乡村的经济价值、生态价值、社会价值、文化价值,更好彰显特色、把握规模、促进融合,在各具特色、各美其美中实现城乡发展的相互赋能、相得益彰,走出具有现代化国际大都市特点的城乡融合发展新路子。上海乡村振兴工作把"四个放在"作为思考谋划的出发点和落脚点,要求到2025年在国内率先基本实现农业农村现代化目标,协同新型城镇化和乡村振兴两大战略,紧扣"三个百里""三个价值"和"三园"建设三大主题,搭建"愿景—路径—载体"三位一体的超大城市乡村振兴实现路径。作为国际化大都市,上海有责任、有义务做好乡村振兴这篇大文章。

总体上看,上海乡村振兴工作既取得了一系列成就,也依旧存在一些问题。一是农业总产值逐年下降。上海农业总产值呈波动下降趋势,由2010年的296.24亿元降至2022年的265.93亿元,近11年减少30.31亿元,年均降幅达10.2%,占GDP比重已不足1%。二是农业顶尖主体数量不足。上海农业顶尖主体数量,与全球农业发达国家、国内农业大省相比,仍存在较大差距。全球新技术涉农行业领先企业中,上海企业只有1家;2022年中国农业企业500强中,上海企业只有14家;2022年中国农业企各细分行业20强中,上海企业只有2家。三是农业品牌影响力不足。2018年,首届中国农民丰收节100个农产品品牌名单中,上海品牌只有1个;2022年中国地理标志农产品品牌声誉前100中,没有上海品牌的身影。

产业振兴是乡村振兴的基础和关键。《上海市乡村产业发展规划(2021—2025年)》做出了优化乡村产业空间布局、推进农业全产业链建设、培育乡村新产业新业态、大力提升乡村产业能级的重要部署,提出了高端农业、精品农业、品牌农业的发展方向。招商引资为乡村产业持续赋能,为经济发展提供源头活水,其作用主要体现在以下四个方面:一是完善农村资源要素配置。通过引进和培育新型农业经营主体,推动农业产业化联合体发展,激发农村人才、土地、资金要素活力。二是加快构建农业全产业链。通过引入农业龙头企业和相关行业领先企业,促进农业全产业链协同发展,构建以产业集群为支撑的现代乡村产业体系。三是推动乡村产业融合发展。通过吸引社会资本参与乡村康养、文创、教育产业发展和科创中心建设,综合提升乡村生产性服务业和生活性服务业管理水平,实现乡村产业高效融合。四是强化农业品牌培育。依托招商引资宣传推介平台资源,将工业、服务业运营推广思维应用到农业品牌建设,持续提升农业品牌知名度和影响力,加快形成具有国际竞争力的上海农业品牌。

## 二、国内外研究动态

(一)国外农业投资促进工作研究

(1)三产融合是农业投资促进工作的重要支撑。荷兰"链战略行动计划"以创意农业产业链为核心,推行专业化和规模化生产模式,通过集约化的设施农业技术克服土地资源缺陷,持续强化农业产业链聚合联动,在加大科研投入的同时将文化创意融入农业产业国际化发展,显著增加产品附加值。日本"六次产业化"通过一二三产业融合形成集农产品生产、加工、销售、服务为一体的产业链条,将原本外溢的农业附加值内部化,为乡村旅游业的附加值创造条件;通过持续提升生产、加工、销售等各个环节的品质和创意,实现农产品精致化、个性化发展;通过差异化、多元化的营销策略和服务,进一步强化品牌形象;盘活区域各类特色资源,将当地资源禀赋同农产品销售、餐饮、住宿、旅游紧密结合,实现当地一二三产业集聚发展。法国"乡村旅游"推行"政府+协会+农户"模式,政府占据主导地位,发挥主导作用;乡村旅游行业协会作为连接政府和农户的桥梁,发挥协调作用,一方面根据宏观政策制定管理条例和行业规范,确保政策顺利推行,另一方面为从事乡村旅游的农户提供政策咨询、指导援助等服务,促进乡村旅游产业高质量发展;农户作为乡村旅游的主要经营主体,为乡村旅游产业持续注入活力。此外,法国政府重视乡村旅游配套设施建设,通过标准化政策进行规范;在乡村旅游产品打造方面追求本土化、特色化、多元化设计,并为游客提供亲身体验的个性化服务。

(2)平台建设是农业投资促进工作的重要途径。荷兰凭借"黄金三角模式",即政府、科研机构、企业三者互相结合,又互为依托,作为农业产业发展的坚实后盾。2017年,荷兰设施农业领域的顶尖企业自发组成设施农业全产业链联盟和国际合作平台——荷兰温室三角洲(DGD),业务范围涵盖设施农业全产业链;在荷兰企业局

(RVO)的支持下,荷兰驻华大使馆和荷兰温室三角洲共同牵头成立荷兰设施农业联盟(PIB),为荷兰设施农业产业链全球招商提供优质载体。丹麦农业食品产业区(Agro Food Park)被誉为"农业硅谷",是集科研、商业、孵化器为一体的综合性科技创新产业园,入驻企业超100家,覆盖农业和食品业全产业链。一方面,产业园通过整合园区优质资源,为小型农业和食品业初创企业提供产业孵化器;另一方面,产业园积极与政府、科研机构、企业开展合作,共同推动农业和食品业创新发展。

(3)资本招商是农业投资促进工作的重要手段。2010年,日本内阁会议通过《农林渔业成长产业化支援机构法案》,由日本政府和企业共同成立农业投资基金,通过政策补助金、贷款、股权投资等形式支持"六次产业"发展。2014年,新加坡出资6 300万美元成立农业生产力基金(APF),其中5 300万美元用于鼓励农场进行技术提升,1 000万美元用于支持农场研究开发;在此基础上,2021年,新加坡在《2030年新加坡绿色发展蓝图》中提出,拟出资6 000万新加坡元成立新的农业科技基金取代农业生产力基金,此举旨在支持农业食品技术创新发展。2023年,韩国拟建立1 000亿韩元规模的青年务农人员专用基金,致力于为农业创新生态系统注入更多活力。

(二)国内农业投资促进工作研究

(1)体制机制是农业投资促进工作的重要保障。黑龙江省在省、市、县三级政府成立农业和农产品加工项目招商工作专班,办公室设在农业农村部门,具体负责农业和农产品加工项目招商工作。省级专班由省政府分管农业副省长担任组长,市级专班由市政府主要负责人任组长,县级也相应成立专班,层层传导压力、落实责任。省级专班对50亿元以上项目、市级专班对5亿元以上项目、县级专班对较大项目成立专项推进组,一对一专门定向服务。湖北省由省农业农村厅成立全省农业产业化招商引资工作领导小组,由厅长任组长,有关厅领导任副组长,相关处室负责人为成员。领导小组办公室设在厅乡村产业发展处,具体负责招商引资工作的联络、统计、服务、考核等日常工作。各级农业农村部门成立相应的工作机构,明确工作专班和人员,在当地党委和政府领导下推进农业产业化招商引资工作。江西省在省级层面成立加快推进农业产业化高质量发展工作专班,统筹推进全省"外引内培"各项工作。各市、县(区)成立工作专班,全面落实"外引内培"各项工作。同时加大"外引内培"宣传力度。

(2)招商模式是农业投资促进工作的重要抓手。山东省积极培育招商项目,支持民营专业化招商公司发展,开展公司化招商;发挥中介机构的专业和渠道优势,以政府购买服务的方式,开展中介招商;利用民营企业网络,以优质营商服务开展"以商招商";探索以政府股权投资撬动国际资本,催化民间投资,吸引优质项目落户,打造"基金+项目+园区"生态链,开展资本招商;利用大数据云平台,挖掘有效招商资源,精准定位招商对象,开展大数据招商。四川省以现代工业标准理念强化农业园区建设,营造良好园区环境,开展园区招商;积极组织农业经营主体参加农博会、西博会等国际盛会,宣传区位优势和典型案例,开展展会招商。广东省围绕产业集群及强链、补链、延链需求,编制产业链招商图谱和路线图,建立产业链招商数据库,细化产业链招商目标企业清单,开展产业链精准招商;大力招引跨国公司总部,赴全球跨国公司总部集聚地开展出海招商;

建立完善与外资企业、在华外国商务机构、商协会常态化交流机制,依托驻外经贸办事处、商会以及华人华侨团体,构建全球招商网络。

(3)设施农业是农业投资促进工作的重要方向。江苏省在《江苏省现代设施农业建设引领示范行动实施方案(2023—2030年)》中明确提出,实施现代设施农业"三年千亿"投资计划,每年统筹省以上相关财政资金加大投入力度,带动市县相关财政共同投入现代设施农业建设,撬动社会资本投入不低于300亿元,到2025年,努力实现3年全社会投资超1 000亿元目标。山西省自"十四五"以来出台一揽子设施农业扶持政策,制定《山西省"十四五"设施农业发展规划》,3年共安排省级专项资金8亿多元发展设施蔬菜,投入9 000万元发展设施渔业,撬动社会资本50亿元以上投入设施农业建设,并提出"5个1工程":建设100万亩设施园艺、建设1 000个大型畜禽养殖场、建设10万立方米养殖水体、建设100万吨产地冷链库容、提高10%粮食烘干能力。河北省把发展设施农业作为推动农业强省的重要内容,出台现代农业园区崛起行动方案、特色优势产业集群推进方案、"十四五"冷链物流发展实施方案和支持衡沧高品质蔬菜产业示范区创建十条政策等一系列文件,支持区域统筹整市整县推进现代设施农业发展。通过创新财政支持方式,联合社会资本,以奖补方式在衡沧两市设立产业投资引导基金10亿元,同时设立风险补偿金1亿元,撬动金融资本8亿~10亿元用于设施蔬菜产业。

### 三、上海农业投资促进工作的基本情况

今年以来,上海农业投资促进工作围绕工作机制、宣传推介、项目推进、政策体系等方面精准发力,取得了一定的工作成果。

(一)农业投资促进工作机制初步建立

沪委农办〔2023〕6号《关于加强投资促进推动农业高质量发展的实施意见》,在目标定位、重点领域、产业布局、保障措施等方面做了部署,加强对农业投资促进工作的顶层设计。意见明确将农业农村投资促进纳入乡村振兴重点任务,实施"挂图作战"。上海市农业农村委成立投资促进工作领导小组,设立工作专班;各涉农区成立由分管区领导任组长,农业农村、发展改革、财政、规资、投促等相关部门负责人共同参与的领导小组,加大对全区农业投资促进工作的组织领导;加大工作调度考核,确保各项工作有序推进。

(二)农业投资促进宣传推介活动量质提升

从活动的"量"上看,市相关部门、各涉农区先后组织举办不同类型的招商活动共10余场,营造了农业招商引资的浓厚氛围,凝聚起推动农业招商引资的强大合力。从活动的"质"上看,投资促进在传统加大宣传推介力度的基础上,探索形成了多种模式。一是展会招商。7月14日,作为浦东新区第十五届农博会的组成部分,"志合在乡村 携手促振兴——2023年浦东新区现代农业发展招商会"召开,现场共战略签约32个项目,预计总投资额60亿元。9月19—23日,在陕西省举行的第三十届中国杨凌农业高新科技成果博览会上,上海携37项本市涉农高校、科研院所、企业、新型农业经营主体等研发的具有自主知识产权的农业新品种、新技术、新装备、新产品等优秀农业科技成

果亮相,聚焦都市现代绿色农业发展重点,设置了实物(模型)、展板、路演等成果展示区以及"上海高科技农业招商专区",以期招引更多优质主体,做优做强上海现代农业产业体系,助力乡村全面振兴。二是节日招商。5月20日,宝山区举行以"邂逅杨小茄·告白520"为主题的农业农村领域首场招商引资活动。9月23日,以"庆丰收 促和美"为主题的2023年中国农民丰收节上海主会场系列活动在嘉定区举行,会上共推出10幅优质招商地块进行集中推介,一批重大农业招商项目进行现场签约,市农业农村委携手拼多多、京东、盒马等8家企业发起成立"上海乡村产业融合发展联盟"。三是产业链招商。4月22日,金山区举行"湾区食谷·廊下飘香——2023上海·金山预制菜产业推介会",围绕预制菜行业全产业链开展专题推介。会上,金山区特色产业园区(都市中央厨房)正式揭牌。四是载体招商。6月21日,崇明区举行"植梦崇明 耕瀛未来"农业高质量发展招商大会,会上共推出30亩以上待招商地块104块,总面积近20 000亩,并与近40家优质企业现场签署战略合作框架协议。五是出海招商。10月16日,浦东新区农业农村委组团赴荷兰开展现代农业国际招商,在韦斯特兰市番茄大世界,与南荷兰省政府共同举办了"上海浦东新区—南荷兰省设施农业产业招商推介会"。

(三)农业重大招商引资项目顺利推进

截至10月底,全市共引进落地涉农投资项目542个,实现到位资金225.83亿元,提前2个月完成了200亿元的年度目标,较去年全年到位资金128亿元增长76.43%,如图1所示。全市新入库亿元以上招商项目2 077个,总投资15 290亿元,其中亿元以上涉农投资项目48个,约占2.3%。

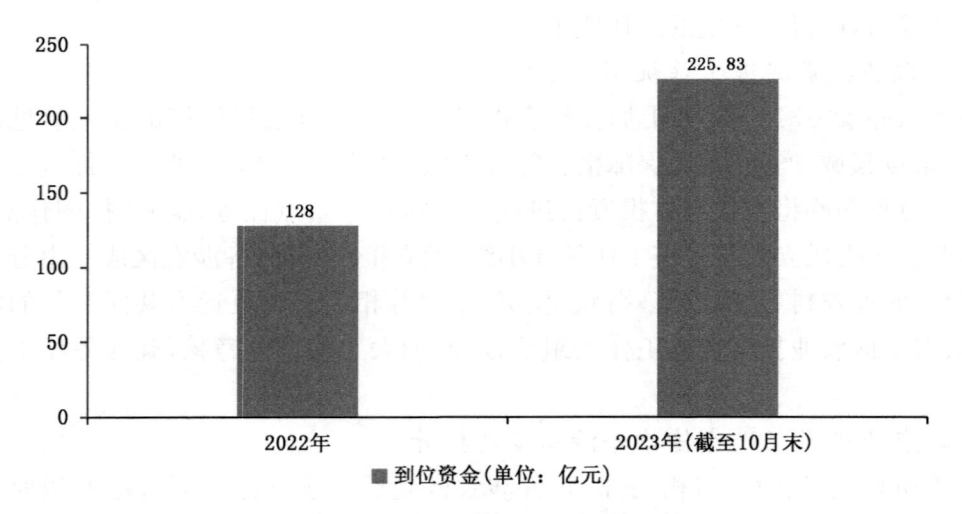

**图1 2022—2023年全市涉农投资项目到位资金情况**

资金构成上,单独财政资金项目到位资金63.57亿元,占比达28.15%;单独企业自筹等社会资本项目到位资金122.52亿元,占比达54.25%;财政及自筹等混合项目到位资金39.74亿元,占比达17.60%,其中,财政资金24.79亿元,企业自筹等社会资本14.95亿元。如图2所示。合计财政资金到位资金88.36亿元,占比达39.13%;合计企业自筹等社会资本到位资金137.47亿元,占比达60.87%。具体如图3所示。

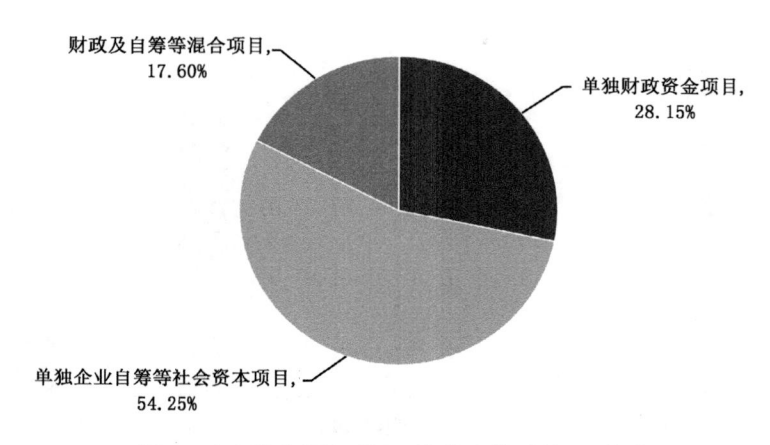

**图 2　全市涉农投资项目到位资金构成情况(单独)**

财政及自筹等混合项目，17.60%
单独财政资金项目，28.15%
单独企业自筹等社会资本项目，54.25%

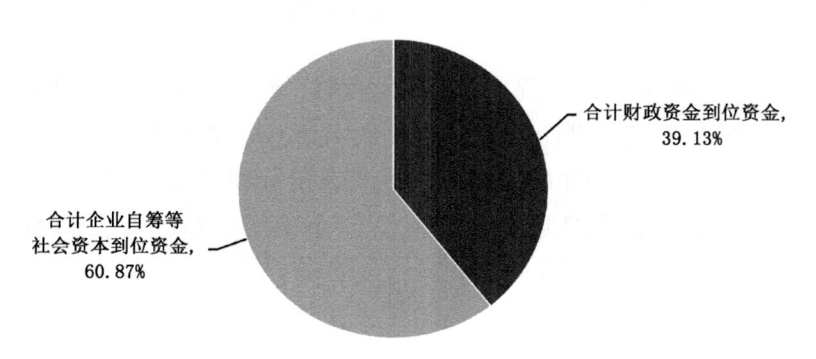

**图 3　全市涉农投资项目到位资金构成情况(合计)**

合计财政资金到位资金，39.13%
合计企业自筹等社会资本到位资金，60.87%

产业类别上，全市农业全产业链项目262个，到位资金79.46亿元，占比达35.19%；乡村数字产业项目11个，到位资金0.65亿元，占比达0.29%；科创技术服务项目13个，到位资金6.87亿元，占比达3.04%；新产业新业态项目114个，到位资金66.14亿元，占比达29.29%；乡村更新提升项目142个，到位资金72.71亿元，占比达32.20%。分别如图4和图5所示。

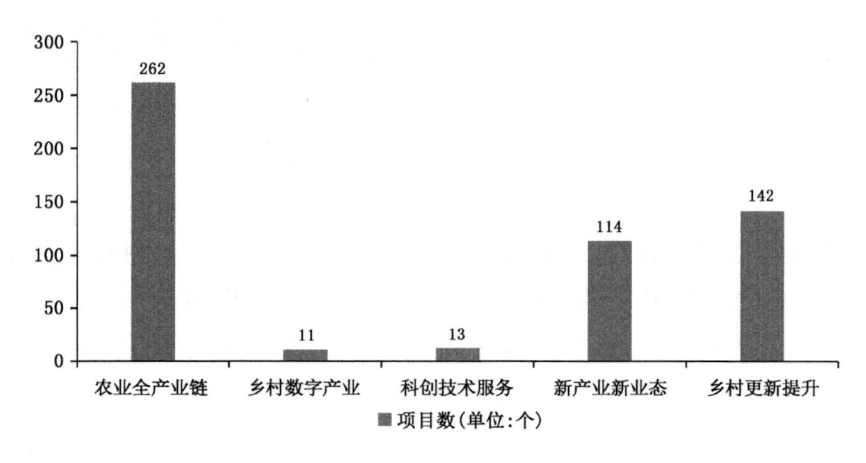

**图 4　全市涉农投资项目情况(产业类别)**

| 类别 | 项目数(单位:个) |
|---|---|
| 农业全产业链 | 262 |
| 乡村数字产业 | 11 |
| 科创技术服务 | 13 |
| 新产业新业态 | 114 |
| 乡村更新提升 | 142 |

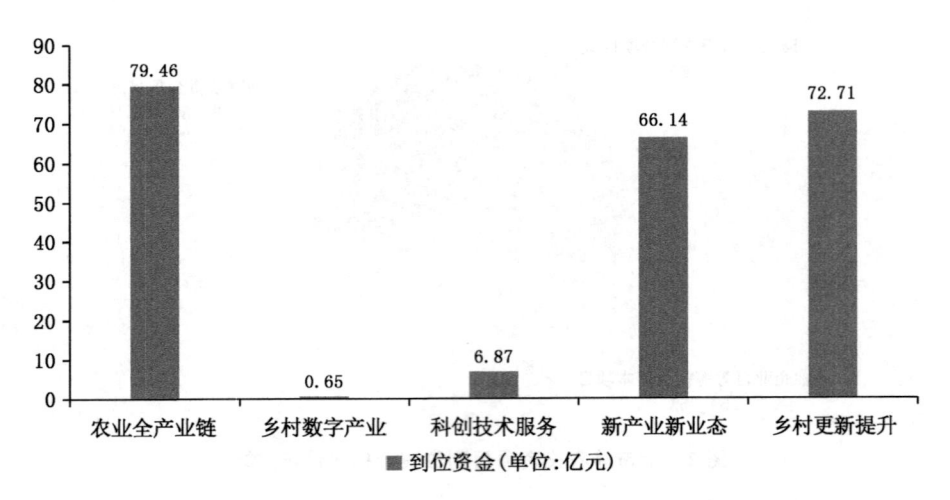

图 5 全市涉农投资项目到位资金情况(产业类别)

区域分布上,崇明区涉农投资项目数量和到位资金均为最多。全市涉农投资项目数量排名前五的涉农区为崇明区(105个)、金山区(92个)、青浦区(71个)、浦东新区(66个)、嘉定区(60个)。如图6所示。全市涉农投资项目到位资金排名前五的涉农区为崇明区(66.09亿元)、浦东新区(52.57亿元)、金山区(27.52亿元)、青浦区(21.89亿元)、松江区(21.76亿元)。如图7所示。

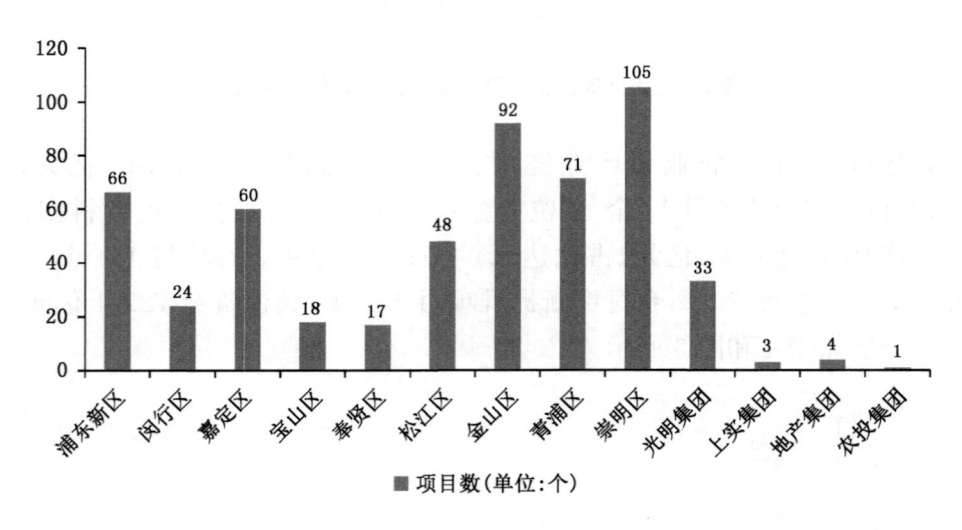

图 6 各涉农区涉农投资项目情况

农业全产业链上,金山区项目数量和到位资金均为最多。项目数量排名前三的涉农区为金山区(62个)、崇明区(43个)、松江区(35个)。如图8所示。到位资金排名前三的涉农区为金山区(21.46亿元)、浦东新区(16.68亿元)、松江区(11.72亿元)。如图9所示。

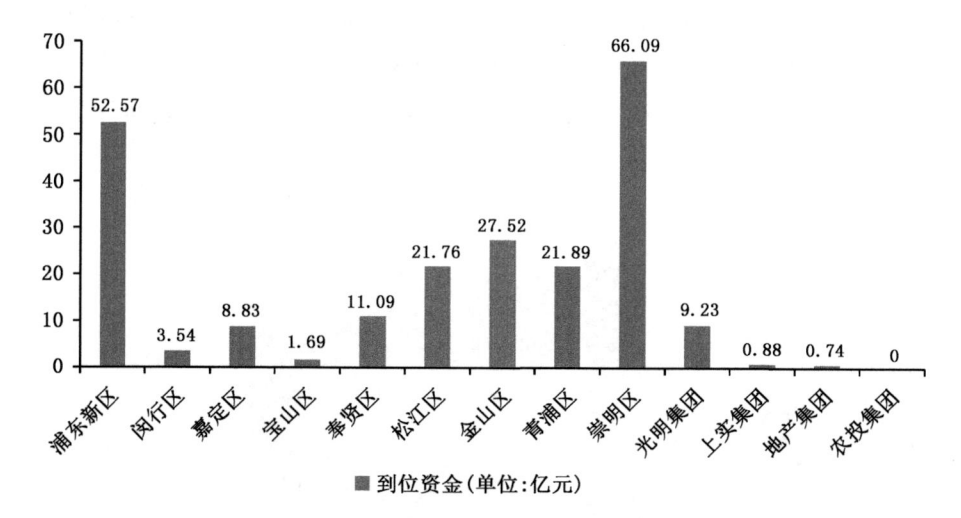

图 7　各涉农区涉农投资项目到位资金情况

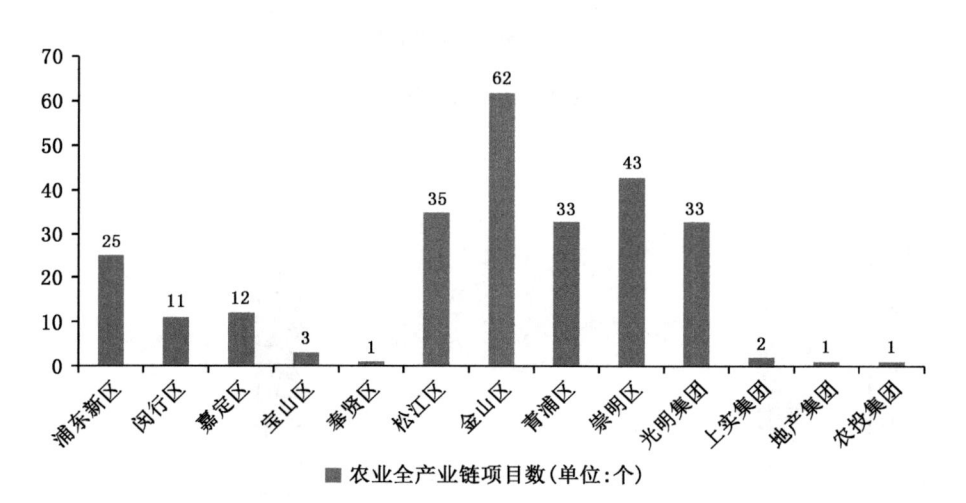

图 8　农业全产业链项目分布情况

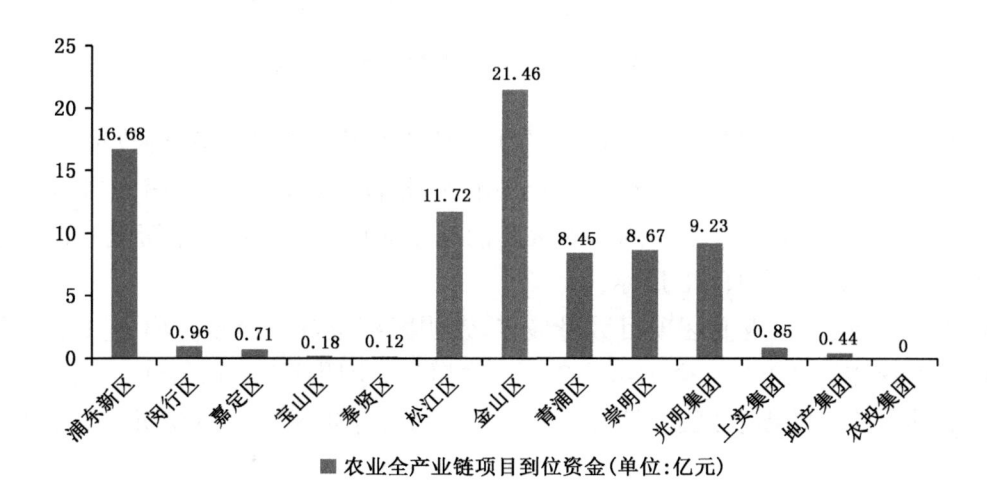

图 9　农业全产业链项目到位资金分布情况

乡村数字产业上,嘉定区项目数量最多,金山区到位资金最多。项目数量排名前三的涉农区为嘉定区(4个)、金山区(3个)、浦东新区(2个)。如图10所示。到位资金排名前三的涉农区为金山区(0.28亿元)、浦东新区(0.2377亿元)、嘉定区(0.08亿元)。如图11所示。

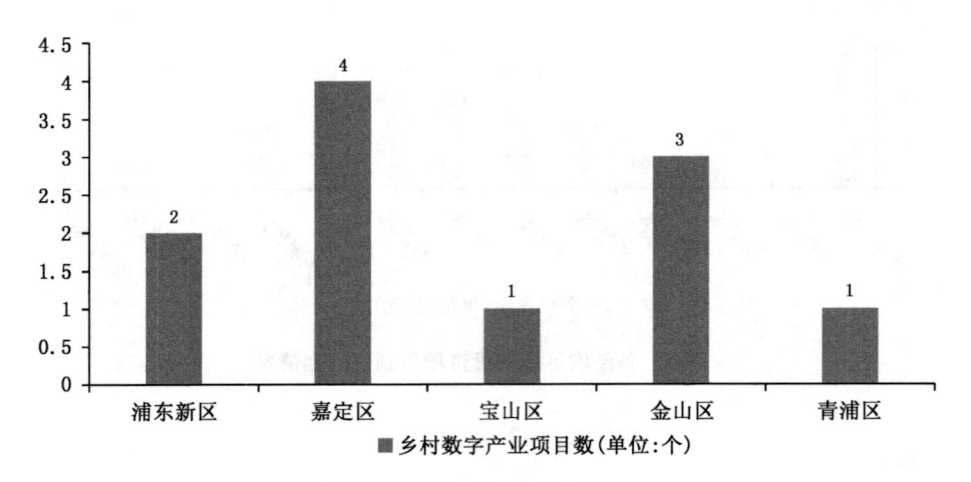

图10 乡村数字产业项目分布情况

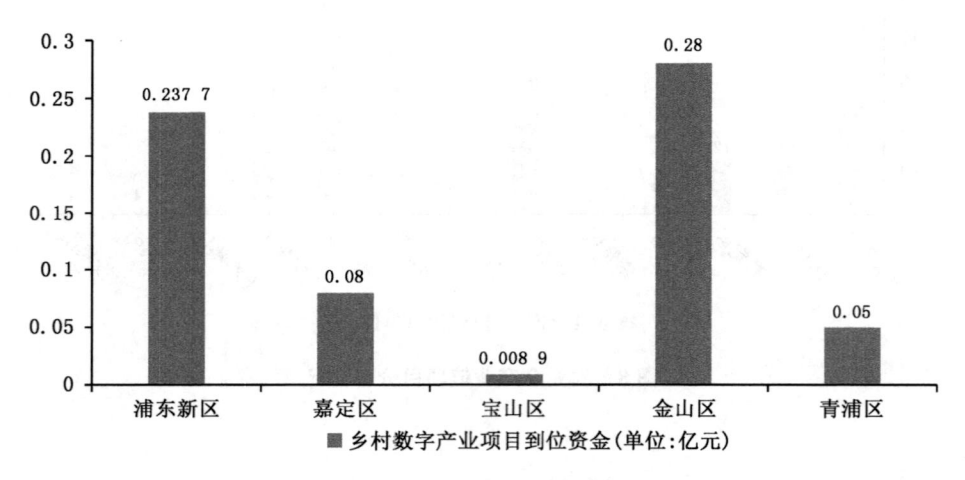

图11 乡村数字产业项目到位资金分布情况

科创技术服务上,浦东新区项目数量和到位资金均为最多。项目数量排名前三的涉农区为浦东新区(7个),奉贤区(2个),嘉定区、松江区、金山区、青浦区(各1个)。如图12所示。到位资金排名前三的涉农区为浦东新区(3.63亿元)、奉贤区(1.75亿元)、松江区(0.67亿元)。如图13所示。

新产业新业态上,青浦区项目数量最多,崇明区到位资金最多。项目数量排名前三的涉农区为青浦区(28个),金山区(17个),奉贤区、崇明区(各14个)。如图14所示。到位资金排名前三的涉农区为崇明区(31.55亿元)、青浦区(10.95亿元)、奉贤区(9.22亿元)。如图15所示。

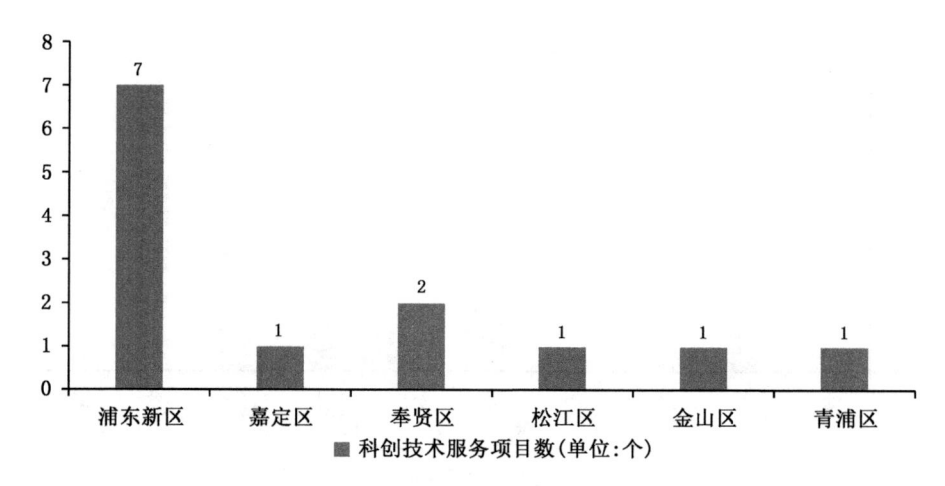

图 12　科创技术服务项目分布情况

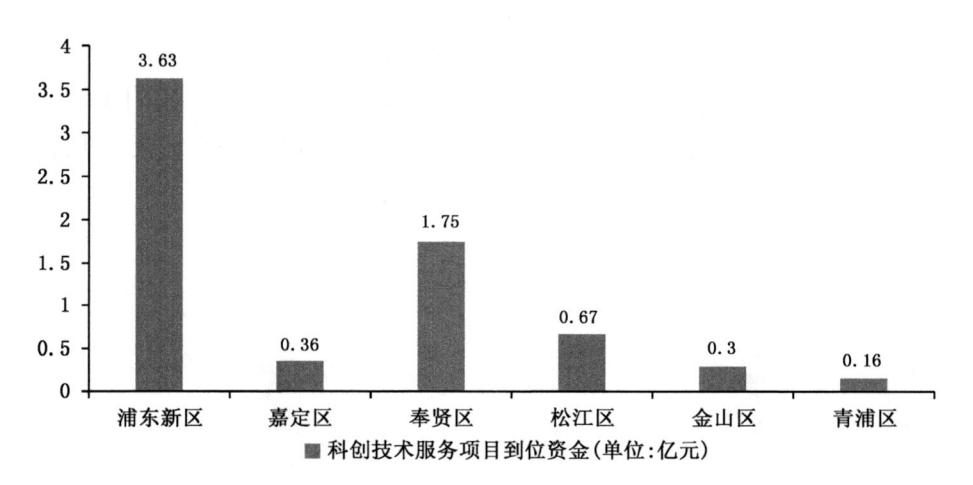

图 13　科创技术服务项目到位资金分布情况

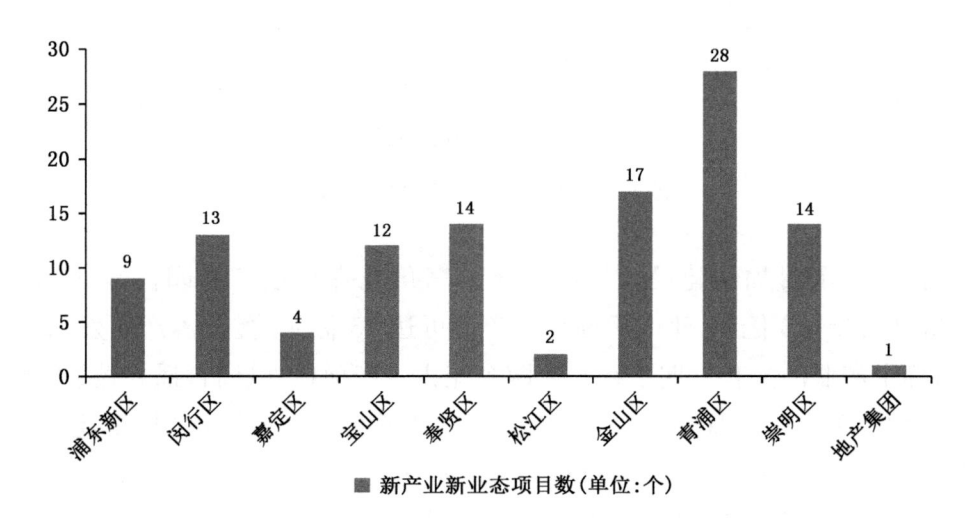

图 14　新产业新业态项目分布情况

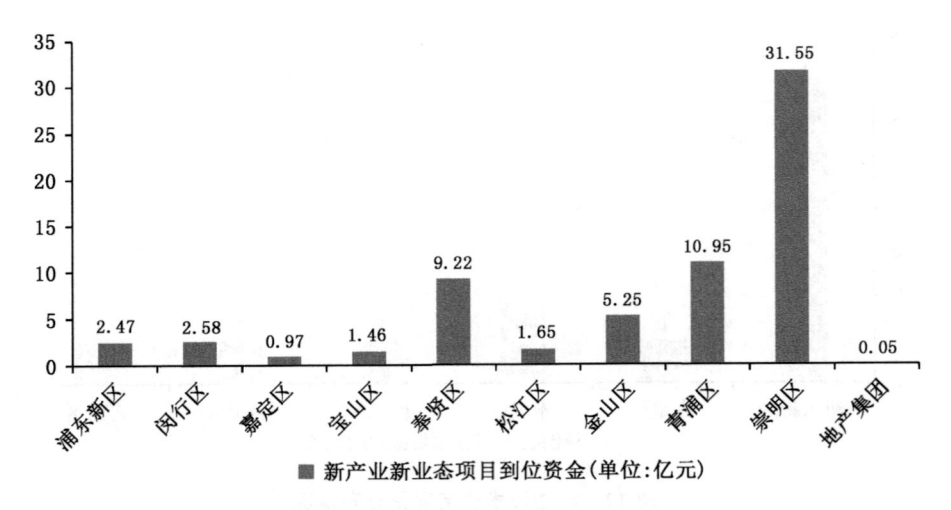

图 15　新产业新业态项目到位资金分布情况

乡村更新提升上,崇明区项目数量最多,浦东新区到位资金最多。项目数量排名前三的涉农区为崇明区(48 个)、嘉定区(39 个)、浦东新区(23 个)。如图 16 所示。到位资金排名前三的涉农区为浦东新区(29.56 亿元)、崇明区(25.87 亿元)、松江区(7.72 亿元)。如图 17 所示。

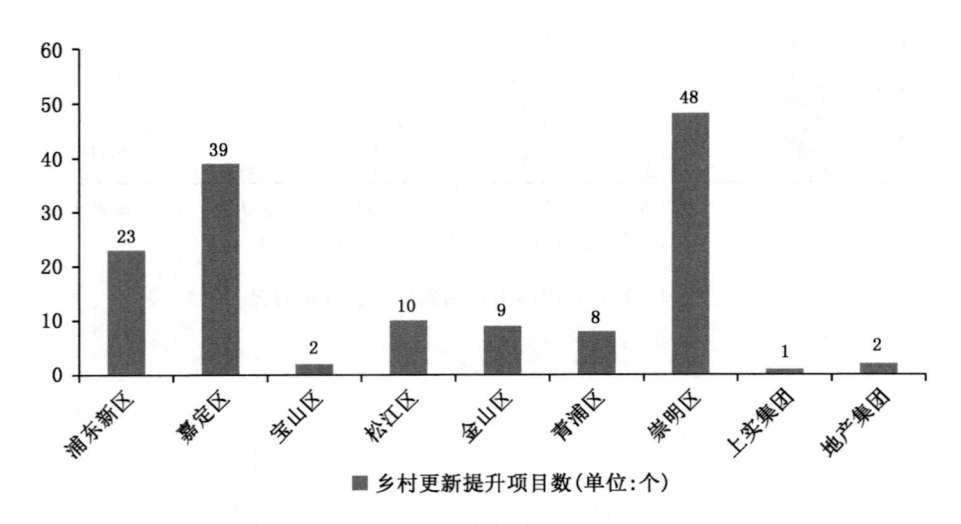

图 16　乡村更新提升项目分布情况

一大批落户项目加快建设。如松江区长三角花卉科创产业园占地面积约 2 000 亩,总投资 20 亿～25 亿元,建成后预计年产值可达 25 亿元,覆盖生产研发、花卉种植、线上交易等全产业链。其二期工程——两个花卉生产项目、电商直播大楼、人才公寓及文创中心,均已于今年 6 月正式开工,总投资达 4.5 亿元。青浦区"虹桥花谷"自 2022 年 12 月开工至今,新引进企业和商户落户超 90 家。其二期工程——商业配套项目已于今年 8 月正式开工,该项目占地 13.52 亩,总投资超 1 亿元,建成后将重点导入花卉销售、线上线下交易结算、商业配套服务等功能,为"虹桥花谷"一站式集采交易提供重

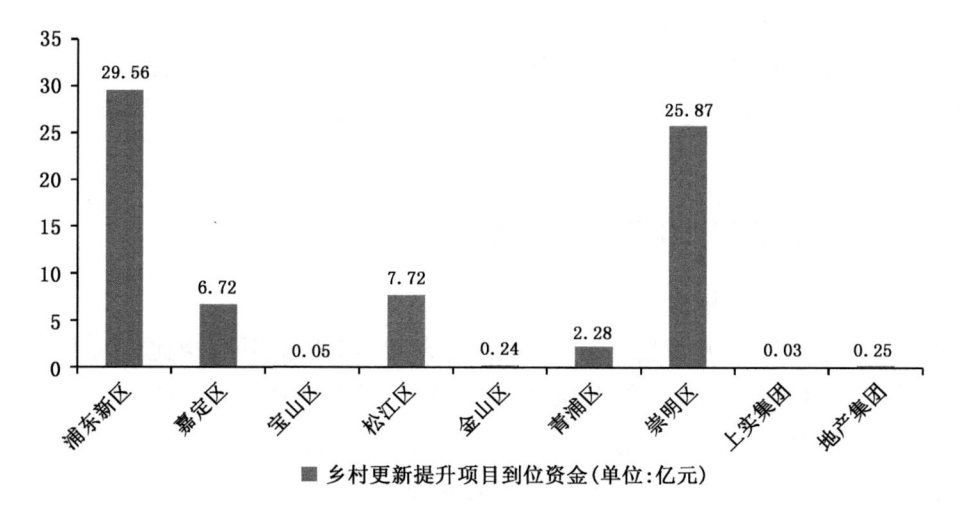

图 17　乡村更新提升项目到位资金分布情况

要支撑。浦东新区盒马航头产业基地已于今年 4 月正式投入使用,主要分为三大模块,即中央厨房、全自动冷链生鲜加工中心和自动化冷冻仓库。该项目总投资约 1 亿美元,建筑面积约 10 万平方米,预计年产值约 100 亿元。金山区"花开海上"二期项目在原有生态园及花海基础上,新建精品酒店、高端民宿、餐饮、文旅零售、文娱中心和芳香广场等商业配套。其中,精品酒店、高端民宿总投资达 13 亿元,建成后总床位数将达到 450 个。

(四)农业投资促进政策体系创新突破

近年来,本市持续推进农业政策体系建设,积极探索农业政策体系创新,在以下五个方面实现重要突破。一是产业扶持方面,沪府办规〔2023〕12 号《关于新时期强化投资促进加快建设现代化产业体系的政策措施》中明确提出,支持引进农业农村优质项目,积极引进农业全产业链、乡村数字产业、科创技术服务等领域重点项目,对重大涉农项目,经立项评估后,市级财政资金按照规定比例予以支持,最高不超过项目投资的50%。二是科技支撑方面,沪农委规〔2023〕8 号《上海市农业科技创新项目及资金管理细则(试行)》中明确提出,对于技术攻关、联合育种攻关、产业提升、应用场景、科技人才培育等农业科技创新项目,主要采取前补助、后补助的支持方式,并探索开展其他支持方式。三是人才服务方面,沪人社居〔2021〕272 号《关于助力全面推进乡村振兴的若干政策措施》中明确提出加强乡村各类人才建设,并细化为完善专业技术人才职称评价机制、加大博士后工作扶持力度、支持乡村振兴人才引进、支持远郊区域人才队伍建设等多项措施。四是用地保障方面,沪规划资源乡〔2023〕201 号《上海市深化农村集体经营性建设用地入市试点工作方案》中明确提出,围绕完善农村集体经营性建设用地入市制度和政策体系,强化规划引领和用途管制,创新农村集体经营性建设用地使用权权能实现形式,完善入市规则和程序,健全城乡建设用地一体化市场,探索入市委托和民主决策机制,加强入市收益分配管理。五是金融举措方面,沪农委规〔2023〕12 号《上海市政策性农业贷款项目贴息(贴费)实施细则》中明确提出,对符合条件的项目按照不高于对应市场报价利率(LPR)50%给予贴息;其中承担市农业农村、市财政主管部门明确的重要工作和重点保障内容的按照不高于对应市场报价利率(LPR)80%给予贴息。符合条件的政策性融资担保业务的担保费和小额信贷保证保险保费,按照实际支付的费用给予全额补贴。

## 四、上海农业投资促进工作存在的问题

(一)产业空间供给相对不足

(1)农业用地出让双方意愿不足。从出让方看,与工业用地相比,上海农业用地亩均价格较低,产出相对有限,致使各涉农区就大面积土地用于农业产业发展的意愿不强。从受让方看,对于同样性质的土地,上海和江苏、浙江等地价格存在较大差异,投资商用于土地的成本大大超出农产品物流环节的成本。

(2)农业项目配套用地总量不足。乡(镇)土地用于配套设施建设的规划建设用地指标(不超过5%)落实不够到位,致使配套用地难以满足项目实际发展需求,对于项目推进和落地形成阻碍。

(3)政策规划等调整影响项目推进。政策的调整不利用重大项目的落地和长期规划发展。例如,在调研过程中发现,某企业由于高铁/磁悬浮控制线横跨企业所在厂区,致使其在自有土地上新建全球研发总部项目在审批环节受阻。同时,某苗圃企业被要求在苗床上种植花卉苗木的同时,在苗床下方种植粮食,并且相关部门之间解释口径不统一,缺乏示范性、普适性的做法以供参考。

(二)资源整合力度相对不足

(1)农业创新平台建设相对不足。目前上海农业知名品牌数量稀少,缺乏支持品牌孵化的优质创新平台;产业链上游企业的研发投入远不足以满足实际需求,政府、科研机构、企业缺乏优质创新平台进行资源整合与共享。

(2)农业科研人才保障相对不足。由于农业未列入上海重点产业发展目录,研发人才政策倾斜力度有限,"落户难"等问题依然广泛存在。江苏、浙江等地人才落户政策较上海更为宽松,致使上海农业企业在扩大投资、招引人才等方面遇到一定阻力。

(3)涉农行业政策覆盖度相对不足。涉农的工业企业如农药、兽药、化肥、食品不在工业企业政策扶持的重点目录内,同时又不在农业政策体系覆盖范围内。这类企业在土地、资金、人才等方面缺乏必要的指导性文件以供参考。

(三)企业配套服务保障相对不足

(1)农药行业审批标准不适应企业发展需求。目前我国新农药登记费用高、登记周期长、数据泄密风险较高,容易影响投资者积极性。外国如印度新农药上市仅需进行备案,资金、时间成本较低,对我国农药行业国际竞争力形成挑战。

(2)重大创新类研发产品审批服务保障不足。对于攻克"卡脖子"难题、打通行业全产业链实现高附加值的重大创新类研发产品,常规的审批效率已无法满足企业和产品的特殊需求。

(3)企业项目申报缺乏进一步的指导。农业企业存在人员数量少、文化素质不高的问题,对农业相关政策和荣誉的申请存在一定的困难。如某企业由于对项目申报的分类及要点把握不够精准,且缺少专家和培训资源,致使项目申报频频受挫。同时,另一企业已满足国家级农业龙头企业申报标准,但由于缺乏路径指引,尚未申报成功。

(四)产业引导基金对于重大农业项目的覆盖度不足

虽然上海对农业企业有很优惠的贷款政策,但是受抵押物等因素影响,贷款额度尚不能满足大型招商引资项目需求。同时,上海作为金融中心投资基金众多,但这些市场化的投资机构均未将农业作为重点投资方向,致使农业招商引资项目的资金渠道相对单一。据某企业反映,企业的农业平台项目对政策、资金的需求较为明显,其至今尚未收到高匹配度的基金支持,面对外省市基金招商的邀请,该项目可能会选择在外省市落地。

(五)招商引资工作机制不够完善

(1)招商引资人员专业程度相对不足。目前各涉农区农业招商引资人员的背景多是以技术推广、生产运营为主,对招商引资方面的技能掌握不够,缺少对农业招商引资人员的培养及培训;对招商引资先进经验及做法,缺乏获取途径。

(2)招商引资激励机制及配套政策有待健全。目前基层招商引资队伍存在公务员、事业单位、社工、企业员工等不同身份,绝大多数一线人员的薪资不具有市场竞争力,导致基层常出现工作动力不足等问题,容易引起招商引资队伍人员流失。

## 五、上海工业招商引资举措和对农业招商引资的启示

截至7月底,全市工业投资完成890.8亿元,同比增长24.0%,高于全国15.5个百分点;制造业投资完成788.4亿元,同比增长24.9%,高于全国19.2个百分点;共推动948个亿元以上项目签约落地,总投资9 925亿元,其中制造业项目546个,总投资5 224亿元。

(一)本市工业招商引资举措

(1)强化招商统筹。一是统筹活动,联合各区深入开展投资上海·全球行、全国行,举办全市招商大比武活动。二是统筹信息,每月向市领导报送重大产业项目招商、投资和建设情况。三是统筹政策,加强招商24条宣传解读,对各区、重点产业园区全覆盖。争取财政局、人才办、人社局等部门支持,落实技改支持、人才落户和购房政策。

(2)强化市区合力。全力做好市外、海外招商引资工作。一是高质量开展全国行。1—7月共举办各类推介活动超314场,拜访城市超50个,委领导带队赴北京、西安、厦门定向招商,先后举办北京、成都、广州、深圳推介会,一批标志性项目签约落地,赴南京、宁波等城市专程拜访多家重点意向企业。二是高标准开展全球行。市领导集中带队赴海外招商,委领导带队赴新加坡、瑞士、法国、西班牙、以色列、意大利定向招商,各区也掀起一轮"走出去"热潮,1—7月共组织49个团组赴海外招商,对接166个重点招商项目和26家海外机构、商协会。

(3)强化分级分类。根据项目重要性、成熟度、所有制加以区分。一是区分重要性。按照一到五星打分,制造业亿元项目为五星,总部、研发项目四星及以上,商业、金融类项目一到三星。二是区分成熟度。按照高中低排序,项目对接初期为低成熟度,项目已有合作意向为中成熟度,项目即将签约或已落地为高成熟度。三是区分所有制。分为国有投资、民营投资、外商投资。对五星且成熟度较高的项目,联合各处室一对一对接项目落地;对五星但成熟度不高的项目,建立长期跟踪服务机制,协调项目尽快签约;对其他项目,主要由各区、重点产业园区推进。

(4)强化招商宣传。依托人民日报、央视、新华社等主流媒体,扩大宣传广度,用好B站、抖音等新媒体和"投资上海"系列解读等新方式,拓展宣传深度,柳行长专题解读投促24条播放量达45万次,"京沪合作""逆行引资""调头向西"等深度解读文章点击量超10万次。

(二)工业招商引资举措对农业招商引资的启示

(1)重视招商统筹与市区联动。强化市区各部门招商引资主体意识,建立健全招商引资工作协调机制,加强对招商活动、招商信息、招商政策的统筹与指导。鼓励市区各部门联合开展市外、海外招商引资活动,由相关领导带队上门招商。

(2)重视项目分类与落地指导。参照重要性、成熟度、所有制等标准对项目进行分类,构建差异化跟踪对接服务体系,形成项目落地全链条服务闭环。

(3)重视招商宣传与品牌打造。灵活运用人民日报、央视等传统主流媒体和抖音、微信公众号等新兴自媒体,积极开展招商引资活动会前宣传和会后跟踪报道,扩大宣传广度,加深宣传深度。打造招商引资品牌宣传矩阵,持续开展品牌建设和品牌推广,形成一批具有高辨识度、高影响力的区域性乃至全国性招商引资宣传品牌。

### 六、上海农业投资促进工作的优化路径

为进一步优化上海农业投资促进工作,结合调研过程中反映出的典型问题,以及本市工业招商引资经验启示,特此提出以下五方面优化路径。

(一)强化产业空间供给力度

(1)完善设施农业用地管理规定。明确市区两级规划和自然资源局关于发展设施农业的政策规定,优化设施农业建设用地指标统计方式,严格落实配套用地指标。

(2)加快盘活存量土地。开展全域土地综合整治,对于闲置土地、厂房、仓库和农房等资源进行回收利用,积极推进存量工业用地盘活,进一步释放产业空间。

(3)强化建设用地弹性供给。根据企业需求提供定制化产业空间,在企业基础设施建设过程中提供专业指导。对于投资额度较高、产业带动效应较好的重点农业项目,通过"一事一议"联席会议等方式,经由市区两级对项目建设用地进行保障。

(4)建立土地利用规划协调机制。对于影响程度高、影响范围广的土地利用规划,在编制过程中通过实地走访、企业座谈会等多种形式收集各方意见并进行调整,减轻对当地企业发展建设的影响;对于无法调整的土地利用规划,由区级层面为企业提供项目

落地选址方面的指导。

(二)强化创新平台建设扶持力度

(1)打造农业创新平台资源库。以农业创新平台资源库为主要载体,有效整合产、学、研、用各类资源,贯通研发、孵化、转化、投融资服务等关键链条,全面提升科技成果转移转化成效,持续推动农业品牌培育建设。

(2)加大对农业科研人才的配套服务。优化人才落户名额统筹分配机制,将现代农业纳入上海重点产业发展目录,对农业科研人才在落户、购房、子女教育等方面给予保障。

(3)加强农业科创类扶持政策落地指导。探索将农药、兽药、化肥、食品等重点涉农行业纳入农业科创类扶持政策体系,鼓励涉农企业开展创新研发;以投资指南、政策汇编为重要工具,进一步明确农业科创类扶持政策的具体实施细则,持续提升政策知晓度和精准度,全力打通政策落地"最后一公里"。

(三)强化配套服务保障力度

(1)优化涉农行业产品审批机制。针对我国新农药登记费用高、登记周期长、数据泄密风险较高等企业痛点,考虑在合法合规、控制风险的前提下适当放宽登记标准,降低登记费用,缩短登记周期。加强农业产品的知识产权保护,切实做好登记过程中产品数据的保密工作。

(2)开设审批"绿色通道"。对于科技含量高、产业带动效应强的农业及涉农行业重大创新类研发产品,在审批环节开设"绿色通道"予以特殊保障。

(3)畅通项目申报指导渠道。打造农业"政策服务包",设置专职联络员,通过企业跟踪服务微信群、政务云平台等途径开展政策宣传,及时收集企业投资意向和项目申报需求,并提供政策解读、解答疑虑等个性化服务。

(四)强化资本招商统筹力度

(1)整合打造政府引导基金合力。整合政府引导基金和国有创投基金的资源,适当提高政府引导基金在农业项目中的投资比例,投贷联动推动农业项目加快落地建设。

(2)建立市、区招投联动机制。推动市、区和社会资本共同成立农业战略性产业基金,围绕设施农业、智慧农业等产业领域进行重点投资。加快信息共享平台建设,将市、区两级引导基金投资的子基金纳入信息共享平台,及时更新重大项目动态,为项目匹配合适的基金。

(3)加大农业产业园区基金投入支持。探索将政府引导基金的部分权限下放到农业产业园区,以便更好地将投资与招商相统一,形成"以投带引"的招商新模式。

(五)统筹完善招商引资工作机制

(1)加大对招商引资人员的培训力度。利用市、区各投资促进部门平台资源,组织农业招商引资人员参与能力培训,定期举行心得分享交流会;赴外地开展调查研究,学习农业招商引资经验做法;鼓励年轻干部到基层挂职锻炼,坚持招商引资理论与实践相结合。

(2)强化对招商引资人员的激励力度。探索对招商引资团队中专业化人员实行市场化薪酬制度,对于产业专职招商引资队伍的人员,进一步加强稳定和激励机制设计。

(3)探索市场化招商模式。通过中介招商、集团招商等市场化招商模式,更好地实现区内农业产业链对接协作、资源要素共享与互补。

**牵头领导:** 叶军平
**牵头处室:** 产业发展处
**课题组成员:** 石达祺　王　东　占海燕　胡冬梅
　　　　　　　王俊杰　时　代　王树人　何春来
　　　　　　　徐　杰　吴怡蕴　李　悦　姜　皞

# 18. 上海现代农业产业园（横沙新洲）建设的实践与探索研究

## 一、课题概述

（一）横沙新洲园区基本情况

开发建设上海现代农业产业园（横沙新洲）（以下简称"横沙新洲园区"）是市委、市政府贯彻落实长江经济带发展国家战略，深入推动本市都市绿色现代农业发展的重要战略部署，对提高本市高品质绿色农副产品自给能力，提升农业设施装备和技术创新水平，在更长时期优化城市战略空间布局、拓展发展纵深等方面都具有重要意义。2021年5月，市政府组建上海现代农业产业园（横沙东滩）开发建设管理委员会[①]（以下简称"管委会"），由市政府分管领导担任管委会主任，相关委办局作为成员协同建设，并成立全国资企业——上海市现代农业投资发展集团有限公司，承接产业园实际开发建设、运营工作。

2023年1月，市政府印发横沙新洲园区发展战略规划和国土空间总体规划，围绕"世界级现代都市生态绿色农业示范区，新时代中国式上海现代化农业园区发展新标杆"为目标愿景，明确了"五大高地"功能定位，即高品质农产品供给高地、前沿农业科技示范高地、和谐发展生态价值高地、宜农宜游宜学品质体验高地、制度创新合作开放高地。根据国土空间规划，横沙新洲园区形成"一原点、两轴线、三组团、十方田"空间布局："一原点"，锚定核心区位置，打造综合性管理服务中心；"两轴线"，形成东西综合发展轴、南北综合服务带；"三组团"，构建中部科技引领组团、东侧生态农场组团和西侧规模生产组团；"十方田"，建设10片万亩智慧良田，大力发展优质食味稻米、蔬果、花卉、工厂化水产养殖、肉牛养殖等。未来的横沙新洲园区，包含科技农业片区、规模生产片区、生态农业片区三大片区，产业体系以发展规模化、集约化、标准化、绿色化生产的设

---

[①] 2023年9月27日，市政府办公厅印发《关于调整成立上海现代农业产业园（横沙新洲）开发建设管理委员会的通知》（沪府办〔2023〕27号），管委会更名为"上海现代农业产业园（横沙新洲）开发建设管理委员会"。

施农业为主,生态农业为辅。较之国内其他农业园区,横沙新洲园区在生产方式和管理模式上都更接近高新科技产业园区。

(二)研究目的与重点

为配合横沙新洲园区近远期发展目标,进一步明确管理运行体制,助力落实配套政策和保障措施,切实推进产业健康发展,特研究形成本次课题内容。本课题主要围绕横沙新洲园区运营模式展开研究,对标国内同等规模国家级农业高新技术示范区和其他类别高新技术园区,借鉴国外现代农业园区一体化经营与先进技术经验,针对园区的管理架构和运营机制,提供因地制宜、创新多元的策略和建议。

## 二、产业园运营模式研究

(一)产业园运营模式分类

产业园区按规模从大到小可大致划分为三种类型:开发区、产业片区、产业园。开发区通常具有较大规模,主要包括经济技术开发区、保税区、高新技术产业开发区等类型。产业片区规模则从十几平方公里到几十平方公里不等,小于开发区规模。产业园规模通常小于前两者,在本课题中主要指产业集成度较高的专业园区。不同的产业园区运营模式影响园区产业定位和功能定位,影响开发运营企业的发展潜力、发展方向和成长效果。结合具体实践,以园区运营主体来区分,国内现有产业园区的运营模式主要包括以下类型:

1. 政府主体运营模式

该模式以政府为投资主体,提供相应政策并给予相应投资,各有关部门共建,社会广泛参与园区综合发展。在管理模式上,政府设立管委会负责园区的规划、建设、项目协调等工作,对园区实行统一管理。实际操作中,该类模式较为适合规模较小、管理简单的产业园区运营。

2. "管委会+国资平台公司"运营模式

该模式作为政府主体运营的衍生模式,与前者的区别主要在于在该模式下,管委会仅承担行政和社会事务管理职能,而园区建设、招商引资、项目管理等工作则交予平台公司负责。此类模式中,平台公司拥有更大灵活度,更接近市场化,可以整体提高园区的综合经济效益。该模式还存在一类不同政府主体合资运营的特殊形式,如苏州工业园区,其开发运营实行管委会和合资公司并行的政企分开模式。

3. 市场化委托运营模式

该模式的主体仍然为园区管委会,其支付费用聘请第三方机构负责园区运营管理。在此模式中,管委会履行园区的管理职能,负责园区发展决策和监管、政策制定和园区绩效考核等工作。第三方运营团队负责园区规划编制、产业链构建、招商引资、园区公共基础设施建设等营运管理工作。此类模式的优点在于专业运营机构通常拥有更专业的招商团队、园区运作体系和人才项目资源,节约了管委会组建团队和培养人才的成本。

4. 统筹开发运营模式

该模式由地方政府引进开发商,与其签订区域整体委托开发协议,由开发商接管土地整理、基础设施建设、招商引资、企业服务等事宜,以开发运营统筹管理为核心,双方共同投资、共担风险、共享产业发展红利,实现园区开发综合价值。此类模式优点在于前期土地增值盈利能力较强,为后期开发积累了雄厚的财力基础。但近年来在经济增速放缓等因素影响下,对开发商的综合实力要求日益提高。

5. 企业自主运营模式

该模式由企业依托自身的资金实力和行业影响力,独立拿地、独立开发、独立运营。此类模式的优势在于企业拥有很大的独立自主权,可以直接参与园区的日常事务运营管理,能有效吸引上下游企业集聚,形成完备的产业生态。

6. 园中园运营模式

该模式是指在大型园区中划出若干某一关联产业和企业集聚的专业特色园区。园中园模式又分为两种:

(1)"管委会+公司"模式:由管委会统一管理和协调,多个国资平台公司平行运作。在该模式下,小园区是大园区系统的有机组成部分,大园区为小园区系统提供管理、政策、配套设施等保障服务。小园区各自独立发展,集聚产业。

(2)"管委会+开发商"模式:管委会划出部分土地,引入不同市场化机构独立运作,并与其约定投资规模、建设期限、权利义务。合作方自主建设和运营。以中国(上海)自由贸易试验区临港新片区为例,管委会划出部分土地,引入其他开发主体,其运营模式为"管委会+公司""管委会+开发商"兼而有之。

7. 股权合作模式

该模式是以市场化运作为主导的园区合作运营模式,运用妥当能够建立共担风险的利益机制,激发合作双方积极性。该模式包括异地园区合作、产权换股权、园区与国资合作等具体操作方式。入股方成立合资公司,按约定分别负责园区的载体建设、招商引资、运营管理等职能。

8. 校地合作运营模式

高校科技产业化,最常见的合作模式是校地共建。政府(园区)负责提供场地、配套政策和资金扶持;高校负责技术研发、成果转化、孵化企业、科技服务等。也可引进第三方运营商负责引资引才、企业服务和信息服务等服务性工作。

(二)农业产业园区现有运营模式分析

1. 国内现代农业园区运营模式

我国现代农业产业园可分为国家级、省级、地市级三类,由各级政府或农业主管部门组织创建和认定。横沙新洲园区规划总面积为106.1平方公里,与国家级农业高新技术示范区(以下简称"国家农高区")规模较为接近。国家农高区主要采取"管委会+国资平台公司"的运营模式,辅助以校地合作运营,部分子园区采取企业自主运营和股权合作的运营模式。

表1　　　　　　　　　　　国家农高区产业及运营管理模式比较分析

| 名称 | 规模 | 产业方向 | 管理主体 | 总体运营模式 |
| --- | --- | --- | --- | --- |
| 杨凌农业高新技术产业示范区 | 135平方公里 | 现代种植业、生物医药、农产品深加工、农业智能装备制造、涉农服务业 | 管委会 | 由国家部委和陕西省政府共同建设管理杨凌示范区的"省部共建"管理新体制 |
| 黄河三角洲农业高新技术产业示范区 | 163平方公里 | 盐碱地特色种业、大健康及功能性食品产业、农业智能装备制造、生物技术与制造和农业科技服务业 | 管委会 | 采用"管委会+平台公司"运营模式,黄河三角洲建设投资集团负责投资及资产管理、土地使用权租赁、园区管理、会展服务等 |
| 南京国家农业高新技术产业示范区 | 145.86平方公里 | 生物农业、健康食品、智能农机装备和农业科技服务业 | 管委会 | 采用"管委会+平台公司"运营模式,南京农高集团负责园区物业管理、农业休闲观光服务、园区基础设施建设等 |
| 晋中国家农业高新技术产业示范区 | 99.9 | 布局科技创新城、特色农产品交易园、北方林果科技园和南山现代中医药产业园四大板块 | 管委会 | 采用"管委会+平台公司"运营模式,神农科技集团负责土地整治、投资、建设管理运营等。山西农业大学入股神农集团,推动农业科技创新 |
| 黑龙江佳木斯国家农业高新技术产业示范区 | 138.78平方公里 | 围绕水稻全产业链,支持优质水稻良种繁育基地建设 | 管委会 | 引入国内大型农业集团,管委会与北大荒农垦集团有限公司深度合作,优势互补,共建共赢 |
| 吉林长春国家农业高新技术产业示范区 | 139.39平方公里 | 围绕玉米主导产业,发展农副产品精加工,形成从育种到废弃物再利用完整的产业发展模式 | 筹备领导小组 | 园区初步搭建中,部分农业龙头企业已入驻;19家科研院所与农高区建立合作关系,初步搭建起科研合作和示范推广平台 |
| 河南周口国家农业高新技术产业示范区 | 118平方公里 | 农作物育种、高产高效栽培、畜牧养殖、农副产品精加工等 | 管委会 | 采用"管委会+平台公司"运营模式,河南现代农业高科技投资有限公司为管委会全资控股子公司,负责投资、建设、物业管理等服务 |
| 内蒙古巴彦淖尔国家农业高新技术产业示范区 | 139.74平方公里 | 小麦和肉羊创新发展、特色生态农牧产业、花卉果蔬药材产业等 | 管委会 | "政府主导、专家规划、国企运营制度护航"的品牌管理模式 |
| 新疆昌吉国家农业高新技术产业示范区 | 109.95平方公里 | 以干旱荒漠绿洲农业为主题,以棉花为主导产业 | 管委会 | 采用"管委会+公司"开发建设管理运营机制,农投公司通过股权投资、融资担保等方式支持园区企业发展 |

2. 国外现代农业园区运营模式

美国、荷兰及日本等发达国家的农业现代化起步较早,已建成一大批集农业科技推广、技术示范、生态旅游及农业教育等融合发展的现代农业园区,可以为我国农业发展提供参考与借鉴。

(1)美国:规模化运营模式

美国是当今世界农业现代化程度最高的国家,经过多年发展,其农业已经成为高度综合化的产业。美国农业园区以家庭农场制为主,是规模化运营的代表,该类运营模式以规模化取胜,规模大小和技术效益是农场盈利的决定性因素,大中型农场效益通常远高于小型家庭农场。美国农业园区的建设、经营、管理已形成产业高度融合的综合体系,"公司＋农场""公司＋农户"与"合作供销"是美国农业产业服务的三种模式。此外,政府政策及财政支持在园区建设经营中也发挥了重要作用,如提供农场信贷支持。农场建成后,联邦、州、县还提供各类农业技术支持,由州立农学院提供具体的技术培训。

(2)荷兰：产业一体化运营模式

荷兰的农业企业多是中小型家庭农场,生产高度专业化,农业园区大多采取企业自主运营模式。农场将种养加工、产供销、贸工农有机地结合在一起,实现了一体化运营,还形成了利益均享、风险共担的利益一体化。荷兰广泛存在各类细分领域的农业合作社,与农企紧密联系,发挥作用于生产、加工、销售、农业信贷、农业生产资料供应等多个环节,为农业一体化运营提供有力支撑。同时,荷兰拥有高效的农产品交易系统,农业企业可通过"拍卖市场"直接实现供需双方谋面,打开农产品的销路。

(3)日本：协作发展运营模式

日本人多地少,其农业发展一直是小农生产方式,实施的是差别化、精耕化的农业发展战略,但在农村大量劳动力向非农产业转移后,促使农村经济结构发生改变,逐渐向一体化运营的产业化模式发展。开始建设发展"公司＋农户"的农业产业链条,由大型工商企业提供资金和技术,借鉴现代企业的管理机制,逐步完善农业产业自身内部管理制度,实现农业产业化的发展,促进农村经济繁荣。此外,日本农业协同组合(农协)在农业发展中也发挥了重要作用,其将小规模农户组织起来,发挥规模化经营优势,提高抵御生产风险的能力。相较于荷兰的农业合作社,日本农协还具有一定的行政辅助功能,服务功能和范围更为广泛。

(三)园区运营经验借鉴总结

1. 国内外现代农业园区对比借鉴

国外现代农业园区功能定位明确,差异化发展战略明晰,能发展出适合自身禀赋的多元细分产业方向和运营模式,先进技术带动园区发展能力非常强。农业园区的运营主要以企业自主经营为主,辅之以"农场＋公司""农户＋公司""农业合作社供销服务"等协作模式,农业产业一体化运营程度很高。政府主要承担服务角色,出台政策、提供信贷与基金支持、出资建设基础设施、搭建科创平台、提供农技培训等。

本课题研究的国内农高区以政府投资为主,肩负农业"国家队"的职责使命,采用"管委会＋国资平台公司"运营模式,与国外自下而上的自主经营模式存在较大区别,但国外农业园区在一体化运营方面的经验仍值得我们借鉴。国内农业园区应处理好政府扶持与市场化运营之间的关系,完善自身治理结构和管理模式,差异化放权授权。加强与国企、龙头企业、投资公司的合作,同时鼓励与社会资本合作。因地制宜设计投融资模式,充分激发企业自主创新能力,提升我国农业国际竞争力。

2. 其他类型产业园区经验借鉴

本文研究的其他类型产业园区多是以第二产业为主、第三产业为辅的高新技术园区。横沙新洲园区产业体系以高质量发展的设施农业为主,生态农业为辅,在生产方式和管理模式上都更接近此类园区,它们的运营模式具有更好的借鉴意义。对照前文产业园区的八种运营模式,高新企业园区在大型园区和小型园区层面具有更灵活多元的运营管理模式,以供对比参考。

表2　　　　　　　　　　其他类型产业园区建设管理运营模式比较分析

| 规模 | 名称 | 产业方向 | 发展阶段 | 建设管理运营模式 |
| --- | --- | --- | --- | --- |
| 开发区级 | 苏州工业园区 | 新一代信息技术、高端装备、生物医药、人工智能 | 成熟发展期 | 中国和新加坡两国合资运营;采用"管委会＋平台公司"运营模式,中新双方合资组建中新苏州工业园区开发有限公司负责开发建设运营 |
| | 张江科学城 | 集成电路、生物医药、人工智能 | 成熟发展期和建设期并存 | 采用"管委会＋平台公司"运营模式,管委会统一协调管理,张江集团、张江高科作为两大运营公司负责不同子园区的建设、运营、管理,平行运作。其中,张江高科以"产权换股权"运营模式,通过"直接投资＋基金投资"双轮驱动,培育高新科技产业龙头企业 |
| | 临港新片区 | 新能源汽车、高端装备、集成电路、生物医药、航空航天 | 处于开发建设阶段,少部分子园区进入运营管理期 | 采用"管委会＋多个平台公司"运营模式,管委会全面统筹重点区域开发,各平台公司分片区负责项目开发建设、产业引进、功能创新及招商引资等 |
| 产业片区级 | 华为东莞松山湖基地 | 计算机、通信和其他电子设备制造业 | 运营管理阶段 | 采用"企业自主运营"模式,独立拿地、独立开发、独立运营。有效吸引上下游企业集聚,形成完备的产业生态 |
| | 张江药谷(张江科学城子片区) | 生物技术、现代医药 | 开发建设和运营管理阶段并存 | 采用"园中园"运营模式(管委会＋公司),张江管委会统一管理,上海张江生物医药基地开发有限公司(张江集团子公司)负责建设管理运营、创业投资等。成立上海张江药谷公共服务平台,孵化培育生物医药中小企业,实现互利共赢 |
| 产业园级 | 漕河泾开发区海宁分区 | 电子信息、芯片制造、光通信 | 开发建设和运营管理阶段并存 | 采用"股权合作"模式(异地园区合作)模式。浙沪两地首家跨省合作园区。由漕河泾开发总公司与海宁开发区公司按55%、45%的股比,投资成立合资公司,共同负责园区开发建设 |
| | 安徽六松现代产业园 | 智能制造 | 开发建设阶段 | 采用"股权合作"模式(园区与国资合作)。松江国投集团与安徽六安现代产业园开展战略合作。园区采用"基地＋基金＋项目"模式,设立联合基金,精准招商,促进企业落户,实现资源共享和优势互补 |

## 三、横沙新洲园区运营机制策略与建议

(一)园区建设管理运营模式组织架构建议

围绕横沙新洲园区的发展目标与功能定位,根据园区近远期开发和建设重点,针对

园区管理架构,制定因地制宜、创新多元的运营机制,横沙新洲园区总体管理架构和运营机制初步建议如下:

第一层级:园区开发建设管理委员会统筹协调横沙新洲园区建设发展重大问题和重大事项。

第二层级:上海市现代农业投资发展集团一方面作为平台公司,负责现代农业创新引领、现代农业区域发展与农副供应优化;另一方面作为投资公司,兼具国有资本投资运营和现代农业产业投资的功能。

第三层级:各开发主体根据各子园区或子项目的特点,确定或引入建设和运营主体。

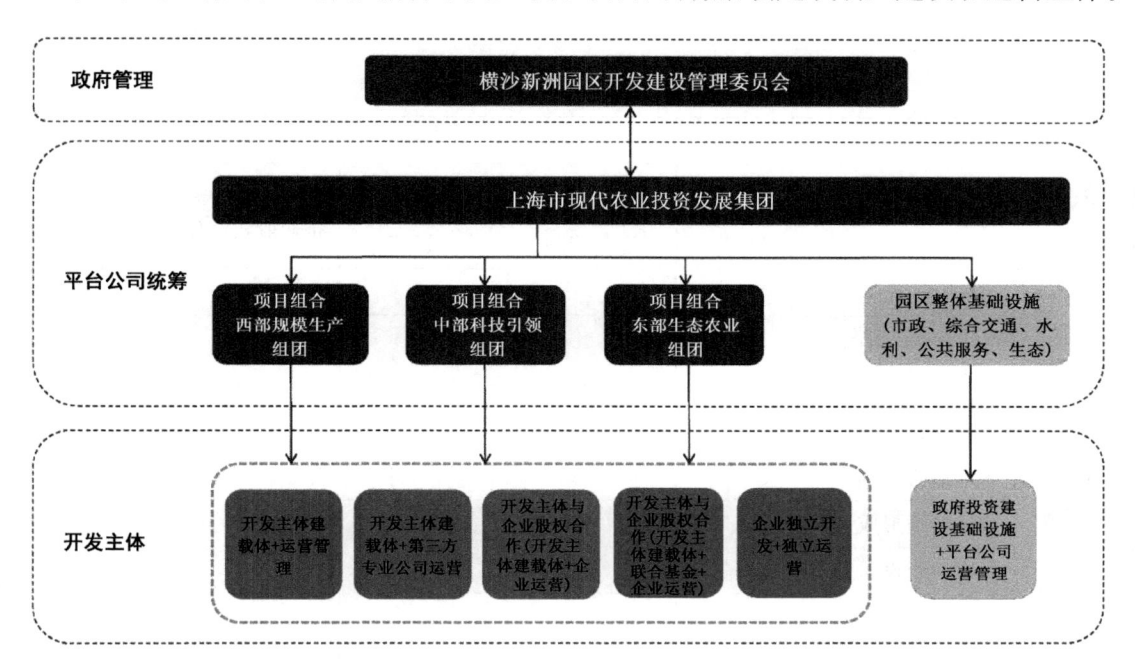

**图 1　横沙新洲园区建设管理运营模式组织架构建议图**

### (二)园区开发时序与发展路径

考虑横沙新洲土地成陆的时间周期,合理确定开发时序,有序推进园区建设,园区发展大致可分为近期、中期、远期三个阶段。

1. 近期(2022—2025 年)

厚植横沙东滩生态环境优势,提升生态空间综合效益,保障近期土地整治、基础设施和重点产业项目建设需求,以优质现代农业生产项目为抓手,招商引资,支撑园区格局初步成型。此阶段以政府投资建设基础设施项目、国资平台公司统筹开发建设为主,广泛吸引合作伙伴,共同建设运营优质产业项目。

2. 中期(2026—2035 年)

持续推动园区基础设施建设和产业项目投资落地实施。农业全产业链完整成熟,生物种业、检测检验、设施农业、绿色农业集成服务等创新融合产业不断推进,教育科普、休闲文旅、要素市场等配套支撑功能初步成型。此阶段政府投资建设基础设施和企业投资产业项目并进,平台公司主要职能从开发建设扩展至运营管理。细分项目可由企业主体以灵活多元的模式展开建设与运营。

3. 远期(2036—2050年)

进一步深化农业与二三产业融合,形成农业科技为核心竞争力、现代要素聚集的产业格局,进一步扩大园区影响力。此阶段园区基础设施已基本建设完成,平台公司的主要职能由原来的开发建设、运营管理扩展至科技服务,三大职能平行运作。建议采用"产权换股权"的运营模式,实现从"房东"到"股东"的模式转变,布局农业科技前沿产业方向,培育高科技产业领域的龙头企业。

园区整体根据不同发展阶段和建设内容,可采取不同的运营模式。具体建议如表3所示。

表3　　　　　　　　　　横沙新洲园区细分项目可选运营模式列表

| 类别 | 细分项目 | 政府投资建设＋平台公司运营 | 平台公司建载体＋运营管理 | 平台公司建载体＋第三方运营 | 平台公司与企业股权合作 | 企业独立开发＋独立运营 |
|---|---|---|---|---|---|---|
| 园区基础设施 | 道路交通设施 | √ | | | | |
| | 海塘大堤"堤路合一"工程 | √ | | | | |
| | 货运码头建设项目 | √ | | | | |
| | 水电综合管网 | √ | | | | |
| | 园区场地形成 | √ | | | | |
| | 农田建设 | √ | √ | | | |
| | 林地建设 | √ | √ | | | |
| | 河网水系建设 | √ | | | | |
| | 公共服务设施 | √ | √ | √ | | |
| 产业投资项目 | 生态循环产业项目 | | √ | √ | √ | |
| | 工厂化畜牧养殖项目 | | | √ | √ | √ |
| | 工厂化水产养殖项目 | | | √ | √ | √ |
| | 智能温室项目 | | | | | |
| | 延链增效产业 | | | √ | √ | √ |
| | 清洁能源工程 | | | √ | √ | √ |

(三)横沙新洲园区运营机制发展策略

1. 发挥国资平台公司引领作用,完善投资运营机制

一是发挥国资平台公司引领作用。深化国资平台考核评价体系创新,加快构建以现代农业创新培育和产业集聚度为导向、与园区发展相衔接的评价体系(见表4),形成牵引农业高质量发展的明确导向。引入科创投入与科创成效等创新指标,合理确定企

业经营指标和考核年限。完善平台公司功能设置和组织架构,建立市场化选人、用人和激励机制,健全国有企业中长期激励机制。

表4　　　　　　　　　　　　横沙新洲园区高质量发展主要指标[①]

| 序号 | 类别 | 指标名称 |
| --- | --- | --- |
| 1 | 经济产出 | 园区年总产值 |
| 2 | | 其中:农业总产值 |
| 3 | | 规模企业营业收入增速 |
| 4 | | 土地整治区域新增耕地面积 |
| 5 | | 高效特色农业比重 |
| 6 | | 农业劳动生产率 |
| 7 | | 一二三产贡献比例 |
| 8 | | 农业龙头企业累计数 |
| 9 | 科技发展 | 现代农业高新技术企业累计数 |
| 10 | | 技术合同累计成交额 |
| 11 | | 农业科技创新平台数 |
| 12 | | 农业信息化综合覆盖率 |
| 13 | | 农业科技进步贡献率 |
| 14 | 创新情况 | 横沙新洲品牌影响力 |
| 15 | | 农产品集散交易平台集散能力 |
| 16 | | 绿色优质农产品比重 |
| 17 | | 休闲农旅年接待量 |
| 18 | 绿色生态 | 生态空间(滩水林田湖)占比 |
| 19 | | 地表水质 |
| 20 | | 碳排放 |
| 21 | | 横沙新洲湿地资源总量 |
| 22 | | 1%水鸟物种数 |
| 23 | | 农业废弃物综合利用率 |

二是加强国资平台公司投资运营运作。进一步健全完善投资运营机制,采取股权注入、资本运作、收益投资等运作模式,丰富国资平台公司股权持有、股权管理、股权投资等投资运营功能,加大资本运作和资源配置力度,提高国有资本运作效率和水平,实现资源、资产、资本、资金的良性循环。

2.打造多层次递进式企业梯队

一是引入科技型领军企业。农业产业价值链条长,可扩展空间广阔,细分领域众

---

[①] 主要指标参考来源:《上海农业高质量发展行动方案》《"十四五"推进农业农村现代化规划》《上海市建设具有全球影响力的科技创新中心"十四五"规划》等。

多。这些细分领域存在规模中等、但市占率领先的"隐形冠军"企业。该类企业在特定价值链环节内多年深耕、技术实力雄厚,可与上下游企业形成协同关系,有助于园区打造价值链闭环,提升园区整体竞争力。

二是培育农业龙头企业。聚焦水稻蔬果花卉种植、水产育苗养殖、畜类养殖等重点产业集群,推动无人农场、高标准蔬菜基地、智能化果园、农业信息管理系统、种质创新工程、检测服务平台等重大项目建设,打造若干具有核心竞争力和带动能力的龙头企业。同时,建立重点企业培育库,培育一批创新能力强、技术水平高的农业高新企业。推动农业跨界合作,重点孵化现代种养、生态农业、循环农业、智慧农业等融合赛道的初创公司,利用大数据、互联网、人工智能等科技手段,提供集成解决方案,打造前沿农业科技示范高地。

3. 推动科技创新服务平台建设

推动农业科技服务平台建设,拓展科技开放合作,积极推进校地融合、产校融合,共建产研转化平台。共同探索"高校院所＋园区＋资本"等新模式,实现产学研一体化发展,推动创新成果、先进技术在横沙新洲落地转化。建构要素市场功能,探索建立金融、知识产权、科技转化、碳汇等要素交易平台。聚焦育种创新、测试评价、良种繁育和种源推广四个环节,吸引头部研究机构和科技试验平台入驻或战略合作,搭建生物种业科技创新服务平台。引入独立检验检测功能性机构,对接国际农产品认证体系,强化横沙农产品国际贸易话语权。

4. 开展子园区市场化运营

创新特色子园区运营方式,吸引品牌化、专业化、国际化的各类园区运营主体或者行业领先的社会资本,以服务输出、搭建平台、合作运营等方式,参与园区高质量发展,形成灵活多元的运营模式。支持平台公司与专业产业运营机构合资组建子园区运营、科创服务公司,开展市场化运营,符合条件的可探索实施更为灵活的股权和分红激励。支持各类政府及社会资本基金为符合产业导向的企业提供资本支持。

5. 推进横沙新洲品牌建设

聚焦果蔬、花卉、菌类种植产业与水产畜类养殖产业,设立横沙新洲农业品牌管理办公室,做精做优横沙新洲农业品牌和企业品牌,积极推动横沙农产品列入中国农业品牌目录。搭建线上线下销售平台,加强互联网、报刊等全媒体宣传,定期开展农产品评优推介活动,策划举办各类农业展会、专业论坛、研讨会等,提高横沙新洲品牌农产品影响力。

6. "农业＋"多业态融合发展

对标国际先进农业园区,配置相应等级的旅游休闲类公共服务设施,拓展农业配套多种功能。促进农业与文旅、教育、康养等产业融合,重点打造休闲农业和乡村旅游精品线路。建设产业融合发展平台。集聚横沙新洲优势资源和产业特色,推进"绿色田园""美丽家园"和休闲农业、乡村文创等新产业、新业态的融合发展,打造全场景"农业＋"融合发展示范园区。

7. 打造国际交流合作平台

聚焦现代农业前沿研究方向、产业高端环节、先进适用技术，与荷兰、丹麦、英国、德国等农业发达国家开展国际合作，共同建设农业科技国际合作创新园和示范基地。支持设立海外协同创新中心和离岸孵化器，集聚国际高端创新资源，精准挖掘全球优质创业项目，孵化一批高质量项目落户横沙新洲。

（四）配套保障措施

1. 强化组织领导

充分发挥管委会作用，研究和协调解决园区建设发展中的重大问题，推动重大政策、重大项目、重大工程加快落地。制定五年目标和年度任务清单，细化各项建设内容，明确时间节点，落实责任单位和责任人。

2. 争取财政金融支持

在市级政策引导支持下，积极争取专项资金和税收优惠，设立园区发展专项基金，对于有利于解决农业"卡脖子"环节的示范项目和关键技术成果，给予特定项目补贴和奖励。重点支持示范面广、带动力强、引领性高的设施农业关键技术和先进设备。发挥农业信贷担保体系作用。扩大农机设施设备和土地经营权依法合规抵押融资试点。鼓励探索开展一揽子设施农业综合险，将设施设备纳入保险范围。

3. 加快人才队伍建设

围绕种源、数字、装备农业等重点领域，加大高层次创新人才引进力度。一是农业直接相关的专业技术人才。制定农业科技激励政策，推进农业科研成果研发、应用评定体系和专业技术人员激励体系改革。二是周边产业相关专业人才。重视农业推广、疾病防治、质量管控等职能，设立专业人才岗位。吸引高层次农业信息技术、智慧农业、农业电商人才。

4. 补足配套服务设施

关注园区产业人口和科研人才的生活配套服务需求，提供法律、社保、财税等公共服务。畅通出行，为园区各类人才提供涵盖生活与工作的一站式、多元化、高品质服务，营造开放的人才社区环境。

5. 搭建数字化运营管理平台

引导科技引领、数字加持的农业生产方向，推动智能农机装备在农业生产各环节广泛应用。建设智慧农业运营管理平台，利用实时、动态的农业物联网信息采集系统实现农业信息实时监测及辅助决策。建设园区种质资源、资产和经营主体大数据平台，实现全过程运营管理和效率提升。

**牵头领导：** 叶军平

**牵头处室：** 产业园区推进处

**课题组成员：** 叶炽瑞　李娟　徐杰　郭东山
　　　　　　　翁晓红　徐春红　王瑾瑾　郦恒

# 19. 上海农业科技创新项目组织机制研究

农业科技创新项目是推动现代农业产业高质量发展的有效手段。对农业科技创新项目组织机制的不断优化,可以把控农业领域科研项目的前瞻布局、组织实施,促进各创新要素调配与协同,保障农业科技创新项目顺利开展,提升科研能力和成果质量。

围绕新时代上海农业科技创新发展新要求,紧盯世界农业科技革命和创新范式发展趋势,本研究立足上海超大城市现状,对标国际国内先进水平,着眼于提高上海农业科技领域项目组织管理能力和水平,提升农业科技创新项目效能,依托国家科技创新体系建设,推动构建以企业为主体的高水平农业科技创新体系,促进现代科技与农业科技交叉融合,突破"卡脖子"关键核心技术,引领上海都市绿色现代农业产业发展,助力我国加快实现科技高水平自立自强。

## 一、我国农业科技创新项目组织机制

习近平总书记强调,把发展农业科技放在更加突出的位置,统筹推进科技农业、绿色农业、质量农业、品牌农业,推进现代种业提升工程,配套推广先进适用科技和高端农机装备,发展农业循环经济。

我国拥有全球最大的农业科研机构体系和最多的农业科研人员,农业领域科技论文发表和专利申请数量、新品种数量等占据世界第一位。中国科学院科技战略咨询研究院和科睿唯安联合发布的《2023研究前沿热点指数》报告指出,在农业科学、植物学和动物学领域、生态与环境科学领域等5个前沿领域,中国的研究热度指数排名第一。我国在杂交水稻、杂交小麦等领域取得的优异农业科技成果,支撑了连年粮食产量创新高,保障了世界最多人口国家的农产品需求和粮食安全。

进入新时代,人民对美好生活的向往和日益增长的需求,对我国农业科研提出了新的课题和更高的要求。我国农业科研在量上取得重大突破,但整体实力与美国等发达国家相比还存在差距,大而不强的矛盾凸显。面对新一轮农业科技革命,中国有必要持续推进农业科技创新项目组织机制改革,提升科研效率,充分发挥有限科研经费的效能,加快提升自身科研实力,参与全球农业科技竞争。

（一）我国科研项目组织机制的改革

在改革开放后,1985年印发实施的《中共中央关于科学技术体制改革的决定》提出,启动包括农业科技领域在内的科技体制拨款制度改革。经过近40年的发展,逐渐形成了有中国特色的农业领域科技创新计划体系。

根据2014年《关于深化中央财政科技计划(专项、基金等)管理改革方案的通知》,整合形成了五类国家科技计划,包括国家自然科学基金、国家科技重大专项、国家重点研发计划、技术创新引导专项(基金)和基地人才专项。国家农业科技创新项目,纳入统一的"国家科技管理信息系统公共服务平台"进行管理。

2018年以来,科技部等有关部门多次发文要求深化项目评审、人才评价、机构评估三方面的改革("三评"),推进科研项目管理,激发科研人员积极性、创造性,构建科学、规范、高效、诚信的科技评价体系,营造有利于创新的科研生态环境。

2020年,《关于新时代加快完善社会主义市场经济体制的意见》提出,全面完善科技创新制度和组织体系。强化国家战略科技力量,构建社会主义市场经济条件下关键核心技术攻关新型举国体制,使国家科研资源进一步聚焦重点领域、重点项目、重点单位。改革完善中央财政科技计划形成机制和组织实施机制,更多支持企业承担科研任务,激励企业加大研发投入,提高科技创新绩效。建立以企业为主体、市场为导向、产学研深度融合的技术创新体系,支持大中小企业和各类主体融通创新,创新促进科技成果转化机制,完善技术成果转化公开交易与监管体系,推动科技成果转化和产业化。

2023年,《党和国家机构改革方案》进一步深化农业科技领域管理职责改革,将组织拟订科技促进农业农村发展规划和政策、指导农村科技进步等职责,由科学技术部划入农业农村部,并深化财政科技经费分配使用机制改革。

（二）当前国内主要科研项目组织方式

当前国内科研项目立项组织方式主要分为三大类。

1. 自由竞争,择优立项

主要包括基础研究自由选题申请、揭榜挂帅等形式。项目主管部门根据国家战略布局、科技前沿、市场需求等,编制项目申报指南。申报人根据项目申报指南要求,自由组织队伍、设计研究内容和技术路线。项目主管部门组织专家对提交申报书进行评审,择优立项。

2. 择优委托

对于一些研发目标和技术参数要求明确、技术路线清晰的重大科技攻关任务,以及应对突发紧急重大科技需求或任务敏感不宜公开竞争落实的任务,项目主管部门根据工作经验和第三方评估评价报告等,研究遴选组织程度较高、前期基础性工作优势明显的承担单位群,从中选择相关优势团队进行委托研发。实施择优委托项目,需要抓好项目进度跟踪,对关键技术节点进行"里程碑"式考核。也可以构建合理"退出"机制,采取"赛马"方式委托,多个优势团队平行推进,进度达不到要求的可按约定终止,必要时可设置相应的惩戒措施。

### 3. 后补助

即对前期研发经费投入的补贴，比如新品种后补助、新产品应用后补助等，人才类项目也可以归结为后补助。广义上来说，科研经费"加计扣除"等，也可归入后补助。"后补助"组织方式的操作相对简单，要加强过程监管，以推动形成有利于激发创新热情的政策环境。

### (三)我国主要农业科技创新项目及管理机构

我国农业科技创新管理机构主要有原科学技术部中国农村技术开发中心（现已划归农业农村部）和农业农村部科技发展中心。原科学技术部中国农村技术开发中心，是科技部农业农村科技项目的专业管理机构，受托承担中央财政科技计划（专项、基金等）中农业农村、食品等领域相关项目管理工作，履行项目管理专业机构职责。农业农村部科技发展中心主要负责管理农业农村部组织实施的农业科技创新项目。

我国农业领域"十三五"国家重点研发计划主要涉及七大农作物育种、智能农机装备、蓝色粮仓、畜禽重大疫病防控与高效安全养殖、现代食品加工、林业资源培育、绿色宜居村镇等方面的技术创新，"十四五"国家重点研发计划主要包括"海洋农业与淡水渔业科技创新""动物疫病综合防控关键技术研发与应用""农业面源、重金属污染防控和绿色投入品研发""北方干旱半干旱与南方红黄壤等中低产田能力提升科技创新""农业生物重要性状形成与环境适应性基础研究"等。

围绕专业机构建设和项目管理工作，相关管理部门已经发布实施了一系列制度文件，覆盖了法人治理结构、内部管理、项目管理、信息公开、质量管理和风险防控机制等主要方面。围绕国家相关制度要求，已建立比较健全的制度体系，但在绩效管理、信用管理、质量控制方面的制度有待补充完善，在提高项目效能、促进成果转化应用等方面，还有待进一步深化。

1986年，中国建立国家自然科学基金。国家自然科学基金委生命科学部农学与食品科学处、农业环境与园艺科学处、农业动物科学处，分别设立了农学基础与作物学、食品科学、植物保护学、园艺学与植物营养学、畜牧学、兽医学、水产学等领域的基础研究项目。

### (四)我国省市级特色农业科技创新项目及管理

#### 1. 北京市特色农业科技创新项目

(1)北京市科学技术委员会、中关村科技园区管理委员会于2023年3月，修订并发布了《北京市科技计划项目（课题）管理办法》。注重强化资源统筹，发挥政府作为科技创新组织者作用，推动跨部门、跨市区、跨央地协同发力，系统化布局攻关任务，集中力量办大事，实施重点项目群。注重优化科技创新全链条管理，规范项目（课题）组织与申报、立项、实施、综合绩效评价等各环节管理，加强项目（课题）执行、监测和跟踪评价。同时，加强统筹项目（课题）立项管理，避免财政资金重复分散安排；建立公开竞争类项目（课题）申报指南评估机制，提高项目（课题）征集的精准性。注重"放管服"改革，突出以人为核心，赋予科研人员更大的自主权。简化管理流程，大力推行"一网通办"，减少各类基础信息反复填报，提升科研人员的便利性和获得感。

（2）北京市农业农村局组织实施北京市乡村振兴科技项目，该项目分为技术创新类和技术推广类项目，技术创新类支持具有研发条件和研究基础的团队采取产学研结合方式，研究解决产业发展中的创新瓶颈问题，强化创新产出；技术推广类支持开展成熟新品种、新技术、新装备和新模式的集成、示范和推广，强化成果应用的覆盖面和对产业科技水平的提升。支持非北京市财政预算单位作为协作单位与北京市有关预算单位联合申报，形成优势资源互补。

2. 江苏省特色农业科技创新项目

（1）江苏省科学技术厅通过"江苏省科技计划专项资金（重点研发计划现代农业）"项目，加快推进种业振兴和农业关键核心技术攻关，为提高江苏省农业综合生产能力提供科技支撑。重点研发计划（现代农业）分重点项目、面上项目和后补助项目三类。重点项目按照"揭榜挂帅"和竞争择优两类方式组织，项目实施周期不超过4年。面上项目全部采用竞争择优方式组织。后补助项目择优补助2年内自主选育而成、通过品种审（鉴）定或备案、未获省级及以上财政资助的品种。

（2）江苏省农业农村厅会同江苏省财政厅组织实施江苏省农业科技创新与推广专项和江苏省农业科技自主创新项目等项目。江苏省农业科技创新与推广专项用于支持省级现代农业产业技术体系建设和现代农机装备与技术示范推广等，为推动全省农业高质量发展提供有力的科技支撑，农业科技自主创新项目资金全部纳入省级预算管理一体化系统项目库管理，项目承担单位按规定做好项目入库储备工作，未入库项目一律不予安排预算。其中：企业、非部门预算单位的项目资金下达到省农科院，由省农科院按照财政国库集中支付的要求拨付至相关项目单位。项目实行"一次立项、分年滚动支持、年度考核评价、经费成果挂钩"机制。项目立项后，安排一定比例的项目启动资金。每年进行考核评价，通过考核的拨付当年资金。

3. 浙江省特色农业科技创新项目

农业新品种选育是一项需要长期积累、稳定支持的工作。浙江省科学技术厅在每个五年计划开局之年，组织实施农业新品种选育专项项目，项目申报和评审五年开展一次。专项经费原则上实行一次性拨付、竞争性分配与连续性支持相结合的方式进行分配。资助范围包括：开展新品种选育攻关研究，育成一批高产、优质、多抗性或广适性、专用性新品种。开展种质资源挖掘、利用与优异育种材料研究，建立一批种质资源圃、资源库或基因库。开展现代育种新技术、新方法研究，为定向选育高产、优质、多抗、专用的动植物新品种提供技术支持。开展种子种苗繁育技术研究，建立种子种苗优质化、标准化、规模化繁育技术体系和繁育基地。培育现代种业企业，按照市场化、产业化育种模式开展品种选育研究。

4. 深圳市特色农业科技创新项目

（1）深圳市强化农业科技创新引领现代农业产业高质量发展。围绕"大农业观、大食物观"，强化农业科技创新能力，深圳市组织实施了一批前瞻性、战略性国家重大科技项目，重点开展种质资源、分子育种、智慧型农机与食品专用装备、食品安全与营养品质、预制菜、农业大数据、质量安全监管等现代农业基础前沿与共性关键技术攻关；推进完善"基础研究＋技术攻关＋成果产业化＋科技金融＋人才支撑"全过程创新生态链，促进"科技链、产业链、民生供应链、质量监管链、资金链"五链融合，探索深圳特色的新产业新业态新模式发展路径，全面提升"研发、生产、加工、制造、流通、服务"全产业链融合发展价值；推进"农业科技创新先行示范区""深圳国际食品谷"等重点建设任务，加快建设现代化种质资源库、基因库和高标准生物育种试验基地，在农业科技重点关键领域布局建设一批重点实验室、工程技术研究中心、工程研究中心、企业技术中心，建设一批高质量"农业企业＋异地基地"产业载体，完善科技创新支撑体系，提高综合研发实力，打造具有全球影响力的现代农业先进科技创造地、前沿技术策源地。

(2)深圳市允许"深港创新圈"计划项目资金跨境使用。2006年以来，深圳市一直安排专项资金用于资助"深港创新圈"创新环境的建设及科技研发活动。2018年，深圳市出台了《深圳市"深港创新圈"计划项目管理办法（试行）》，扩大了"深港创新圈"计划项目类别，包括：深港联合资助项目（A类）、深圳单方资助的深港合作项目（B类）、深圳单方资助的委托研发项目（C类）、深圳单方资助的香港研发项目（D类）。B类、C类、D类为新增项目，新增类别允许资助资金跨境使用。其中，B类项目由深圳申请单位提出申请，香港申请单位作为合作单位，深圳市财政资助资金可依据立项合同在深港两地开支。C类项目由深圳市科技创新委员会向深圳政府部门、高校、科研机构和企业公开征集并评核确定委托研发课题，并向香港申请单位发布，由香港申请单位申请承担。深圳市财政资助资金直接拨付至香港申请单位账户，可依据立项合同在深港两地开支。D类项目由香港申请单位独立提出申请。深圳市财政资助资金直接拨付至香港申请单位账户，可依据立项合同在深港两地开支。

## 二、国外科技创新项目组织机制

美国、日本、欧盟等多年来将科技计划作为组织国家科研活动的重要形式，取得了丰硕成果，积累了丰富经验，对我们具有重要的借鉴意义。

（一）农业科技创新项目预算制度

虽然世界各国财政体制、科技体制存在较大差别，各国发展战略对科技创新提出的要求和责任不同，对科技创新活动的重视程度和投入强度也不同，但普遍采用科研项目预算制度。美国联邦科研项目预算制度具有代表性。

1. 美国联邦农业科技创新项目预算编制

美国联邦农业科技创新项目经费预算作为联邦政府预算的一部分，其编制流程与其他类型经费编制流程基本一致，需要国会与总统根据国家年度财政支出规模、各类支出项目安排以及财政收入计划等统一安排。在这一过程中，行政部门拥有编制、提出预算建议的权力，国会则具有批准同意预算的权力。

美国财年的预算编制工作始于该财年开始前的18个月，一个完整的政府预算周期包括预算草案的编制、预算草案的审批、预算的执行及对执行情况的审核四个阶段。

与其他联邦经费管理不同的是，在美国联邦科研项目预算编制过程中，总统科技政策办公室（OSTP）和总统科技顾问委员会（PCAST）发挥着重要作用。

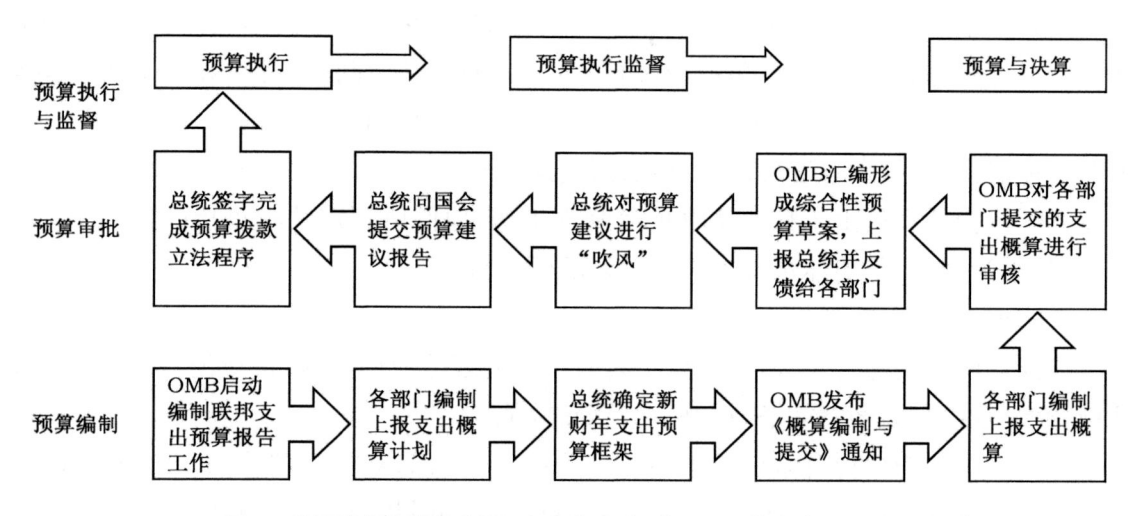

图 1　美国联邦预算流程图(来自朱云欢《科研项目管理方略研究》)

OSTP 主要负责科技决策、科技计划的统筹与实施,领导跨机构制定与实施合理的科技政策与预算工作,评估联邦科技活动的规模、质量和效率等。PCAST 负责与科技界的联络,组织专家围绕科技项目布局向总统提供决策咨询意见。国家科学基金会是美国行政机构中唯一的专职科技管理部门,是美国支持基础研究的主要机构。农业部、卫生部等其他联邦部门在农业领域的科研活动中发挥着重要作用。

2. 美国联邦科研项目的评估

20 世纪 90 年代以来,开展政府支出的公共财政项目的绩效评价成为一种潮流和趋势。政府科技经费是政府的公共财政支出项目,越来越重视绩效评价。美国政府高度重视项目的绩效评估,并将绩效评估结果与预算挂钩,作为预算调整的主要依据,以便提高公共资金的使用效益和效率,促使公共资源得到更有效的配置和利用。

(二)科研项目指南制度

美国、日本、欧盟等的农业科技计划实行项目制,并成立科研项目的专业管理机构。项目指南制定者有两大类:科技计划的专业管理机构,或由专业管理机构委托的项目主管或专题小组。指南的制定主要依靠行业专家的力量,专家主要由来自高校、科研机构和企业等的科技人员和高级科技管理人员组成。通过会议、座谈等多轮反复沟通交流达成共识。

科技计划的项目评审也多采取专家评审制,并建立了相应制度以规范项目评审专家的组织方式,如专家遴选制度、专家轮换制度、专家回避制度等,以保障评审的公正性。

除建立相应制度来规范项目评审专家的组织方式,还采取多种措施对项目评审过程进行管理,以纠正专家评审可能出现的偏差,并进行事后检验和问责,包括对项目评审结果抗辩、采取二级项目评审、项目评审全过程记录与监督。此外,科研项目的全过程监管,包括专业管理机构直接监管、外部专家监管、第三方机构监管。

法国未来投资计划的项目招标指南,是典型的由专业管理机构制定的项目指南。在法国高等教育、研究与创新部提出招标建议后,通过部门间的讨论修改,由法国国家科研署(ANR)各司局组织项目主管编写项目指南。该指南在经法国高等教育、研究与创新部审议,商务投资总署确认后,由法国国家科研署公开发布。这种方式的优点在于专业管理机构的官员由于长期从事项目管理工作,他们所制定的项目指南目标更为明确、条款更为严密,更能体现国家科技计划的研究目标。

(三)科研经费监督管理制度

加强科研经费监督管理,可以促进科研经费的规范使用,保障科技创新活动的正常开展,充分发挥科研经费效益,提升科技创新效能。

日本采取承担单位(内部)和日本学术振兴会(外部)双重管理体系。国立大学、公立大学、国家科研院所等承担单位,依据各自单位特色制定经费管理制度,承担经费的日常监督管理职责。同时,依据日本相关法律法规和有关规定,项目经费管理还需接受日本学术振兴会的监督管理。

日本学术振兴会制定的主要规章制度包括,经费管理和监察机制的完善、经费管理和监察的实施报告、财政资金的管理、财务负责人的事前备案、合约文件的收集和保管、研讨会和培训会的举办、内部监察实施、经费使用不正当调查实施等。

## 三、上海农业科技创新项目现状

(一)上海农业科技创新现状

近年来,上海深入实施乡村振兴战略、创新驱动发展战略,加快推进具有全球影响力的科技创新中心建设,农业农村科技创新领域的政策支持力度和资金投入强度不断提升,农业科技创新基础条件更加完善,创新体系逐步健全,创新能力日渐提升,取得了以国家科技进步奖一等奖为代表的一批优异成果。上海农业科技成果不仅支撑了上海绿色都市现代农业发展,而且支撑服务了其他省份的农业发展。在农业科技成果跨省服务方面,上海位列全国第一。十年来,上海农业科技进步贡献率从64%增长至2022年的80.13%(同期全国农业科技进步贡献率从55.2%增长至62.4%)。

(二)当前上海农业科技创新项目组织形式

依照国家农业科技领域项目组织机制和管理方式,上海形成了具有自身特色的农业科技攻关项目组织体系与管理体系。

上海市自然科学基金对农业科学及相关领域的基础研究和应用基础研究工作提供资助。该基金是上海市科技创新计划的组成部分,由上海市科学技术委员会进行管理和组织实施、上海市财政局进行监督。市科委根据专家评审意见,按照择优原则审定正式列入基金资助项目名单。上海市中国工程院院士咨询与学术活动中心依照《上海市自然科学基金管理办法》对相关项目进行管理。

上海市科学技术委员会通过组织实施"科技创新行动计划"农业科技领域项目,对农业科技创新工作提供资助。上海市生物医药科技发展中心依据上海市科学技术委员会和上海市财政局有关规章制度,对相关项目进行过程管理。

上海市农业农村委员会通过组织实施上海市农业科技创新项目,依据技术攻关、联合育种攻关、产业提升、应用场景、科技人才培育等类别,支持开展农业领域技术开发、技术推广、成果转化和人才培养等。上海市农业科技服务中心依据《上海市农业科技创新项目及资金管理细则(试行)》等规章制度,对有关项目进行过程管理。

(三)上海农业科技创新项目存在的问题

一是重视程度不够、投入不足。上海是现代化国际大都市,也是我国的经济中心,第二、第三产业发达且呈现高速正增长态势,而农业总产值在2014年达到最高值后,一直处于负增长状况,近年来第一产业GDP占比长期低于1%。"小"农业导致政府及社会各界对农业、农业科技创新重视程度不够、投入积极性不高。同时,上海农业科技创新投入主体单一,主要依靠市区政府公共财政资金投入,企业参与科技创新投入程度不高,企业作为创新主体作用发挥不明显。上海没有构建专业的农业科技创新基金,不能有效引领带动社会资本投入,"多元"投入体制机制有待进一步完善。

二是项目布局统筹不够、前瞻性不足。项目主管部门间沟通协调较少,没有形成合力,基础研究、应用研究、技术开发和推广应用的资助项目不能有效衔接,存在产业链技术创新"断链"环节,还存在"单项攻关多、系统集成少,点上研究多、面上协同少"等现象,导致最终成果成熟度不高、层级不够。农业科技创新范式滞后于国际先进水平,农业科技创新手段比较传统,数字技术、信息技术、生物技术等现代高新技术在农业领域应用的创新项目不多。布局于跟随技术创新的项目较多,支持颠覆性技术和前沿领域技术创新项目偏少。

三是项目效能发挥不够充分。农业科技创新的组织机制尚不健全,以产业需求为导向的立项方式、过程管理、考核评价等制度机制有待进一步完善。项目的激励作用不明显,不能充分激发农业科技企业、科研机构和科研人员积极性与创新潜能。企业参与科技创新程度不深,导致后期应用转化困难,反过来影响了企业参与创新的积极性。通过科技创新项目整合创新要素能力不足,创新链产业链互动互促不够、协同程度低,联合突破行业关键共性技术能力弱,支撑服务产业爆发式发展的动能不足。

## 四、优化上海农业科技创新项目组织机制

(一)基本原则

1. 科技创新引领现代农业产业新赛道建设

广泛应用数字技术、绿色技术,加快以生物技术、人工智能、新材料、信息技术等颠覆性技术和前沿技术赋能农业,催生都市现代农业新产业、新模式、新动能,打造生物育种、生物制造、植物工厂、智慧农业等若干新赛道,发展新质生产力,提升产业链供应链韧性和安全水平。

2. 协同提升农业科技创新项目管理效率

科研项目管理中涉及不同的利益主体,需要将科研项目管理机构超脱于相关政府部门的利益。采取决策、管理、咨询和评估相互分离的模式,即由政府部门进行决策,引入专业的第三方机构作为科研项目管理主体,专业机构实施管理,社会相关组织共同参与咨询和评价,如此能够有效调动各方力量参与科技创新事业、保证科技管理的公平、公正。不仅可以发挥专业化的队伍优势加强对科研项目实施有效管理,优先支持领域的确定、科研项目的遴选、审核与监督执行等;同时,可以有效整合各方面科研需求。

3. 减轻科研人员负担

科技部等有关部门贯彻落实习近平总书记在两院院士大会上重要讲话精神,持续开展"减轻科研人员负担,激发创新活力专项行动",在全国范围开展减轻科研人员负担行动,旨在进一步优化科研管理,提升管理效能,减轻科研人员负担,主要包括减表、解决报销繁、精简牌子、"四唯"问题清理、检查"瘦身"、信息共享、众筹科改七项具体行动,持续推动政策落地见效,减轻科研人员负担并强化激励,激发创新活力。

(二)优化上海农业科技创新项目组织机制建议

建议一:加强市级各部门间沟通协调,统筹优化农业领域项目体系建设,围绕都市绿色现代农业全产业链布局科技创新项目,加强颠覆性技术、前沿新技术项目资助,促进生物技术、数字技术、人工智能等强势学科创新资源赋能农业科技。

建议二:优化项目形成机制,加强学科前沿和产业技术需求的跟踪与研究,优化科技创新布局,完善"企业出题"机制,形成以产业需求为导向的项目立项机制与管理制度。在农业关键核心技术攻关领域试行"揭榜挂帅""赛马"等制度。

建议三:加强项目管理科学研究,完善管理制度形成实施办法。优化项目过程管理和验收机制,减轻科研人员负担,推行"创新团队+项目经理制"的管理模式,试点开展"经费包干制"和"负面清单制"。

建议四:鼓励企业参与创新全过程,加大科技型中小农业企业扶持力度,鼓励由企业牵头联合高校院所承担重大项目,破解行业关键共性技术难题,支持企业建设中试平台推进成果转化应用。

建议五:加大财政支持力度,促进科技产业金融一体化发展,依托乡村振兴基金,以财政资金引导撬动社会资本投入。优化完善农业科技创新资助体系,市、区两级财政部门提供长期稳定的资金支持,有效保障各类科研平台的构建和运行。

建议六:加强资金风险控制措施,保证项目资金与社会资源的有效融合,避免经费滥用和不当激励,发挥放大效应,帮助科研人员从烦琐的财务流程中解脱出来。

建议七:加强项目管理机构建设,提升项目过程管理和服务创新的能力和水平。加强培养和岗位锻炼,提升管理人员能力和素养,通过提高薪资待遇等激励方式,吸引和稳定高素质管理人才。

建议八:完善成果转化配套措施,建立以财政为导向、企业为主体的投资机制,进一步完善投融资机制,拓宽投融资渠道,鼓励民间资金的积极投入,大力发展多渠道、多层次的投融资形式,如内部集资、股票、债券、担保基金、风险投资等,通过引入市场机制,加速高科技成果即现实生产力的转化。


**牵头领导：** 夏明林
**牵头处室：** 科教处
**课题组成员：** 徐　杰　田吉林　贺凌倩　沈　悦
　　　　　　　叶　耿　吴立峰　沈秀平　董言笑
　　　　　　　赵志鹏　陈红光　易建平

# 20. 关于面向产业振兴的农业农村现代化人才队伍建设的调研

乡村振兴，产业是基础，人才是关键。2022年，根据农业农村部和财政部联合印发的《乡村产业振兴带头人培育"头雁"项目实施方案》（农人发〔2022〕3号）要求，市农业农村委、市财政局联合发布了《关于本市实施乡村产业振兴带头人培育"头雁"项目的通知》（沪农委〔2022〕156号）。乡村产业振兴带头人培育"头雁"项目，以加强对乡村产业振兴带头人的系统性培育和综合性政策扶持为手段，以激发产业振兴带头人的示范引领和辐射带动作用为目标，为全面推进乡村振兴、加快农业农村现代化提供支撑和保障。本课题结合问卷调查（共发放51份问卷，收回46份有效问卷）、实地访谈、政策分析等方法，深入分析"头雁"项目的实施情况，评估其对乡村产业振兴的示范引领作用，并对项目的进一步完善提出对策建议。

## 一、项目设计情况介绍

### （一）精准遴选

为遴选出一批"干得好、有潜力、能带动"的乡村产业振兴带头人作为培育对象，上海市"头雁"项目设置了科学、具体、精准的遴选条件，要求带头人从事当地农业主导、优势或特色产业3年以上，形成稳定的经营模式和一定规模，取得良好的经济效益和社会效益，且近3年累计带动30户或100名以上农民实现增收致富。符合条件的带头人需要经过个人申请、区级推荐、市级甄选、部级备案四项程序，层层筛选，逐级审核，最终确定为"头雁"项目培育对象。2022年，上海市共培育了首期51名"头雁"，2023年，正式启动第二期50名"头雁"培育，预计五年内共培育250名"头雁"。

### （二）系统培育

本项目系统培育为期一年，采取"4个一"模式，即累计一个月集中授课、一学期线上学习、一系列考察互访、一名导师帮扶指导。集中授课共120学时，围绕主体规范、定位精准、技术创新、经营有方四大模块，结合农时农事分段实施。线上学习共60学时，依托浙江大学"求是云学堂"在线学习平台,重点围绕政治理论和政策法规两大模块展开。考察互访包括前往标杆企业开展深度调研和现场教学,以及学员之间的交流互访,提升带头人干事创业、联农带农的能力。导师帮扶指导,即组建由高校教授、市农科院专家、农业产业体系首席专家、创业教练等组成的导师团,以"一对多"和"多对一"的形式对带头人进行指导。

(三)综合支持

为培育对象提供包括培育资金、项目支持、产业扶持、激励保障、金融帮扶等综合性支持,推动集成政策、资源、要素和平台,给予培育对象立体式、全方位保障。此外,为向培育对象提供更有针对性和精准化的综合支持,上海市"头雁"项目创新性地提出"一人一策"模式,由市农业农村委制定包含13个方面的扶持清单,各区农业农村委参照清单内容,为培育对象配备帮扶指导员,通过召开学员座谈会、实地走访、专人对接等形式,充分了解培育对象的发展现状与需求,为每位培育对象量身定制切实可行的综合支持方案。

(四)典型宣传

选定《东方城乡报》为"头雁"项目媒体合作单位,要求全程跟踪并参与培育过程,积极发现典型代表和先进事迹,讲好"头雁"项目带头人故事,并在人民网、农民日报、新民晚报、东方城乡报、学习强国等各类媒体进行宣传。邀请知名专家与培育对象交流互动,提升品牌效应,扩大社会影响,营造良好氛围。

## 二、首期"头雁"项目培育对象基本情况

根据上海市"头雁"项目实施方案及各区培育人数分配表,2022年,全市按照个人申请、区级推荐、市级甄选,最终确认并培育了首期51名对象。其中,崇明区培育10人,浦东新区培育9人,金山区培育8人,奉贤区、松江区、青浦区分别培育6人,闵行区、嘉定区、宝山区分别培育2人。

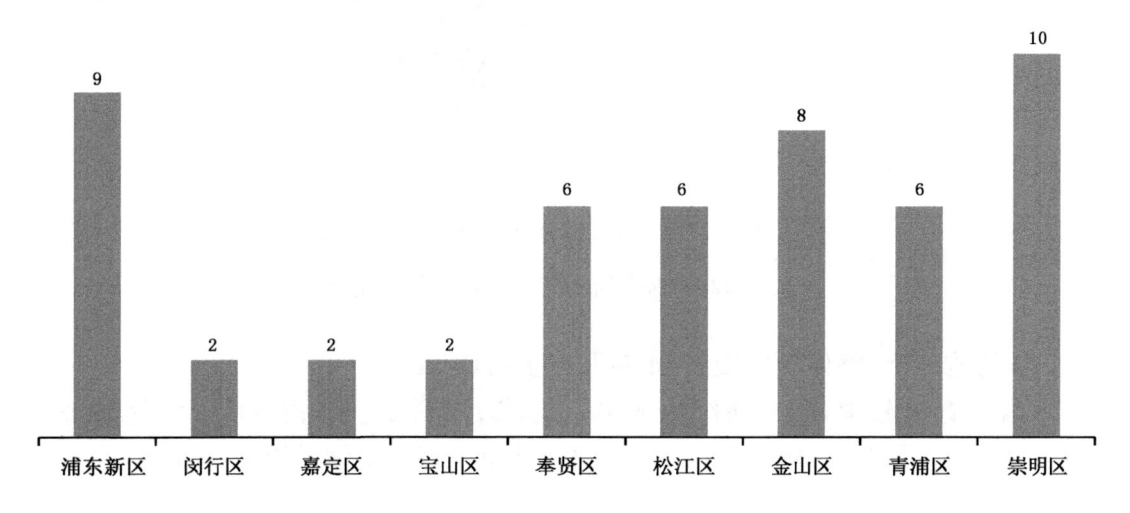

**图1　2022年各区"头雁"培育人数分布(单位:人)**

(一) 学员基本情况

1. 性别构成上,男女比例为 2∶1,男性远多于女性

51 名培育对象中,男性 34 名,占 67%;女性 17 名,占 33%。总体性别比(以女性为 100,男性对女性的比例)为 200。

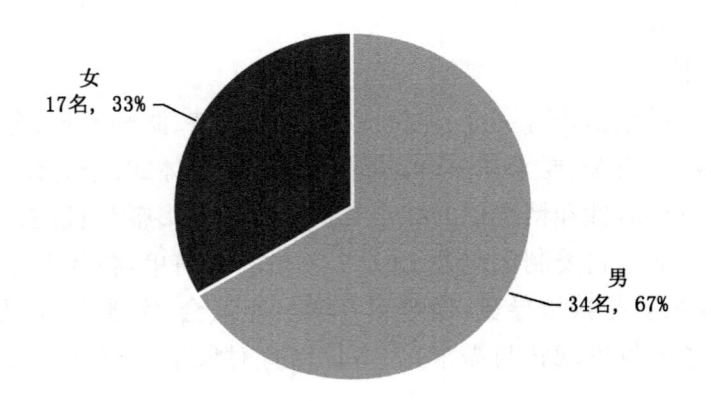

**图 2　2022 年"头雁"培育对象性别构成**

2. 年龄构成上,中年群体为主,35～45 岁占比过半

51 名培育对象的年龄平均数为 40.2 岁,中位数为 41 岁,最小为 22 岁,最大为 55 岁。从年龄具体构成看,20～25 岁 1 名,占 2%;25～30 岁 4 名,占 8%;30～35 岁 7 名,占 14%;35～40 岁 10 名,占 20%;40～45 岁 19 名,占 37%;45～50 岁 9 名,占 18%;50～55 岁 1 名,占 2%。其中,男性年龄主要集中在 35～50 岁,占 77%;女性年龄主要集中在 40～45 岁,占 53%。

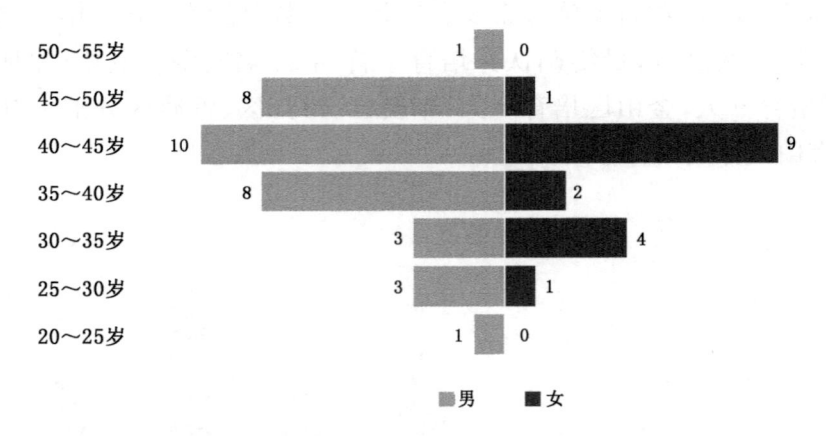

**图 3　2022 年"头雁"培育对象年龄构成(单位:人)**

3. 学历构成上,整体学历较高,本科及以上占比 61%

51 名培育对象中,硕士研究生 4 名,占 8%;本科 27 名,占 53%;大专 19 名,占 37%;高中 1 名,占 2%。本科及以上学历水平共占 61%,整体学历水平较高。

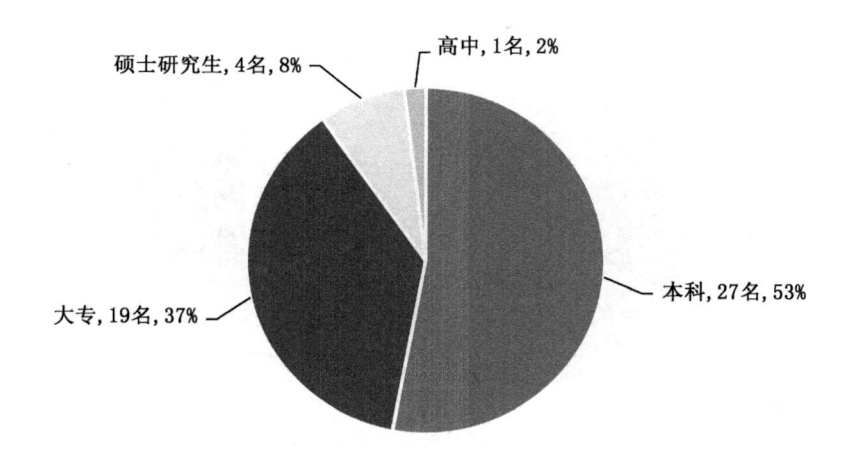

**图4　2022年"头雁"培育对象学历构成**

**4. 职称构成上,农艺师为主,2/3获专业技术职称**

51名培育对象中,拥有初级及以上职称的有34名,占67%。其中,高级专业技术职称2名,占4%;中级专业技术职称24名,占47%;初级专业技术职称8名,占16%,整体职称水平较高。所获技术职称类别以农艺师为主,占65%,另有少量经济师、设计师、工程师及电子商务师。

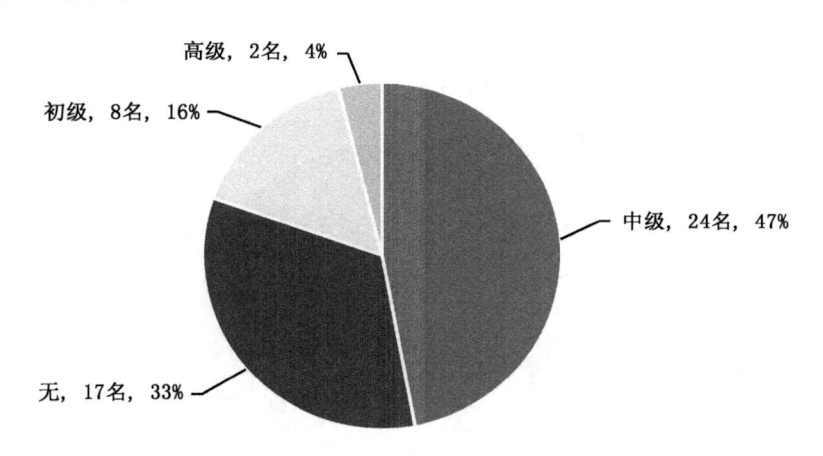

**图5　2022年"头雁"培育对象职称构成**

(二)经营主体基本情况

**1. 组织构成上,合作社为主,市级及以上示范社占比61%**

51家培育对象所在的经营主体中,合作社42家,占82%;有限公司8家,占16%;家庭农场1家,占2%。其中,42家合作社中,国家级示范社12家,占29%;市级示范社19家,占45%;区级示范社3家,占7%;其他(含普通合作社、蔬菜标准园等)8家,占19%。

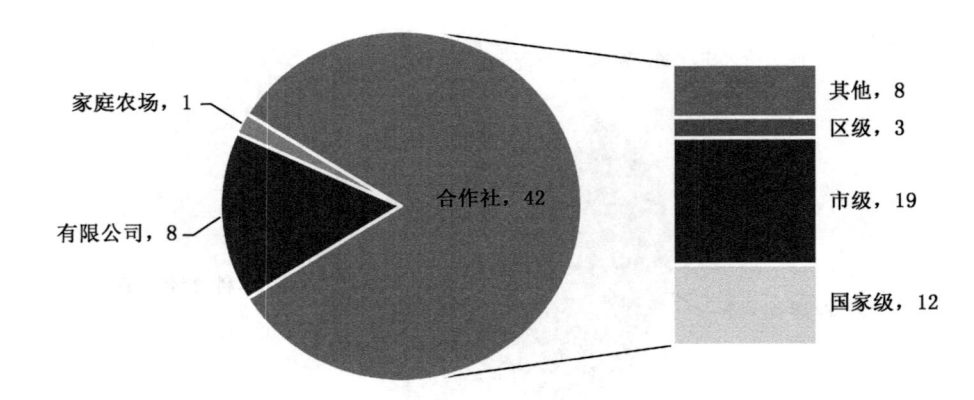

图 6　2022 年"头雁"经营主体组织构成(单位:家)

2. 主导产业构成上,种植业占绝对主导,产销一体化模式普遍,但大多数经营主体未经营"加工"与"储运"环节

根据市农广校 2022 年 8 月对其中 50 名"头雁"培育对象的问卷调研结果,受调研的 50 家经营主体中,从事种植业 37 家,占 74%;从事农产品加工业 5 家,占 10%;从事养殖业 3 家,占 6%;从事农业社会化服务业 3 家,占 6%;从事乡村休闲旅游业 2 家,占 4%。

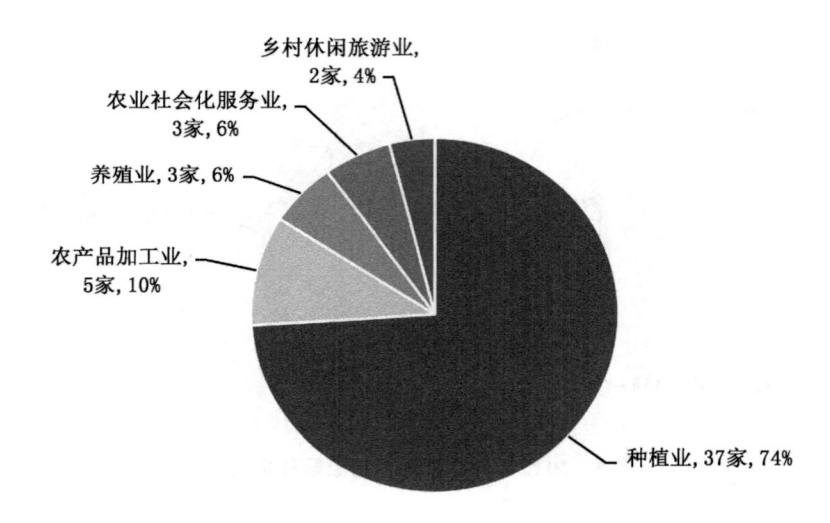

图 7　2022 年"头雁"经营主体主导产业构成

从 37 家主导种植业的经营主体内部种植结构看,种植水稻 11 家、大宗蔬菜 9 家、特色蔬菜 6 家、其他经济作物 4 家、葡萄 3 家、西甜瓜 2 家、玉米 1 家、梨 1 家,水稻和蔬菜为主要种植作物。

其中,种植水稻的 11 家经营主体总体规模不大。其中,种植面积最大的为 3 000 亩(王婉,上海良元农产品专业合作社),最少的为 114 亩(夏赟,夏赟家庭农场),1 000 亩以上的共有 5 家,300~700 亩的有 4 家,不满 200 亩的有 2 家。种植大宗蔬菜(主要是家常绿叶菜)的 9 家经营主体 2/3 种植面积超过 500 亩。其中,种植面积最大的为

1 050亩(张峰,上海松丰蔬果专业合作社),最小的为100亩(董卫彬,兰桂骐农业科技(上海)有限公司),500亩以上的有6家,500以下的有3家。种植特色蔬菜的6家经营主体中,上海庭娆果蔬专业合作社(乔占)种植马兰头1 000亩,上海红刚青扁豆生产专业合作社(王黎娜)种植红扁豆800亩,其他4家特色菜种植面积在100~300亩。

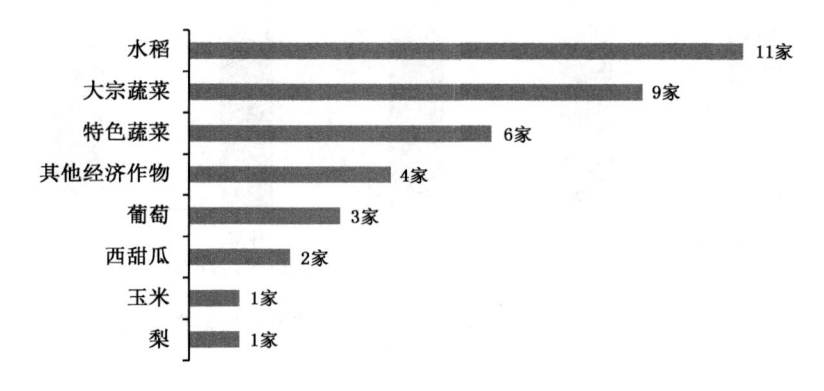

**图8 2022年37家"头雁"种植业经营主体种植结构(单位:家)**

从产业链条看,培育对象的经营主体普遍为产销一体化发展模式,覆盖农业研发、生产、加工、储运、销售、品牌等多环节。其中,以产为主、销为辅的约占60%,以销为主、产为辅的约占40%;各环节中,消费(15.22%)、加工(23.91%)和储运(32.61%)环节涉及相对较少。

3. 经营收入构成上,经营类型与近三年经营收入具有明显的相关性

51家培育对象所在的经营主体中,近三年经营收入整体差异较大,30家在2 000万元以内,占比58.8%;4家超过2 000万元,其中有3家为主要从事农产品生产加工和社会化服务的有限公司——上海崇明生态农业发展有限公司、上海丁义兴食品股份有限公司、上海盛致农副产品有限公司,另外1家为从事蔬菜种植业的上海静捷蔬菜专业合作社(王庭峰),该合作社是一家集"蔬菜种植、加工生产、物流配送、直营销售"为一体的国家级示范社,经营规模达1 500亩。

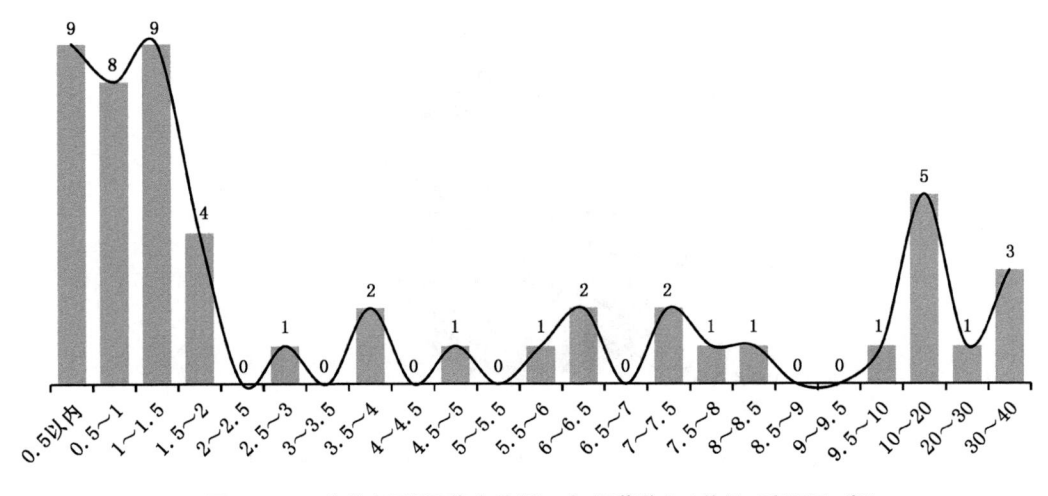

**图9 2022年"头雁"经营主体近三年经营收入(单位:千万元,家)**

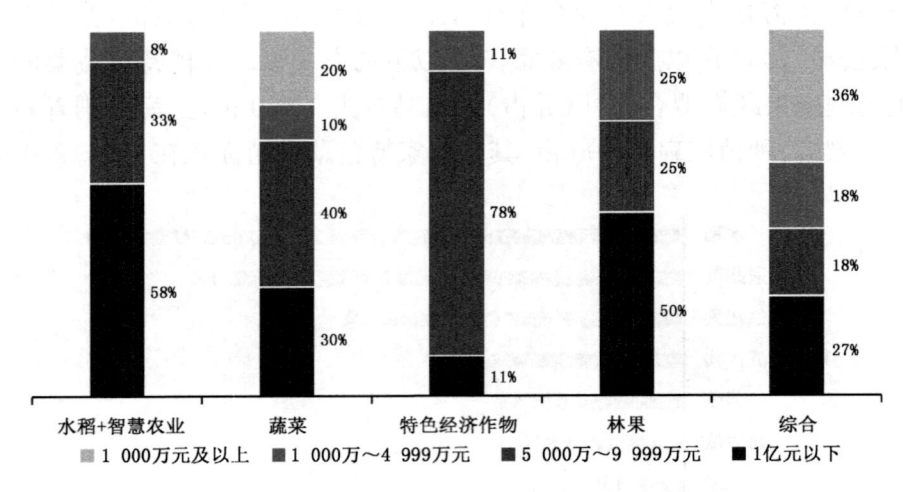

图10 2022年"头雁"经营主体近三年经营收入与经营类型的关系

值得一提的是,经营类型与近三年经营收入具有明显的相关性。经营类型越是以粮食作物为主,则营业收入越低;而越是以经济作物为主,营业收入越高。经营"蔬菜""特色经济作物""综合"类的经营主体,其累计营业收入在1 000万元以下的占比低于30%,营业收入在1亿元以上的经营主体全部位于该类别;而经营"林果"和"水稻＋智慧农业"的经营主体,营业收入在1 000万元以下的占比在50%～60%。

4. 辐射带动上,产业引领与农户带动基础较好,普遍加入了产业联合体

本次问卷调查结果显示,参与调研的46家经营主体中,参与或组建农业产业化联合体或行业协会的有40家,占比87%;为农户提供服务的有46家,占比100%,其中服务类型主要以产品销售、技术指导和生产托管为主。

从近三年经营主体累计带动农民增收情况看,累计带动300名及以上的有8家,占17%;200～300名的有3家,占7%;100～200名的有20家,占43%;100名以下的有15家,占33%。

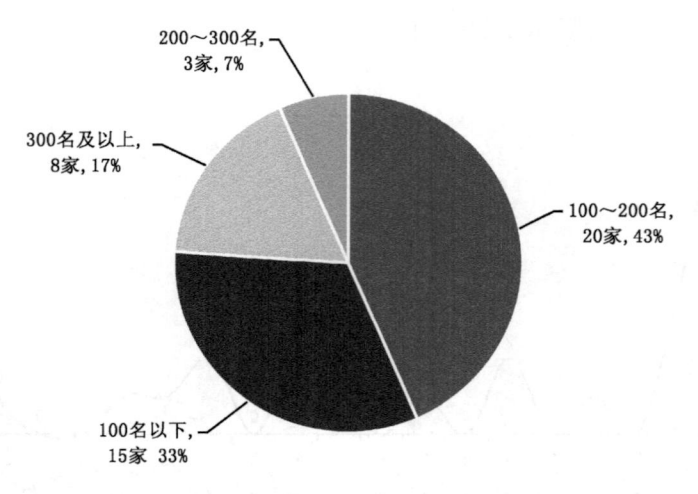

图11 2022年"头雁"经营主体近三年带动农民增收情况

## 三、项目实施情况分析

(一)培育对象遴选上

1. 成效

一是培育对象的发展基础较好。在培育对象遴选过程中,上海市落实严格准入要求,精准遴选了51名素质水平较高、有一定产业规模、生产效益好、示范带动作用强的新型经营主体带头人作为首期培育对象,为短期内释放培育项目活力、实现人才培育与产业振兴之间的高度耦合奠定了基础。培育对象的整体教育水平和专业技能水平较高,有近2/3的对象拥有本科及以上学历,超过一半的对象拥有中级及以上专业技术职称,如"扁豆姑娘"王黎娜,复旦大学毕业后,从"银行白领"变身"新农人",兼具十余载的青扁豆种植经验和现代化的合作社管理方法。培育对象的产业发展规模和经营模式较为稳定,有超过80%的对象为示范社、示范家庭农场、区级以上农业龙头企业的负责人,如王印来自市级示范合作社上海太来果蔬专业合作社,在上海已拥有蔬菜种植基地1 000余亩,依托市场化经营思路,创新构建了从"一棵菜"到一二三产融合的完整产业链。培育对象已具备一定的示范带动作用,有80%以上的对象来自产业联合体,通过分工协作、规模经营、利益联结等方式带动了区域农业发展和农民增收致富,如李翠、何杨阳、范慧峰、张春辉都是松江区优质稻米产业化联合体成员,推动了"松江大米"国家地理标志产品建设;王婉是上海良元稻米产业联合体的掌门人,通过发展订单农业、实施"定制收益""分红收益"等制度,增加农产品附加值,2022年带动联合体内成员人均分红3.2万元。

二是培育对象的发展需求明确。一方面,培育对象均拥有长期从事农业及相关产业且带动农户共同发展的意愿,善于接受新技术、新模式、新业态和新理念。此次参与问卷调查的46名对象中,从事农业的最长年限已达29年(李少龙),平均年限为13.5年,且"情怀"一词频繁出现在这些培育对象的话语中。另一方面,培育对象所在的经营主体大多处于发展壮大期,成立年限平均为12年,超过一半的经营主体近三年经营收入分布在2 000万元以内,因而对企业发展壮大有强烈的渴望,对培育内容及项目支持有清晰、明确的诉求,有利于"一人一策"的制定与落实。

2. 问题

培育对象经营的产业类型过于集中在种植业,对乡村休闲农业、电子商务、仓储物流、集体运营等领域带头人的培育还不足。首期培育划分了水稻+智慧农业、蔬菜、特色经济作物、林果、综合五个小组,培育对象中,超过70%的经营主体从事种植业,从事农业社会化服务业和乡村休闲旅游业的不足10%。

(二)培育系统设计上

1. 成效

一是培训形式较多样化,结合线上线下培训课程、实地考察学习、开展现场教学等,为带头人提供了"吸收营养"的不同途径。

二是培训课程质量较高,带头人普遍表示通过集中培训课程了解了农业发展领域多种前沿信息。尤其是许多带头人对浙江大学的课程设计与教师的授课水平给予高度评价,认为教师讲课结合生动案例,娓娓动听,让他们收获了大量信息、开阔了视野。

三是"导师团"从当地选,有助于更紧密的指导与合作。全国许多其他省市在"导师团"选择上,一般是"谁组织培训课程则谁做导师"的模式,上海则不同,培训课与导师团兵分两路,导师团主要由本地的市农科院、市农技推广中心的专家组成,避免了导师难以名副其实长期指导的问题。许多带头人表示,导师不仅能为他们"解惑",更重要的是,还促进了他们建立更广泛的合作关系。

四是整个项目培训周期长、有延续性,除了对带头人开展为期一年的定制化、体验式、孵化型培育外,带头人还将在后续两年持续得到导师与相关部门的支持。

2. 问题

一是"导师团"仍过于集中在农业技术领域,丰富性有待进一步拓展。以2022年的导师团看,共20人,其中,15名导师主要从事农业方面的研究,主要来自上海市农业科学院,其余5名主要来自农产品加工、休闲农业、企业管理、商务咨询、政策法规等领域。然而,受访"头雁"与组织方市、区农广校的项目负责人则表示,农业技术的学习其实并非他们最重要的学习诉求。进一步说,这一"导师团"结构对于产业链延伸作用可能有限,难以对促进农村二三产业发展发挥作用。调研中我们发现,对一些具有研发创新能力的农业企业来说,经常出现无法保护自身知识产权的问题,比如,浦东孙桥溢佳农业公司的"头雁"就表示,希望能在保护知识产权议题上得到更多指导,包括法律上、政策上、维权程序简化(因为很多时候放弃维权可能不是没有法律保护,而是维权成本太高)。再比如,许多农业公司或合作社表示,他们希望能在市场推广、品牌建设方面得到更多有针对性的指导。

二是在各类培训方式上,"实地考察"被视为最有效的培训方式,但资源投入却相对较低。问卷调查结果显示,在各类培训方式中,首先,"线上培训课"可能被视为效果最弱的一种培训方式,没有任何"头雁"选择"线上培训"为"最有效的培训方式"。而"线下培训课"也仅有17.39%的带头人认为是"最有效的培训方式"。同时,"实地考察"被视为最有效的培训方式,有73.91%的带头人认为实地研学最有效。然而,根据市农广校提供的数据看,2023年"头雁"项目的预算分配大体如下:线上课程投入人民币9万元,线下课程投入人民币49.5万元,专家(导师)费20万元,实地考察费则仅支出13.2万元。在培训资源的投入上,或可在"实地考察"项目上分配更多资源。

(三)支持系统落实上

1. 成效

一是"一人一策"的支持系统,在需求调查上表现突出,精准摸清了带头人的发展困境、需求及发展目标。各区都专门针对每个带头人进行了详细的情况调查,包括个人基本情况、发展目标,其经营主体的现状、问题、发展目标等,并针对每个个体量身定制了一套支持政策和激励保障措施。

二是培训支持成效显著,带头人均获得不同程度、不同方面的收获。其中,问卷调查结果显示,带头人们认为,培训带来最大的收获主要体现在"学习新理念、新技术,开拓视野"上(76.09%),其次,体现在"社交价值,认识更多同行及行业专家"(19.57%)。但是在访谈中,许多"头雁"则表示,促进同行的交流与合作,是"头雁"项目为他们带来的最大收获。

三是"头雁"切实得到了一系列项目支持和产业扶持。问卷调查结果显示,在培训支持、项目支持、产业扶持、社会保障、金融支持、持续跟踪支持等选项中,有50%的"头雁"认为,"项目支持"最有帮助,其次是"产业扶持"最有帮助(占26.09%)。无论是奖励资金、扶持资金或是土地资源等,许多"头雁"都一定程度获得了更多的发展资源。比如,松江区指导上海宏烨农机专业合作社成功申报2022年上海市都市现代农业发展专项建设项目,资助资金1 200多万元;截至2023年3月,松江区共成立11个"优质稻米产业化联合体",其中有4个来自"头雁"的联合体。金山区以思瑶合作社为核心,联合三家合作社成立了上海金山区番茄研发中心,同时,协调廊下镇政府流转115亩土地用于研发中心建设,并给予思瑶合作社蔬菜加工基地项目扶持资金300万元。可以说,部分"头雁"实实在在得到了政府在项目上、资金上的可观扶持。

2. 问题

一是各区对"头雁"项目实施过程中出现的问题分析不够到位。根据上海市"头雁"项目实施工作领导小组2023年3月汇编的工作报告来看,各区的报告在"存在问题"部分大多简单谈及当前乡村产业发展中出现的一些常见问题,比如,劳动力不足、管理基地人员对新技术掌握程度不够、用地限制制约了新型经营主体的发展等,但是未能充分结合"头雁"项目的目标,针对"头雁"项目本身的问题缺乏深入的反思。对于一项五年的培育计划,如果不能每年进行及时的反思和调整,则无法持续完善并提升项目的效果。

二是当前支持系统未能充分回应"头雁""寻找合作伙伴"的需求。调研发现,许多带头人表示,参与"头雁"项目的主要目的之一是为了寻找更多的合作伙伴,比如,来自浦东和松江的"头雁"表示通过培育得到了更多与同行交流的机会,有助于发现合作机会和合作伙伴,"在合作中发挥各自的主体优势",进一步深化产业化联合体建设。但关于实施方案中提到的"搭建数据信息、社会化服务等综合平台,整合优势资源,延长产业链条,创建共同品牌"等辐射联动做法,在当前支持系统中尚未充分体现,更未充分考虑如何促进"头雁"与导师之间的合作关系,以及如何帮助"头雁"扩大其产业版图,促进各省市之间的"头雁"合作等。

三是"金融支持"系统还有待进一步完善。问卷调查结果显示,在培训支持、项目支持、产业扶持、社会保障、金融支持、持续跟踪支持等选项中,分别仅有一位头雁认为,"社会保障"和"金融支持"是最有帮助的。课题组对此通过实地访谈进一步了解到,由于上海农民的基本福利水平相对较好,"头雁"们又是行业佼佼者,所以"社保"的确不是重要问题。但是,关于"金融支持",则主要不是因为"无需求",而是因为"无途径"。对"头雁"进行更系统、专业的金融与保险需求上的支持,对乡村产业的发展壮大无疑具有重要意义。

(四)示范引领作用上

1. 成效

一是农业产业化联合体建设得到进一步深化。问卷调查结果显示,约87%的经营主体都参与或组建了农业产业化联合体、行业协会等,积极实践农业企业、农民合作社、家庭农场等新型农业经营主体间的分工协作、规模经营和利益联结。尽管很多产业化联合体在"头雁"项目实施之前就已经成立,但深入访谈中,市农广校"头雁"项目负责人和多名经营主体均表示"头雁"项目对产业化联合体建设有促进作用。例如,松江区积极推动建设优质稻米产业化联合体,实行"六个统一"管理方式。① "头雁"项目实施后,松江区优先推荐"头雁"培育对象成为产业化联合体负责人。其中一名"头雁"在访谈中表示自己2021年起负责一家稻米产业化联合体,在培育过程中系统学习了产业化联合体运营过程中所需的法律、财务、项目申报等知识,帮助自己更规范和专业地运营联合体,也更好地落实松江区关于联合体"六个统一"的要求。

二是带动农民增收致富。按照项目设置的目标要求,市、区、街镇农业农村部门积极组织"头雁"通过直接带动、服务拉动和辐射联动的方式联农带农、兴农富农。直接带动方面,根据跟踪问卷调研结果,67%的"头雁"累计带动100名以上农民增收。服务拉动方面,参与跟踪问卷调研的46名"头雁"均表示自己的经营主体向农户提供服务,其中服务类型主要以产品营销(89.13%)、技术指导(86.96%)和生产托管(45.65%)为主。辐射联动方面,随着农业产业化联合体建设的逐步深化,部分区实现优势资源整合、产业链条延长、共同品牌创建等,切实推动农民增收致富。例如,松江区引导"头雁"积极参与"稻菜联盟"建设,由带头合作社对纳入联盟的家庭农场做好秋冬稻板茬青菜销售的兜底工作,以每斤最低0.75元的价格进行收购,提高农民收入。此外,通过对跟踪问卷调研结果进行相关性分析,发现"头雁"带动农民增收致富数量与"头雁"自身学历水平、经营主体经营收入和从业人数呈正相关,比如"头雁"学历越高,带动农民增收致富数量越多(见图12)。高中或中专教育背景的"头雁"只带动100名以下的农民实现致富增收,而本科学历的"头雁"则约有75%带动了超过100名的农民增收;研究生学历的"头雁",约50%能带动300名以上农民致富增收,无人只能带动100名以下的农民实现致富增收。基于这一发现,可以认为"头雁"项目为培育对象提供的包括激励保障、项目支持、产业扶持和金融帮扶等的综合支持能够在提高"头雁"个人学历和经营主体规模的同时,带动提升其联农带农、兴农富农的能力。

三是宣传推广典型案例。东方城乡报社出品了《头雁领航 雁阵齐飞——2022年上海市乡村产业振兴带头人培育"头雁"项目》手册,包含项目大事记、学员学习感悟以及44篇聚焦学员优秀案例的媒体报道。同时,持续在人民网、农民日报、新民晚报、东方城乡报、学习强国等各类媒体上宣传典型案例和工作做法,据统计目前全市共发布57篇相关报道。这些宣传报道通过深度挖掘"头雁"故事,并向全社会广泛推介和传播,既激励了"头雁"个人,使其获得成就感、荣誉感,也激励了同行业从业人员,起到了示范引

---

① 即统一生产管理、统一生产标准、统一主打品牌、统一包装设计、统一销售价格、统一利益分配。

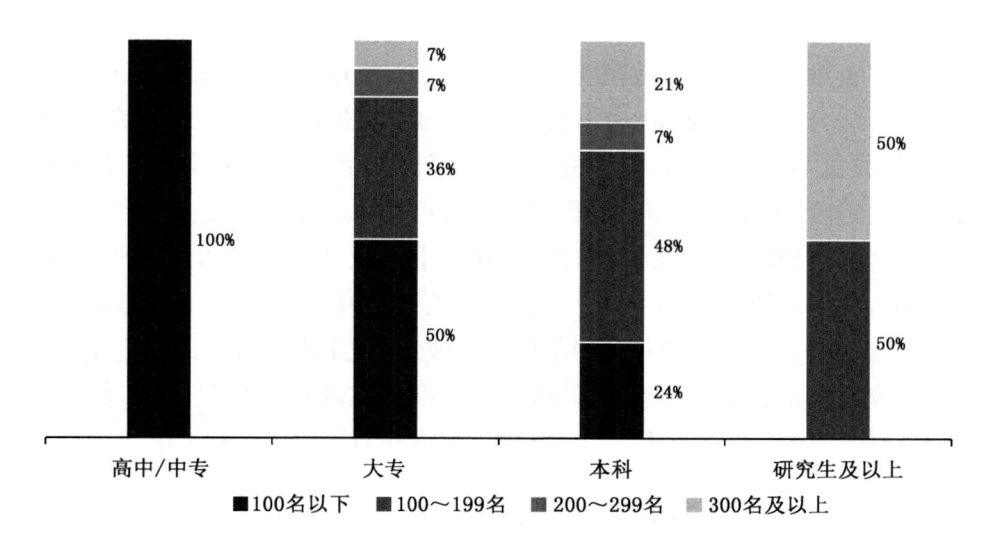

图 12　2022 年"头雁"经营主体近三年带动农名增收情况与带头人学历相关性

领的作用。

2. 问题

尚未明确评估"头雁"示范引领程度的标准。"头雁"项目的宗旨是通过带头人的示范引领和辐射带动作用,达到"头雁奋飞雁阵随"、产业兴旺发达的大目标。上海市的"头雁"项目自实施以来在示范引领方面有所成就,然而从项目评估角度来看,并没有明确评估示范引领程度的标准和要达到的目标程度,因而在项目推进过程中,可能会因为"小目标"模糊而无法清晰地评判项目整体效果,也很难为未来改进提出切实可行的措施。

(五)项目实施保障上

1. 成效

一是项目组织有力。市农业农村委高度重视"头雁"项目,成立由分管领导牵头的市、区两级项目工作领导小组。同时,加强与财政、教育、科技、人社等部门的沟通协调,落实配套市级财政资金每人 3 000 元,确保已有扶持政策向培育对象倾斜。组织召开专门会议,明确实施要求,落实责任单位和具体负责人。

二是职能部门全过程参与。相较于全国其他地区在项目实施过程中主要依赖高校推进培育工作,我市在项目推进中,职能部门始终坚持全过程参与、全过程指导,市、区两级领导小组通过召开专题会、阶段性工作推进会,明确目标任务,落实具体责任,交流做法经验,协同推进各项工作。尤其是充分发挥市农广校长期开展高素质农民培育工作、熟悉带头人发展情况的优势,协调各方资源,加强日常管理,统筹推进项目实施。

三是实现持续跟踪支持。各区农业农村委以至少 3 年持续跟踪支持的"一人一策"推进落实为重点,动员各方力量参与"头雁"培育工作。实施过程中,各区从农技推广中心或有关政策执行部门选派帮扶指导员,在技术及政策方面为学员实施"一人一策"提供持续帮助;此外,各区还帮助学员积极对接有关部门,在项目申报、科技创新、保障激励等政策上给予"头雁"优先倾斜。

2. 问题

各区对于"头雁"项目的重视程度不同。项目实施过程中,部分区在落实项目要求的基础上,充分结合自身情况,展现出具有特色的创新做法。领导重视方面,奉贤区农业农村委班子成员与"头雁"结对,建立"一对一"长期帮扶指导关系,及时协调解决"头雁"发展中遇到的困难和问题;浦东新区农业农村委党组副书记逐一走访调研学员企业,深入了解培育对象的发展现状、遇到的问题、下阶段计划和需求等。政策创新方面,松江区优先推荐"头雁"申报农村创新创业带头人,其中四位头雁入选并分别获得10万元奖励;金山区将农业经营管理人才纳入区农业人才引进和激励政策中,建立个人档案,积极推动政策在培育对象中落地实施。尽管部分区涌现出特色做法,但并非所有区的"头雁"项目都达到了同等效果,各区之间还需取长补短,进一步深化。

## 四、全国各地"头雁"项目的经验启示

(一)京津冀:北京、天津、河北三地联动培养

2023年10月24日,中国农业大学、河北农业大学、北京农学院、天津农学院4家"头雁"培育机构签订了京津冀乡村产业振兴"头雁"培育战略合作协议,由北京、天津、河北三地联动培养农业产业振兴带头人。河北农业大学遴选了一批农业合作社与农业公司结成联盟,形成现场教学基地,实践案例教学。通过案例分析和课堂讨论,提高学生分析问题和解决问题的能力。与此同时,带头人之间深入对方企业,相互借鉴学习。通过互访、考察"同学"的企业,加强彼此互动、促进深度交流、扩大朋友圈。

(二)浙江省:聚焦农村创业、电商等新领域

浙江省"头雁"项目立足当前农业农村发展实际,从农创客素能提升、农村电商实战提升和农产品价值提升三个方向实施培育。在个人素质方面,主要是政治素养和专业领导能力的提升;农村电商实战则是基于当前农业发展的热点,着重培养"头雁"的信息化水平;农产品价值提升集中在品牌打造与营销升级方面。该项目由浙江大学、浙江农林大学、浙江农艺师学院(浙江省农业科学院)三家培训校区联合承担,各校区结合自身工作基础和优势条件确定培育实施方案。重点围绕政治理论、政策法规、专业技能、调研实践开展培训,着力打造一批具有现代农业发展新理念、掌握团队管理新方法、熟悉农业产业化经营新模式的乡村产业振兴带头人。

(三)江苏省:专注农村集体经济组织负责人群体

"头雁"项目与南京农业大学、扬州大学、江苏农林职业技术学院、江苏农牧科技职业学院、苏州农业职业技术学院等一众高校主要以农村集体经济组织负责人为培育主体,充分利用"苏农云""农技耘"等信息平台开展培育。培训费用由政府与培育主体分担。其中,江苏省沭阳县"头雁"培养计划较有特色:利用现存的信息系统开展线上培训与线下实践相结合,并且在培训后开展定期回访,确保"头雁"后续发展与成长。

(四)安徽省:发挥农业科技资源优势

安徽省"头雁"计划依托安徽农业大学本部和分布省内外的综合试验站、特色产业试验站、产学研基地和继续教育教学基地等资源优势,由安徽农业大学孵化型培育指导

团队为带头人量身定制5年产业发展规划,重点加大科技指导力度和强化科技成果转化应用,打造"带头人出题、指导团队答题"的新模式。安徽农业大学的导师帮扶指导亲临实地,采用现场教学形式,分类指导,突出体验式、孵化型教学,帮助"头雁"探寻产业振兴发展的新路径,形成个性化培育成果,并推荐其所需要的相应试验站、企业或园区等进行创业孵化,指导帮助与地方政府和农业产业化龙头企业合作,开展共性关键技术协同创新。

(五)福建省:加强"头雁"间的沟通交流

2022年"头雁"项目由福建农林大学作为培育机构,完成了7期13个主题班次共700人的培育任务,涉及园艺技术、茶叶、食用菌栽培、农业金融与保险期货、健康养殖等领域。项目采取"1314+211"机制,即实施一个案例行动教育学习法,以现实工作遇到的困难作为学习的案例,让"头雁"的学习更接地气、更有抓手;坚持问题、成果、技能三个导向,基于问题出发,打造创新成果,以提升技能为目的;探索学分银行制;实施定制化集中学习、在线学习、体验式学习、导师团队孵化的"四个一"培育模式;为每名带头人配备2名导师、1名学习伙伴、1个团队组成的专业教师指导团,有助于"头雁"们在工作之余更好地完成学业。其间,承担培育任务的福建农林大学乡村振兴学院,还探索建立了"头雁会客厅"模式,通过在"头雁"中开展交流活动,深度挖掘带头人的资源优势和创业潜能,为他们提供"孵化—成长—腾飞"全过程培养与服务,为开展各类优质现场教学、交流学习、科技小院活动、"头雁"联合创业创新提供互动空间与发展平台,打造永久性的"学习生态圈"。

## 五、项目建议

(一)强化落实"一人一策",形成上海"头雁"项目特色

"一人一策"是上海"头雁"项目领先于其他省市"头雁"项目的重要抓手,建议进一步聚焦每个"头雁"面临的发展困境、设定的发展目标做更精准的回应。一是精准分类"需求",并针对不同类别的需求给出相应的支持对策。二是持续跟踪"需求"回应,针对"头雁"项目经营主体需重点解决的问题清单中尚未落实完全的问题,加强跟踪,对已经解决的问题,完成分析总结,形成案例。

(二)明确评估标准和目标,深化"头雁"示范引领作用

一是建立科学、明确、细化的"头雁"示范引领评估标准或指标体系,并利用这套评估体系评估出我市"头雁"项目在示范引领方面的实施情况,努力实现示范引领程度的可评价性与可比较性。二是设定更明确的目标,跟踪评估"头雁"项目在示范引领方面的实际情况,对比实际实施情况与目标之间的差距,进一步明晰未来改进方向。

(三)遴选多元化"头雁",扩大示范引领范围

一是持续落实好项目实施方案中的遴选要求,加大面向农村集体经济组织负责人、社会化服务组织负责人、区级及以上农业产业化龙头企业负责人等群体遴选"头雁"的力度,丰富培育对象的构成。二是适当扩大遴选范围,探索面向村干部、乡村旅游产业带头人、乡村运营师、乡村规划建设带头人等群体遴选,扩大"头雁"在各类农业农村产

业领域的示范引领作用。

(四)丰富"导师团"的构成,真正发挥"导师"作用

一是进一步丰富"导师团"的构成,不仅可以邀请来自高校与科研院所的导师,也可以邀请更多不同行业有经验、有专业、有视野的导师,例如法律从业者、知识产权专家、金融从业者、市场营销专家、品牌建设专家等,满足不同带头人的多元需求。二是探索建立"助教制",聘请已培育完成的"头雁"作为助教,辅助导师团参与学员指导工作,从自身"头雁"项目培育经验和农业产业从业经验两方面出发,为培育中的"头雁"提供宝贵的经验参考。

(五)积极搭建平台,促进"头雁"之间、"头雁"与导师之间的交流合作

一是为学员寻求合作伙伴、形成良好合作机制创造更多机会,加强"头雁"之间的交流互访,充分利用"头雁"群体自身已有的优质产业资源,彼此相互学习产业经验,在更大范围发挥示范带动作用。二是持续推动农业产业化联合体建设,鼓励"头雁"组建产业化联合体或扩大已成立的产业化联合体,并给予一定的政策扶持。三是深化导师指导制度,鼓励"参与式指导",加强导师与学员之间的沟通交流,探索建立导师与学员之间的合作机制,鼓励产学研合作。

(六)统筹资源,释放"头雁"项目的产业促进效应

以"头雁"项目为契机,积极统筹资源,进一步围绕创新性和引领性打造"上海方案",推动项目培育与人才振兴、产业振兴高效衔接、协同发展。一是探索试验产业发展重点要素向"头雁"适当倾斜的落地机制,如在金融支持上,通过该项目的严格准入和动态跟踪,建立完善上海农村高质量经营主体信息数据库、电子信用档案,及时向金融机构进行推介,缓解金融机构与企业之间的信息不对称,为企业发展提供更加便捷有效的金融服务。二是加强区域合作,积极对接联系长三角及全国其他地区的项目平台,鼓励上海的"头雁"走出上海,建立更大范围的乡村产业发展常态化合作交流机制,扩大项目的正向溢出效应。

牵 头 领 导:夏明林
牵 头 处 室:干部人事处
课题组成员:杜小强　张　漪　梁丽君　张春夏
　　　　　　樊仁敬　魏　澜　金珠玛　李春晓
　　　　　　贺小林

# 21. 上海推进乡村建设与五大新城开发中功能协同研究

党的二十大报告提出,要坚持城乡融合发展,实施新型城镇化和扎实推进乡村振兴。新型城镇化和乡村振兴两大战略相互关联与促进。2019年,中央出台《关于建立健全城乡融合发展体制机制和政策体系的意见》,提出以城乡融合发展推进生态文明建设,表明城乡发展进入高质量融合发展的新阶段。在新发展阶段,乡村不仅要发挥好保障国家粮食安全的重要功能,而且要满足生态、经济、社会及文化等多功能发展的新需求,并与城市协同发展。

党的十九大报告明确提出实施乡村振兴战略,明确按照产业兴旺、生态宜居、乡风文明、治理有效、生活富裕的总要求,建立健全城乡融合发展的体制机制和政策体系,首次把"城乡融合发展"写入党的文献。在推进长三角一体化高质量发展这一国家战略中,上海作为长三角城市群中心城市,将建设卓越的全球城市,建设科创、人文与生态之城,其中乡村建设与新城开发的协同是实现城乡融合发展和区域一体化高质量发展的重要途径。

乡村建设与新城开发紧密联系,是上海乡村振兴与新型城镇化发展的重要内容。上海2035规划(《上海市城市总体规划(2017—2035年)》)中指出,要推进嘉定、松江、青浦、奉贤、南汇五个新城开发,实施新城发展战略,并同时提出乡村是国际化大都市空间和功能体系的重要组成部分。新城历来是上海城市空间结构的重要组成部分,经历从卫星城、郊区新城到独立综合性节点城市的定位演变,与乡村发展的联系将更加紧密。

然而,当前上海乡村建设与五大新城开发中还存在一些突出问题,主要是乡村建设与新城开发的功能还不协同、不平衡,城乡二元结构还比较明显,阻碍了乡村振兴和城乡融合发展。为此,本课题围绕上海乡村建设与新城开发中的功能定位与功能协同问题,探讨上海乡村建设与新城开发功能协同的路径与对策,为推进乡村振兴和新城高质量发展提供依据和参考。

## 一、上海乡村建设与新城开发现状与问题分析

(一)上海乡村建设与新城开发现状分析

1. 上海乡村建设现状分析

自 2017 年中央提出乡村振兴发展战略以来,上海全面推进乡村振兴工作,明确谋定乡村振兴的思路、目标、行动与举措。其中提出上海乡村具有城郊融合型特点,要强化服务城市发展、承接城市功能外溢,凸显乡村的经济、生态和美学价值。当前上海乡村建设取得积极进展,其现状如下:

(1)转向城乡融合发展新阶段。实施乡村振兴战略以来,上海城乡关系发展进入新阶段。2020 年上海市政府工作报告中指出,要推动郊区新城和新市镇发展。当前上海乡村定位已发生改变,乡村不再是城市附属物,而是提升和拓展城市能级的战略支撑空间。随着美丽乡村建设推进,乡村基础设施和人居环境不断改善,乡村也从生产型转向消费型、服务型等多功能方向发展。

(2)乡村振兴全面推进。为贯彻落实中央乡村振兴战略,2017 年底上海市出台《上海市乡村振兴战略规划(2018—2022 年)》和《上海市乡村振兴战略实施方案(2018—2022 年)》,明确以"三园"(美丽家园、绿色田园、幸福乐园)工程等为抓手,以项目化方式推进乡村振兴。一系列规划、政策和项目的实施为乡村振兴提供了坚实基础。

(3)乡村产业功能升级。"十三五"以来,上海乡村产业功能不断升级,与超大城市相适应的乡村产业体系逐步形成。首先,乡村农业发展提质增效,划定粮食生产功能区、蔬菜生产保护区、特色农产品优势区总面积 136.56 万亩,稳定地产农产品供应,并实施绿色农业发展三年行动计划,强化农业生态环境保护和资源高效利用。其次,乡村休闲旅游业加快发展,建成包括郊野公园、采摘基地、现代观光农业园等多样化的业态模式,目前已形成休闲农业和乡村旅游点 315 个。最后,乡村新型服务业不断培育,农业产前产后社会化服务市场快速发展。

(4)乡村人居环境逐步改善。十三五期间,上海完成村庄布局规划和郊野单元村庄规划编制,并开展建设用地、基本农田、生态用地等用地布局。上海还实施全域农村人居环境整治,推进农民相对集中居住,村容村貌提升,乡村卫生和水环境有效改善。此外,乡村振兴示范村创建工作不断推进,截至 2022 年底已累计建成乡村振兴示范村 90 个。

(5)乡村生活更加丰富。"十三五"以来,乡村居住和生活功能不断完善。上海乡村现代公共文化服务体系基本建成,基本实现 15 分钟公共文化服务圈。城镇公共文化资源不断向远郊和基层村居延伸。农村康养服务功能不断完善,完成 133 家农村养老机构改造,累计新增养老床位 3.2 万张。

2. 上海新城发展现状分析

国务院批复的《上海市城市总体规划(2017—2035 年)》明确提出要发展嘉定、青浦、松江、奉贤、南汇 5 个新城,将其培育成在长三角城市群中具有辐射带动作用的综合性节点城市。新城是推动上海城市和乡村高质量发展的重要战略空间,也是推进城乡

融合、产城融合和职住平衡发展的重要路径。五大新城地处长三角城市群核心位置,是连接江苏和浙江的重要门户,综合性节点城市是国家和上海市对其的发展定位(五大新城空间分布如图1所示)。

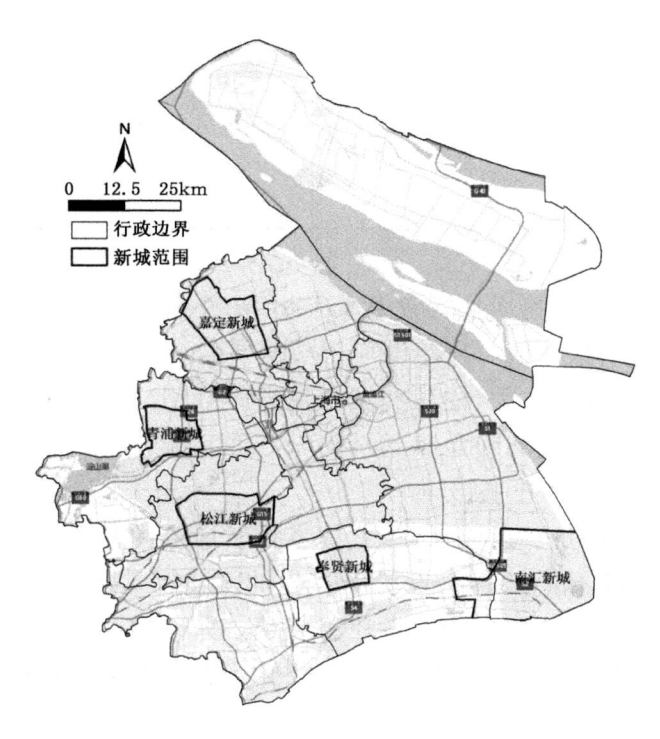

**图1 上海五大新城空间分布**

从表1显示的五大新城范围和规模指标来看,五大新城中规划人口规模最大为松江新城,达110万人,其余新城人口规模为70万人左右;土地面积最大新城为南汇新城,达343.3平方公里,其次是嘉定新城,达159.5平方公里。离市中心距离最近的为嘉定新城,距离为23公里,松江新城次之,为31公里,离市中心距离最远的为南汇新城,距离达58公里。

当前上海新城开发有序推进,一批重大功能性事项不断导入,人口持续增加,基础设施和配套不断完善,也在一定程度上帮助主城疏散人口和产业,但新城与乡村的互动和联系尚待进一步加强。

**表1　　　　　　　　　　　上海五大新城面积和规划人口情况**

| 新城名称 | 街道辖区 | 土地面积（平方公里） | 规划人口（万人） | 离市中心距离（公里） |
| --- | --- | --- | --- | --- |
| 嘉定新城 | 嘉定镇街道、新成路街道、菊园街道全部,马陆镇大部分,徐行镇、外冈镇、安亭镇小部分 | 159.5 | 70 | 23 |
| 青浦新城 | 香花桥街道、盈港街道大部分、赵巷镇、夏阳街道和朱家角镇部分 | 91.1 | 65 | 34 |

续表

| 新城名称 | 街道辖区 | 土地面积（平方公里） | 规划人口（万人） | 离市中心距离（公里） |
|---|---|---|---|---|
| 松江新城 | 方松、中山和岳阳街道全部，永丰街道、车墩镇、新桥镇、佘山镇、小昆山镇和石湖荡镇部分 | 158.4 | 110 | 31 |
| 奉贤新城 | 南桥镇大部分，金汇镇和青村镇小部分 | 67.9 | 75 | 34 |
| 南汇新城 | 南汇新城镇、泥城镇、书院镇和万祥镇全部，惠南镇小部分，奉贤区海湾镇和四团镇小部分 | 343.3 | 65 | 58 |

资料来源：《上海市新城规划建设导则》。

（二）上海乡村建设与新城协同发展面临的问题分析

本课题在实地调研松江区乡村建设与新城发展的基础上（2023年7月5日调研松江区规划与自然资源部门、农委、住房和城乡建设等部门），结合文献梳理，分析当前上海乡村与新城协同发展面临的问题如下：

1. 上海乡村建设面临的问题分析

（1）乡村发展动力不足。总体来看，上海乡村发展的内外动力还不足。一方面，城市对乡村的带动和反哺不足，长期以城市为主导的发展模式导致乡村发展机会受限，土地等各种发展性指标和资源配置的重点在于城镇。另一方面，受限于现有乡村基础设施、人居环境和配套服务不完善现状，难以承载更多服务城市的功能需求，乡村发展的内生动力不足，转型和升级发展动力弱。

（2）乡村产业发展不强劲。当前上海乡村产业发展面临特色不明显、龙头企业不足等问题。产业发展还缺乏动力，重点行业企业引领不够，缺乏规模大、有较大影响力的品牌和龙头企业。此外，乡村一、二、三产业还未充分融合，总体上与城市产业的联系和互补还较弱。

（3）乡村要素尚未充分激活。激活城乡双向要素流动的政策机制尚未完善。长期以来，要素在城乡之间单向流动，乡村土地、劳动力、资本单向流到城市，导致乡村发展受阻，也导致城乡关系失衡。城乡协同发展有赖于城乡要素的双向流动，当前关于农村宅基地、集体建设用地入市流转有待进一步完善，政策供给仍不能适应超大城市乡村发展要求，城市居民、资金等要素向农村有序流动的动能还不足。

（4）乡村多功能发展还不充分。乡村曾长期主要服务于农业生产，其多功能发展还不充分，特别是作为大都市郊野乡村。尽管部分乡村探索试点了新业态、新模式，但乡村多功能发展还未全面铺开。未来有待在不同类型乡村引入多元功能，充分挖掘乡村文化、美学价值，重新激活乡村活力。

（5）乡村公共服务配置存在短板。上海乡村在教育、医疗、卫生、交通等公共服务配置上还存在短板，离新城、主城的差距还比较大，较难吸引城市居民和外来人口在乡村长期创业、居住和生活，也难以吸引退休人口返乡定居和生活。交通方面，乡村交通设施不足也导致其与新城、主城的连通性不强。乡村村管、镇管道路设计标准不足，部分村管道路只是单车道，不能满足未来发展需要。

2. 上海新城发展面临的问题分析

(1)新城发展活力还不足。当前上海新城发展的活力还不足,仍需进一步提升。嘉定新城、青浦新城、松江新城离主城距离较近,吸引部分中心城区就业人员和外来人口来居住生活,并形成一定活力。奉贤新城和南汇新城离市区较远,发展和消费活力主要依靠本地人口,对非本地人员就业和居住生活的吸引力较小,影响活力的提升。

(2)实体产业能级待提升。当前五大新城产业集聚度和能级还不高,缺少龙头企业、总部经济和高能级项目的带动,产业定位、产业链关键环节及核心价值有待进一步挖掘。虽然各个新城均规划了各自的主导产业与特色行业,但仍缺乏世界500强和行业头部企业总部、规模较大的独角兽企业。

(3)公共服务供给不充分、不平衡。当前新城建设中公共服务存在较明显的短板,与中心城区的差距较大。教育医疗设施方面,优质中小学学校、大型综合医院等设施的供给还不充分,部分中小学学校存在规模偏大、拥挤等问题。交通设施方面,新城与乡村的交通廊道连接还不足,目前各个新城与中心城区在地铁交通上主要依靠"单线联系",基本只有一条地铁线路与中心城区连通,与乡村交通连接的快速路、轨道交通建设也存在不足。

(4)土地供给与开发利用存在低效问题。当前上海新城土地供给模式效率低下,存在供地模式陈旧、存量土地闲置低效利用、土地功能调整受限、土地混合利用程度低等问题,亟须在土地供给与开发利用方面进行创新,以提高新城的资源环境综合承载力,更好地满足产城融合和城乡协同发展的要求。

(5)新城对周边乡村的辐射带动作用较弱。新城对周边乡村的辐射带动作用还较弱。一方面,新城缺少高能级产业项目,对周边乡村的辐射带动作用不足。另一方面,新城在居住、医疗、教育等公共服务配套方面还存在短板,难以满足周边乡村公共服务需求,也较难吸引新城居民来乡村创业和居住生活。

3. 上海乡村建设与新城开发面临的问题分析

(1)城乡发展目标不统筹。当前上海乡村建设与新城发展的目标统筹性还不足。新城规划注重建成独立综合性节点城市,重点在新城边界范围内的城市功能提升。而乡村规划建设注重乡村地域的发展振兴,忽视城乡联系和功能互补。新城和乡村在地域上的分割与发展管理上的分治导致城乡发展目标不统筹。

(2)城乡发展不平衡。城乡发展的二元结构依然突出。首先,城乡经济发展水平差异较大,中心城区和新城比农村更加发达,特别在新经济、新产业、新业态等领域。其次,城乡公共服务水平差异较大,中心城区和新城拥有更多的教育和医疗资源,而乡村则缺乏教育、医疗等公共服务。最后,城乡分割依然突出,城乡发展机会、功能等方面不平等问题依然存在,新城开发拥有较多的土地指标,而乡村用地指标受限。

(3)城乡功能不协同。新城规划起点高,注重产业、居住等城市功能导入和升级。乡村多功能发展受限,因基础设施和公共服务短板,乡村居住、产业等功能难以提升,生态和文旅功能亟待进一步挖掘提升,乡村面向新城规划、承接新城需求外溢的功能开发还不足。

(4)城乡产业融合水平总体不高。上海城乡产业融合度不高的主要表现是：一是经营主体融合不够。农业产业化组织程度总体不高，缺乏与城市产业的连接。二是产业链增值、城乡空间挖掘不够。上海农产品主要用于自产自销，特别是蔬菜、瓜果等农产品，无法进入产业链下游加工环节。农村生产链偏短、业态偏少，城市制造业和服务业本地化，难以向农村延伸和拓展。

(5)新城带动周边乡村协调发展的作用尚未充分显现。当前上海新城开发对周边乡村的带动作用还不凸显。新城与乡村发展较为独立，新城与乡村发展在地域上存在断裂和分割。新城之间、新城与乡村之间的功能互补、产业分工联系机制尚未建立。在发展项目布局上，新城开发项目布局与重大功能性事项导入主要在新城核心区，缺乏在新城与乡村连接处布局。

## 二、上海乡村建设与新城开发的功能定位分析

### (一)上海乡村建设功能定位分析

作为超大城市的乡村，根据《上海市乡村振兴"十四五"规划》精神，上海乡村建设的功能主要包括以下几个方面。

(1)农产品保障供给功能。为上海超大城市提供高品质鲜活农产品。

(2)生态涵养保持功能。依托乡村田、水、林、湿等各类自然资源，发挥水土保持、水源涵养、环境净化、生物多样性等作用。

(3)生活居住提升功能。乡村不仅为农村居民提供生活居住场所，也为城市产业发展和功能拓展提供适宜的生活配套服务。

(4)文化发掘传承功能。乡村具有传统乡土文化、民俗风情和农耕文明的功能，成为记得住乡愁、留得下乡情的美丽家园和市民舒心游憩的后花园。

### (二)上海新城开发的功能定位分析

国务院批复的《上海市城市总体规划(2017—2035年)》明确提出要发展嘉定、青浦、松江、奉贤、南汇5个新城，将其培育成在长三角城市群中具有辐射带动作用的综合性节点城市。独立的综合性节点城市是上海新城开发的总体定位。当前，五个新城建设已进入全面发力、功能提升的关键阶段。

五大新城功能定位和产业分工要求明确。

表2　　　　　　　　　　上海五大新城规划与功能引导

| 新城名称 | 功能引导 | 新城中心功能导向 |
| --- | --- | --- |
| 嘉定新城 | 沪宁廊道上节点城市，以汽车研发及制造为主导产业，具有独特人文魅力、科技创新力、辐射服务长三角的现代化生态园林城市 | 围绕远香湖，重点培育文化、科技创新等核心功能，形成辐射沪苏方向以及上海西北地区的区域综合服务中心 |
| 青浦新城 | 沪湖廊道上节点城市，以创新研发、商务贸易、旅游休闲功能为支撑，具有江南历史文化底蕴的生态型水乡都市和现代化湖滨城市 | 围绕青浦新城站，重点培育文旅、商贸等核心功能，形成辐射沪湖方向以及环淀山湖的区域综合服务中心 |

续表

| 新城名称 | 功能引导 | 新城中心功能导向 |
| --- | --- | --- |
| 松江新城 | 沪杭廊道上节点城市,以科教和创新为动力,以服务经济、战略性新兴产业和文化创意产业为支撑的现代化宜居城市,具有上海历史文化底蕴和自然山水特色的休闲旅游度假胜地和区域高等教育基地 | 围绕松江枢纽和中央公园,重点培育文化、科教等核心功能,形成辐射沪杭方向以及上海西南地区的区域综合服务中心 |
| 奉贤新城 | 滨江沿海发展廊道上节点城市,杭州湾北岸辐射服务长三角的综合性服务型核心城市,具有独特生态禀赋、科技创新能力的智慧、宜居、低碳、健康城市 | 围绕金海湖,重点培育科技创新、商贸等核心功能,形成辐射杭州湾北岸地区的区域综合服务中心 |
| 南汇新城 | 滨江沿海发展廊道上节点城市,以新型贸易、跨境金融、总部经济、航运服务、先进制造为支撑,扩大开放优势、强化创新策源功能、集聚海内外人才、激发多元文化魅力,建设成为开放创新高地、离岸在岸业务枢纽和宜居宜业城市 | 围绕滴水湖,集聚自贸区开放型核心功能。发展新型贸易、跨境金融、总部经济、航运服务等功能,营造世界级商业商务环境。服务国际多元化人群,展现海纳百川的文化魅力,发展文化博览、休闲娱乐、创新创意、旅游观光等功能 |

资料来源:《上海新城规划建设导则(2021)》。

**(三)上海乡村建设与新城开发功能协同的机理**

乡村和城市作为两种独特的地域综合体,各自具有独特的功能。《乡村振兴促进法》第二条第二款规定,乡村是指城市建成区以外具有自然、社会、经济特征和生产、生活、生态、文化等多重功能的地域综合体,包括乡镇和村庄等。城市是产业和经济活动集聚的地域综合体,具有生产制造、居住生活、商贸服务、科教创新、休闲旅游等功能。上海新城作为大都市城市空间和功能的拓展区,连接中心城区和乡村,与乡村功能交叉和联系较为紧密。上海乡村建设与新城开发的具体多样化功能如图2所示。

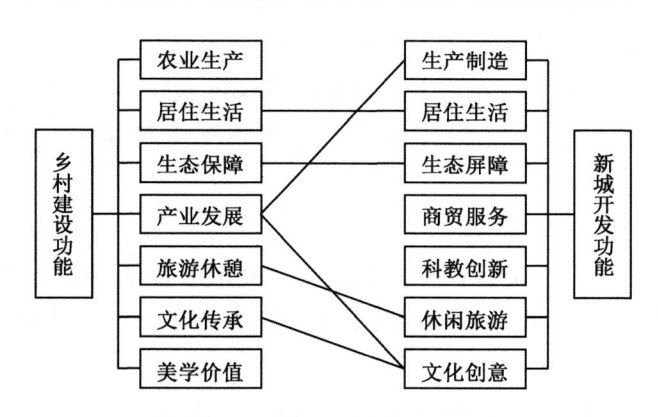

**图2 乡村建设与新城开发的功能协同机理**

上海城乡发展不平衡、不协同的矛盾依然突出。"乡村振兴"与"新型城镇化"两大战略的提出为从源头上找出解决城乡发展失衡问题的办法提供了方向。乡村振兴有五个维度,即产业兴旺、生态宜居、乡风文明、治理有效、生活富裕;新型城镇化也有五个维度,即产业城镇化、人口城镇化、空间城镇化、经济城镇化、社会城镇化。城乡两大发展战略的耦合是一个政府、居民、社会等主体协助互动的过程,也是城乡功能协同的过程。

### 三、国内乡村建设与新城开发协同的经验分析

本部分重点选择北京、广州、成都等大城市乡村建设与新城开发功能协调的模式与经验,并分析其对上海的启示与借鉴。

**(一)北京乡村建设与新城开发经验**

北京集都与市、城与乡于一体,具有"大城市、小农业"的特点,在城乡发展过程中注重城乡融合发展,城乡发展差距不断缩小。北京在推进乡村建设与新城开发方面也积累一些经验。

1. 农村土地制度改革撬动城乡协调发展

北京市在城乡协同发展中积极推进农村土地制度改革,深化宅基地"三权"分置改革,保障宅基地农户资格权和农民房屋财产权,并放活宅基地和农民房屋使用权。北京市还积极推进集体经营性建设用地入市,推动城中村和旧工业园改造,促进乡村更新和内涵式发展。北京市进一步放活土地经营权,允许以土地经营权入股参与农业产业化经营。此外,为增加乡村建设资金,北京还调整土地出让收入使用范围,增加土地出让金收入用于乡村投入的比例。

2. 推进城乡产业融合

北京借助都市产业外迁的机会,大力推进城乡产业融合创新。其充分发挥乡村土地资源丰富和生态环境良好的优势,将城区部分高等院校、科研院所、技术创新中心、孵化基地等转移到乡村。北京还积极促进城市企业和项目向乡村转移,建设乡村特色化产业集群,并在郊区乡村建设商务型、休闲型、艺术型、研发型庄园集群。北京还将中关村示范区科技产业融合功能向乡村延伸,推进城乡科技与产业深度融合。

3. 构建城乡基本公共服务均等化发展机制

北京建立城乡基础设施一体化发展体制机制,将城市基础设施向乡村延伸。不断提升乡村基本公共服务水平,实现城乡基本公共服务均等化发展,有效缩小了城乡差距,促进城乡融合发展。

4. 设立城乡融合发展试验区

北京设立城乡融合发展试验区,主动探索开展城乡融合发展试验。北京还创设城乡融合发展试验区,建立科技成果入乡转化机制,搭建城中村改造和城乡合作平台。

5. 区域生态补偿

北京开展京郊乡村生态产品价值实现机制试点,探索多样化的横向生态补偿机制。其积极探索生态产品价值实现机制,为城乡、区域生态补偿提供新模式、新路径、新经验。

**(二)广州乡村建设与新城开发经验**

广州重点发展"空港经济区""中新知识城""南沙副中心城区",在乡村农业方面,重点选择发展现代都市农业。

广州作为实践都市农业的超大城市,在探索城乡融合的都市农业发展模式上有一些创新模式与经验,在城市拓展和建设的过程中,实现了乡村农业的迭代更新。广州强

化农业资源转化和多重功能价值;发展多元途径,创新融合多种发展形态和模式,注重科技与人工智能共同赋能于都市农业发展,并注重多方主体参与和制度保障助力都市农业发展。为此,本研究总结广州都市农业发展模式,分析城乡融合发展阶段的都市农业新内涵、新模式与新路径(具体模式比较见表3)。

1. 花城农园

花城农园位于广州CBD珠江新城,是粤港澳大湾区中首个以现代农业为主题的沉浸式农业科普综合体。农园占地2万平方米,为立体建筑空间,共3层。其中,地面层为农业景观展示区,包括现代农业展示、科普、创意及旅游功能,以"农园秘境"为主题,融合农业、美学与艺术等元素。负一层为农产品消费体验区,展示现代农业种植科技成果,包含餐饮、文化、文创与展销等业态。负二层是农业科技互动区,包含果蔬探索馆、植物工厂、沉浸式太空栽培仓以及生活未来客厅。花城农园以农业为基础,兼具科技、文化、旅游等功能,结合商业综合体全面展示现代都市农业产品和农业场景,是城市CBD中成长起来的农业新业态。

2. 一方乐田

一方乐田位于广州海珠区中大国际创新生态谷核心区,占地约10万平方米。其前身为瑞宝街村民的撂荒耕地,后来被集中连片流转给企业运营,被打造城乡融合的市民农园。一方乐田在保留农业种植功能的基础上,拓展其他多项功能,包含精品种植、家庭菜园、研学科普与田园休闲等功能区。一方乐田还打造家庭小菜园项目,包括可食花园、岭南农耕院、土壤科普园、MOMO农场、感官乐园、休闲垂钓区、儿童活动区和美食站等。一方乐田成功实现由撂荒耕地到市民农园的转型,丰富了城乡居民对农业的体验和乐趣。

3. 都市锦田

都市锦田地处广州黄埔区洪圣沙和大吉沙岛,四面临水。都市锦田项目投资超2亿元,2019年建成,是广州规模最大的,集生态保护、现代农业、乡村旅游为一体的综合工程。通过全域土地综合整治,项目将昔日江心小岛从鱼塘、沼泽地变身为集合粮食生产、农科试验、农业科普、农耕体验的"都市田园"景区。项目分农科试验、生态水稻示范、稻香产业游赏、疍家风情游赏及水上游赏5大功能区域。

4. 艾米稻香小镇

"艾米稻香小镇"位于广州从化区风云岭森林公园北侧,规划面积为3平方公里,其总体定位为农业科技特色小镇。"艾米稻香小镇"总投资1.5亿元,2020年6月建成,项目由艾米集团进行土地托管运营。项目探索数字管理及未来智慧农业生产方式,建成稻田景观、鱼稻共生生态湿地、农智谷和艾米乡展中心等,每年接待游客近50万人次。艾米稻香小镇通过改造荒废闲置农田,盘活乡村低效闲置土地,发展有机农作物及观光休闲农业。项目提升周边乡村风貌,呈现"城中有乡""乡间有城"的新型城乡形态,为城市家庭提供健康生态农产品和休闲观光好去处。

表 3　　广州都市农业不同模式比较

| 模式特征 | 花城农园 | 一方乐田 | 都市锦田 | 艾米稻香小镇 |
|---|---|---|---|---|
| 区位 | 中心城区 CBD（天河区） | 中心城区非 CBD（海珠区） | 近郊区（黄浦区） | 远郊区（从化区） |
| 城乡关系 | 城乡立体融合 | 城乡融合 | 城乡相伴 | 城乡交融 |
| 业态 | 农旅综合体 | 现代观光农业园 | 农业、观光、科研 | 现代农业产业园 |
| 功能 | 文化旅游、电商展示 | 娱乐休闲、教育 | 粮食生产、农业科研 | 粮食生产、智慧农业 |
| 路径 | 业态创新 | 功能价值提升 | 全域土地整治 | 农田景观打造 |
| 运营 | 企校联合＋政府支持 | 政府＋企业＋市场 | 政企助力＋院士指引 | 共享＋托管 |

（三）成都乡村建设与新城开发经验

成都作为国家城乡融合发展试验区，在乡村建设与城乡协同发展方面取得积极成效。成都乡村振兴不是把农村变成"新城"或"城中村"，也不是将农民"上楼"，而是走出一条特色的城乡融合发展道路。

1. 注重保留乡村生态本底和乡村文化

成都在推进新城建设的同时，注重保护乡村生态本地和文化特色，打造公园城市的乡村样本。成都以城乡融合理念推进乡村高质量发展，构建公园城市美丽乡村形态。成都注重保留"川西林盘"等生态本底和乡村文化，建设具有地域风格、历史文化底蕴的乡村。成都在新一轮国土空间规划（2020—2035）中，提出构建城乡融合发展单元＋乡村振兴走廊的城乡融合发展空间新模式。

2. 提升乡村休闲旅游功能

成都乡村休闲旅游发展较为成功，将乡村农业与旅游业深度融合，串联休闲、旅游、体验和观光等功能，既为城市居民提供休闲游憩空间，又提升了乡村活力和促进乡村发展。其中以"五朵金花"观光休闲农业区最为知名。"五朵金花"观光休闲农业区位于四川省成都市锦江区三圣街道，距成都市区二环路 5 公里，集休闲度假、旅游娱乐、商务会议等功能的城郊生态休闲度假区。该项目联合城乡结合部的红砂、幸福、万福、驸马、江家堰、大安桥 6 个村，建成 12 平方公里的"五朵金花"观光休闲农业区，包括"花香农居""幸福梅林""江家菜地""东篱菊园""荷塘月色"五大特色功能园区。

3. 推进城乡公共服务均等化

成都构建城乡一体的公共服务和基础设施体系。进一步推动公共服务和基础设施向乡村延伸，构建生产、生活、生态和社区治理融合的乡村社会生活圈。成都还探索实行按需配置的菜单式公共服务配置模式，推进城乡一体的乡村公共服务和基础设施，为城乡融合发展提供基础和保障。成都积极推进乡村现代化、公共服务均等化，在促进产业兴旺、生态宜居和乡风文明中，实现乡村有效治理、生活富裕，吸引城市居民下乡和乡村青年回乡发展。

（四）国内乡村建设与新城协同发展的经验启示

国内其他大城市乡村建设与新城发展各自走出一条城乡融合发展的特色道路，为上海提供了借鉴和启示。

1. 注重保护乡村文化和特色

在城市扩张和新城开发中,北京、成都等大城市也都注重保护乡村文化和特色。正因为保护了乡村的美丽环境和特色文化,能吸引城市居民来乡村长期居住和经常性度假、游玩。

2. 注重乡村多功能发展

大都市周边乡村不仅仅具有农业生产功能,乡村的文化、生态、居住、旅游、休闲、娱乐等功能也是不可缺少的功能要素。随着城市的不断发展,乡村这些多功能的需求日益增加。

3. 注重城乡要素双向流动

在乡村建设与城市开发中需注重土地、劳动力与资本的城乡双向流动,保持城乡平衡发展。当前国内城市受要素市场化和公共服务配置不充分影响,土地、劳动力、资本等要素的双向流动尚未形成,城市的资本、劳动力还难以流向乡村。

4. 注重城乡互动和功能协同

城乡融合发展阶段也需注重城乡互动和功能协同。大城市城乡联系紧密,乡村与新城能良性互动。与国外新城发展主要受市场因素影响不同,国内新城发展受政府规划和市场因素共同影响,在发展过程中需注重与乡村紧密结合。

## 四、上海乡村多功能评价及城乡功能协同空间布局分析

乡村多功能发展是指乡村作为一个整体可为地区提供多样性的生态、景观、社会和文化等功能的产品和服务。20世纪90年代以来,欧盟将乡村多功能发展作为应对乡村空间转型的范例。乡村多功能发展逐渐得到大多数发达国家的认同与响应,对引导乡村转型及实现城乡融合发展起到重要作用。大都市郊野乡村的多功能发展近年来受到政界和学界的广泛关注。乡村作为相对于城市而言的一种地域空间,其功能类型多样日益凸显,特别是在大都市周边。现有研究对乡村多功能评价研究集中在传统乡村和县域层面,对大城市与新城周边乡村多功能评价及优化较少探讨。有鉴于此,本课题聚焦上海乡村建设与新城开发中的乡村多功能问题,为乡村振兴、新城开发及城乡功能协同提供依据。

(一)上海乡村多功能评价指标体系

本研究以大都市乡村农业—生态保障—居住生活—文化旅游—休闲娱乐的多功能定义为基础,参考国内外乡村多功能评估研究,提出大都市乡村多功能评价指标体系。指标和权重方面,本课题咨询土地利用、城乡规划与发展、生态环境等方面的5位专家,经过多轮征询最终确定各评价指标及权重,具体如表4所示。

表4　　　　　　　　　　大都市乡村多功能评价指标体系

| 分类 | 功能 | 评价指标 | 单位 | 权重 | 指标计算 |
| --- | --- | --- | --- | --- | --- |
| 农业生产 | 农产品保障 | 耕地面积 | hm$^2$ | 0.2 | 土地利用遥感数据 |

续表

| 分类 | 功能 | 评价指标 | 单位 | 权重 | 指标计算 |
|---|---|---|---|---|---|
| 生态保障 | 生态服务 | 生态服务价值 | 亿元 | 0.2 | $ESV=\sum A_k VC_k A$<br>$ESV$ 为生态系统服务价值，$A_k$ 为第 $k$ 类生态类型面积，$VC_k$ 为第 $k$ 类生态类型的生态系统服务价值指数 |
| 产业发展 | 产业发展 | 企业密度 | 个/m² | 0.15 | 高德 POI 数据 |
| 居住生活 | 基础设施 | 路网密度 | km/km² | 0.15 | OSM 路网数据 |
| 文化旅游 | 乡村文旅 | 美丽乡村、传统村落和郊野公园数 | 个 | 0.2 | 美丽乡村和传统村落目录 |
| 休闲娱乐 | 区位便利 | 距中心距离 | km | 0.1 | 区域中心质点与新城边界距离 |

(二)上海城乡功能评价结果分析

1. 农业生产功能评价

耕地是农业生产的主要空间载体，承担了郊野农业重要的农产品保障功能，为城市提供粮食、蔬菜等农产品。图3显示上海耕地资源空间分布情况（来源于2020年土地利用遥感监测数据）。上海耕地面积规模大的区域主要分布在北部的崇明岛，嘉定的徐行镇，松江的练塘镇、奉城，较大的区域还包括金山、松江南部及浦东中南部区域。农业生产功能低值区主要在离新城和中心城区较近的区域，反映出城镇化和都市郊野农业生产空间的替代关系。

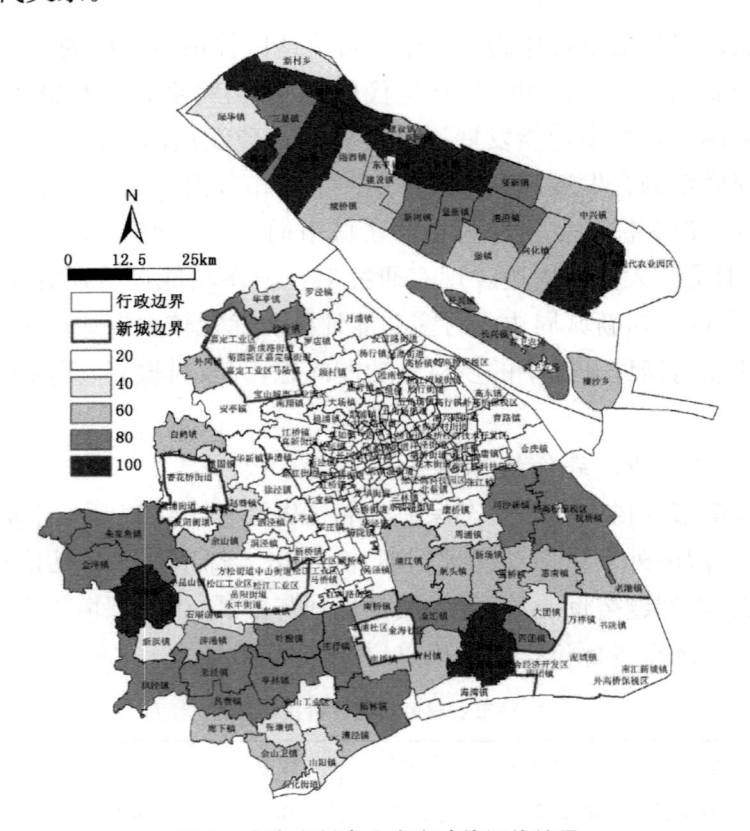

**图3 上海乡村农业生产功能评价结果**

## 2. 生态环境功能评价

上海市110个乡镇生态环境功能值介于0.03亿~13.84亿元，均值为2.41亿元。从图4可以看出，生态功能高值区主要分布在南翔镇、华漕镇、虹桥镇、横沙乡和漕泾镇等地区。生态功能价值较高的区域主要是崇明岛陈家镇等、嘉定的江桥、松江的洞泾、青浦的白鹤镇、奉贤的海湾镇及浦东的航头、康桥、川沙等地区。这些地区在城市化快速发展过程中，生态得到较好保护，是重要的生态屏障和最重要的生态资源，为上海城乡发展提供重要的生态服务功能。

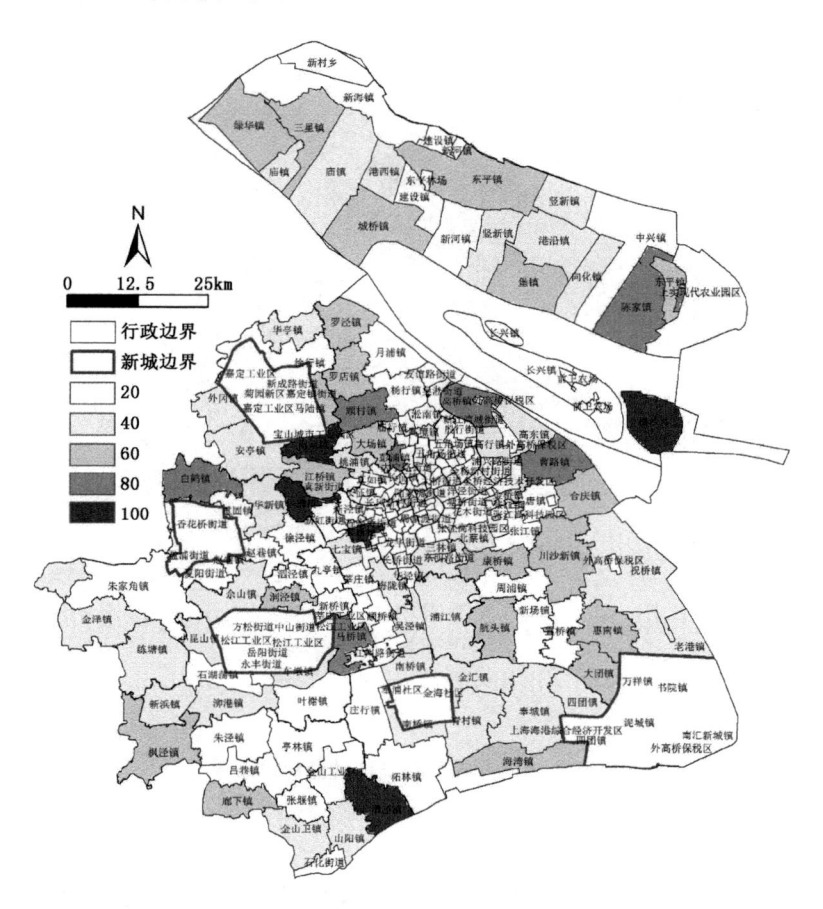

**图4 上海乡村生态环境功能评价结果**

## 3. 产业发展功能评价

上海乡村二、三产业发展推动了乡村产业功能的发展，也促进了乡村向城市的转型，这种转型在空间上也呈现显著的分异性。图5显示上海乡村产业发展功能评价结果。可见，产业发展功能较高的区域主要是中心城周边和新城周边区域，包括嘉定新城周边镇(江桥镇和南翔镇)，松江的洞泾、泗泾和新桥，闵行大部分镇等。经济发展功能低的镇则主要分布在距离中心城最远的崇明岛及金山、青浦、奉贤远离中心城的镇。上海乡村产业发展功能的空间差异，反映上海中心城与新城对促进乡村经济发展起到的辐射带动作用。

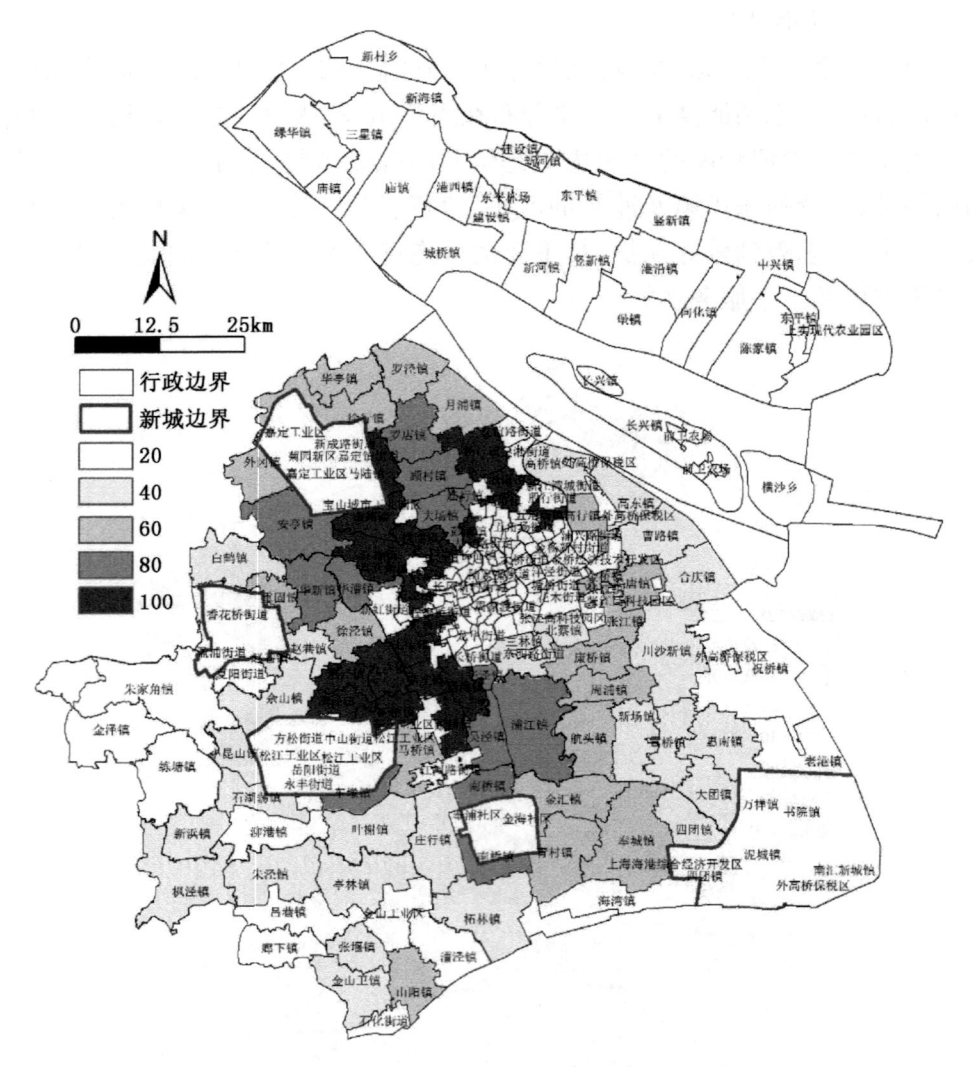

**图5 上海乡村产业发展功能评价结果**

**4. 居住生活功能评价**

上海乡村是农民集中居住生活的主要场所,承载着重要的居住生活保障功能,也是吸引外来人口集聚的重要空间。以外来人口导入为特征的常住人口持续增加,是上海乡村和城镇发展下居住生活保障功能的重要挑战。本课题以路网密度衡量的居住生活空间功能评价结果如图6所示。可见,居住生活功能高值区主要分布在中心城区周边;居住生活功能较高的区域主要分布在新城周边、离中心城区较近的区域;居住生活保障功能较低的区域主要在离中心城区较远的城市边界区乡镇,如青浦的金泽镇、朱家角镇,金山的廊下、吕港、漕泾和拓林镇,奉贤的海湾镇,浦东的老港镇等。这些地区远离中心城和新城,其乡村发展滞后,从而导致生活保障功能较低。此外,嘉定、青浦、闵行等一些经济发展较快的镇,因有工业园区占地较多,路网密度较低,居住生活功能较低。

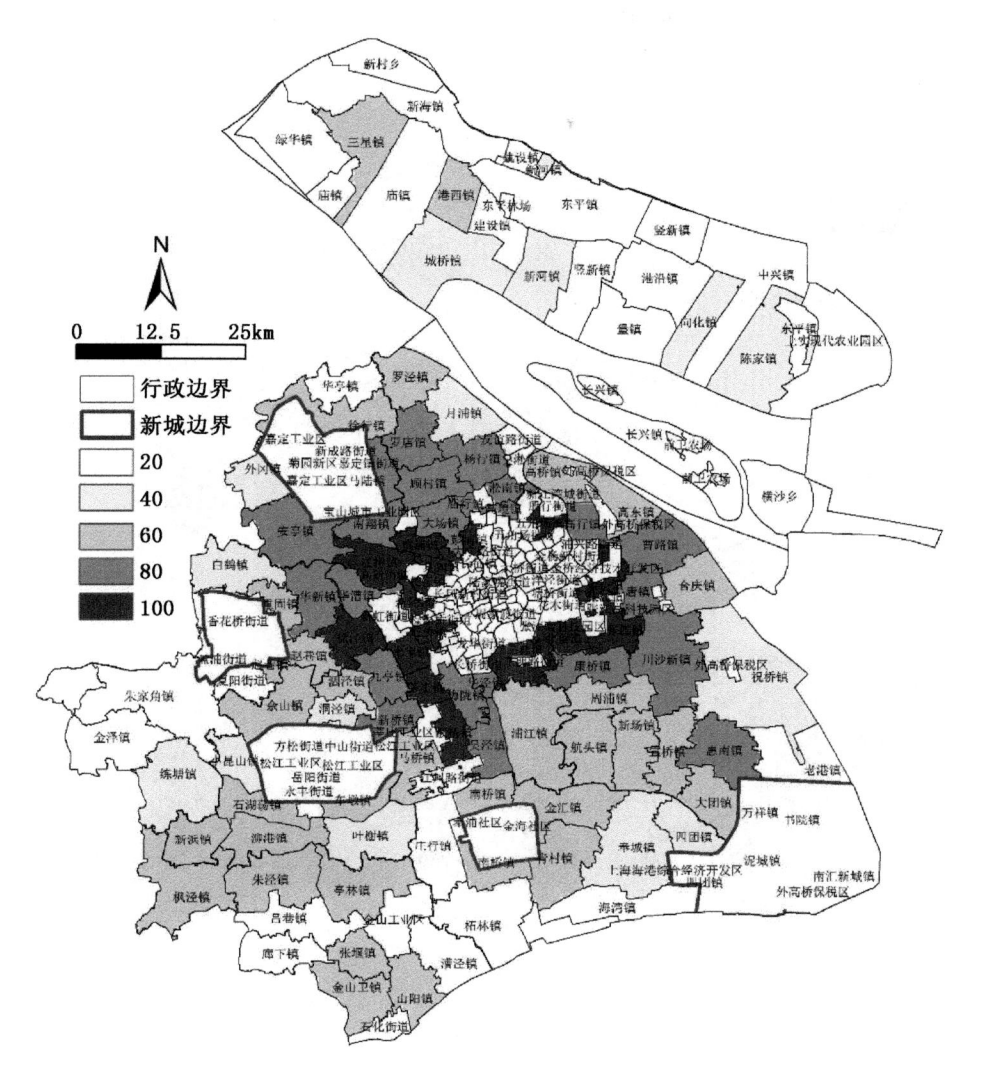

图 6　上海乡村居住生活功能评价结果

5. 文化旅游功能评价

上海郊野乡村因其在生态条件与传统乡村文化方面的资源禀赋,逐渐成为上海居民旅游的主要区域,促进了都市郊野休闲文化功能的发展。110个乡镇的文化旅游功能得分情况如图7所示。近郊乡村文化旅游整体功能水平较低。从图7可以看出,文化旅游功能高的区域主要分布在嘉定北部、松江西南、奉贤和南汇新城等空间:一个是嘉定的华亭和罗泾镇,松江的金泽、练塘和泖港镇,奉贤的庄行和奉城镇,南汇新城的书院镇。文化旅游功能较高区域主要分布在离新城与中心城距离最偏远的松江、青浦、金山等部分区域,如朱家角镇、枫泾镇等,它们拥有比较传统的农业生产和传统乡村景观格局。评价结果空间分布总体反映上海近郊乡村休闲文化功能发展普遍较低。

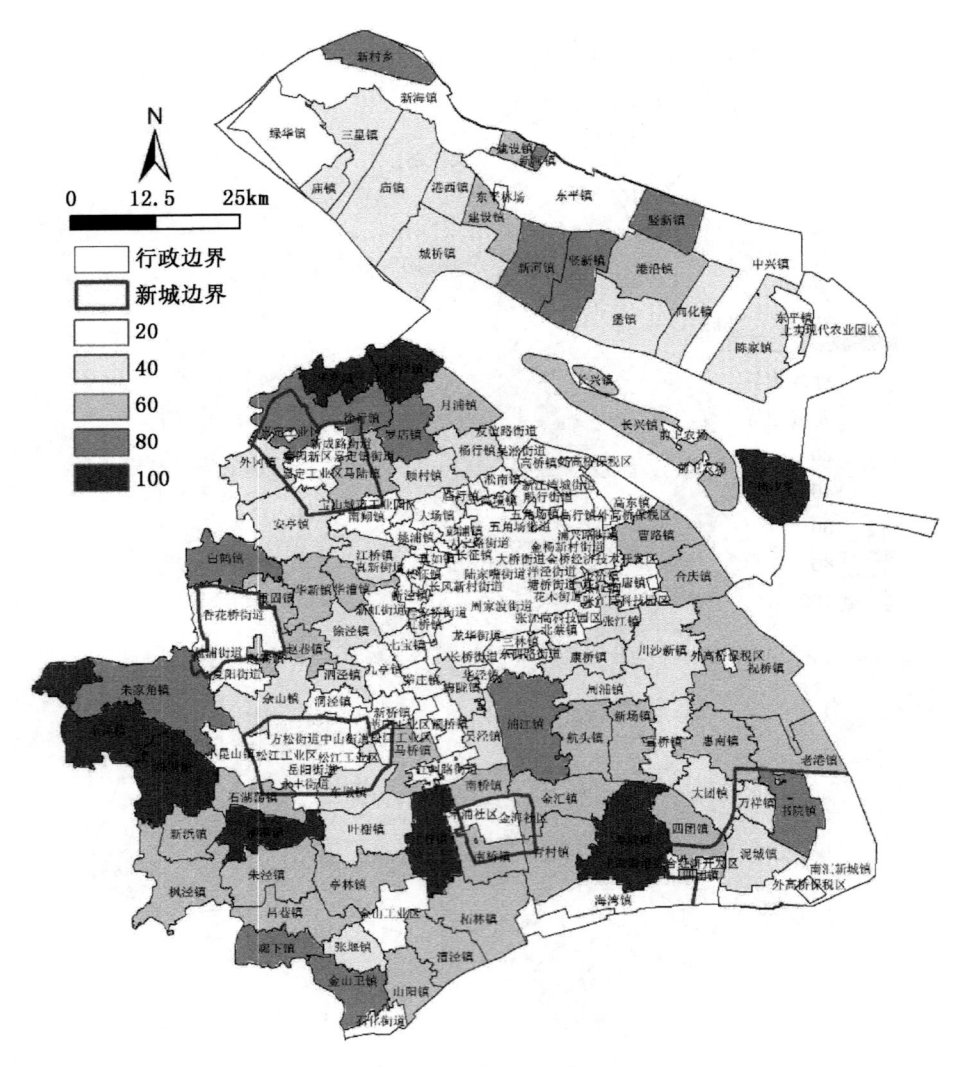

**图 7　上海乡村文化旅游功能评价结果**

6. 休闲娱乐功能评价

新城周边乡镇也是服务新城居民休闲娱乐需求、为新城提供休闲娱乐功能的重要空间。图 8 显示上海乡村休闲娱乐功能评价结果。可见，休闲娱乐功能较高的区域主要是新城附近的乡镇，主要是嘉定新城、松江新城附近的乡镇，及南汇新城附近的大团、四团镇，奉贤的南桥，青浦的赵巷等区域。休闲娱乐功能较低的区域主要是离新城距离较远的区域，这些地区因距离较远、出行成本较大较难满足新城居民的出行休闲娱乐需求。

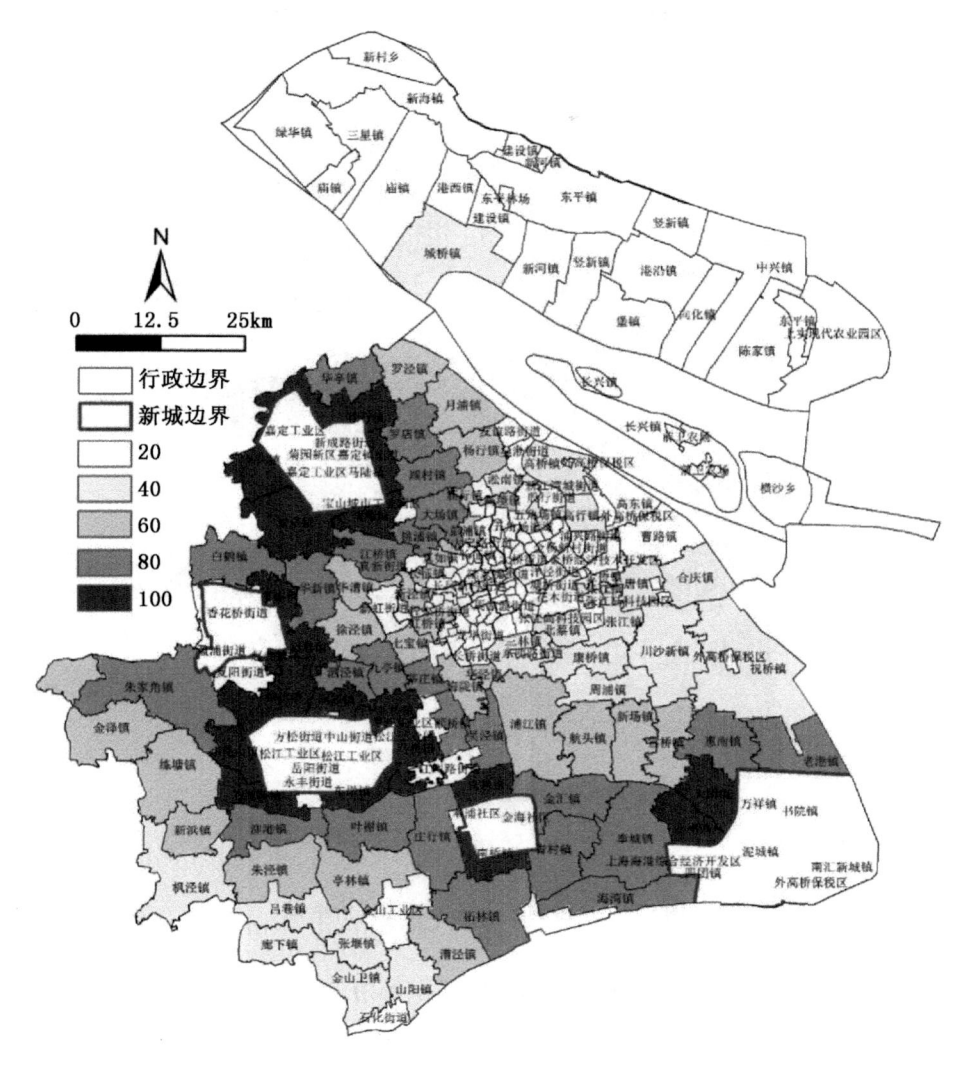

**图 8  上海乡村休闲娱乐功能评价结果**

7. 乡村多功能综合评价结果分析

本课题将上述乡村各功能评价结果加权综合评价,得出上海乡村面向新城的多功能发展评价结果,其空间分布如图9所示。总体来看,上海适合城乡多功能协同发展的乡村区域主要分布在嘉定北部的徐行、罗泾、罗店和华亭镇,青浦的白鹤镇,松江新城周边的马桥镇、练塘、枫泾镇,奉贤和南汇新城周边的凤城镇镇、南桥镇、金汇镇、浦江镇、航头镇、惠南镇等乡镇及其邻近区域。这些乡镇地区生态资源和经济社会发展基础较好,城乡功能协同的基础和条件好,能承接新城和乡村的多功能融合发展要求。

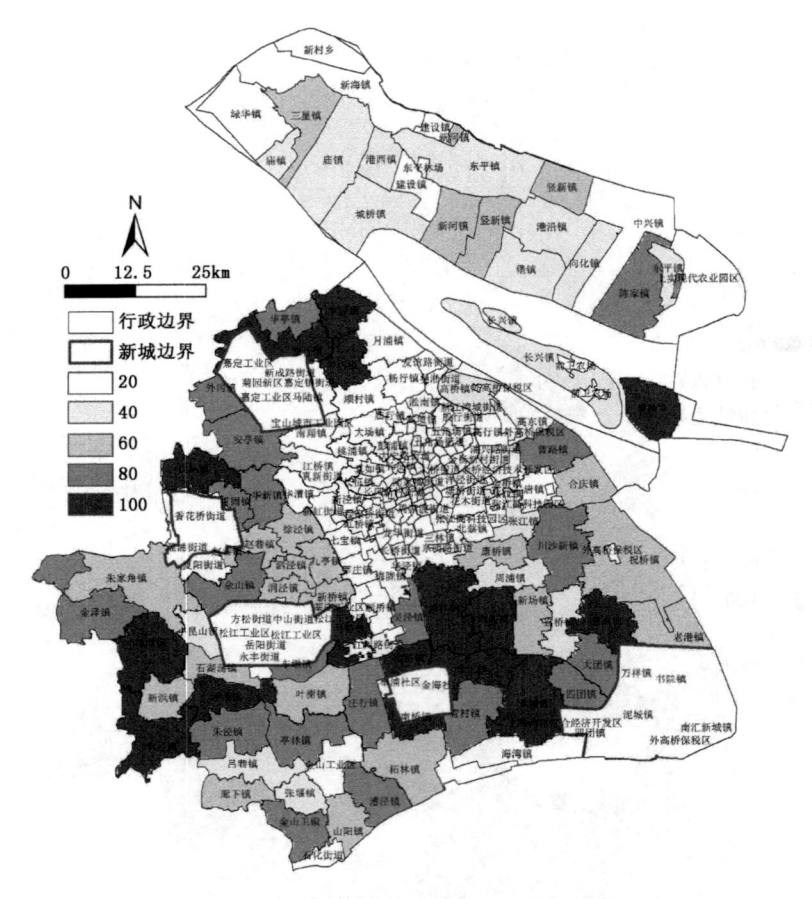

图9 上海乡村休闲娱乐功能评价结果

（三）上海乡村城乡多功能协同发展的空间布局分析

无论从乡村自身发展需求还是区域建设发展角度，乡村多功能分化为城乡协同发展提供了基础。根据上海110个乡镇的乡村多功能评价结果，上海郊野乡村已出现显著的功能分化和多样化功能模式，为进一步推进乡村振兴与新城建设功能协同提供启示。

首先，应以乡村多功能发展现状特征为基础，明确城乡多功能协同发展的方向。其次，结合乡村多功能特征，制定分类引导的城乡功能协同发展目标。最后，将多功能特征与政策目标纳入乡镇政府考核体系，实施分类型的考核体系，促进城乡多功能协同发展。

## 五、上海乡村建设与新城开发功能协同的模式与路径分析

（一）上海乡村建设与五大新城开发功能协同的模式

在城乡融合发展过程中，上海探索实践了城乡融合发展和功能协同的多种模式，本研究以"乡村+文创""乡村+文旅""乡村+生态""乡村+居住""乡村+康养"等模式为例进行剖析。

1."乡村+文创"：乡村文创产业园区发展模式

该模式利用乡村自然生态资源,开发乡村文创产业。如位于松江的云间粮仓文创园,将乡村旧粮仓及旧工厂重新改造为文创园,融合"科创+文创+体创",并成为市民和游客喜爱的文创旅游地。如崇明竖新镇仙桥村的"设计丰收",在空心化乡村建立文创产业社区,将大棚改造为多功能共享空间,开发田头咖啡、手工艺品等文创设计,被称为乡村版"田子坊"。该模式通过将文创艺术引入乡村,将江南乡村文化价值与现代生活空间功能完美结合,并吸引城市居民来休闲和游玩,由此为城乡开发功能协同提供创新路径。

2. "乡村+文旅":乡村生态观光农业发展模式

该模式注重挖掘乡村的特色农业资源,实现乡村的农业生产功能向生态、经济和社会功能延伸,并注重与城市居民休闲娱乐需求的对接。如奉贤吴房村的黄桃,松江泖港镇的水稻、新宾镇的荷花,嘉定马陆镇的葡萄等特色观光农业发展模式,走出了以特色农业为基础的城乡差异化与互动模式,注重挖掘与都市不同的自然资源价值,促进"乡村+文旅"的有效整合。该模式通过建立农业观光园、农业科技生态园,为城市居民提供了解农业历史、文化、技术和知识的旅游活动和空间,满足城市居民的旅游休闲需求,促进城乡互动和功能互补。

3. "乡村+生态":郊野公园发展模式

郊野公园发展模式也是乡村建设和城市开发功能协同的重要模式。"郊野公园"概念最早由英国在1968年《乡村法》中提出,指为城乡居民提供参观和游憩的郊外场所。郊野公园的基本特征是自然、古朴、野趣,兼具生态资源保护、人文风貌展示、都市休闲游憩等功能。郊野公园通常位于城市郊区关键生态节点建设开放空间,如交通主干道和高速公路附近,交通便利。上海已建成包括浦江、嘉北等8个郊野公园,兼具休闲、娱乐、教育、文化等功能,为城乡居民提供休憩和游玩空间。郊野公园发展模式将城市休憩空间延伸到乡村,更好地实现了城乡的功能错位发展和需求互补。

4. "乡村+居住":集体建设用地入市建设租赁住房模式

集体建设用地入市建设租赁住房模式是城乡居住功能协同的重要体现。松江区利用集体建设用地入市破解建设用地指标紧张和新市民租房难的困局,探索出利用集体土地出让建设租赁住房,以打造集中居住、集中服务的长租型社区,为青年人才和新市民提供专业住房服务。位于泗泾镇的有巢公寓是上海市首个利用集体土地建设租赁住房的项目,属于集中建设租赁住房模式。项目依托轨道交通9号线,土地面积约2.02万平方米,总建筑面积约4.03万平方米,建成后包括1 264套小户型住房,装修后交付,可直接入住。项目于2021年5月正式开业运营。其租金为2 000~4 000元不等,出租率高达93%,有效满足松江新城及部分全市居民的住房保障服务需求。

5. "乡村+康养":乡村康养发展模式

乡村康养发展模式是从康养功能层面实现城乡功能协作和需求互补。位于嘉定华亭镇东侧的"乡悦华亭"项目,通过对现有"华亭人家"景区及周边景观进行功能改造提升,配套农业体验、乡居康养、民宿酒店及商业配套设施,吸引城市居民来康养和游玩,并同时带动区域农业、乡村文旅产业更新发展,形成城市反哺农村、乡村服务城市、城乡功能良性互动的协同发展模式。

6."乡村＋承载"：承接城市战略空间转移模式

城市战略空间转移模式是指新城周边乡村积极承接城市发展战略和功能的空间溢出。上海乡村的发展优势在于空间、市场和要素优势，而城市的优势在于发展战略和功能集聚。该模式结合乡村发展优势，并为城市战略空间转移提供承载空间。如青浦金泽镇依托华为研发基地，布局信息、文创等配套产业和开发人才公寓、保障性租赁住房等配套功能。浦东新区界浜村围绕迪士尼度假区，开发特色桃文化主题民宿，乡村为城市战略空间转移和功能外移提供承载，也促进了乡村自身的开发建设。

7."乡村＋综合体"：乡村多功能综合开发模式

田园综合体是"乡村＋综合体"的典型模式。田园综合体是在2017年中央"一号文件"中首次提出的，是指在乡村特定空间环境基础上，充分利用农田景观的独特性，将自然生态和文旅、休闲和观光等多样化产业有效开发的一种新的综合体形式。金山田园综合体已成功探索出以"乡村＋综合体"为核心的乡村多功能综合开发模式，通过建设百里花园、百里果园、百里菜园"三个百里"，将特色种植合作社、家庭农场、农业综合体等串联起来，为儿童、青年、商务人士、老年人等各种人群量身打造"郊野休闲活动"方案，满足城市居民的多层次需求。

8."乡村＋整治"：乡村全域整治开发模式

乡村是城市功能重要承载地和城市拓展的潜力空间。上海乡村也面临着农村发展不充分、生态空间和品质难以满足市民需求等痛点。乡村全域整治开发模式是把乡村零散的各类用地重新规整，形成集中连片和整齐有序的生产、生活和生态空间，也可为新城开发提供空间和支撑。金山廊下镇和松江泖港镇乡村土地整治项目就是乡村全域整治开发的典型模式，通过将原低效零散的农业用地开发成集中连片的田园和生态空间，更好地满足城市居民的休闲旅游需求，将宅基地复垦可为新城建设提供用地指标。

(二)上海乡村建设与五大新城开发功能协同的路径

在借鉴国内外乡村建设与新城开发协同发展经验基础上，本课题围绕"人、地、产、城、乡"逻辑主线，探寻上海乡村建设与五大新城开发功能协同的路径，具体包括：

1. 以人口双向流动促进乡村建设与五大新城开发功能协同

国外的经验表明，人口双向流动是促进城乡均等化发展的重要基础。乡村具有生态和休闲等功能与优势，城市具有集聚等功能与优势，城乡优势不同和功能互补，均能满足不同人群及其在不同生命周期和时段的需求。未来城乡协同发展中需克服传统城乡建设中人口要素单向流动的弊端，出台城市人口返乡和乡村人口进城的相关支持政策，促进人口在乡村与城市间的双向流动，如鼓励乡贤回乡养老、支持乡村拆迁农民和在城镇就业青年人员进城居住。

2. 用地创新推动城乡功能协调

当前城乡土地制度仍存在二元分割，应深化农村土地制度改革，创新用地制度，拓展乡村的用地功能和空间，缓解城市建设用地紧张的困境。积极推进农村用地革新，改造盘活闲置低效利用的宅基地，释放乡村用地潜力。积极利用腾退的闲置土地发展新产业、新业态,如发展精品民宿、文创产业、农业企业总部等,为乡村多功能发展提供用地保障。探索乡村土地多功能复合利用和节约集约用地,促进农业生产、生态保护与文化旅游等功能深度融合,并为新城发展腾出用地空间。

3. 以差异化产业发展推动城乡产业功能协同

产业兴旺是乡村振兴的重要内容,也是城乡功能协同的核心内容。应以城乡产业差异化发展理念来有效衔接"新城产业发展"与"乡村产业兴旺"。一方面,要充分发挥新城对乡村产业的辐射带动作用。产业通常在新城更易集聚和形成规模经济效应。另一方面,要引导乡村依据自身比较优势合理发展特色产业,加强新城周边乡村和新城的产业分工与联系。吸引城市工商资本和社会资本参与乡村产业投资,促进城乡产业联系与互动,在城乡产业连接互动过程中实现乡村和新城的产业功能协同。

4. 以交通基础设施互联互通促进乡村和新城发展协同

交通基础设施的互联互通是实现乡村与新城协同发展的重要路径。当前上海五大新城与乡村的连通性还不强,未来在乡村建设与新城开发中应加强乡村与新城间交通基础设施的衔接与连通,特别是增加快速路网与公共交通设施站点在乡村地区的覆盖,使城乡连接和通行更为便利,促进各种要素在城乡间自由高效流动,实现乡村和新城开发与发展的协同。

5. 以公共服务均衡化推动城乡居住生活功能协同

居住和生活功能的协同是城乡协同的重要体现。当前制约城乡居住和生活功能协同的主要因素是公共服务差异,突出表现在教育、医疗等公共服务差异。应以城乡基本公共服务均衡化供给,推进城乡公共服务均等化和居住生活功能有效协同。探索在新城周边乡村试点建立新型社区,完善城乡公共服务均等,提升乡村居住与生活品质。增加乡村地区养老、医疗等公共服务供给,吸引城市退休人员在乡村居住和养老。逐步实现城市居民在乡村居住获得与城市同等的公共服务,促进城乡融合发展。

6. 以生态文明发展为导向推动城乡生态功能协同

以生态文明建设有效联动城乡生态功能,实现"新城绿色发展"与"乡村生态宜居"的耦合。新城开发离不开乡村绿色生态的保障,乡村生态保护和开发也为城市居民提供生态产品和服务需求。乡村生态宜居、和美富裕就是在提升乡村人居生态环境的同时将"绿水青山"转化为"金山银山",推动农业绿色发展和乡村绿色空间保护,为城乡居民提供优质的绿色农产品和生态休憩空间。充分挖掘新城周边乡村的生态资源优势发展生态旅游服务,将乡村生态环境优势转化为经济优势和引力,为城乡居民提供高质量的绿色空间和生态服务。

7. 以乡风文明带动城乡文化协同发展

乡风文明是乡村振兴 20 字总要求的核心内容。长期以来,乡风文明是乡村建设的短板,降低乡村的吸引力,阻碍城市居民来乡村游玩和居住。未来需多渠道投入和兴建乡村各种文化设施和活动场所,包括乡镇文化站、村文化室、文化礼堂等,不仅能提升乡村的文化建设水平,而且能吸引更多新城居民来乡村"寻根"和体验乡村文明,使新城的现代文明与乡村的传统文明相互辉映,实现"记得住乡愁、留得住乡情"。

8. 以城乡一体化治理推动城乡功能空间协同

治理有效是乡村振兴的基础和保障,也是城乡功能融合的关键。构建城乡一体化治理体系破除城乡分割和分治,推动城乡一体化治理和功能互补。在统筹城乡融合发展的过程中,杜绝乡村"治理真空"。将城乡功能协同包含在城乡治理层面,从空间规划与治理入手,打破以往城乡二元分割的管理体制,在规划和治理中协调各方利益,更好地满足乡村建设与新城开发中不同主体的多样化功能需求。

## 六、上海推进乡村建设与五大新城开发功能协同的对策

（一）加强顶层设计,统筹城乡功能发展

加强对城乡功能的统筹规划和顶层设计,制定城乡功能协同发展的整体规划与布局设计,统筹布局和发展城乡多元化和差异化功能。首先,统筹规划和布局城乡基础设施和公共服务,为促进城乡要素双向流动提供基础和保障,统筹推进城乡功能差异化和互补发展。其次,精准分析乡村多功能发展的态势与需求,精准谋划和构建城乡功能协同的制度框架和运行体系,促进乡村建设与新城开发的功能对接和分工协作。

（二）识别多层次需求,强化产业协同和任务协作

识别城乡功能协同发展的多层次需求,积极在乡村建设中引入文创、科创、生态休闲等新产业、新业态,提升乡村与新城的产业对接与互动水平,构建城乡协同发展的产业基础和任务协作机制。做好都市现代农业发展,围绕"农业＋"乡村产业发展新趋势,构建"乡村＋"多元产业发展与融合机制。充分挖掘乡村农业、生态、文化、旅游等资源价值,建立面向大都市城乡协同发展的产品和服务协作机制,实现城乡良性互动和任务协同,并形成以重大任务和重大功能项目为纽带的城乡产业协作机制。

（三）改革土地制度,激活城乡要素流动

深化农村"三块地"改革,激活乡村土地、劳动力和资本等要素,提升要素城乡双向流动,促进城乡要素融合和功能协同发展。拓展宅基地使用功能和流转范围,积极探索宅基地的多功能复合利用和人居环境提升,满足城市居民的休闲、居住和游玩体验需求。完善农村土地"三权"分置制度改革,探索宅基地、集体经营性建设用地使用权的多元入市制度及模式,为乡村多功能发展提供制度基础和空间保障。

（四）实施乡村有机更新,推动城乡融合发展

党的十九大报告提出要健全城乡融合发展的体制机制和政策体系,乡村有机更新及其与新城的协调发展是城乡融合发展的重要手段和途径。乡村有机更新通过尊重并保护乡村的多元价值,激发乡村内生发展动力,在空间、经济、社会和生态等方面有机生长,使乡村更好地适应现代化发展的要求,更好地衔接新城和城镇化发展的多元需求,在乡村修复和有机更新中推进乡村全面振兴和城乡功能协同发展。

（五）合理布局功能性项目,促进乡村建设与新城开发功能协同

乡村建设与新城开发中还需以重要功能性项目布局为抓手,促进乡村建设与新城开发的空间平衡发展和功能协同。目前乡村建设中缺少重大功能性项目导入,使得乡村建设与新城开发功能还不协同。未来乡村规划与建设中需引入休闲、旅游、文创、康

养等重要功能性项目,在新城周边区位较好的中心村导入多样化和差异化的功能性项目,充实乡村建设的多样化功能配套,服务乡村本地和新城居民的多元需求。

(六)完善乡村公共服务,促进城乡公共服务均衡化

提升乡村的公共服务配套水平,消除城乡公共服务的二元结构差异,加快提升乡村教育、医疗、卫生、文化、体育等公共服务水平,完善乡村公共服务供给的均衡性和有效性,缩小乡村与新城、主城的公共服务水平差距,提升乡村人居环境水平,吸引新城与主城居民来乡村居住、生活、休憩和游玩,促进乡村开发活力和功能提升。

(七)强化多元投入、构建多主体共建共享机制

充分发挥政府投资的引导作用,吸引社会主体参与投资城乡功能协同建设项目。对不同类型的乡村根据承担城乡功能协同的任务差异给予差异化的资金和政策支持,对生态贡献较大的部分乡镇和对城乡协同贡献较大的项目,可适当给予更多的财政支持和基础设施补贴。积极引导和鼓励多元社会主体参与城乡协同功能性项目投资,构建社会化的共建共治共享的平台和协作机制。

(八)构建差异化考核机制,激励乡村多样化功能发展

实现乡村多功能发展还需要构建差异化的考核机制。改变传统以经济发展为主导的考核机制,构建包括经济、社会、生态等多维度的考核指标。对不同功能主导的乡镇实施不同的考核机制,如对生态功能主导的乡镇相应实施以生态保护和文旅产业发展为导向的考核指标,激励乡镇结合自身优势发展农业生产、生态保护、文化休闲、康养等多样化业态。探索城乡生态补偿制度,让承担更多生态功能保护的乡村分享城乡协同发展收益。

(九)健全城乡联动机制,形成城乡功能协同合力

建立由农委牵头,住房和城乡建设、规划和自然资源、财政、生态环境和文化旅游等多部门协同的工作小组,健全城乡发展联动与功能协同的工作机制。例如,联合规划和自然资源部门盘活乡村闲置宅基地和集体建设用地;联合住房和城乡建设部门开展农村住房和人居环境整治,切实提升乡村生态环境,吸引城市居民下乡投资创业和旅游度假。

(十)构建城乡功能协同平台,引导多元主体参与

构建城乡功能协同平台,在新城周边资源禀赋和基础设施较好的乡村探索城乡功能协同的建设试点,并积极引导多元主体参与建设。如引导社会资本参与投资建设乡村民宿、休闲农业、生态旅游和文创产业等,实现乡村空间平台上多功能业态的综合发展。构建乡村与新城的合作平台和联系机制,共同规划、设计和开发城乡功能互补的重点项目,满足城乡居民的休闲、旅游、观光与文创等多层次功能需求和多样化空间需求。

**牵头领导:** 黎而力
**牵头处室:** 村镇建设处
**课题组成员:** 温祖良　黄忠华　蔡　萌　胡金星

# 22. 发展壮大上海农村集体经济实践路径研究

2016年颁布的《中共中央国务院关于稳步推进农村集体产权制度改革的意见》明确提出要"发展新型农村集体经济",2022年2月由上海市政府办发布的沪府办规〔2022〕2号文件提出了"农村集体经济高质量发展"的目标,并提出了若干具体的举措,2022年10月公布的党的二十大报告中再次明确将"发展新型农村集体经济"作为实施乡村振兴战略的重要举措。2023年的中央一号文件对新型农村集体经济的一般特征做出了解答,需要各个地区因地制宜地探索具体的实现形式。上海的农村属于大都市的郊区,城乡关系比较紧密,农村集体经济发展水平比较高,但也存在发展不平衡和不充分的问题,在进一步推进的过程中还面临一系列的限制和挑战。尤其是,发达地区也是全国农村工作改革创新的排头兵,承担着为全国农村集体经济发展探索新思路和创造新经验的任务。因此,上海必须用自身经验回答大都市郊区的新型农村集体经济"新"在何处与路在何方的问题。

华东理工大学中国城乡发展研究中心团队长期在上海郊区和外省市进行实地调研,多次开展驻村驻镇集体调研与大规模的问卷调查,近两年在本市完成了示范村建设情况调查和农民集中居住政策推进工作调研。为完成这项课题,课题组又进一步实地走访了四个区的十个村,以及江苏省昆山市的两个村,访谈了各级干部,在尽可能充分学习有关政策和分析相关资料的基础上,完成以下研究报告。

## 一、大都市郊区新型农村集体经济的新特性

上海郊区农村作为全国最发达的农村地区之一,其新型集体经济的特性既有全国的共性,也有长三角地区的共性,还有上海郊区自身的特性。就全国的共性来说,新型集体经济告别了人民公社时期和乡村工业化阶段的以劳动联合为主要结合机制、以产品生产经营为主要实现形式的阶段,转向了以劳动、技术、管理、资金等多要素联合为结合机制、以产业多业态联动发展为实现形式的阶段。就长三角地区的共性来说,较高水

平的城乡融合发展是该地区城乡关系的普遍特征,集体经济发展在保有封闭性的同时,尽可能地发展出了开放性,形成了本地居民与流动人口和谐相处的新型社区,建立了城乡一体、镇村一体的发展体制机制,形成了较充分的就业机会＋较高水平的社会保障＋较普遍的集体分红＋较丰富的社区福利的农民增收机制。就上海来说,新型农村集体经济之"新"应该还有自己的特性,这种特性的根源来自上海是全国最大和最发达的城市,其郊区相比于城市体量比较小,其城乡融合发展的路径和程度与周边地区有所不同,由此也决定了农村集体经济的定位和形式与周边地区有所不同。

(一)目标定位之新:创造中国特色城市新形态的重要抓手

上海全域的经济社会发展都承担着为中国式现代化探索思路的重任,乡村振兴和发展集体经济必须目标导向和问题导向并重,且要突出目标导向。必须深入思考我们"为了什么"发展集体经济,在这个基础上建立明确的整体思路,进行适当的顶层设计,防止区域不平衡的进一步扩大,避免将来的尾大不掉。从总体上来说,发展新型集体经济的目标是要将整个上海地区看成是一个有机的整体,通过乡村振兴和新型农村集体经济的发展,帮助塑造新的城市形态。

关于乡村振兴和集体经济的发展,存在一些全国统一的指标体系,有些核心指标内含着城乡二元区分的思维,已经不能准确地反映出类似上海这种城乡高度融合地区的农村发展水平。在这些指标上做得"更加"或"越来越"优秀,固然有利,但也可能有弊端。以下就"农村居民人均可支配收入"这个指标来说明。

2022年上海市农村居民人均可支配收入为39 729元,在长三角地区26城市中排名第9;较之2013年农村居民人均可支配收入为19 208元,排名第6,十年来下降了3个位次。如果想要改变上海在长三角地区的位次,难度很大。实际上,长三角地区26城市的位次相当稳定,最明显的变化是浙江城市位次上升而上海和苏南城市的位次下降。图1显示了26城市农村居民人均可支配收入十年来的位次的连线,其中直线是2022年26城市的位次连线。

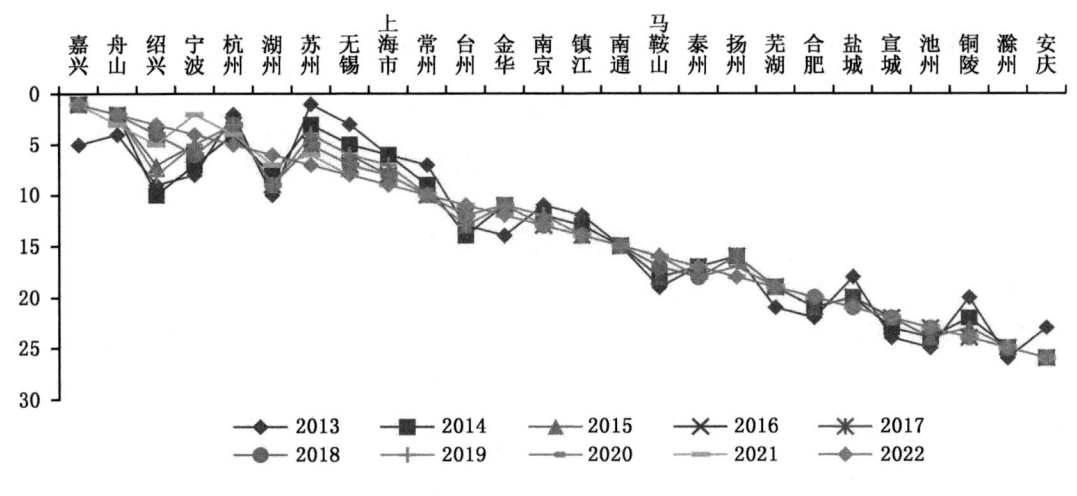

图1 长三角地区26城市十年来农民人均可支配收入排序位次

大城市或者城市郊区的农民收入反而比较低，也出现在其他多个省份。比如，杭州市在浙江11个地级市中排名第5，南京市排名低于苏南的各个城市。安徽省合肥市郊区各县市的排名依然低于皖南靠近长三角地区各个县市区。即使在大城市所辖的各个县市区之间，市区也很可能不占优势，这种情况在人地关系更加紧密的长三角核心地区比较明显。比如，嘉兴的市区在所述各县市区中排名垫底，苏州的市区也排名最后。

这种看似"灯下黑"的情况有其深刻的结构成因，同时，它还是统计过程建构的结果。因为农村居民人均可支配收入是一个统计值，受到统计方法的很大影响。在当前的统计方法下，存在一种城镇化程度更高的地区农村居民人均可支配收入反而更低的可能。比如，2021年时南通市的人均GDP明显高于嘉兴市（分别是142 642元和116 323元），但农村居民人均可支配收入却比嘉兴市少了1万多元（分别是29 134元和43 598元）。一个重要的原因是城镇化水平比较高的地区，一些高收入群体完成了城市化，不被纳入统计对象。结果，在发达地区，家庭平均人口规模大的城市，农民人均可支配收入就比较高，反之较低。图2显示的是2021年长三角地区以及长江流域各个城市的农村户均人口和农村居民人均可支配收入之间的关系。

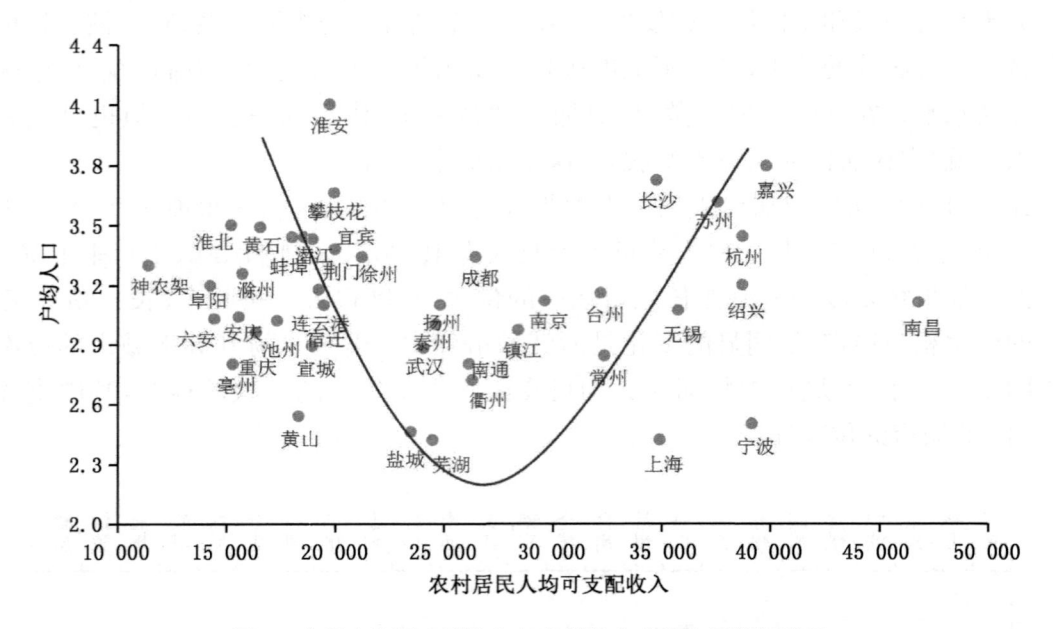

**图2 农民人均可支配收入与农村住户户均人口数的关系**

进一步的回归分析揭示出，市域内的城镇化有利于提高城镇居民人均可支配收入，同时会抑制农村居民人均可支配收入。这种情况对上海的农村居民人均可支配收入的统计也有重要的影响。上海郊区的农村户均规模比较小，而且，上海的统计部门没有将嘉定、闵行和宝山的农村居民纳入抽样调查的抽样框中。如果把这三个地区的农村居民纳入抽样框，上海的数据将明显上升。这本身也说明在城乡融合发展水平高的地区，有一些传统指标的效力下降了。

近些年来，上海市为提高农村居民人均可支配收入付出了巨大的努力，尤其是采取各种手段用财政收入补贴农民收入。2021年时，农村居民人均可支配收入中转移性收入的占比已经达到25.6%,2020年时超过了30%。这个比例在长三角地区已经是最高的,实际上,农民从集体获得的分红中,也有一部分来自财政收入。这不仅对政府财政形成了较大的压力,而且,把财政收入转为农民收入的制度设计也越来越繁复,制度设计和实施的成本比较大。

2021年时,上海农村集体经济组织成员人均分红1 018元,在当年农民人均可支配收入中占比不超过3%。上海农民收入最低的人群属于依靠"农保"的老年农民,即使对于这部分群体,集体分红收入在其个人收入中的占比也普遍低于7%。占比很低,不等于没有意义,集体分红的意义主要不在于"富裕",而在于"共同",在于创造共同体的感受。发展集体经济的意义也主要不在于创造收入,而是强化基层政权建设,以及通过发展集体经济来重塑乡村的新功能,展现新价值。这个新功能和新价值必然是在整个城市中进行定位的,因此,新型集体经济的发展自然而然地成为塑造城市新形态的重要抓手,新型集体经济发展的相关制度也自然而然地成为塑造城市新形态的制度基础。

(二)功能定位之新:创造大都市郊区生活方式的经济基础

在塑造新型城市形态的过程中,郊区乡村应该承担怎样的功能呢？上海市农委提出,要以"三个百里"为愿景,深刻领会习近平总书记在上海工作期间到金山区调研时提出的"金山要建设百里花园、百里果园、百里菜园,成为上海的后花园"这一指示,把郊区农村作为一种美好生活方式的选择来加以建设,更好承载城市核心功能,使之成为人人向往的社会主义现代化国际大都市美好生活的乐土。按照这样的认识,上海郊区乡村在整个城市中已经和应该进一步发挥出五大功能——生活功能、生产功能、生态涵养功能、旅游休闲功能和文化传承功能,其中生活功能被提到了第一位。在特大城市的郊区发挥出乡村的生活功能,意味着要创造出一种郊区生活方式。这也是上海郊区新型农村集体经济发展的愿景,它使得上海新型农村集体经济在功能定位上有别于任何传统的或其他大多数地区的集体经济发展实践。

目前,我们对中国大城市郊区生活的样态还缺乏深入的研究,大致地说,上海的郊区生活方式在特点上将是中国特色、江南风范和上海品质的统一,是城市品位与乡村传统的糅合;在内涵上,上海的郊区生活方式应该是品质优良的,是生态优美的,是多姿多彩的,是底蕴深厚的,是民风向善的。无论我们怎么来概括和设想这种郊区生活方式,它都离不开集体经济的发展。

其一,高品质的生活需要高水平的治理,而集体经济的发展是乡村治理的重要经济基础。以浦东某镇为例,2016—2020年各年各村平均管理费用+公共服务费用分别为90.7万元、159.8万元、184.6万元、306.5万元和178.5万元。该镇村级收入中来自财政转移支付的比例振荡式上升,最低为26%,最高为54%。如果集体经济收入能够增加,将能减轻政府的财政压力。

其二,多姿多彩的生活样式与传统文化的保护需要一定强度的经济投入,以及广泛的群众参与,集体经济的发展是重要的人力和物力的支撑。上海农民的社会保障水平比较高,即使是拿农保的农民,如果身体健康,一对老夫妻也能花掉一半,储存一半。这就使得他们有更多的闲暇时间,也使得他们能够走出私人生活的圈子,融入公共生活中去,这就给上海的农村社区建设与文化建设提供了前所未有的条件。当前各个相关部门都在利用这个条件开展各种活动,如果村级组织能够有更多的自有资金,将能更加自主地和因地制宜地开展各种群众喜闻乐见的活动,也能为形成新的郊区生活样式做出更加接地气和更加多姿多彩的探索。

其三,良善的民风必须在共同体中才能得到维持,而集体经济的发展是建立社区联结的重要机制。这种联结主要是通过干群日常联系、各种公共活动、各种集体劳动、合作社分红和集体福利等形式来实现的,它们需要经济基础的支撑。

图3是对某镇27个村居的132名村两委成员的选举得票结果进行的分析,根据《农经年报》上的数据统计分析了影响三次投票的变量。这次选举发生在2018年,是"五违四必"之后的第一次全面换届选举,村干部的得票率发生了变化,因此具有统计的意义。统计结果显示,村集体的福利、分红,以及村两委雇用本村村民务工的频率,与村两委班子成员的得票率之间有明显的相关关系,这说明了集体经济的发展是如何促进了乡村的有效治理,同时也说明了集体经济的发展与合理的分配有助于改善村内的干群关系。

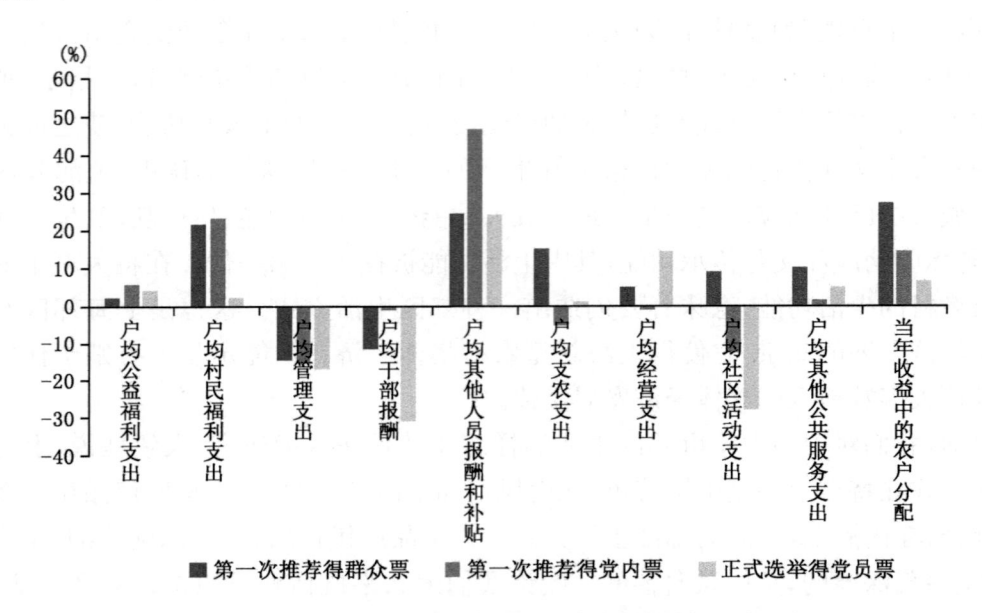

**图3 2018年某镇村党支部换届选举中委员得票的影响因素**

(三)实现机制之新:城乡与镇村一体化推动的深度市场化过程

在上海,发展新型农村集体经济的实现机制也有别于周边地区乃至全国其他地区,体现在更加有力的对外扩展与向内深化。

所谓更有力的对外扩展,指的是上海的农村集体经济更加彻底地摆脱了封闭性,走向了开放性,充分地发挥了直辖市体制优势和城市规模优势。不仅形成了市区镇村四级联动的统筹机制,在参与主体上重视国有企业和大型民营企业的参与,还在投资对象上跨越了镇域和区级区划,在全市范围内谋求发展。

这种特点比较突出地体现在综合帮扶政策的设计和实施过程中。本市农村综合帮扶工作从 2013 年开始,第一轮帮扶计划实施周期为 2013—2017 年,重点聚焦经济相对薄弱村(2012 年村集体经济组织可支配收入低于人均 400 元的村,主要涉及奉贤、金山、崇明、浦东、青浦和松江等 6 个区,共 428 个村),着力提升经济相对薄弱村的自主发展能力。市政府安排 10 亿元建立农村综合帮扶市级专项资金,引导形成一批具有长期稳定收益的综合帮扶项目,收益主要用于增加农民收入。38 家包括开发区和国有企业等在内的帮扶单位每年帮扶捐赠 2.7 亿元,用于"造血"项目建设,并将帮扶领域从资金支持扩大到资源、人才等全方位的支持。区级政府提供资金配套,且借上级政策的东风,大力发展各种综合帮扶机制和平台。第二轮帮扶计划实施周期为 2018—2022 年,主要支持崇明、金山、奉贤、青浦和松江五个经济相对薄弱村较为集中的区,这一轮帮扶中的薄弱村指的是集体经济组织可支配收入低于人均 800 元,且经营性资产低于人均 1 万元的村,主要涉及 559 个村。同时,进一步聚焦农村生活困难农户。目前正在谋划实施第三轮综合帮扶计划,计划在 2023 年制定出相关配套文件。

在第二轮帮扶计划实施过程中,经过 5 年的持续推进,市级财政共计支持全市完成农村综合帮扶"造血"项目立项 17 个,项目总投资达 55.3 亿元,项目类型涵盖经营性物业购置、经营性股权收购、农业产业化项目建设等。这种项目化推进将各种可能的支持力量都吸纳进来,也将市区镇村联合起来,形成了合力。奉贤区的"百村"系列在全市形成了影响力,产生了良好的经济社会效果。这样的成功案例不仅出现在奉贤,也在其他涉农区蓬勃发展。以金山区为例,金山区组织全区 85 个经济相对薄弱村联合投资设立了区级农村综合帮扶平台公司——上海振富经济有限公司,统筹运营全区所有农村综合帮扶"造血"项目。本轮金山区建设的 5 个"造血"项目中,廊下镇充分发挥自身蘑菇特色小镇的优势,联合上海联中食用菌专业合作社共同打造蘑菇产业帮扶项目,探索建立起联农共富新机制。该项目建设方为上海振富经济有限公司,总投资 1.58 亿元用于建设"廊下镇双孢蘑菇生产基地项目",建成后租赁给上海联中食用菌专业合作社运营,每年按照投资金额一定比例收取租金。项目采用先进的栽培技术和加工技术,形成集双孢蘑菇原料的规模化生产、示范性种植、加工冷藏、经营销售于一体的完整产业链。该项目已于 2022 年 11 月开始正式运营,预计每年可向上海振富经济有限公司缴纳租金近 1 000 万元,项目收益主要用于对全区生活困难农户开展就业、教育、医疗、住房等精准帮扶措施。

所谓更加有力的向内深化,指的是上海新型集体经济发展是在高强度减量化之后推进的,余下的能开发的乡村资源大多深度嵌入社会文化和自然环境中,市场化难度大,需要各种制度创新才能推进,这可以称为深度市场化的进程。相比较而言,传统集体经济发展过程中实现市场化的资源是比较容易市场化的各种要素,更加依靠技术创新来完成原材料向产品的转换,或者仅仅是依靠物业出租就能获得收益,这是一般市场化的过程。

20 世纪 90 年代末期集体企业的改制将绝大部分工业型集体企业转换成了民营企业,2013 年以来的"五违四必"和相当彻底的减量化政策大幅度地降低了村级集体经济组织对物业经济的依赖。相比较而言,周边城市的减量化力度没有这么大,或者方式与上海不同。比如在江苏省的昆山市,村庄拆并力度也很大,农民住房从改革开放初期的12万户,减少到4万户,自然村数量和经营性建设用地也大幅减少,但昆山的拆除方式是将农房与经营性建设用地联动拆除,在农房保留的地方也同时保留了经营性建设用地,物业经济对于村级集体经济组织的支撑力度依然很大。嘉兴市的"退散进集",也没有采取刚性的减法,而是有退有进,而且是近距离集中到镇上。从实地调研的情况看,上海农村的减量化工作还在推进中,村级集体经济组织对传统物业经济的依赖还将继续降低。必须尽可能摆脱对传统物业经济的依赖,就成了上海发展新型集体经济的基本要求。这就要求上海各级政府和集体经济组织必须更加深度地挖掘深度嵌入社会文化与自然环境中的乡土资源,实现深度的市场化。

要实现深度的市场化,将深度嵌入社会文化和自然环境中的资源开发出来,就需要更加有力的顶层设计、更多的规划调整,以及更有深度的体制机制的改革。所以,上海在如何推进"三块地"的改革方面做了很多的探索,积极引导社会资本下乡,为其消除各种壁垒。而且,上海的农民集中居住政策推进难度很大,进展比较慢,聚落形态对新型集体经济的发展具有直接的影响,因此,上海的新型集体经济的发展过程与聚落形态的变革进程也是糅合在一起的。

## 二、上海发展新型农村集体经济的挑战

(一)触及深层次问题:上海新型集体经济发展的认识障碍

在当前的基本制度框架下,上海的农村集体经济已经发展到一个较高的水平,进一步发展必须创新路,同时,高强度的减量化也让上海的集体经济发展无法继续走老路,只能大胆创新,实施更加大开大合的城乡一体化和镇村一体化,推动更有深度的农村市场化进程。这个进程包含了深层次的体制机制改革,糅合了进度缓慢的集中居住工作,还要处理好全国统一要求与上海具体实际之间的关系,实际上难度不小。在改革创新的最前沿总是要触及一些基本的政策或理论问题,如下一些问题可能是值得思考的。

其一,"三块地"使用权入市的最优方式到底是以直接入市为主还是以间接入市为主?

这直接关系到新型集体经济的发展路径。在既有的政策设计中,希望耕地的经营权、宅基地和集体经营性建设用地的使用权能够充分自由地直接地进行市场交易,交易之后能够保障使用权或经营权主体稳定地和比较完整地保有自己的权利,比如能够将使用权或经营权用于抵押担保,以及进一步地转让。目前看来,这些改革的推进速度比较慢,主流的入市方式依然是间接的、不充分的。

有一种可能是,当前关于"三块地"的使用权或经营权直接入市的目标未必合适、方式未必妥当。由于集体土地的特殊性质,充分自由的市场交易将给交易双方和金融机构带来风险,这是相关改革难以推进的现实原因,这些原因很难消除。毕竟,当初将集体企业改制之后的厂房彻底出售,集体经济收入就很难提高;刚刚过去的减量化也清楚地说明,如果没有建设用地,没有可以出租的房屋,集体经济收入就很难提高。前车之鉴,近在眼前。任何一个在位的村支书都要考虑自己决策的后果。进一步地说,城乡要

素自由交易如果带来社会资本大举下乡的局面,还将引发进一步的政治风险,因此决策部门也十分慎重。从承包地流转的相关文件的出台过程、《农村集体经济组织法》的内容中对于集体经济组织撤销的限定,以及最近九部委联合下发的《"我的家乡我建设"活动实施方案》的修订,都能看到国家对社会资本大举下乡的警惕。这些对"三块地"改革的推进进度和方式有着深刻的影响。

我们可以用奉贤区在集体经营性建设用地使用权入市试点过程中的一个案例来说明直接入市方案的困难。

国企申亚集团在奉贤区金汇镇明星村有 3 800 亩林地,需要建设用地才能开发获利。申亚"森林美谷"项目计划总投资约 9.2 亿元,规划总用地面积 53.27 亩,总建筑面积约 42 700 平方米。启动区项目占地面积 5 781 平方米(8.67 亩),总建筑面积 9 681 平方米(地上建筑面积 5 781 平方米)。于是走了郊野单元规划上的商服用地落位的程序,已经走通,取得了上海市首张《乡村建设规划许可证》。然后和明星村集体一起成立一个公司,申亚入股,并且实际操盘,动迁了 52 户农户,进行第一期的建设。这个新公司对明星村集体经济组织名为分红,其实是支付保底地租。所有的动拆迁和建设成本都由申亚出资,但是资产所有者却不是这个公司所有,而是只能由集体经济组织所有。这个法律障碍没有走通。结果,申亚集团在公司内部通过程序,将资产赠与明星村,完成了企业内部财务上的平衡。但是,与村集体另外签订协议开始实质性的经营。

在这个做法里面,有两个步骤:拿地是第一步,是供地而不是入市。村集体不是通过招拍挂,而是依照程序获得了直接使用自己的建设用地的资格。这是一次供地的过程,而不是土地入市的过程。融资能力的形成是第二步。融资能力的形成通常被理解成需要形成公司资产。但集体土地上建设的房产实际上不能属于申亚集团。申亚集团是国企,依靠国企的信用取得村集体和政府的信任,相信它会分红或持续支付地租。同时,国企也有自信来相信村里不会违约。而且,申亚集团资金雄厚,没有向银行申请抵押贷款。如果是民营企业,就不敢这么做。所以,在同一个镇里的另外一个示范村里的一家民营企业,在走了开头几步之后就停下了。

我们看到,在这个入市过程中,村集体经济组织的获益方式是保底+分红,但分红是不确定的。如果只是保底,那么与土地或物业的出租并没有不同。无论是否分红,对企业来说,这都很难说是与国有土地"同权同价"的交易。因此,这个村的试点并没有克服所有的入市障碍。当前的政策风向可能并不鼓励民营企业下乡拿地,即使鼓励,实力较弱的企业可能也希望使用权可以抵押贷款,这就要求进一步的改革措施,可能引发进一步的风险。

另外一种政策思路是,不再过于强调直接入市以及同权同价,入市目标和方式应该包含部分入市以及间接入市,并且以部分和间接的入市为主,这是指各种不以使用权的完全转让为基础的产权交易方式,主要是入股和租赁等。上述的案例实际上也是一种间接入市的做法。即使采取入股的方式交易,也还需要进一步细化方案,尤其是要考虑如何确保集体的权益,考虑经营失败时集体如何处置资产的问题。

在宅基地使用权的入市过程中,应该更加重视部分和间接入市的模式,直接的转让很可能不会真正地提高农村住房的使用率。可能只有那些短期居住的行为才能更有效地提高农村住房的使用率。到底有多少长期的占有者会常年居住在农村,是需要进一步深入调查的。

其二,农村集体经济的发展是否应该是无限度的?

这个问题直接地反映在这样一些现实问题上:

(1)行政村撤制时,在什么条件下可以同步解散村集体经济组织?

(2)如何对待高度城市化地区的镇村集体经济组织,它们是否也应该继续得到大发展?

(3)使用财政资金补贴集体经济组织,其合理的限度在哪里?

(4)如何看待2001年以后出生的农村户籍人口,他们是否应该转成集体经济组织成员。

笔者的倾向是,集体经济组织可以解散时,应该鼓励解散,如果实在不能解散,也不应该继续大力发展。城乡融合发展应该是朝着尊重城乡二元结构,同时消除城乡二元体制的方向发展,我们不能在消除了不利于农村的城乡二元体制之后,又建立了不利于市民和新市民的新的身份体制。

(二)人、地、钱、政策:上海新型集体经济发展的硬制约

这些方面的约束是必须逐步破解的。对此,有关部门的既有研究已经十分充分,且更加权威,笔者也无法提供新的信息或提出新的认识,请允许笔者不再赘述。

(三)不平衡与不充分:上海新型集体经济发展的现实问题

对上海来说,集体经济发展面临的现实问题不是全面的大发展,而是如何实现更加平衡和充分的发展。

在推进减量化的过程中,为了保持村委会和村集体经济组织的收入不降反增,各级政府和集体经济组织付出了艰苦的努力,也取得了很好的效果。图4显示的是2003年以来上海市村集体经济组织村均可支配收入的变化,单位是"万元"。然而,当前上海农村集体经济发展的不平衡和不充分的情况还是比较明显的。

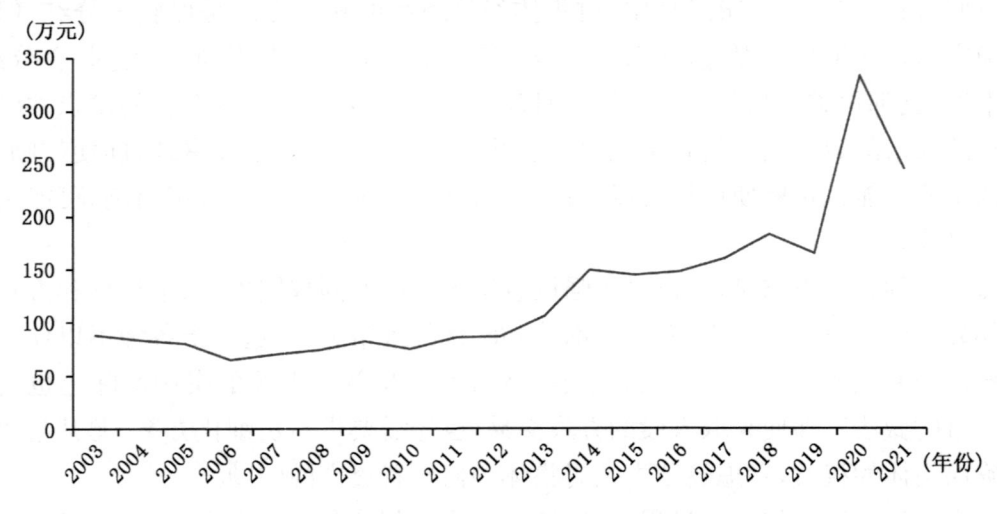

图 4　上海市村均可支配收入(2003—2021 年)

当前上海农村集体经济发展不平衡的情况比较突出。这体现在区与区之间、镇与镇之间、村与村之间的差距都比较明显。图5显示的是各区农民从集体获得分配的人均收入估计值,计算方法是以村均可支配收入的30%除以各村的户籍人口。

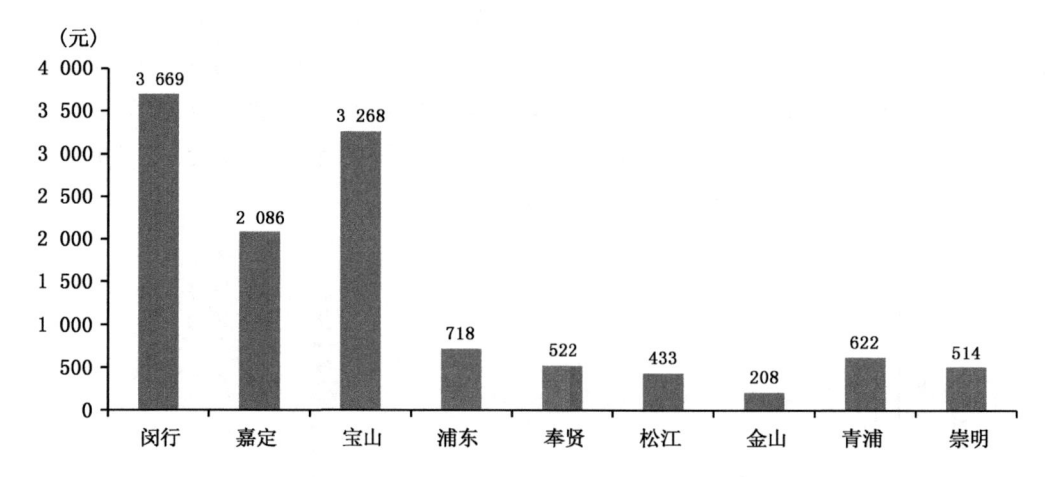

**图5 上海各区农民可以从村集体经济组织获得分配收入估计值**

图6显示的是2021年浦东新区各镇的集体收入差异,单位为"万元"。

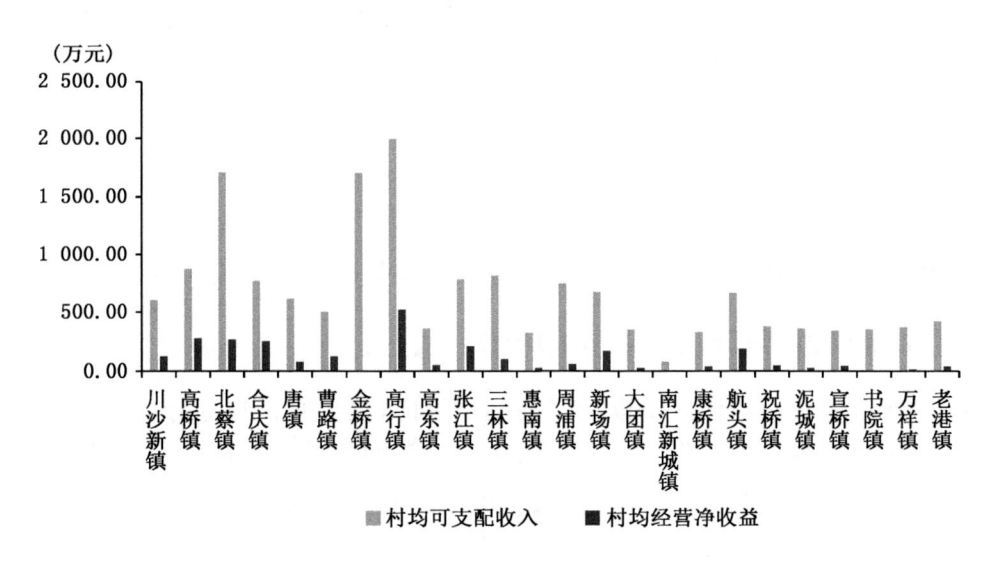

**图6 浦东新区2021年各村的村级收入比较**

这种不平衡在减量化之后变得更加突出,本来就比较富裕的近郊村受到减量化的影响反而比较小,而本来不够富裕的中远郊村受到减量化的影响反而更大。2019年时,村均集体可支配收入最高的区是闵行区,最低的区是松江区,这两个区的村均集体可支配收入之比是8.5倍;2021年时,最高的闵行区是最低的金山区的11.2倍。其中的差距明显扩大了。这就使得如何发展好经济薄弱村尤其中远郊的经济薄弱村的集体经济成为一个很现实的问题。

以上的数据说明了农村集体经济发展的不平衡。就农村集体经济发展不充分而言,上海的不充分主要不是体现在农民收入比较低或者城乡收入比比较高,而是主要体现在乡村的各种资源尚没有得到充分的开发,乡村的城市功能尚没有充分体现。这种发展不充分的问题在示范村表现得更为突出,示范村是在乡村实现城市功能的先行者。

基于某些现实的考虑,很多的乡村振兴示范村选点在经济薄弱村。图7显示的是所能获得的89个市级乡村振兴示范村在2018年或2019年的人均村集体经营性收入的情况,反映的是各区的各个示范村的人均集体经营性收入是否高于所在镇的平均水平,其中数字的单位是"个"。可见,除了嘉定区,其他区的示范村都是人均集体经营性收入水平低于所在镇平均水平的占多数。

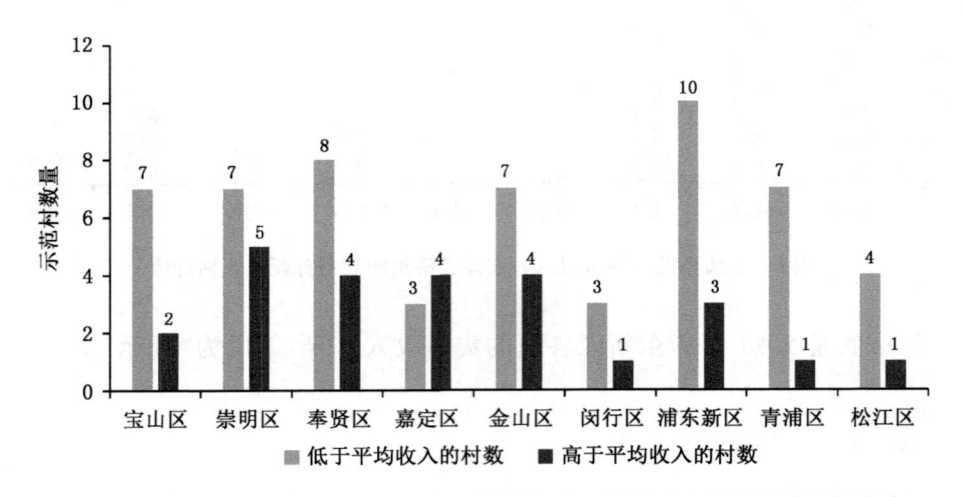

**图7 各区部分乡村振兴示范村村级经营性收入超过或低于所在镇平均数的村数**

一旦建成了乡村振兴示范村或者美丽乡村示范村,管理支出等相关支出就会大增,客观上倒逼出了在示范村发展集体经济尤其是新型集体经济的迫切性。

### 三、上海发展新型农村集体经济的路径

上海发展新型农村集体经济既要坚持问题导向,也要坚持目标导向,且要比以往更加重视目标导向。当前上海发展新型农村集体经济面临的主要现实问题是发展的不平衡和不充分;应该突出的发展目标是通过发展新型农村集体经济推动乡村振兴,继而推动在乡村实现城市功能,帮助塑造城市新形态。

为此,要建立分类分层统筹式的思维,按照资金、资源和资产的不同进行分层次的统筹;强化镇域统筹,按照中心村的要求建设示范村,强调示范村对于周边地区的带动作用;着眼于发挥乡村的城市功能,发挥镇村组织与集体经济组织的平台功能,推动乡村深处各类资源的深度市场化;努力增加经济薄弱村的分红和福利水平,增加按劳分配在村集体分配中的比重;进一步推进体制机制的改革,按照直接与间接入市兼取且以间接入市为主的思路推进"三块地"的改革。

(一)资金、资源和资产的分类分层统筹

新型农村集体经济必须是开放的集体经济,需要建立多层次统筹发展的机制,充分利用好内外各方面的资源。统筹的意义既在于补短板,也在于谋发展,且越来越具有谋

发展的色彩。

（1）要分类和分层地统筹。在市级尤其区级建立资金统筹的平台，推动以城带乡，以国资带动集资；在镇级建立资源和资产统筹的平台，强化镇域统筹发展的能力，在推进乡村振兴的过程中统筹发展村镇集体经济。鼓励村与村之间的联合发展。

（2）市区级统筹发展的重点在于欠发达地区的村镇，对于发达地区的村镇，鼓励自主发展，不作为财政支持的重点。

（3）更加重视镇级政府对辖区内集体资源和资产的统筹开发能力。这是当前各区乡村振兴与集体经济发展实践中的一个比较普遍的经验，取得了较好的效果，应该得到政策层面更大的肯定和支持。

（4）将统筹乡村振兴与统筹集体经济发展结合起来。在示范村的建设中强化中心村的思路，将示范村建成中心村；集合资源在中心村建设，收益各村共享。这是夏阳街道塘郁村的经验。

（5）正确看待城市开发导致的近郊集体经济收入的减少，不鼓励近郊地区继续扩大村级集体经济的规模，为高度城市化地区集体经济组织的逐步解散预留出口。

（二）多重思路发挥集体经济组织作为新型乡村产业平台的功能

减量化让上海告别了乡村工业化的遗产，彻底走向了一条不同于周边地区的乡村振兴和集体经济发展之路。这对上海农村来说，是挑战也是机遇。

（1）城市产业分散化的趋势。集中与分散是城市的吸与呼，缺一不可，因此，乡村在城市的产业发展中自然拥有一席之地。就产业分散而言，一种是产业的一般郊区化，比如华为的企业到金泽发展；另一种是产业分级的空间分布，比如总有亩均收益不高的小企业需要落脚到费用比较便宜的地区，这特别适合示范村。应该积极帮助示范村保留或形成经营性建设用地，重建某种新型的产业园区。这是松江区黄桥村的经验。

（2）乡村为城市的配套式发展。20世纪70年代以来乡村工业化发展的基本逻辑就是为城市配套，今天，要发展新型农村集体经济，也依然要主动为城市做配套。在近城或近镇区，要针对所在城镇发展功能配套，如人才公寓、养老机构、生态绿地等等；在城镇的远郊区，要在示范村打造符合城市功能的配套新型业态群落，这种新型业态群落不是针对某个城镇的配套，因此要自成一体、自求出路。可以发展成规模的农文旅结合产业，或者科创集群，或者民宿经济等。

（3）形成新个体经济聚集区。发挥区位优势和乡村特点，利用庭院和集体经营性建设用地发展"一村一品"、发展手工业、发展淘宝村等。

（4）组织个性化爱好者群落。上海2500万人口中有很多个性化的爱好者，他们需要空间来活动和交流，由此形成了空间聚集现象。比如，青浦区的岑卜村形成了皮筏艇爱好者的群落，浦东惠南镇试图发展自行车爱好者的部落，或者形成艺术家群落。

（5）合理规划新型业态群落的空间结构。它很可能是一个中心带动边缘的结构：在中心地区，有一片较大规模的建设用地、一个较大的龙头企业、一些具有后现代特征的服务企业，然后，其他的业态分布在农民的宅基地上。如果这种结构确实存在，那么政府和集体应该开展有针对性的扶持和开发工作。核心是要帮助示范村在中心地区设立一块合法合规的建设用地,帮助示范村找到合适的带头企业。

(6)制定政策为发展新型庭院经济解除障碍,在人居环境建设过程中,要协调好美学价值与经济价值的矛盾。

### (三)农民从集体获得的收入应该适当强化按劳分配

集体经济发展承担着帮助农民增收的责任,上海农民增收的难点在于老年农民的增收,而来自集体的收入恰好是在村老人特别看重的,因此,集体经济组织应该把分配的重点放在在村老人身上。集体提供的劳动报酬是面向在村劳动力的,他们大部分都是老年人。

(1)鼓励村集体经济组织创造村内就业机会,努力提高老年人收入,增加集体收入分配中按劳分配的比例。

老年农民的增收是上海农民增收的难点,同时,老年农民是干群关系的重点。老年人不仅需要钱,也需要亲自劳动,适度的劳动对很多老年人来说,是一种自发的需要。根据笔者所在团队的调查数据,如果按照平均老龄化率(57%)、半劳动力占比(男10%,女16%)和其中就业人数的平均比例(46%)来计算,一个常住人口1 000人的村中的就业人口中会有60位半劳动力有就业的需求。2021年时,某区9个示范村共创造了242个新的就业机会,其中大部分是老年人获得的。在这个方向上,奉贤区开展的"守护家园行动"的经验值得总结。

(2)重视农业集体经营的意义。从奉贤区新叶村的经验来看,将2 152亩水稻田的中间环节承包给8户农户完成,集体承担其他物资成本,对农户实施包产考核,底线是每亩1 000斤的产量。村集体获得了每亩1 000斤水稻的价格和每亩1 200元的财政补贴,同时通过整村流转和土地整治增加了500多亩的机动地,总体获利300万元,在支付租金给村民之后,还有120万元的盈余。事实证明,在水稻种植的领域,实行村集体经营是可行的。新叶村作为试点村,所雇用的农户主要是外来农户。而在崇明区陈家镇的瀛东村,主要的劳动力是本村人,依然取得了良好的社会经济效益。

### (四)强化体制机制改革,乡村资源的间接或直接入市

(1)多举措推动人才向乡村的聚集。可以派人,将驻村指导员制度升级成第一书记制度,推广村务工作者制度;可以请人,鼓励探索村集体经济组织职业经理人制度;可以借人,在旅游资源丰富的村庄,积极探索村庄资源整体承包给国有资本或社会资本。

(2)借全域土地整治和郊野单元规划修订的契机,规划先行,推动点状供地。推动镇村范围内占补平衡,进行集零为整。努力贯彻盘活的减量化建设用地指标不低于5%的比例用于乡村产业项目等政策。

(3)结合农民集中居住,鼓励将新增的建设用地指标按比例留在镇级或村级。鼓励镇域统筹建设用地指标,用于村与村的抱团发展,用于示范村的中心村功能建设。

(4)创新金融服务,为集体经营性建设用地间接或直接入市提供金融支持。支持金融机构创新金融产品和服务,积极拓宽有效担保物范围,探索开展以生产经营设备设施、集体经营性建设用地使用权、手续齐全的集体物业资产、资产资源收益权、应收账款等抵质押物申请贷款。

(5)切实完善税收政策,减免集体分配时发生的所得税,减免集体经济组织在获取减量化补偿款时的税收,减免集体资产内部转移时发生的各项税费。

(6)强化对集体经营性建设用地入市改革试点的指导,避免在企业经营失败时发生的风险,确保集体权益不受损。

(7)进一步鼓励国有企业与农村集体经济组织联合开发村庄资源,借助国有企业协调各个部门和各方资源的能力,让更多的国有企业为上海城乡要素的有序流动做好先行者。

**牵 头 领 导:** 黎而力
**牵 头 处 室:** 农村合作经济指导处
**课题组成员:** 蒋卫锋　熊万胜　张　彬　王佳璐
　　　　　　　郑　楷

# 23. 关于优化都市现代农业项目绩效管理的研究

2018年，本市修订印发了《上海市都市现代农业发展专项项目和资金管理办法》（沪农委规〔2018〕2号），依托各区（市属企业）产业基础和资源优势，以项目为平台，通过财政资金吸引撬动社会资本投入，支持推进农业规模化经营、标准化生产、品牌化营销体系建设及拓展农业综合功能，提升农业社会化服务水平等项目建设，促进都市现代绿色农业高质量发展。几年来，在市级政策带动下，各区引入了有一定实力的市场主体，形成了有一定规模的产业项目，提高了本市都市现代农业发展能级和水平。但对照"两个面向""两个对标"的更高要求，本市都市现代农业项目还存在较大差距，具有示范带动引领的高质量农业项目不多。《上海市乡村振兴"十四五"规划》《全国现代设施农业建设规划（2023—2030）》《关于加强投资促进工作推动农业农村高质量发展的实施意见》（沪委农办〔2023〕6号）等文件提出，要科学谋划产业布局，发展匹配大都市乡村特色、具有较高科技含量和符合绿色发展理念的优势产业，建成一批符合高科技、高品质、高附加值方向的现代农业产业集群和生产基地。为此，上海市农业农村委员会会同市财政局修订印发了《上海市都市现代农业建设项目资金和管理细则》，在项目管理上，重点是突出把握规划引领、统筹资金、简政放权、开拓创新的总体方向，将市级有关部门管理工作重心逐步从事前审批转向过程服务和事中事后监管，赋予各区更多的自主权，建立覆盖全程、分级负责、多方参与的都市现代农业建设项目管理机制。因此，如何根据都市现代农业项目管理特点科学设立绩效目标，建立健全完善的绩效评价体系，强化结果运用，对切实发挥财政资金投资效益、加强项目监管起着关键作用。围绕在优化都市现代农业项目方面如何建立财政绩效评价机制和资金保障机制这一主题，课题组进行了深入研究，梳理财政资金在都市现代农业的保障机制以及绩效管理情况，为今后都市现代农业项目管理提供参考。

## 一、研究目标

一是进一步剖析影响都市现代农业项目绩效管理成效的原因,从年度预算绩效管理拓展到中期和全生命周期项目绩效管理,以期增强都市现代农业项目绩效管理的前瞻性和可持续性,将年度绩效管理"小循环"和中长期重大政策(项目)、重点支出领域绩效管理全生命周期"大循环"有机衔接整合。

二是围绕进一步优化都市现代农业项目绩效管理,提出切实可行的对策建议,增强政府、部门(单位)、政策和项目层面预算绩效管理的系统性、整体性和协同性,从"自下而上"转向"自上而下",探索建立项目实施和资金管理的监督管理和绩效评价制度,将绩效管理作为宏观把握农业项目投资的有力工具。

## 二、研究内容

本次课题研究范围为都市现代农业项目财政资金保障以及项目投资使用效果,主要研究内容包括以下两方面:

一是梳理分析都市现代农业项目财政扶持情况,归纳、总结影响都市现代农业项目绩效管理成效的原因,促进预算与绩效理念的深度融合,提高绩效管理在预算决策中的基础性地位,促进物有所值的绩效理念的牢固树立。

二是梳理目前在都市现代农业项目绩效管理工作中的有待完善之处,提出相应的优化对策、建议,推动预算绩效管理理念在都市现代农业政策中进一步发挥对政府决策的支撑作用。

## 三、研究方法

为了深入研究本市都市现代农业项目绩效管理有关政策,总结项目绩效管理做法经验,分析存在的问题,提出完善建议和措施,本次课题采用个案分析与面上分析相结合、理论研究与调查研究相结合、定量分析与定性分析相结合的研究方法,具体来说:

(一)文献研究法

文献研究法是根据一定的研究目的或课题,通过调查文献来获得资料,从而全面地、正确地了解掌握所要研究问题的一种方法。文献研究法被广泛用于各种学科研究中。本课题通过检索研究国内外关于农业项目绩效管理的文献,了解其他地区对农业项目的绩效管理机制。

(二)数据分析法

在科学研究中,通过定量分析和定性分析法可以使人们对研究对象的认识进一步精确化,运用归纳与演绎、分析与综合以及抽象与概括等方法,对获得的各种材料进行思维加工,以便更加科学地揭示规律、把握本质、理清关系、预测事物的发展趋势。本课题通过挑选上海市具有代表性的都市现代农业项目,进行对比分析,分析预算绩效管理对项目的影响程度。

（三）调查研究法

为了深入了解都市现代农业项目绩效管理情况,课题组将开展广泛的走访调研活动,通过了解目前都市现代农业项目开展情况及政策设计和实施中的具体问题、难点、效果和改进潜力,走访、了解部门现有投入政策,以及对都市现代农业项目的建议,同时实地调研、踏勘具有代表性的都市现代农业项目,实际了解都市现代农业项目开展情况。

## 四、研究过程

首先,课题组通过检索、资料查阅等方式收集课题相关文献资料,召开课题研究会议,讨论、论证课题方案的可行性,初步制订研究方案,明确研究思路,完成课题研究的开题报告,对课题内容、时间安排、研究思路等制订实施计划。

其次,通过访谈、实地调研都市现代农业项目等形式,剖析影响都市现代农业项目绩效管理成效的原因,从年度预算绩效管理拓展到中期和全生命周期项目实施和资金管理的监督管理和绩效评价制度,进一步了解都市现代农业项目的实施进展,对取得数据进行数据分析,同时参考借鉴相关文档资料,对课题研究内容展开针对性调研分析。

最后,通过线上沟通及访谈收集相关信息后,结合相关政策文件及数据分析,课题组对照开题报告进行全面总结,整理资料,分析反思,完成各项成果资料汇编工作,撰写结题报告,并将相关研究成果转化为实际工作中具有可操作性的指导建议。

## 五、成果与分析

2018年,本市修订印发了《上海市都市现代农业发展专项项目和资金管理办法》（沪农委规〔2018〕2号）,文件明确都市现代农业发展项目的扶持对象、内容和支持方式,规范了项目申报、审批和实施管理流程以及项目资金管理办法。2018—2022年,本市共批复都市现代农业发展专项项目397个,形成了崇明由由中荷现代农业产业园、金山枫泾九丰蔬菜智能生产观光一体化等有一定规模的产业项目,进一步提高了本市都市农业发展能级和水平。

(一)都市现代农业发展专项项目财政投入的对象、范围、方式

1. 财政投入支持对象

支持对象主要包括涉农企业、农民专业合作社、家庭农场等农业经营主体及农村集体经济组织和农业生产性服务组织。

2. 财政投入支持范围

都市现代农业发展专项资金主要用于推进农业规模化经营、标准化生产、品牌化营销体系建设及拓展农业综合功能,提升农业社会化服务水平等项目补助。主要包括:

(1)农业生产能力提升项目。粮食、蔬菜、经济作物、畜禽、水产等农产品种植、养殖基地综合生产能力建设等。

(2)农业产业化经营项目。农产品加工,农产品流通设施建设,粮食烘干、农机库房、农产品保鲜库等农业社会化服务体系建设,农产品市场推介等。

(3)农业新业态培育项目。农业农村信息化、农业数字化、智能化设施建设,休闲农业、一二三产业融合型农业综合体等。

3. 项目支持类别与标准

(1)一般项目。一般项目是指有一定规模,原则上总投资在5 000万元以下的项目。其中包括区级项目和部门项目。项目实行分级补助,具体支持标准如下:

5 000万元(含5 000万元)以下的投资部分,按照项目的类型分类补助。农业生产能力项目(粮食、蔬菜生产设施建设)由财政资金全额保障;农业生产能力项目(畜牧、水产、经济作物生产基地建设)财政资金投入原则上不超过项目总投资的70%;农业产业化经营项目、农业新业态培育项目,财政资金投入原则上不超过项目总投资的50%。财政资金投入由市、区两级共同承担。部门项目市级财政资金投入不超过项目总投资的50%。

5 000万~15 000万元(含15 000万元)的投资部分,市级财政按该部分投资额的15%给予补助。属区级项目的,鼓励所在区加大投入,原则上安排不低于15%的配套补助资金。

15 000万元以上的投资部分,市级财政按该部分投资额的10%给予补助。属区级项目的,鼓励所在区加大投入,原则上安排不低于10%的配套补助资金。

(2)重大项目,是指由市级农业部门主管,相关农业生产单位实施,有一定影响力,体现行业引领性、标杆性的项目,原则上项目总投资在5 000万元以上,鼓励以重大项目为平台,整合各类相关涉农资金聚焦投入,推进项目和区域产业级次的整体提升。市级财政资金投入不超过项目总投资的50%。

(二)都市现代农业项目管理流程

都市现代农业发展项目实行市级统筹、分级负责、市区联动、部门合作的管理模式。市级部门主要负责项目的立项审批、实施监管和决算批复。各区农业农村委和市属企业是项目建设管理的主体,负责项目的申报、组织实施、监督检查和验收等工作。为进一步规范项目管理,建立协同推进、监管考核工作机制,充分发挥都市现代农业发展专项资金对产业发展的引领、支持和保障作用,市农业农村委建立了都市现代农业发展专项项目管理流程,从项目前期工作(发布项目申报指南、组织项目申报)、项目中期工作(项目评审入库、选项批复计划)和项目后期工作(项目实施监管、绩效跟踪评价)等环节,加强都市现代农业发展专项项目全过程管理。

(三)财政投入中都市现代农业发展专项项目案例

1. 清美智能化工厂化蔬菜生产示范基地

上海清美绿色食品(集团)有限公司(以下简称"清美集团")是一家专注于生鲜食品全产业链发展的现代企业集团,是城市生鲜食品综合服务商。清美集团从种子种苗、土地耕作、灌溉服务到种苗供应、产品采收包装销售,一条龙全产业链发展,有完善蔬菜供应体系,属于都市现代农业项目财政投入对象。

项目建设的流程按都市现代农业发展专项管理办法,由市农业农村委联合市财政局在2018年10月审核通过,对项目具体实施单位、建设地点、建设面积、建设内容和项

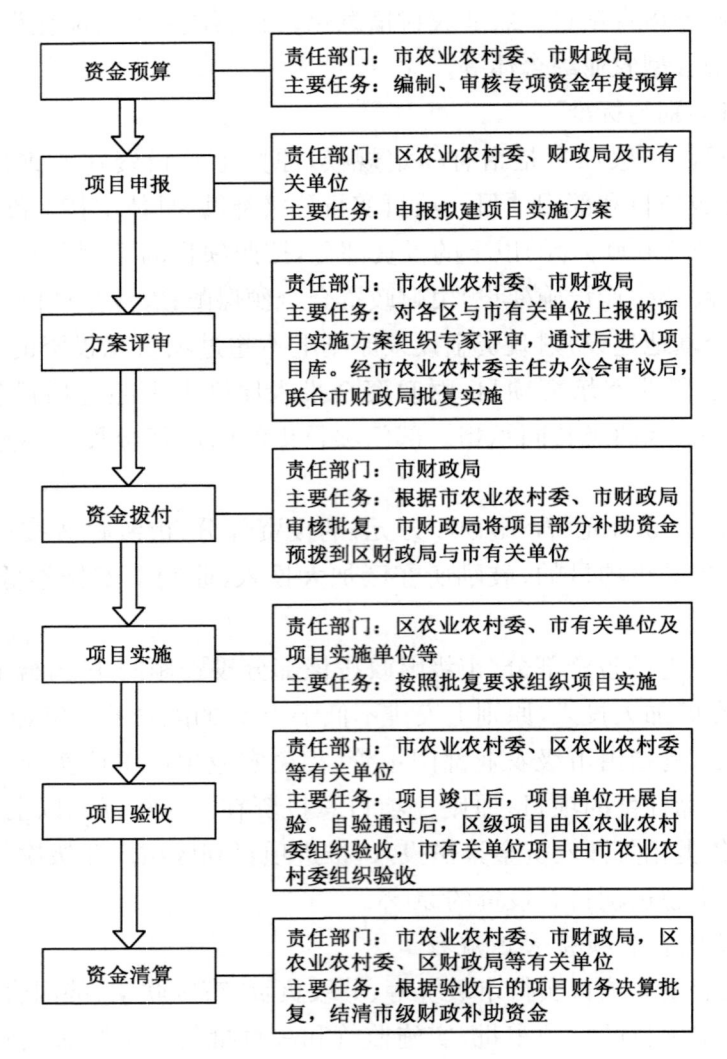

```
┌─────────┐   ┌──────────────────────────────────────┐
│ 资金预算 │──▶│ 责任部门：市农业农村委、市财政局        │
└─────────┘   │ 主要任务：编制、审核专项资金年度预算    │
     │        └──────────────────────────────────────┘
     ▼
┌─────────┐   ┌──────────────────────────────────────┐
│ 项目申报 │──▶│ 责任部门：区农业农村委、财政局及市有    │
└─────────┘   │ 关单位                                │
     │        │ 主要任务：申报拟建项目实施方案          │
     ▼        └──────────────────────────────────────┘
┌─────────┐   ┌──────────────────────────────────────┐
│ 方案评审 │──▶│ 责任部门：市农业农村委、市财政局        │
└─────────┘   │ 主要任务：对各区与市有关单位上报的项    │
     │        │ 目实施方案组织专家评审，通过后进入项    │
     │        │ 目库。经市农业农村委主任办公会审议后，  │
     │        │ 联合市财政局批复实施                    │
     ▼        └──────────────────────────────────────┘
┌─────────┐   ┌──────────────────────────────────────┐
│ 资金拨付 │──▶│ 责任部门：市财政局                      │
└─────────┘   │ 主要任务：根据市农业农村委、市财政局    │
     │        │ 审核批复，市财政局将项目部分补助资金    │
     │        │ 预拨到区财政局与市有关单位              │
     ▼        └──────────────────────────────────────┘
┌─────────┐   ┌──────────────────────────────────────┐
│ 项目实施 │──▶│ 责任部门：区农业农村委、市有关单位及    │
└─────────┘   │ 项目实施单位等                        │
     │        │ 主要任务：按照批复要求组织项目实施      │
     ▼        └──────────────────────────────────────┘
┌─────────┐   ┌──────────────────────────────────────┐
│ 项目验收 │──▶│ 责任部门：市农业农村委、区农业农村委    │
└─────────┘   │ 等有关单位                            │
     │        │ 主要任务：项目竣工后，项目单位开展自    │
     │        │ 验。自验通过后，区级项目由区农业农村    │
     │        │ 委组织验收，市有关单位项目由市农业农    │
     │        │ 村委组织验收                          │
     ▼        └──────────────────────────────────────┘
┌─────────┐   ┌──────────────────────────────────────┐
│ 资金清算 │──▶│ 责任部门：市农业农村委、市财政局，区    │
└─────────┘   │ 农业农村委、区财政局等有关单位          │
              │ 主要任务：根据验收后的项目财务决算批    │
              │ 复，结清市级财政补助资金                │
              └──────────────────────────────────────┘
```

**图 1 都市现代农业项目绩效管理流程**

目投资等进行批复，计划建设期 2 年。批复后清美集团编制项目预算提交至区财政局审核，区财政局审核完成后编制区项目预算汇总表提交至市财政局，市财政局审核批复后分期将批复金额拨付至区财政局，区财政局根据市财政局决算批复资金分配情况将资金拨付至清美集团，用于智能化工厂化蔬菜生产示范基地的建设。项目整体于 2020 年 6 月 30 日竣工，清美集团 2020 年 9 月开展自验工作，区农委 2020 年 12 月组织开展项目最后的验收工作。

整个项目批复的总投资是 3 568.57 万元，包括设施建设 2 370.2 万元、设备采购 1 138.57 万元和二类费用 59.8 万元。根据《上海市都市现代农业发展专项项目和资金管理办法》（沪农委规〔2018〕2 号），区级项目财政资金投入由市区两级共同承担，浦东新区按规定由市级财政承担 50%，区级财政承担 50%。因此项目资金批复来源方面，市财政补助金额为 1 038.58 万元，占比 29.1%，区财政补助金额为 1 038.58 万元，占比 29.1%，自筹资金为 1 491.41 万元，占比 41.8%。具体的来源比例如图 2 所示。

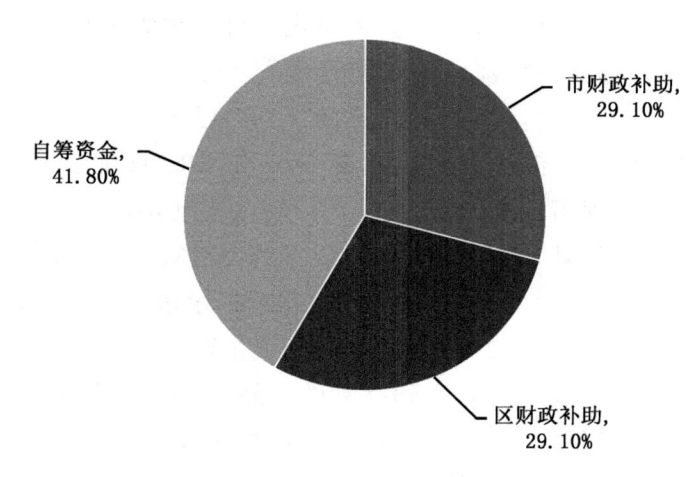

图 2　资金来源占比情况

项目首先由清美集团编制项目概算提交至区财政局审核,区财政局审核完成后编制区项目概算汇总表提交至市财政局,市财政局审核批复后分期将批复金额拨付至区财政局,区财政局根据市财政局决算批复资金分配情况将资金拨付至清美集团,用于智能化工厂化蔬菜生产示范基地的建设。市、区资金拨付流程如图 3 所示。

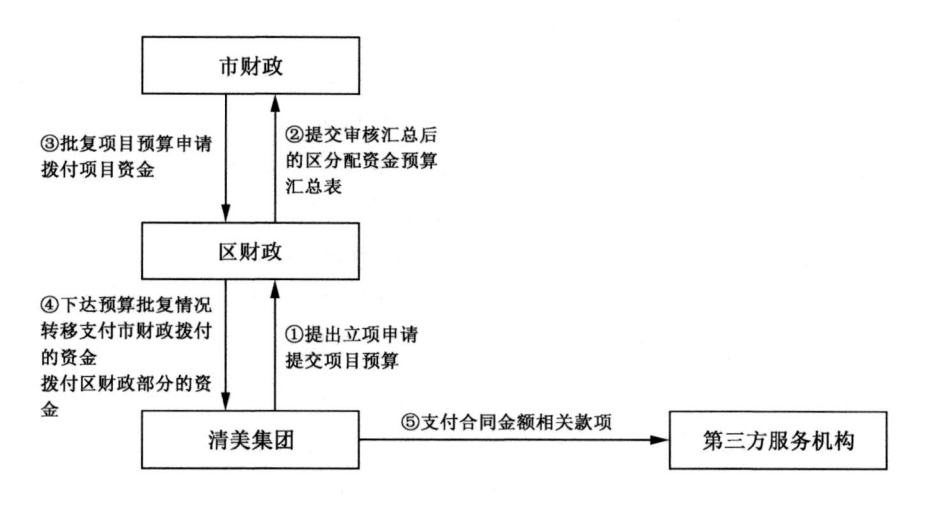

图 3　市、区资金拨付流程

2021 年,验收后市农业农村委、市财政局批复项目的最终决算金额是 3 537.58 万元,包括:设施建设 2 339.21 万元,设备采购 1 138.57 万元,二类费用为 59.8 万元。最终,市财政资金为 1 024.43 万元,占比 28.96%;区财政资金为 1 024.43 万元,占比 28.96%;自筹资金为 1 488.72 万元,占比 42.08%。

清美集体通过建设智能化工厂化蔬菜生产示范基地,实现高标准的蔬菜种植生产示范,实现技术示范、产业带动,推进农业信息化,促进现代化农业快速发展。项目通过建设智能化温室,配备相应的农业装备,实现蔬菜生产、加工、运输各个环节的高标准管理,改变了传统的蔬菜生产方式,提升了基地的蔬菜机械化水平和管理水平,促进了蔬菜加工业的发展，实现蔬菜种植的机械化、规模化。自基地大力推进机械化转型以来，种植蔬菜从整地、作畦、播种、移栽种植、水肥管理等一系列机械化操作，到使用收获机采收，运送到预冷库、包装车间，再到"清美鲜食"门店，已经基本实现全程机械化生产。适时机械收获、机械包装和冷链的无缝衔接，降低二次污染，保证了绿叶菜的鲜嫩；通过防控技术与系统支持，实现事前防治，由被动治疗转为主动预防，大量减少农药使用量。此外，信息化配合机械化作业，节约投入人力成本约30%。基地目前已初步形成了以机械化信息化为基础的可持续发展的模式，具有很好的示范推广价值，真正体现出机械化作业的"安全、绿色、优质"。生产示范基地对蔬菜生产"机器换人"的普及，还涉及绿叶菜销路问题，清美集团形成了从源头到终端的一站式全流程服务体系。以清美公司为核心纽带，为合作农户提供了先进的育种与种植技术，降低了农户种植成本，运用可溯源冷链将农作物销售至上海乃至长三角及周边城市，采用新型零售方式，提高了农产品销量的同时，增加了菜农的收入，实现技术示范、产业带动作用。

通过财政资金吸引撬动社会资本投入，运用生产、加工自动化机械设备，改变传统的生产方式，提升蔬菜的种植管理和生产水平，建设清美蔬菜产销示范基地，形成蔬菜生产全程标准化、机械化生产模式，打造浦东高标准设施菜田标杆，推动浦东地区蔬菜产业的规模化、标准化，实现技术示范、产业带动作用。

2. 嘉定区外冈镇周泾村设施菜田提升建设

上海新然农业发展有限公司（以下简称"新然农业公司"）是外冈镇镇属农业公司，根据《上海市都市现代农业发展专项项目和资金管理办法》（沪农委规〔2018〕2号）的要求，都市现代农业项目财政投入对象包括涉农企业、农民专业合作社等。因此，新然农业公司申报"嘉定区外冈镇周泾村设施菜田提升建设项目"。

项目建设的流程首先是由嘉定区镇农服中心申报项目意向，区农业农村委根据农业规划、"三农"工作重点和产业发展导向对申请入库的项目进行综合评价，嘉定区农业农村委员会（以下简称"区农业农村委"）、嘉定区财政局（以下简称"区财政局"）对项目储备库内的项目进行预审，并按照项目轻重缓急列出当年申报计划。申报计划经区农业农村委"三重一大"讨论通过后报区分管领导审核，对重大项目报区政府常务会议审定。项目审定后联合项目实施单位新然农业公司编制可研报告，由区财政局统一委派投资监理前期参与编制可研报告中投资概算评估，提交至市财政局审核，市财政局审核投资概算评估后批复项目总投资额，拨付市级财政资金总额的60%至区财政局，区财政局根据市财政局决算批复资金将区级财政资金总额的60%拨付至镇财政所，并转移支付市级财政拨付资金，镇财政所根据项目批复将镇级财政资金拨付至新然农业公司，并转移支付市、区财政资金。项目实施完成后，镇农服中心联合新然农业公司组织开展自验工作之后，开展工程竣工结算审价、工程竣工财务决算的审计、工程项目实地验收工作，完成后向区农业农村委提交验收申请及相关项目资料。

根据《上海市都市现代农业发展专项项目和资金管理办法》（沪农委规〔2018〕2号），一般区级项目财政资金投入由市区两级共同承担，嘉定区按规定由市级财政承担50%。根据《嘉定区都市现代农业发展专项项目和资金管理办法》（嘉府规〔2019〕3

号),项目投资中的财政投入部分,由市、区、镇级三级共同承担,其中镇级财政配套资金实行差别政策,外冈镇承担项目总投资中财政投入部分的8%。因此,市财政补助金额为1 937.93万元,占比50%;区财政补助金额为1 627.86万元,占比42%;镇级配套资金为310.07万元,占比8%。项目最终的决算金额为3 657.37万元,其中包括设施建设审计审价金额为3 437.48万元,设备采购审计审价金额为127.35万元,二类费用审计审价金额为92.54万元。具体的资金配套比例如图4所示。

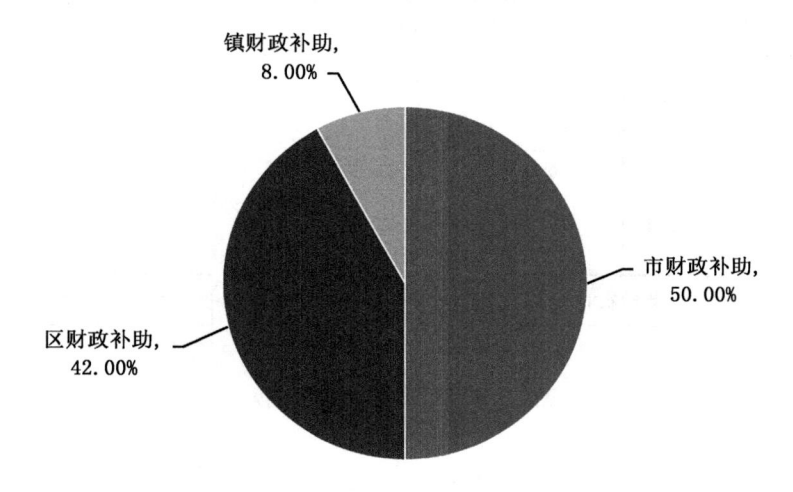

**图4 项目资金配套比例情况**

资金管理流程上,首先由区财政局统一委派投资监理前期参与编制可研报告中的投资概算评估,提交至市财政局审核,市财政局审核投资概算评估后批复项目总投资额,拨付市级财政资金总额的60%至区财政局,区财政局根据市财政局决算批复资金将区级财政资金总额的60%拨付至镇财政所,并转移支付市级财政拨付资金,镇财政所根据项目批复将镇级财政资金拨付至新然农业公司,并转移支付市、区财政资金。市、区、镇财政资金拨付流程如图5所示。

新然农业公司在项目建设过程以超前性与实用性相结合的原则,项目蔬菜种植棚型采用GSW8430连栋大棚,在温室内配套水肥一体化灌溉系统,由于灌溉与施肥融为一体,在提高灌溉用水使用率的同时又实现了对灌溉、施肥的定时、定量控制,使得水资源与肥料得以充分利用,提高水肥利用率,减少肥料的使用,降低肥害对蔬菜及土壤的影响,提升产量,更能保障蔬菜的优质度以及对市场的供应。同时,通过基础设施的改善,提高机械化程度,改变传统的种植、经营模式,实现生产设施的合理配置,为蔬菜正常生产提供了保障,大量降低人工使用成本,提高蔬菜种植的产量,保障蔬菜的优质度。

项目建成后交由上海百蒂凯蔬果种植专业合作社(以下简称"百蒂凯合作社")经营,新然农业公司与其签订土地经营权流转合同按年收取租金,农业设施的日常养护和管理工作由百蒂凯合作社负责,新然农业公司负责资产核定和对管护工作的监督、考核。但新然农业公司目前未针对基地资产运营情况开展核定工作,尚未围绕长期资产管护工作制定长效治理养护制度或者基地长期运转实施方案,未拟定详细资产维护内容、养护周期等后期资产管养计划。同时,百蒂凯合作社在日常运营过程中主要根据内

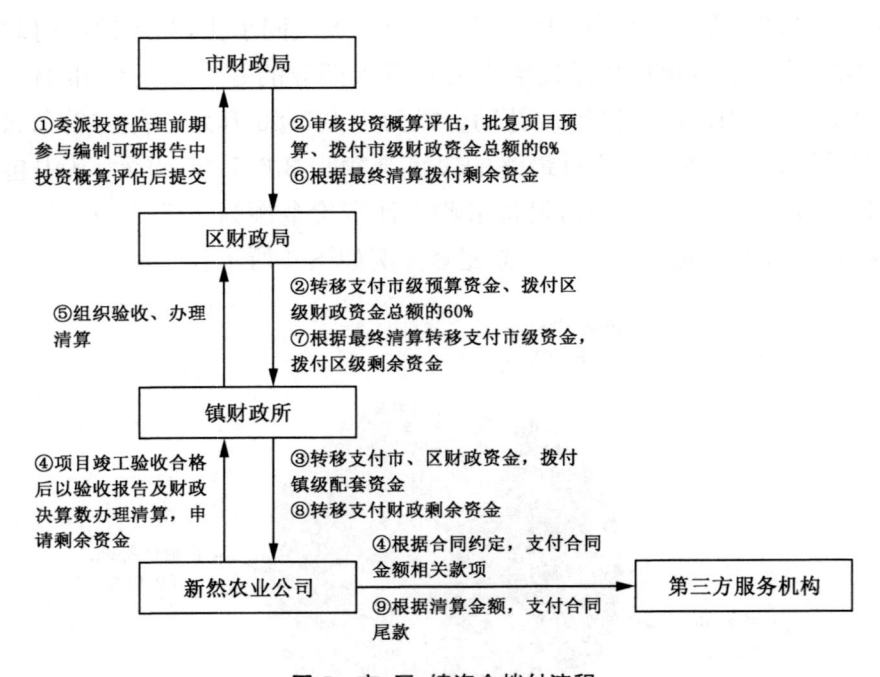

图5 市、区、镇资金拨付流程

部统一的资产管理制度进行维护,但在运营的过程中未形成养护记录、维修记录等相关的台账资料,新然农业公司也未要求经营单位形成养护记录等台账资料,未对管护范围、养护周期形成具体规定,基地投入建设使用后管养机制略有不足。

(四)都市现代农业项目绩效管理中存在的问题

1.对绩效管理的重要性认识不足,组织实施统筹不够

加强绩效管理理念虽然已是普遍共识,但对该项工作重要性的认识程度还存在显著差异。同系统上下级之间、不同部门之间认识有差异。系统内的认识差异导致多种不利局面,各项目主管单位对开展绩效评价积极性不高,对绩效评价结果运用力度不够。

此外,绩效管理工作附着在项目开展的各个环节,是一项系统性强、耗时较多的工作。目前部分都市现代农业项目缺乏统筹协调,主体责任难落实,各级管理部门的角色不清晰、未形成管理合力,部分绩效管理工作开展不深入,缺少对绩效管理制度的相关认识,没有意识到绩效管理对都市现代农发展的重要意义,导致其绩效管理意识依旧淡薄。

2.绩效管理存在短板,绩效评价的技术能力亟需提升

绩效管理的专业要求很强,只有熟练运用行业知识和专业方法,才可能给出客观、准确的评价。当前,都市现代农业专项资金管理办法中,各项指标由申报单位自行制定,各申报单位还存在短板:一是绩效指标设计的合理性有待提高,这是影响后续绩效评价工作质量的源头性问题。项目绩效指标设置难、量化难、细化难、衔接难、数据搜集难、结果验证难,除了推动建立同类项目共性指标库外,还需要针对都市农业的行业特点,逐批次解决特性指标问题。二是绩效评价力量的专业性有待加强。如成本效益分

析法、比较法、因素分析法、最低成本法、公众评判法、标杆管理法等绩效评价方法,短期内难以准确掌握运用。三是项目绩效管理范围狭窄,整体绩效水平不高,评价结果应用方式单一,如何围绕职责,衡量整体及核心业务实施效果尚处在探索阶段,开展绩效管理的成效未得到直观显现。

3.绩效的整体性不完整,项目绩效管理有待加强

在财政预算绩效管理中,绩效指标是评估绩效的重要依据,但是目前存在的问题是绩效指标设置不合理,缺乏科学性和针对性。部分绩效指标过于宏观,难以衡量具体绩效的具体表现,缺乏可操作性,部分绩效指标过于细节,容易忽略绩效的整体性。

项目绩效目标体系不完整,存在决策与管理、产出、效果及影响力类绩效指标不完善等问题,项目绩效管理有待加强。在绩效目标申报表中设置的投入和管理目标未涉及财政资金执行率、资金使用合规性、概算编制的合理性等方面指标;产出目标、效果目标、影响力目标设置的指标较少,无法覆盖整个项目,无法反映项目完成的数量、质量及时效,也无法衡量通过实施本项目达到的社会效果,难以清晰准确地考核本项目年度绩效目标的完成情况,需要进一步完善。

4.评价数据质量不高,绩效反馈不及时

财政绩效管理需要通过收集、整理和分析相关数据来评估绩效,目前面临的问题是数据质量不高。一方面,部分数据的真实性和准确性存在疑问,无法反映实际情况;部分数据的完整性和及时性不足,无法提供及时有效的参考信息。财政预算绩效评估主要采用定性和定量相结合的方法,评估方式单一的问题依然存在。另一方面,定性评估方法缺乏科学性和客观性,容易受主观因素影响;定量评估方法过于简单,难以全面评估绩效的质量和效果。

财政绩效管理需要及时将评估结果反馈给相应的管理者和决策者,以便及时调整执行策略和优化资源配置。目前的问题是绩效反馈不及时,影响绩效管理的效果和实效。

(五)都市现代农业项目绩效管理建议

1.认识绩效管理的重要性,增强绩效管理的统筹性

充分利用市农业农村委现有项目和资金渠道,认识绩效管理的重要性,深化都市现代农业项目的绩效管理,将重点转到系统集成、协同高效上来,增强各级管理部门和项目层面绩效管理的系统性、整体性和协同性,从"自下而上"转向"自上而下",探索建立项目实施和资金管理的监督管理和绩效评价制度,将绩效管理作为提高项目投资效益、加强项目监管的有力工具。占领财政运行综合绩效评价"制高点",建立财政运行综合绩效监测、评价和管理制度,实现财政运行综合绩效评价和政府绩效考核有机衔接、相互补充。政策和项目层面引入零基预算和成本效益分析等方法,提高政策选择的科学性、政策设计的精准性、政策执行的有效性、政策效果的可持续性。

2.补齐全过程绩效管理短板,提高绩效管理各环节质量

根据新修订的《上海市都市现代农业建设项目资金和管理细则》要求,建立健全绩效管理指标和标准框架体系,并建立动态完善机制,为开展绩效目标编报、绩效评价等

绩效管理工作提供依据。同时，不断加大培训辅导力度，积极引导和规范各级农业农村委、区财政局做好项目绩效管理，有序推进绩效管理考核工作。发挥考核的"指挥棒"作用，夯实绩效管理工作责任。

此外，提高全过程项目绩效管理各环节质量的关键是实现绩效管理与项目管理全过程的深度融合，让绩效信息对项目决策发挥决定性作用。尤其是要补齐事前评估、都市农业现代化项目的整体绩效评价与管理、全周期项目绩效管理、绩效结果应用等方面或环节的工作方案。理顺事前、事中、事后绩效管理中项目申请、投资分配、项目评审、审计和审查监督的职责分工，建立各方职责明确、各有侧重、相互衔接的运行体系，并形成合力。

3. 全面推动绩效评价，强化绩效管理和监督约束

新修订的《上海市都市现代农业建设项目资金和管理细则》中将"绩效管理"作为重要章节，注重结果导向，建议进一步细化绩效目标、绩效评估、绩效运行监控、绩效评价和结果应用等全过程绩效管理内容，强化项目绩效管理和监督约束。项目与资金管理要以"坚持绩效导向，科学监管"为原则，各区应将绩效目标纳入项目资金评审的重点内容。

全面推动绩效评价，建立项目资金常态化监督管理机制。对所有项目支出绩效运行自行开展全面监控，年中监控覆盖率达到100%，按时完成年中监控重点范围的项目绩效自评情况系统录入工作，按时完成部门整体支出绩效运行自行监控情况表及系统录入工作。

4. 强化绩效评价结果应用，推进财政资金挂钩机制

优化都市现代农业的绩效管理最重要的环节是加强绩效管理的结果应用，落实整改意见。一是要进一步优化结果反馈机制，形成绩效管理工作闭环，将绩效评价结果进行梳理分类，及时反馈给被评价单位，被评价单位根据整改意见和建议，制定整改计划和整改措施，形成预算编制有目标、预算执行有监控、预算完成有评价、评价结果有反馈的闭环工作机制。二是深化信息公开机制，形成都市现代农业结果应用示范效应。进一步加大信息公开力度，通过选择重点评价项目报告，按项目名称、评价分值、主要绩效、主要问题、整改建议等要素提炼相关内容进行公开，通过信息公开推动绩效结果应用。三是建立工作考核机制，明确结果应用主体责任。将项目绩效评价结果应用作为对都市现代农业项目考核的重要内容，强化主体责任意识，引导完善结果应用机制，确保绩效管理取得实效。四是推进财政资金挂钩机制，增强结果应用的驱动力。建立绩效评价结果与财政资金管理挂钩机制，将绩效评价结果作为下年度各区都市现代农业项目编制预算经费、加强预算管理和完善政策实施的重要依据，对绩效好的项目优先保障，对绩效一般的政策和项目督促改进，对低效无效的削减资金或取消。

5. 加强重点领域成本管控，优化全过程管理链条

在都市现代农业领域，合理确定财政保障范围和水平，建立完善成本定期分析评价机制，兼顾民生保障水平和资金效益实现，动态优化财政补贴、扶持奖励等经费保障机制，增强财政保障合理性和政策可持续性。同时，基于成本、质量、效益分析与比较，将

绩效与预算深度融合,通过成本效益分析等方法,以同等产出和效益情况下实现成本最小化为目标,确定相对高质量、低成本的项目效益水平,全面衡量各方投入成本,推进财政资源高效配置和公共服务供给质量全面提升。此外,充分借鉴和比较同类型项目成本预算绩效分析指标,提出统筹兼顾投入成本和预期绩效的最优方案,合理估算投入成本。强化绩效目标管理,积极运用成本效益分析方法开展绩效评价,全面分析评价成本控制、产出完成和效益实现情况,并将成本预算绩效管理工作结果与预算安排挂钩,作为优化支出结构、完善政策制定的重要参考。

## 六、结语

财政资金作为本市优化都市现代农业项目的重要支撑,在都市现代农业项目建设中凸显出其在推进现代设施农业发展、提高农业综合效益的强大作用。推动优化财政资源配置、提高资金使用效益,对财政资金实施结果跟踪问效,通过提高预算绩效管理的水平,进而将预算绩效管理的作用在都市现代农业项目中实现最大化,从根本上保证财政资金的使用效益。对于优化都市现代农业项目的研究,可以更好地指导财政资金的使用及如何最大化发挥专项资金效益,并为日后进一步优化都市现代农业项目绩效管理,提出切实可行的对策建议。

**牵 头 领 导:** 陆峥嵘
**牵 头 处 室:** 计划财务处
**课题组成员:** 钟绍萍　吴胜男　竺佳敏　张妍琼
　　　　　　　鞠　炜　徐　洁　陈　艳

# 24. 上海人兽共患病防控现状和对策研究

人兽共患病防治事关畜牧业生产安全、公共卫生安全和国家生物安全。党中央、国务院高度重视人兽共患病防控工作,习近平总书记强调,要实行积极防御、主动治理,坚持人病兽防、关口前移,从源头前端阻断人兽共患病的传播路径。近年来,上海市采取一系列政策措施,完善防疫体系,落实防治措施,畜间人兽共患病疫情态势保持稳定。但仍面临一些困难和问题,主要包括人兽共患病种类多、畜间流行广,基层动物防疫体系弱化,监测预警和联防联控不畅,疫病输入性风险持续增加等,形势依然复杂严峻,防治工作不容松懈马虎。为此,我们对全市畜间和犬、猫、马匹等城市动物主要人兽共患病防控情况进行摸底调查,深入研究和分析了本市主要人兽共患病防控现状及存在的问题,并提出针对性策略,以供参考。

## 一、基本情况

### (一)传统畜禽

本市总面积6 340.5平方千米,人口约2 500万,是畜禽以及畜禽产品的主销区。本市辖16个区,其中涉农郊区9个。据国家统计局数据显示,2022年,上海生猪存栏85.4万头、出栏99.2万头,其中能繁母猪存栏9.0万头;家禽存栏545.2万羽、出栏454.0万羽;奶牛存栏5.74万头;羊存栏13.7万头、出栏13.2万头。全市共有规模化猪场149家、奶牛场25家、家禽场32家。

### (二)城市动物

据统计,本市市民饲养宠物种类多达数十种,其中犬、猫等传统宠物约占81.4%,鸟、兔、鼠、龟、蛇、蛙、鱼、貂、壁虎、羊驼等新型宠物约占18.6%。通过对各区街镇(乡)辖区犬、猫数量进行抽样调查,初步推算本市家养犬约100万只,家养猫数量已经超过家养犬;上海市犬类留验场每年收容的流浪犬在5万只左右;分布在城市社区、公园、绿地、高校等公共区域的流浪猫约30万只。上海市共有马匹饲养场点59个(其中马术俱乐部34个),总存栏1 721匹(不包括动物园马匹数),马匹养殖总体规模化程度较高;

用途主要包括马术培训与教学、竞技比赛和骑乘休闲。通过对10个区46家室内动物展示馆、互动体验馆、萌宠乐园等新业态饲养的动物进行调查统计,数量达到9908只/羽,动物种类覆盖犬、猫、小型猪、禽类、牛、羊、羊驼和兔子等,用途以观赏投喂、互动体验为主。

## 二、人兽共患病流行现状

根据历史监测和流行病学调查数据分析,受活畜禽及其产品输入、国际交流、候鸟迁徙、气候变化等多方面因素影响,本市畜间人兽共患病暴露风险不容忽视。

（一）传统畜禽

根据《全国畜间人兽共患病防治规划(2022—2030年)》防治目标,我国重点防治的8种主要畜间人兽共患病为高致病性禽流感、布鲁氏菌病(以下简称"布病")、牛结核病、炭疽、包虫病、日本血吸虫病、狂犬病和马鼻疽。

高致病性禽流感：2001年,本市开始试点高致病性禽流感疫苗接种工作,至2003年开始积极推行;2004年,浦东新区(原南汇区)400余只鸭发生疑似高致病性禽流感疫情,本市农业农村部门按规定采取封锁、扑杀、消毒、无害化处理等措施,对疫点3千米半径内3.5万只禽类全部予以扑杀。2004年本市开始推行高致病性禽流感强制免疫政策,规模场常年按免疫程序免疫,散养禽实行春、秋两季集中免疫。2013年3月,上海发生人感染H7N9禽流感病例,并出现人感染死亡病例,溯源发现与活禽交易市场有密切流行病学关联,通过关闭活禽交易市场和季节性休市等措施,人间病例显著性下降,连续多年至今未发生人感染H5和H7亚型高致病性禽流感病例。

布病：上海市区和郊县曾有奶牛布病发生。20世纪70年代,在少数畜牧场零星散发,多在监测时检出,在浦东新区(原南汇区)个别场广泛流行。70年代末至80年代,上海市各级动物防疫部门高度重视奶牛布病防控工作,全面强化监测和牛只监管力度,至1988年奶牛布病达到基本控制,1990年达到控制标准,1991年成为国内率先达到布病控制标准的省市之一。2003年,浦东新区(原南汇区)某奶牛场自外地引入一批奶牛导致布病阳性率有所反复。2005年至2007年间,布病阳性率持续上扬,2007年达到近30年来最高值。通过继续推进上、下半年两次检测,坚持淘汰净化,坚持自繁自养,降低引入风险,2008年起阳性检出率逐年下降(见图1),截至2022年底,已经连续6年监测全群阴性。

结核病：1978年以来,上海市全面改造郊县病牛,在经济、组织、技术上多方面落实措施,结核病阳性率较70年代显著降低,仅少数场零星散发。80年代,结核病阳性率稳步下降,并切实做好病牛淘汰,实现全市奶牛健康化。90年代后,由于奶牛养殖场户拆并频繁,牛只流动性增加,结核阳性率少量回升。随着牛只移动减少及特级奶牛场验收的深入开展,2000年至2004年间,阳性率逐步下降。2005年取消特级奶牛场验收后,阳性率有所上升。自2009年后,阳性率整体趋势显著下降,近10年牛结核病病原阳性率连续低于0.1%,近5年监测均为阴性(见图2)。

日本血吸虫病：上海原有郊区县,除崇明区外均是血吸虫病严重流行区域。1949

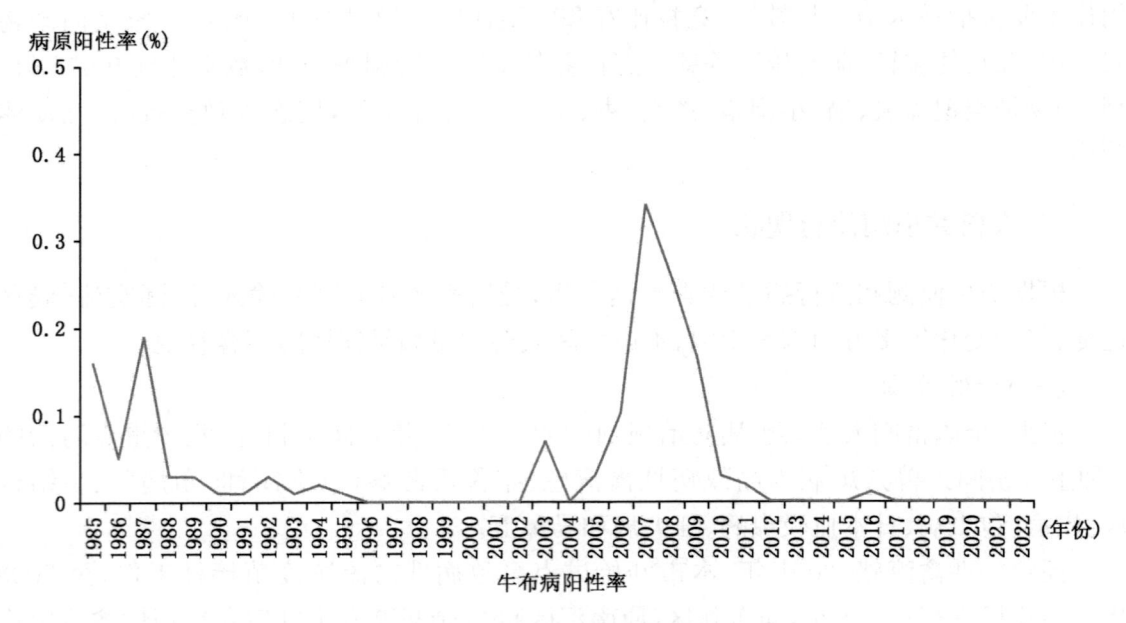

图 1　全市牛布病监测阳性率情况

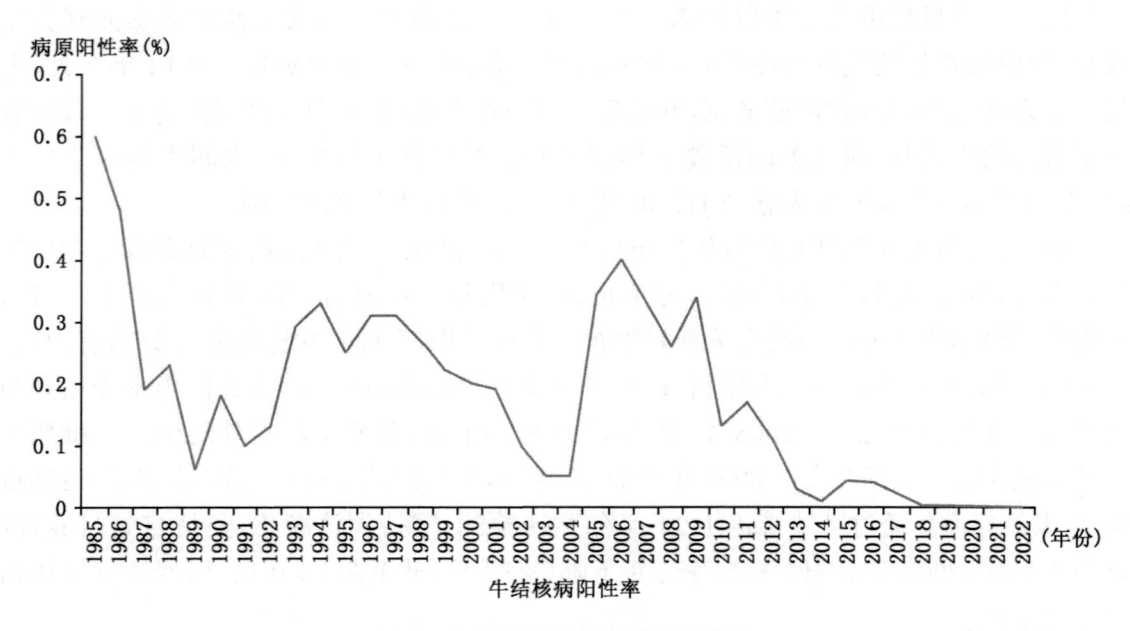

图 2　全市牛结核病监测阳性率情况

年以后累计患者 75.9 万余人,约占流行区总人口的 24%;患血吸虫病的耕牛累计 2.7 万余头,黄牛病原阳性率高达 40.1%。1985 年 8 月,上海正式宣布全面消灭血吸虫病,进入监测巩固阶段,此后每年定期监测残存钉螺自然村内的全部牛、羊和马等家畜,结果均为阴性。

炭疽:上海市历史上是炭疽自然疫源地,自 1979 年至今,未报告发现人间和畜间的炭疽病例。

包虫病:由于上海市为牛、羊、犬包虫病非疫区,目前暂未制定包虫病相关防控策略。

(二) 城市动物

随着城市化进程加快,城市动物的数量逐年增加,市民宠物饲养热持续升温,各类室内动物展示馆、互动体验馆、萌宠乐园等新业态愈发火爆,马术运动进入蓬勃发展阶段。人与犬、猫甚至马匹等宠物零距离接触,人宠共患病发生概率骤增,防控形势复杂严峻。

狂犬病:1993年,《上海市犬类管理办法》颁布实施,2010年,本市修订《上海市动物防疫条例》,将狂犬病纳入强制免疫范畴。此后多年,每年人狂犬病发病病例数一直控制在个位。市、区两级动物疫病预防控制机构每年有计划开展狂犬病免疫抗体监测。据统计监测,本市一犬伤多人事件(多为流浪犬)中,流浪犬狂犬病病原阳性率高达91.3%,存在较大的公共卫生安全隐患。

马鼻疽和马传染性贫血:1994年,本市郊区县对辖区内饲养的马匹实行属地化管理,对全市所有存栏马匹开展一年两次的马"两病"监测。马传染性贫血曾经在上海赛伦生物制品有限公司、金山、崇明等马场监测中发现阳性,但鲜有临床病例;马鼻疽疫情形势则更为复杂,除了在浦东新区(原南汇区)、奉贤区等检测出阳性外,2010年杨浦区某马场发生了马鼻疽疫情,存栏马37匹,其中15匹马出现典型临床症状,死亡4匹,病患马和同群马全部扑杀。2013年后,上海市马"两病"疫情形势趋于稳定(见图3),截至目前未再出现阳性病例。虽然农业农村部宣布马"两病"全国达到消灭标准,但随着城市马术运动的蓬勃发展以及赛事交流日益频繁,马匹的流动性不断增加,马鼻疽等疫病的输入性风险依旧存在。

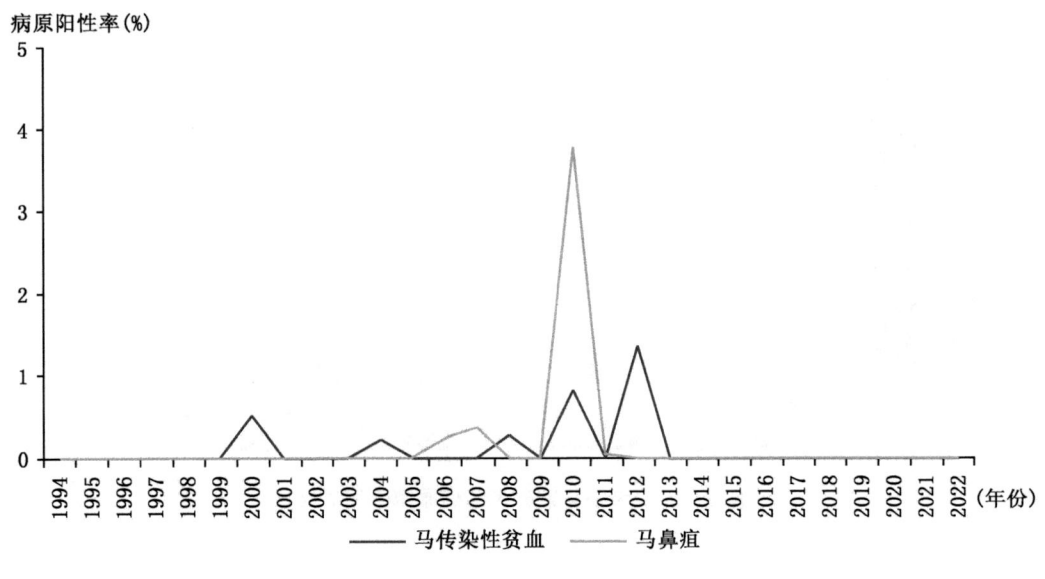

**图3 全市马"两病"监测情况**

犬、猫人兽共患病:通过《城市犬猫主要人畜共患病监测和公共卫生安全风险评估》研究发现,2019—2021年,本市犬流感、犬布病、猫巴尔通体、弓形虫病、隐孢子虫病、钩端螺旋体病等均存在一定的感染(见图4),其中犬流感病原阳性率13.64%,犬布病病原阳性率0.43%,猫巴尔通体病病原阳性率为1.75%,猫弓形虫病病原阳性率为2.68%,犬隐孢子虫2.5%,犬钩端螺旋体病病原阳性率0.54%。流浪犬、猫各种人兽共患病病原携带率更为严重(见图5),导致较大的传播风险。

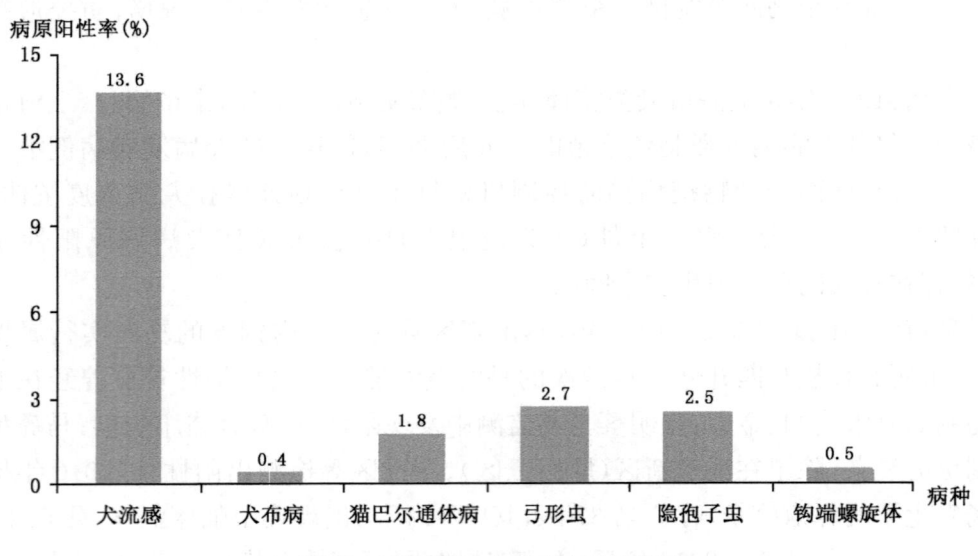

图4 犬猫重要人兽共患病感染情况

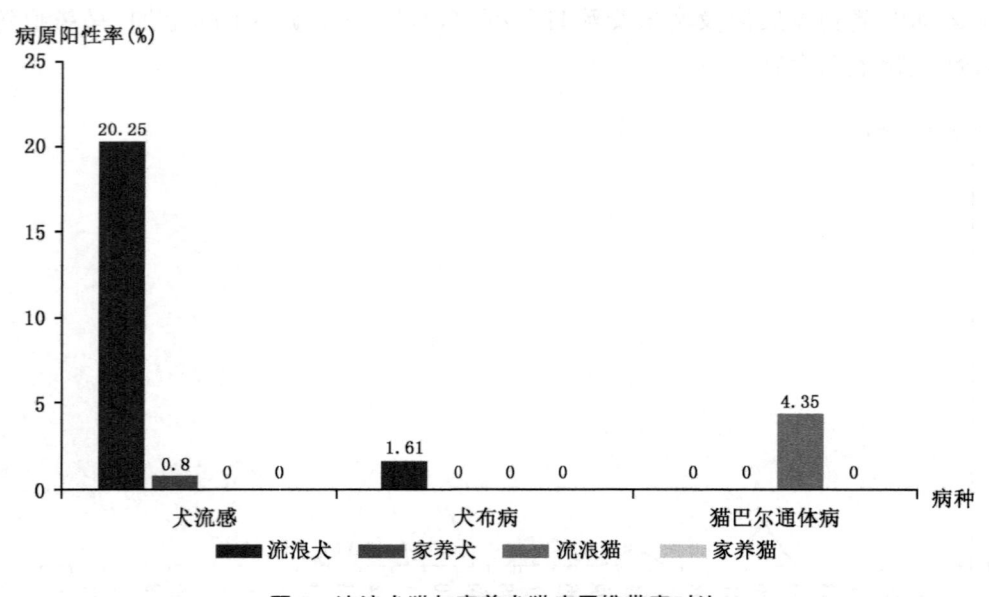

图5 流浪犬猫与家养犬猫病原携带率对比

## 三、主要做法

(一)持续加强工作部署

每年制订实施动物免疫、监测和流行病学调查方案,明确当年度本市人兽共患病防治目标、措施策略、重点任务及组织保障,强化责任落实和绩效考核。制定印发《上海市畜间布鲁氏菌病防控五年行动方案(2022—2026 年)》《上海市动物疫病净化工作实施方案(2022—2025 年)》《上海市畜间人兽共患病防治规划(2023—2030 年)》,部署推进相关防控工作。组织召开疫情分析会,形成专项评估报告,为政府决策和行业发展提供技术支撑;与卫生健康部门建立人畜共患病定期沟通机制,联防联控,形成合力。对从事养殖、运输、屠宰、加工等重点人群,组织开展奶牛"两病"净化技术、主要动物疫病防控技术等线上、线下培训,通过媒体平台开展犬、猫人兽共患病防控宣传工作。

(二)持续强化防疫体系建设

《上海市动物防疫条例》《上海市养犬管理条例》《上海市活禽交易管理办法》等法规规章的设立,完善了畜间人兽共患病防治法规建设,为依法依规开展防治工作提供了法律保障。新修订的《上海市动物防疫条例》2022 年 12 月 1 日起正式施行,在严格对标《动物防疫法》的基础上,充分考虑上海三农实际和都市特点,积极推动法规细化和制度创设,同时针对无农业农村部门的中心城区,明确了由区市场监督管理部门负责辖区内动物防疫工作。配套出台了《入沪动物及动物产品动物防疫监督管理办法》,进一步规范入沪动物及动物产品的动物防疫监督管理行为。印发了《上海市"室内动物展示及互动体验场馆"动物防疫监管指引》,探索新兴业态防疫管理。

(三)持续筑牢入沪动物及动物产品安全屏障

上海从 2002 年起就执行入沪指定通道制度,全年 365 天,每天 24 小时,对入沪动物和动物产品实施查证验物和防疫消毒。2018 年,上海市政府发布通告,调整确定葛隆等 8 个道口为本市指定运入动物和动物产品的市境道口。8 个道口共配备执法人员 85 名,建设了专用检查消毒通道,配备小型电动消毒机、无害化收集冷库,建有实时监控系统和防疫监管系统。2023 年本市修订了《市政府关于从本市指定道口运入动物及其产品的通告》,将原指定的枫泾道口调整为叶新道口。

(四)持续推进畜牧兽医管理信息化

为打通上海畜牧业各板块、各条线信息系统间的数据壁垒,2021 年 5 月,上海市畜牧业管理系统上线试运行。该系统聚焦养殖、防疫、检疫、屠宰、无害化、市境道口六大关键业务模块,基本实现畜牧全产业链的数据贯通,养殖场可以通过电脑端或者手机端小程序实时填报生产过程中的变化情况,各级畜牧管理人员可以通过电脑端完成数据审核、检疫受理等工作。2023 年,系统进一步更新迭代,无纸化检疫出证功能开展试运行,启用"先打后补"重大动物疫病强制免疫疫苗功能。

(五)持续加强城市动物防疫管理

伴随着城市动物数量不断增加,犬猫走失、不负责任的弃养行为以及流浪犬猫无序繁殖,本市流浪犬猫数量逐年攀升,引发诸多社会问题。根据《上海市动物防疫条例》,探索了一系列流浪动物疫病防控措施。将上海市犬类留验所等流浪犬猫收容基地纳入人兽共患病监测网络,定期开展狂犬病、弓形虫、动物流感、钩端螺旋体等监测和专项流行病学调查,强化流浪动物疫病早期预警和风险评估。开展流浪猫捕获、绝育、免疫、驱虫、放归(TNR)示范性工作,制订"上海市居民小区流浪猫 TNR 实施方案"和"犬猫健康管理示范小区"创建工作实施方案,在中心城区19个居民社区开展试点、示范性工作,并在闵行区、嘉定区、宝山区、浦东新区等8个涉农郊区进行推广应用。制定收容场所流浪犬隔离检查、收容场所生物安全、防疫管理以及城市流浪猫捕获—绝育—放归4个团体标准,保障公共卫生安全。

### 四、存在的问题

**(一)基层防控体系不完善**

受畜禽养殖数量减少和机构改革影响,基层动物防疫职能淡化、力量弱化、支持虚化等问题比较突出。随着城市化进程加快和市民生活水平提升,越来越多的宠物进入市民的家庭和生活,社区流浪动物的数量和种类也在增加,室内动物展示馆、互动体验馆、萌宠乐园等新业态不断涌现,成为本市人兽共患病防控的新挑战。目前,中心城区基层动物疫病防控体系建设尚处于起步阶段,动物防疫职能"三定"方案推进缓慢。

**(二)联防联控机制有待优化**

人兽共患病防控涉及农业农村、卫生健康、绿化市容、公安、城管执法、海关等多个部门,各部门协同配合不够紧密。动物疫病预防控制机构与公共卫生机构之间沟通会商机制不够健全,难以统一、协调、灵敏地应对突发公共卫生事件,行业协会、动物诊疗机构等社会力量未被充分调动。

**(三)疫病输入性风险持续增加**

畜间人兽共患病种类多、病原复杂、流行范围广,本市作为畜禽及其产品的主销区,外来畜禽产品供应量越来越大,高致病性禽流感、布病等疫病通过畜禽引种、活畜及其产品交易、交通物流、候鸟迁徙等途径传入、扩散的风险持续存在。同时,周边及主要贸易国家和地区动物疫病频发,本市作为国际化大都市,马术运动蓬勃发展,国内外赛事交流日益频繁,马匹交易和流动性不断增加,导致尼帕病毒性脑炎等外来人兽共患病传入风险上升。

**(四)监测网络和风险预警作用发挥不明显**

现有的主动监测网络在早期感知、信息报送、快速响应和识别新发突发人兽共患病的能力有欠缺,利用信息化手段进行重点区域、重点动物群体、重点人群的人兽共患病风险评估和监测预警的技术水平有待进一步提高。城市动物监测信息平台尚未构建,被动监测数据基本缺失,新业态场所、动物诊疗机构等监测"哨点"数量偏少,布局有待优化。

**(五)实验室软硬件条件亟须升级**

本市缺少BSL-3兽医检测实验室,各级动物疫病预防控制机构兽医实验室以抗体监测为主,不具备开展高致病性禽流感、布病、结核病等重点人兽共患病病原学监测条件。实验室仪器设备长期高负荷运转,仪器设备老化。机构改革过程中,部分区的兽医实验室进行了分设或并入检测中心,实验室人员结构不合理,人员配置与实际检测工作量不匹配,检测人员队伍不稳定,专业知识和技术能力有待提高。

（六）科普宣传专业链条未形成

在人兽共患病科普宣传手段方面，以海报、易拉宝、宣传册等传统形式为主，运用短视频等新媒体还不充分，不能满足科学知识普及形势发展需要。在科普宣传形式方面，停留在进社区、进农村、进学校等集中宣传，缺少固定的人兽共患病科普基地或场馆。在科普宣传人员资质方面，多由技术人员兼职，未接受专业指导和系统培训，也没有标准的、规范的、系列的科普宣传课件。

## 五、对策建议

（一）夯实基础，完善人兽共患病防控新体系

（1）加强基层防疫队伍建设。积极开展基层动物防疫体系运行效能评估，按照新修订的《上海市动物防疫条例》要求，完善基层和中心城区防疫体系建设，明确机构设置和职能定位，充实畜间人兽共患病防控力量，足额配齐配强街道、乡镇专业人员，实行定责定岗定人，全区域、全链条做好畜间人兽共患病防治工作。

（2）完善兽医社会化服务体系。着力培育多元兽医社会化服务组织，完善以执业兽医、乡村兽医为主体，其他兽医从业人员和社会力量为补充的兽医社会化服务体系。鼓励社会化服务体系为生产经营主体提供疫病检测、诊断和治疗等防治服务。引导社会化服务体系参与强制免疫、采样监测、协助检疫等兽医公益服务事项。建立完善兽医社会化服务相关制度和标准，强化监督管理，加快构建政府主导的公益性兽医社会化服务与市场主导的经营性兽医社会化服务深度融合的长效机制。

（3）填补新业态与流浪动物防疫管理空白。出台新业态场所设立标准和建设规范，引导行业规范化、科学化发展；建立相关动物防疫制度，完善疫情应急处置方案，提升相关从业人员防疫意识，压实防疫主体责任；建立防疫管理技术标准体系，切实保障人与动物的健康安全。同时，探索TNR等流浪动物管理模式，充分发挥居（村）委会作为基层组织的自治作用，鼓励社会化力量参与管理，总结流浪动物防疫管理经验，为长三角地区乃至全国新业态的规范健康发展贡献上海智慧。

（二）优化机制，形成联防联控新格局

（1）理顺人兽共患病防治工作机制。完善由市、区人民政府统一指导，农业农村、卫生健康、公安、绿化市容、海关等部门参与的畜间人兽共患病防治协作机制，建立情况通报、联合会商、分析研判、风险评估等工作制度，加强信息沟通和措施联动，构建"同一健康"（One Health）协调机制，明确各类工作机构职能定位，加强协调配合，形成防控合力。

（2）搭建多部门共享的信息数据平台。强化各部门沟通协调和资源共享，依托大数据、云计算等技术，确定重点人群和对象，精准推送畜间人兽共患病防治信息，及时发布疫病监测情况和风险提示，实现人兽共患病全链条、实时动态监测，及时应对突发事件，弥补当前兽医公共卫生体系的漏洞。定期开展人间与畜间人兽共患病风险预警和防控交流会议，结合国内外疫情流行态势，研究完善防控政策措施，实现监测网络前置、防控关口前移，筑牢人兽共患病防治的第一道防线。

（3）引导社会力量有序参与人兽共患病防控。规范宠物诊疗机构医疗行为,健全行政监督和自律管理机制;鼓励相关行业协会、物业服务企业参与发挥效能;推动基层自治,街道办事处、乡镇居委会协调居（村）委会做好辖区动物防疫工作,鼓励通过居民会议等形式,因地制宜制定养宠公约,提升依法、科学、文明养宠意识,减少人兽共患病发生风险。

（三）内外协同,严防输入性疫情风险新挑战

（1）强化调运监管。从严从紧加强活畜禽移动监管和指定通道管理,落实产地检疫和落地报告制度,做好隔离观察。除疫病净化场、无疫小区、无疫区,以及用于屠宰和种用乳用外,跨省调运活畜时,禁止易感动物从高风险区域向低风险区域调运,加强检疫监管和市场准入管理。

（2）加强外来动物疫病监控。健全跨部门协作机制,强化入境检疫和边境监管措施,积极沟通协调卫生健康、海关、林业等部门,推进资源共享,及时相互通报监测信息。每年定期与相关部门联合举办外来疫病防控技术培训班或高峰论坛,提高外来人兽共患病发现识别和防控能力。

（四）智慧防控,牢织公共卫生安全新网络

（1）推进人兽共患病智慧防治能力。在传统畜禽方面,运用互联网、大数据、人工智能、区块链等现代信息技术,建立以畜禽移动监管为核心的全链条智慧监管体系,建成覆盖养殖场户、屠宰企业、指定通道、无害化处理场、交易市场的智能监控信息系统,开展畜禽养殖、运输、交易、屠宰、无害化处理等全链条精细化监管,实现养殖档案电子化、检疫证明无纸化、运输监管闭环化,不断提高智慧监管能力水平。在城市动物方面,充分利用信息化、科技化、智能化手段,整合政府、社会各方资源,依托政务服务"一网通办"平台,推出预约服务、信息登记、申办证件等便民措施;加快建设可追溯、可识别、可联通的宠物管理综合信息系统,实现宠物管理的全环节"一网统管"。

（2）完善畜间人兽共患病监测预警体系。健全以市、区两级动物疫病预防控制机构、中国农科院上海兽医研究所和上海市农科院畜牧兽医研究所等为主体的畜间人兽共患病监测预警网络。加强专项监测,对传统畜禽有针对性地开展常规监测、净化监测和无疫监测,做到及时发现、快速感知、准确识别。加强宠物疫病、野生动物疫源疫病、外来动物疫病监测预警。

（3）优化畜间人兽共患病监测"哨点"。完善动物诊疗机构、狂犬病免疫点、养殖场等"哨点"布局,严格落实疫情报告制度,明确疫情报告主体责任和执行程序。完善畜间人兽共患病应急预案和应急响应机制,加强应急物资和能力储备。依托上报系统,形成各级各类"哨点"与动物疫病预防控制机构之间的信息交流,提升公共卫生风险评估和监测预警的前瞻性、精准性、高效性。

（五）强化支撑,健全人兽共患病防治新平台

（1）强化硬件设施设备投入。落实《上海市畜间人兽共患病防治规划（2023—2030年）》要求,按照"一流硬件、一流人才、一流技术、一流能力"高标准建设上海市兽医公共卫生重点实验室,提升狂犬病、布病、结核、高致病性禽流感等重点人兽共患病病原学检

测能力。强化不同生物安全级别兽医实验室的管理,建立健全实验室设施设备定期检修、定期更新制度。

(2)加强学科平台水平建设。打造国内领先、国际先进水平的动物疫病流行病学监测平台、动物病原检测鉴定与防治中心、兽医临床研究和创新转化平台以及国内合作交流与人才培训平台,并组建一批具有国内影响力的科技人才队伍,在科技研究水平与国际接轨、兽医临床研究和成果转化方面实现"并跑"或者"领跑"。

(3)加强科技攻关能力建设。积极支持有条件的单位开展畜间人兽共患病防治相关技术研究和推广,实施新发畜间人兽共患病应急科研攻关储备项目。组织开展多部门、跨学科联合攻关,加强动物疫病预防控制机构、科研院所和企业科研资源集成融合,构建基础性、前沿性、实用性技术研究、集成创新和示范推广平台,增强防治技术原始创新、集成推广和引进吸收转化能力,解决制约防治工作的关键技术问题。加强畜间人兽共患病检测试剂、标准样品、仪器设备、治疗药物、中医药技术等方面的研发推广,加快推进新型疫苗和快速诊断与鉴别诊断技术产品的引进、研发、注册和应用,完善相关畜间人兽共患病诊断检测标准,健全畜间人兽共患病菌毒种库、疫苗和诊断制品标准物质库。

(六)打造样板,探索科普宣传与技术培训新路径

(1)健全人兽共患病科普宣传体系。成立专业科普团队,建立工作机制,完善科普资讯传播平台,打造科普宣传基地,让公众在沉浸式学习和互动体验中提高科学素养。利用短视频、新媒体拓展健康教育新渠道,线上线下相结合,广泛宣传畜间人兽共患病防治政策和知识。编写系列科普图书,制作相关科普课件,提升科普宣传的准确性、权威性和生动性,让"人病兽防,关口前移"的观念深入人心。

(2)强化从业人员专业技术培训。制订畜间人兽共患病防控培训计划,对动物养殖、屠宰加工、动物疫病防控等高风险从业人员,加强畜间人兽共患病防治技术培训,分类编制畜间人兽共患病防治指南,定期组织开展专项健康教育。

**牵头领导:** 陆峥嵘
**牵头处室:** 畜牧兽医处
**课题组成员:** 林卫东　黄士新　李　杰　孙立彬
　　　　　　　陈　波　赵洪进　夏永高　邵荏宇
　　　　　　　夏炉明　龚国华　李增强　常晓旭
　　　　　　　朱　旭

# 25. 优化农业空间布局推动农业高质量发展研究

## 一、研究背景

党的二十大报告明确指出，要加快建设农业强国，2023年中央一号文件《中共中央国务院关于做好2023年全面推进乡村振兴重点工作的意见》提出，要全力抓好粮食生产，发展现代设施农业，构建多元化食物供给体系；加强高标准农田建设，制定逐步把永久基本农田全部建成高标准农田的实施方案；推动乡村产业高质量发展，加快发展现代乡村服务业，培育乡村新产业新业态；加强村庄规划建设，立足乡土特征、地域特点和民族特色提升村庄风貌。

为深入贯彻落实党的二十大精神、2023年中央一号文件的相关要求，上海市委市政府领导多次指出，上海在加快建设具有世界影响力的社会主义现代化国际大都市征途上，到2025年要在国内率先基本实现农业农村现代化。目前上海市从超大城市发展实际出发，在全面分批次推进乡村示范村、全域土地综合整治的基础上，高站位、统一谋划、前瞻思考，积极推进上海乡村建设。

但从目前上海市农业空间来看，农业空间布局、空间利用效率、空间风貌等仍存在突出问题。因此，如何从区域层面优化农业空间布局，推动农业高质量发展成为亟待研究的课题。

## 二、主要研究问题及思路

### （一）主要研究问题

结合目前在开展乡村振兴示范村、全域土地综合整治等工作过程中，市、区、镇农业农村委提出空间布局、空间效率、空间风貌三个方面的主要问题进行研究。

1. 空间布局：有空间受管制

根据2022年"三调"数据，上海市耕地总面积为242.40万亩，永久基本农田202万亩(其中部管永农 150 万亩,部管永农储备地块 3 万亩,市管永农储备地块 49 万亩),占比为 83.33%。

根据《国务院办公厅关于坚决制止耕地"非农化"行为的通知》(国办发明电〔2020〕24 号)、《国务院办公厅关于防止耕地"非粮化"稳定粮食生产的意见》(国办发〔2020〕44 号)、《关于严格耕地用途管制有关问题的通知》(自然资发〔2021〕166 号)等要求,上海市规划资源局印发了《关于本市实施国土空间用途管制加强耕地保护的若干意见》(沪府办规〔2020〕19 号),分六大类十二小类对国土空间用途进行管制,并明确了管制依据、管制规则及具体程序,在一定程度上规范了上海乡村地区发展,同时也使得乡村地区项目建设审批时间略有增加。

2. 空间效率:有产业低能级

上海市郊野地区目前的发展业态,主要以一产为主,二产相对较少,三产还未形成一定的气候。以闵行为例,涉农龙头企业仅 3 家,分别为上海正义园艺有限公司、上海和乐农副产品配送服务有限公司和上海飞未信息技术有限公司(市级)。全区新产业新业态发展态势较好的有梦花源、放鹤谷等,但还未形成较大产业影响力。

3. 空间风貌:有底蕴缺彰显

上海市具有丰富的文化历史底蕴,以闵行区为例,有代表性的包括:马桥史前文化遗址,遗址的发现为研究上海中部地区的成陆年代和人文史提供了确凿的证据;召稼楼古镇,召稼楼文化是上海农耕文化的起源,拥有 500 年的人文历史;吴泾近现代工业园区,园区见证了闵行百年乡村工业发展史。但资源挖掘与品牌打造的力度不足,人文号召力有限。同时,闵行区生态资源丰富但空间布局有待进一步优化,空间风貌、功能植入均有待进一步提升。

(二)研究思路

本课题研究内容包括四个方面:一是提出农业空间存在的主要问题;二是以全域土地综合整治为实证案例,剖析其空间布局优化、空间利用效率提升、空间风貌提升的方式;三是从实施层面提出对优化农业空间布局、推动农业高质量发展,市、区农业农村委需要推进的主要工作;四是相关配套政策措施建议(见图1)。

## 三、全域试点优化农业空间布局推动农业高质量发展路径剖析

2022 年,上海市启动第一批全域土地综合整治试点工作,共计 10 个镇入选,含金山区廊下镇、松江区泖港镇 2 个报部试点,青浦区金泽镇、闵行区浦江镇、崇明区竖新镇、浦东新区周浦镇等 8 个市级试点。试点的空间分布有效承接了上海"中心辐射、两翼齐飞、新城发力、南北转型"的市域总体空间格局,以及"一江一河"、崇明世界级生态岛的空间战略。

本课题将重点剖析近郊浦江全域试点和远郊金泽全域试点,剖析其借助全域土地综合整治如何在空间布局、空间效率、空间风貌三个方面,优化农业空间布局,推动农业高质量发展。

```
                        资料搜集
                           │
        ┌──────────────────┼──────────────────┐
        │                  │                  │
   耕地(永农)          农业发展            政策文件
   等现状资料          相关规划
        │                  │                  │
        └──────────────────┼──────────────────┘
                           │
                      主要研究问题
                           │
        ┌──────────────────┼──────────────────┐
        │                  │                  │
     空间布局            空间效率            空间风貌
        │                  │                  │
   有空间受管制       有产业低能级        有底蕴缺彰显
        │                  │                  │
        └──────────────────┼──────────────────┘
                           │
                 全域试点优化农业空
                 间布局推动农业高质
                 量发展路径剖析
                           │
        ┌──────────────────┼──────────────────┐
        │                  │                  │
     空间优化            空间布局            空间风貌
        │                  │                  │
   结合全域,           开展产业策划        开展村庄设计
   优化耕地空间         导入优质经营主体    提升重点地区风貌
        │                  │                  │
        └──────────────────┼──────────────────┘
                           │
                        实施路径
                           │
              ┌────────────┴────────────┐
              │                         │
          乡村振兴                   全域平台
          示范村
              │                         │
              └────────────┬────────────┘
                           │
                        政策支持
                           │
        ┌──────────────────┼──────────────────┐
        │                  │                  │
     空间优化模式        联动机制           加大招商力度
```

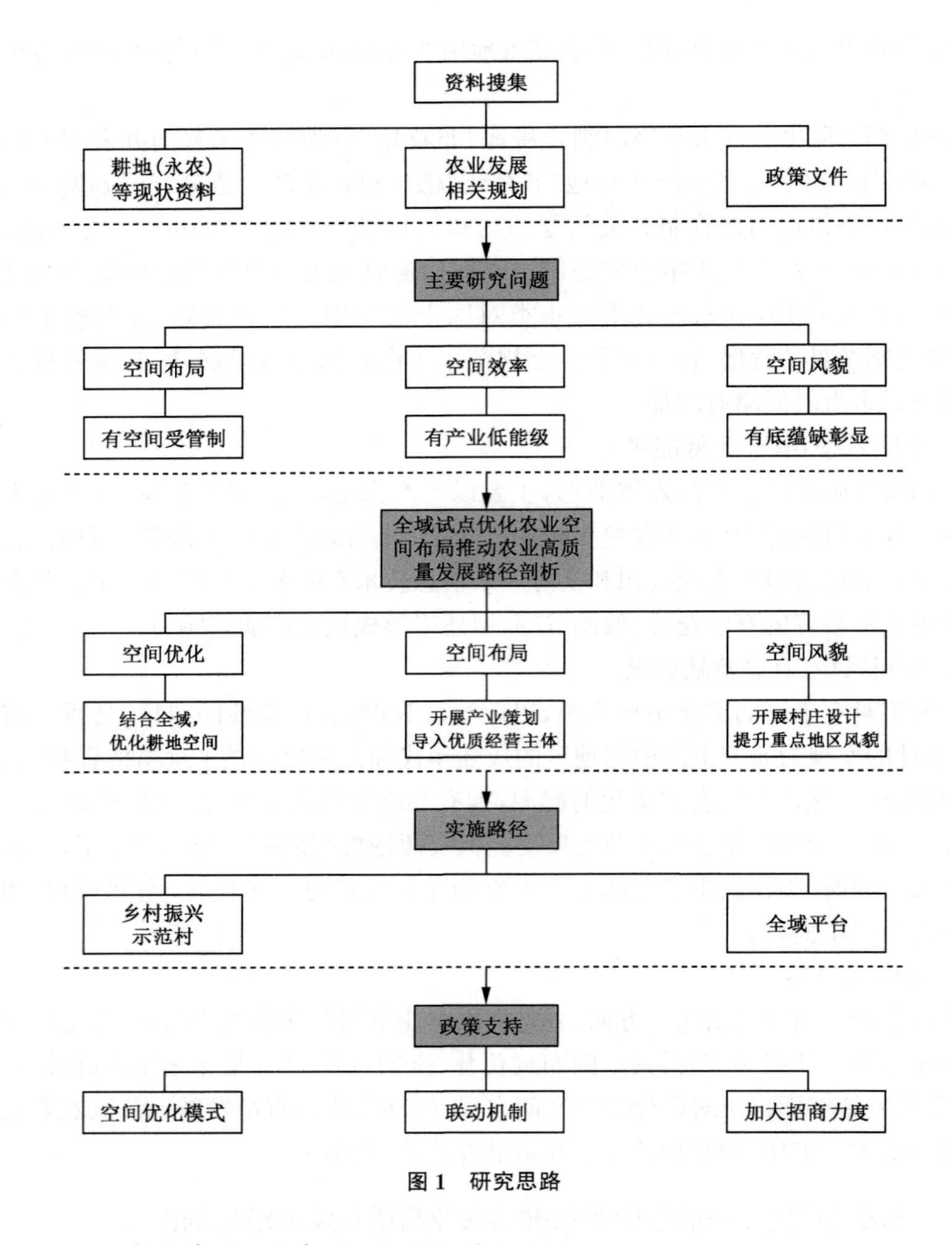

图 1 研究思路

(一)现状空间布局、效率、风貌的主要问题

1. 空间布局:永农占耕地约九成,乡村发展空间受限较多

浦江全域试点内,三调耕地总面积约 453.81 公顷,占全域面积约 30.79%,其中永久基本农田面积 399.62 公顷,占六村耕地总量比为 87%。根据生产块①分析,浦江试点全域 2 亩以下生产块小图斑总面积占比为 4.09%。其中永久基本农田 2 亩以下生产块小图斑总面积占比达 1.06%,市管储备地块 2 亩以下生产块小图斑总面积占比达 6.21%,一般耕地 2 亩以下生产块小图斑总面积占比达 19.90%。在永久基本农田占耕

---

① 生产块为 4 米生产路连接的田块组成的组团。通过生产块分析可以避免地块切分造成的耕地破碎以及同一个生产块被生产路分割的情况。目前全域试点方案未将消除 2 亩以下生产块作为主要目标。

地约九成、局部较为零散的背景下,大治河南六村近期拟建设项目占永久基本农田25.70公顷,主要是农户相对集中居住安置区、道路、产业项目占永久基本农田较多,而对于占用永久基本农田,根据上海市规划资源局印发的《关于本市实施国土空间用途管制加强耕地保护的若干意见》(沪府办规〔2020〕19号),永久基本农田占用补划需一定的审批程序,使得乡村地区项目建设审批时间略有增加。

金泽全域试点内,耕地总体连片程度较高,市管储备地块和一般耕地生产块集中连片程度宜进一步优化。整治区域耕地呈现北部总体连片、南部田塘交错的格局。范围内耕地852.98公顷,养殖水面309.16公顷,比例接近3∶1。整治区域内永久基本农田面积799.62公顷,占耕地94%,但各分类空间集聚度较低。根据生产块分析,金泽试点全域2亩以下生产块小图斑总面积占比为0.84%。其中永久基本农田2亩以下生产块小图斑总面积占比达0.14%,部管储备地块无2亩以下生产块小图斑,市管储备地块中,2亩以下生产块小图斑总面积占比达2.09%,一般耕地中,2亩以下生产块小图斑总面积占比达8.30%。在永久基本农田占耕地约九成、局部较为零散的背景下,金泽全域试点近期项目需调出永久基本农田面积为21.66公顷(其中永久基本农田2.74公顷,部管储备地块2.21公顷,市管储备地块16.71公顷),主要为道路、公共服务设施建设项目建设需求等。

小结:两个全域试点空间布局存在的主要问题为永久基本农田占耕地比例接近九成,同时存在局部零散,导致乡村建设项目在用地布局时,难以避免占用永久基本农田,而根据国土空间用途管制要求,实现永久基本农田占用补划需要编制《耕地(永久基本农田)整理方案》,且须通过专家评审、部门意见征询等,需要一定的流程和时间,因此乡村发展空间在一定程度上会受到限制。

2. 空间效率:农业发展一产为主,产业能级有待大幅提升

浦江全域试点内,农业产业现状以一产为主,农业发展能级较低。浦江试点传统农业产业已形成四足鼎立的态势,包含"一稻、一蔬、一渔、一市"四大版块。国家级龙头企业向三产融合升级,新兴产业项目方兴未艾。目前浦江试点范围内已建有上海正义园艺,为国家级蔬菜产加销标准化示范区,集蔬菜生产、加工、销售和农副产品配送为一体,企业已开始向规模化、信息化生产升级。另有正在实施中的永丰田园综合体项目,以及对接中的萌宠乐园。项目建成后将有效丰富试点范围内新兴产业类型,提升试点区域产业融合程度。

金泽全域试点内,一亩稻田半亩塘,特色果蔬潜力强。试点范围内,水产亩均产出约1万元,粮食亩均产出0.15万~0.2万元,蔬菜亩均产出约0.95万元。水产亩均产出达粮食亩均产出的5倍。南新村、双祥村、王港村和雪米村均拥有美人橘、猕猴桃、茶花等特色果蔬产业。现状合作社规模大,品牌打造潜力待挖掘,发展能级待提升。商榻片区有农业公司、合作社17家,规模近8 000亩。合作社种养殖类型包括粮食、蔬菜、水产和水果,产值总规模达2 203万元。但目前各合作社分头经营,未形成特色品牌。此外,产业类型以一产为主,产业能级有待提升。

小结:两个全域试点在空间使用效率上存在共性的问题,尤其是乡村产业以一产为

主,新型乡村产业发展未形成影响力较强的品牌和支撑区域发展的产业链。

3. 空间风貌:历史文化底蕴深厚,乡村风貌杂糅特色缺乏

浦江全域试点区域有"黄浦夺淞"、闸港河、上海郊区最大的人工河道——大治河等水利工程,是历史治水壮举集合地。在治水过程中也孕育了不少历史文化名人,有"黄浦夺淞"献计人叶宗行,《农政全书》《甘薯疏》《农遗杂疏》等的作者中国明代农艺师徐光启。但现在区域内乡村具有历史文化底蕴的景观风貌缺少,2010年后的新式宅基和80—90年代老旧宅基杂糅,休闲游憩空间缺乏,农户对居住条件改善诉求大。

金泽全域试点区域历史悠久,古称"白苎里",建于东晋,兴于宋,盛于元,至今已有1 300多年历史。相传昔日有"穑人获泽如金",也因水乡泽国,且盛产鱼米赛黄金,得金泽之名。金泽镇是国家生态镇、国家卫生镇、中国历史文化名镇、全国首批运动休闲特色小镇,还是上海地区有名的桥乡,有"庙庙有桥,桥桥有庙"之谚。近年来,随着国家级非遗项目田山歌和市级非遗项目宣卷、烙画、阿婆茶的成功申报,金泽的文化特色也变得更加丰富多样。试点区域内现状居住户数为6 681户,大部分依水而建,布局相对集中,风貌清雅秀美,但同时存在部分房屋空置破损、个别翻建样式不一等情况,有一定的居住条件改善诉求。

小结:两个全域试点所在区域历史文化底蕴均较为深厚,但因长时期城乡二元体系发展,导致乡村地区的空间风貌特色湮灭,建筑、景观风貌杂糅。在乡村振兴背景下,如何凸显大都市乡村"最·江南"风貌成为亟待解决的问题。

(二)规划高站位谋划发展蓝图,引导农业空间布局优化

浦江全域试点结合大治河南湾、港、林、田的资源特征与新兴产业布局,提出发展目标为"一带六村、十里风华"。形成"一核,一带,两廊,四片"的空间布局。一核汇能:产业引领服务核。以浦星公路、丰南路、永南路交叉点为服务业引领核心,重点发展休闲、生态、物流、产业服务。一带联城:浦星公路城乡融合带。结合正义园艺、蛙类栖息地、国家粮仓、老闸港等资源,打造一二三产融合升级的发展带。两廊聚产:新型乡村服务走廊(丰南路—老闸港)、现代都市农业走廊(永南路)。四片融野:林田滩湾、闸港组团、智慧圩田、水泽森林。

金泽全域试点结合区域资源禀赋提出发展目标为"最江南·水乡田园实践区",面向超大城市万千客群,依托活力郊野万态水韵,打造低碳人居万家生活。试点区域将传承水乡基底、水乡文脉、水乡特产,创新特色空间、在地体验和品牌产品。在总体定位的指导下,形成"一带三脉水乡居,一集九榻南北游"的总体空间格局。一带为环湖风光带;三脉为蓝脉塑底、绿脉畅行、文脉融合;水乡居则为低碳滨水人居。一集为功能核心"商榻集";九榻为服务中心,一村一榻;南北游则为湖荡悠游、圩田品游两条游线。

小结:两个全域试点在空间布局、空间效率、空间风貌三个方面主要问题分析的基础上,通过规划高站位谋划发展蓝图,从顶层设计的角度,引导区域农业空间格局优化,为后续系列问题解决提供支撑。

(三)全域实施推进空间布局、效率、风貌全面提升

1. 空间布局:编制近远期优化方案,促进永农管制集中布局

浦江全域试点近期耕地空间优化方案,主要推进永久基本农田管制区集中布局:该方案实施后,生产块2亩以下数量略有下降,2亩以下小图斑总面积占比降为3.12%。从空间布局来看,通过农民集中居住,促使西部、南部、东部耕地相对集聚,可开展农田建设项目,但未完全达到分类聚集状态。

浦江全域试点远期耕地空间优化方案,推进三类不同管制要求的耕地集中布局:为进一步优化耕地空间布局,结合农民集中居住有序推进,对近期方案进行逐步优化。优化思路一是人为判断2亩以下生产块形成的具体原因并处理;二是在政策支持[①]下,推进部管永久基本农田集中连片、市管储备和一般耕地相对集中,以利于形成若干现代设施农业建设项目。远期方案实施后,2亩以下生产块数量明显减少,2亩以下生产块小图斑总面积占比降为2.45%。永久基本农田基本没有2亩以下生产块。通过农民集中居住,在永丰村耕地及永久农田达到了分类相对聚集状态,利于形成若干个现代设施农业项目。后续仍可基于本次优化思路,降低各类生产块小图斑的规模,持续优化耕地布局。

编制《浦江镇全域试点耕地(永农)整理方案》,统一解决区域近期项目占用永久基本农田补划问题,永久基本农田补划主要有两个来源,一是现状一般耕地8.66公顷,二是减量化复垦补充潜力18.28公顷,可以满足永久基本农田"数量不减少、质量有提升、布局有优化"的补划要求。

金泽全域试点近期耕地空间优化方案:在现有永农调整政策背景下,已根据各条线项目(农民集中居住、减量化、河道及道路工程)的推进计划和两个5%要求,调整区域内耕地、永久基本农田空间布局,编制按计划、有序、可实施耕地(永久基本农田)整理方案。该方案实施后,生产块2亩以下数量略有下降,但仍存在86.93亩2亩以下的耕地生产块。从空间布局来看,耕地布局有优化,但未达到分类聚集状态。

金泽全域试点远期耕地空间优化方案:为进一步优化耕地空间布局,结合农民集中居住有序推进,对近期方案进行逐步优化。远期方案实施后,永久基本农田、市管储备地块基本无2亩以下生产块,且耕地及永农达到分类相对聚集状态。

编制《金泽镇全域试点耕地(永农)整理方案》,统一解决区域近期项目占用永久基本农田补划问题。根据整治范围内现状梳理情况,部管储备地块补划永久基本农田潜力为0.42公顷(整治区域内不能满足,拟选取金泽镇任屯村、三塘村内潜力地块补划)。

小结:两个全域试点主要从两个方面促进永久基本农田用途管制区集中布局:一是制订近远期耕地优化方案,从规划层面引导永久基本农田集中布局;二是编制《耕地(永久基本农田)整理方案》,实现区域永久基本农田在"近远期耕地优化方案"指导下逐步集中布局,同时可以"一次编制,一次审批"节约审批时间,为乡村项目建设提供支撑。

2. 空间效率:策划引导产业用地布局,强化招商导入优质市场主体

浦江全域试点构建都市现代农业和新型乡村产业"1+1"体系,实现区域内都市现代农业和新型乡村产业协同发展、齐头并进的产业态势。从空间布局上,浦江试点范围

---

[①] 政策支持指永久基本农田空间布局需重新优化集中,并不要求新增5%;耕地与林地空间布局调整涉及的林地审批流程和实施路径需明确等。

形成西部着重新型乡村产业、东部着重都市现代农业的产业结构,共形成七彩岛链、林田滩湾、智慧圩田和水泽森林四大产业组团,分别承载新型乡村服务、总部研发、现代都市农业和森林休闲四大产业内容。基于四大版块,分别形成产业功能定位及产业用地规模引导。

七彩岛链组团:发展新型乡村服务。把握上海近郊的区位优势,重点布局新型乡村服务产业,包括文化创意、体育运动、旅游休闲、宠物经济等。该片区规划主题岛6~7个作为管控单元,经营性建设用地规模总计约8公顷,每个岛规划1~2公顷用地。用地类型以商服为主,容积率1.0左右,预计导入中型以上企业6家。

林田滩湾组团:发展总部研发经济。依托周边高能级新兴产业版块以及基地田园特征,导入种源研发、食品研发、装备研发为主导的产业。该片区规划300亩左右的生态单元12~14个作为管控单元,经营性建设用地规模总计约14公顷。其中大型总部单元包含2个以上经营性地块,单个地块10 000平方米左右。中型总部单元包含1~2个经营性地块,单个地块5 000平方米左右。小微型总部单元包含2~4个经营性地块,单个地块500~1 000平方米。用地类型以商服、研发为主,容积率控制在1.0~2.0,预计导入中型以上企业15家。

智慧圩田组团:发展都市现代农业。从都市农业的角度,构建一二三产融合模式,主要发展精品农业、体验加工以及冷链物流等多元服务产业。该片区规划20个左右功能圩作为管控单元,经营性建设用地规模总计约9公顷,每个圩规划0.1~2公顷用地,用地类型以商服为主,辅以少量研发,容积率1.0左右,预计导入中型以上企业15家。

水泽森林组团:发展森林休闲经济。依托片林基底,导入生态休闲、教育健康等森林休闲产业以及林下种植等农业生产内容。该片区规划5~6个片林作为管控单元,经营性建设用地规模总计约4公顷,每片林规划0.1~2公顷用地,用地类型以商服为主,容积率控制在1.0~2.0,预计导入中型以上企业2家。

承接产业策划,通过全域方案对整治区域内种养殖业、设施农用地及新型乡村产业用地进行统筹布局。

种养殖业远期形成东西布局规模粮菜、中部培育特色种养的空间结构。东西部结合规模田块,打造高标准粮田、菜田。中部结合现状鱼塘和新型乡村产业导入,发展特色种植、养殖业。近期工作重点聚焦一粮一菜,积极引入高水平经营主体。重点聚焦光继、汇南等规模菜田提质升级。同时协同推进永丰、正义、光继、汇南、汇东等农田规整及基础设施提升。

设施农业远期沿现代都市农业走廊集聚。未来设施农用地总面积达7.02公顷,并将用地布局纳入郊规,为后续设施农用地备案及现代化农业发展提供支撑。近期工作聚焦农田项目配套设施农用地,在现状4.33公顷设施农用地的基础上,以一粮一菜为重点,围绕近期重点推进的13个(面积1.62公顷)设施农用地建设。

新型乡村产业远期将形成一核一廊联动六村共同发展的格局。一核为产业引领服务核,一廊为沿丰南路形成新型乡村服务走廊。围绕一核一廊布局商业服务业用地、文化用地、教育科研设计用地和体育用地。近期工作聚焦新型乡村服务走廊西段的建设,建设第一湾留白区、闸港天堂和粮丰岛项目。

金泽全域试点通过增链补链,不断延伸产业边界,提升农业附加值,形成"3+X"农业产业体系。"3"为品牌产品,包括水稻+水产+蔬菜三大规模化基地,"X"为特色产品,包括蟹、珍珠等水特色产品,茶花、梅花等花特色产品以及猕猴桃、金柿、葡萄等果特色产品。从村域空间上来看,双祥、王港做优水稻品牌,陈东、雪米做精水产特色,南新做强蔬菜品种。此外发展新型乡村产业,以急水港为界,北片形成湖荡大水面为特色的主题环绕式游览,南片形成特色河道水域构成的区域环线式体验。

依托产业策划,通过全域方案对整治区域内设施农用地及新型乡村产业用地进行统筹布局。同时,积极对接产业主体,推动产业项目落地。

设施农用地以水稻种植为主导产业方向,落实双祥和雪米两处设施农用地,一南一北辐射全区水稻种植需求,提升水稻种植技术和效率。西侧南新村落实500亩高标设施菜田,同时增加蔬菜冷链加工设施,为试点区域蔬菜产业发展提供优质空间。

新型乡村产业延续北片湖荡悠游体验、南片圩田品游休闲的空间布局,策划多处乡村产业项目。近期工作重点对接10个市场主体,拟投资额6.3亿元。

小结:两个全域试点主要通过两个步骤促进区域高质量发展:一是通过策划结合全域资源禀赋、发展目标、发展趋势等,明确区域产业导入方向;二是结合全域土地综合整治,在市、区、镇三个层面,开展产业招商,导入优质市场主体。

3. 空间风貌:开展村庄设计,结合示范村建设彰显重点地区风貌特色

浦江全域试点以汇东村为重点开展了村庄设计,对建筑、景观进行引导,有效提升了村域风貌。汇东村位于浦江试点东部,村域总面积1.78平方公里,是大治河南"一带六村"乡村振兴示范带的东部门户。汇东村对接萌宠产业、艺术产业、体育产业等特色资源,打造轻户外品牌特色乡村。村域形成"一带一轴三园"的空间结构。"一带"为大治河乐活带,"一轴"为闸航路景观轴,"三园"则为萌宠乐园、运动公园、乡居田园。汇东村围绕"三园",分别形成不同的风貌特色。

萌宠乐园版块:萌宠乐园版块充分与周边用地联合,结合鱼塘垂钓、儿童游乐园、草莓采摘等,打造轻户外亲子体验部落。建筑风貌特色营造主要采用竹木等自然乡土材料,构建小体量近自然的建筑形态,提供宠物及游客服务空间。景观风貌特色营造主要利用场地内林、田、水资源,增加乡土景观种植与本土特色的小型构筑物,塑造生动野趣的乡村风貌,提供人和宠物亲近自然的空间。

运动公园版块:该版块对现状工厂、民居等建筑存量加以利用,打造文创中心与乡创中心。同时依托老闸港和大治河林地,建设集体育、休闲、户外活动于一体的开放林地公园。建筑风貌特色营造通过勾勒传统江南建筑屋顶风貌特征,以及简化传统元素,将江南水乡的温润气质融于新体量之中。此外,以模块化的方式植入,从传统坡屋顶中提炼出交错的造型,形成大量灰空间的同时赋予建筑韵律节奏。景观风貌特色营造主要结合大治河滨水自然空间,布置户外活动空间,增设滨河集市、野外趣味探险等活动,丰富空间,完善旅游功能。对于现状密林,挪移部分现状树,并增加特色高大乔木栾树、朴树点缀,丰富景观层次。

乡居田园版块：该版块将乡村生活、田园景观等资源有机融合，形成融于乡村田野的建筑景观风貌。建筑风貌特色营造以粉墙黛瓦和层叠的坡屋顶形成富有江南特色且匍匐于大地的建筑形态。充分利用竹木等天然材料，与周围环境协调。景观风貌特色营造主要结合当地现有合作社产业资源，引入农业科技成果的情景式展示区，包括有机农业种植、科技农田展示等，达到寓教于乐的效果，打造沉浸式乡村稻田剧场。

金泽全域试点内，双祥村已申报完成上海市第六批乡村振兴示范村，此外计划申报雪米和陈东村为下一批市级乡村振兴示范村。近期将以这三个村庄为重点区域，进行村庄风貌提升。

以双祥村为例，其对建筑、景观建设进行引导，有效提升了村域风貌。双祥村位于金泽试点北部，村域总面积3.2平方公里。双祥村以"水木双祥"为发展目标，形成"一道一环，一榻三片"的空间结构。"一道"为双祥水木道，沿双祥路打造林荫景观道，并沿水系布置水上观景道连接主要自然村落。"一环"为东荡产业联动环，沿环东荡区域联动一二三产打造特色产业联动提升带。"一榻"为祥居绿色往来榻，以双祥会所、祥坞民宿、候鸟森林串联水上游线打造祥坞绿色往来榻。"三片"则为三片水乡居：祥坞生活片区、道上浜生活片区和张家浜生活片区。双祥村针对公共建筑、村居民宅、景观空间分别提出风貌引导策略。

公共建筑：延续双祥砖瓦文化，在公服建筑上，融合海派建筑的褐石风，在环上海第一门户界面，有别于传统建筑，打造具有上海特色的乡村风貌。色彩指引上，采用低饱和度中式色彩。屋顶采用深暗黑、皂色、黳青等色彩；立面采用苍白、影灰、米黄等颜色；装饰细节宜采用赭石、暗红等自然颜色。

村居民宅：民居打造上，有别于公服建筑红砖的视觉冲击感，而采用粉墙黛瓦的整体基调，在屋顶、檐角、窗框、小三园、公共空间打造上使用砖瓦元素，提升整体元素延续感。

民居建筑色彩以"黑、白、灰"为主体，辅以少量精致的雕刻，涂栗、褐、灰等色，不施彩绘。房屋外部的木构部分用褐、黑、墨绿等颜色，与白墙、灰瓦相映，色调雅素明净，与周围自然环境、水乡风貌协调融合。

民居建筑风格以"轻、秀、雅"为典型，由于所处地域气候及建造工艺的原因，总体建筑的整体把握与细部设计均追求轻巧、秀美、雅致的风格。屋顶多为硬山坡屋顶形式。

民居建筑细部以"灵、巧、趣"为特色，层楼小窗、淡墙黛瓦、形制错落。原则上，民居建筑以白墙小窗为特色，体现灵动、精巧的水乡民居特色。

景观空间：双祥村景观强调生态性与在地性。田园景观设计应彰显村庄田野特色、筑牢水稻种植底色，保护永久基本农田，发挥村域大面积特色优质农田优势；在农村产业发展上应依托优质水稻、瓜果、蔬菜等作物种植，构建"可赏、可游、可采"的大都市郊区江南田园景观。

村庄道路根据功能控制宽度，结合周边景观，丰富沿线种植，增加停留与休憩空间。适当建设人行步道、骑行道和景观节点，设置乡村指示标识，完善乡村慢行系统。

植物种植方面，选用乡土树种，主要包含合欢、四季桂、紫薇、棕榈、云南黄馨、二桥玉兰、鸡爪槭、杜鹃、红花继木、金叶女贞等乔灌木。新建绿地以广场活动与绿化休闲建设相结合,满足居民观赏游览、聚会健身要求。

小结:两个全域试点主要结合乡村振兴示范村开展村庄设计,主要包括建筑风貌设计、景观风貌设计等,彰显重点地区风貌特色,逐步实现"城市让生活更美好,乡村让城市更向往"的美好愿景。

## 四、借助全域优化农业空间布局推动农业高质量发展实施路径

针对农业空间布局优化的主要内容,结合全域土地综合整治工作开展的不同阶段,从市、区两级农业农村委和编制团队三方面分别提出分要求、分阶段的工作内容,建立重点工作矩阵(见表1),形成以全域土地综合整治为抓手、促进农业空间布局优化的工作指引。

(一)协助区域遴选,明确优化试点

结合全域土地综合整治工作,建议市农业农村委站在全市、全区层面,联动市、区重大战略,结合各区发展诉求,研究空间优化重点区域,提出各区空间优化重点名单。在区域遴选阶段,积极配合区域遴选工作,市农业农村委按照空间优化重点名单给出建议。区农业农村委协助所管辖的意向申报区域开展相关准备工作。编制团队提前介入,做好全程跟踪、资料整理等相关初期工作,为申报区域做好技术支持工作。

(二)结合全域策划,置前招商工作

在全域策划阶段,市农业农村委提出在全域土地综合整治工作中空间优化的工作要求和目标,如高标准农田建设全覆盖等;同时,结合各全域土地综合整治项目的发展导向和空间重点,整合市属国企、涉农龙头企业、金融机构等各类资源,启动招商工作,促进优质产业主体的提前部署。区农业农村委可以开展农业产业相关专项编制,结合市级产业空间布局,进一步落实工作要求和目标,同步对接市场主体,了解主体实际诉求。编制团队全面启动全域土地综合整治工作,开展现状梳理和排摸工作,提出空间定位与发展目标,并结合产业主体用地诉求,优化空间布局方案,提出各类空间近期远期的引导。

(三)借力村庄设计,提升空间风貌

市农业农村委会同市规划资源部门,针对农业产业空间,提出空间风貌指引。在村庄设计阶段,市农业农村委按照空间风貌指引,提出各整治试点风貌提升要求;同步负责加大招商力度,积极导入优质市场主体。区农业农村委明确农业产业重点发展区域和节点,进一步衔接经营主体诉求,引导相关政策、资金向重点区域集聚,促进具有显示度、高能级产业区域的打造。编制团队负责开展全域空间风貌设计,整合区域产业发展重点,开展总体空间设计和项目功能布局,形成全域村庄设计一张蓝图。

(四)落实郊规编制,优化空间布局

在郊规编制阶段,市农业农村委负责站在市域层面,结合总体空间结构,引导各类用地布局,同时协同相关部门,明确各类用地优化布局的实施手段和路径。区农业农村委积极对接相关部门,按照市层面统一口径和手势,衔接处理好农业空间与其他空间的

关系,共同促进农业产业空间按照"成片集聚、集约节约"的原则进行布局,同时协助明确农业经营主体用地诉求。编制团队衔接各类专项规划,落实市、区要求,优化现代设施农业空间、新型乡村产业空间、耕地空间三大类空间,编制空间布局方案。

(五)聚焦实施方案,倾斜项目资源

在实施方案阶段,市农业农村委需引导市级项目向重点整治区集聚,同时实施监督审查。区农业农村委引导区级项目向整治区集聚,并明确近远期项目。编制团队编制项目清单,将近远期项目予以落实,明确近三年现代设施农业、新型乡村产业、重大种植业项目范围、投资金额、实施时间等内容。

表1　　　　　以全域土地综合整治工作为抓手的农业空间优化分阶段工作矩阵

| 农业空间布局优化整治阶段 | 现代设施农业空间、新型乡村产业空间、耕地空间 |||
|---|---|---|---|
| | 市农业农村委 | 区农业农村委 | 编制团队 |
| 1. 区域遴选 | 区域遴选:联合审查各区上报申报名单、联合审定年度实施计划名单 | (1)启动申报:配合申报工作,引导乡村振兴示范村、乡村产业结构调整重点区域以及有社会资金投入的重大乡村产业项目所在区域纳入全域土地综合整治实施计划<br>(2)摸底和自评估:配合摸清农业空间底数,厘清农业发展问题<br>(3)市区两级重大项目衔接:积极与市农业农村委沟通,争取农民相对集中居住、高标准农田、都市现代绿色农业项目、休闲农业等项目 | 协助申报:提供咨询和技术支持 |
| 2. 全域策划 | (1)明确工作要求:明确结合全域土地综合整治工作的空间优化工作要求和重点支持领域<br>(2)下达目标任务:落实各区在全域土地综合整治工作的空间优化年度目标任务<br>(3)加强招商宣传 | (1)空间专项编制:开展相关专项规划,如农业专项规划等,提出农业产业发展目标与定位,提出优化耕地、设施农用地、经营性建设用地近、远期空间布局方向<br>(2)经营主体对接:积极对接市场主体,了解主体发展诉求和瓶颈 | (1)空间定位与目标:针对不同区域的特征,提出现代设施农业、新型乡村产业、耕地的空间发展定位与目标<br>(2)空间近远期发展:提出各类空间近远期发展的引导 |
| 3. 村庄设计 | 继续加强招商:开展市级招商大会,积极导入优质市场主体 | (1)空间优化:开展专家、部门意见征询会,针对农业空间优化提出科学合理的设计要点<br>(2)方案设计:遴选优质农业产业社会主体,开展方案设计 | (1)总体空间设计:田、水、路、林、村等各类要素的风貌指引<br>(2)项目功能布局:落实具体项目,进行空间布局引导 |
| 4. 郊规编制 | 空间引导:站在市域层面,结合总体空间结构,引导耕地、设施农用地、建设用地布局 | (1)空间衔接:积极对接规资、绿容、水务等部门,处理好农业空间与其他空间的关系<br>(2)用地落实:协助明确农业经营主体用地诉求 | 空间布局:衔接各类专项规划,明确各类用地位置、性质、规模等 |
| 5. 实施方案 | (1)项目支持:引导市级项目向重点整治区集聚<br>(2)监督考核:考核实施方案与目标实现的匹配度 | (1)项目支持:引导区级项目向重点整治区集聚,明确近期(三年)建设项目,包括建设内容、范围、实施主体、投资金额、实施时序等<br>(2)项目储备:梳理远期建设项目,纳入项目储备库 | 编制项目清单:明确近三年现代设施农业、新型乡村产业、重大种植业项目范围、投资金额、实施时间等内容 |

## 五、政策支持

（一）明确农业空间优化方向，形成政策合力优化布局

1. 编制区级农业产业布局规划，明确各类农业空间的优化方向

为有效传导13个绿色田园先行片区等市级相关规划，建议区级层面编制农业产业布局规划，为下位规划提供上位依据。站在全区层面，结合现状情况、相关规划要求、各镇发展诉求等，探索制定与现代乡村产业发展相适应的空间优化方向，结合国内外典型案例分析和典型项目的实际需求进行梳理，提出因地制宜的耕地空间和新型乡村产业空间优化目标和布局模式，形成区级农业布局规划空间结构、分产业规模总量及分类空间布局引导。

2. 探索低效农用地退出机制

大力发展高科技、高品质、高附加值现代农业是农业高质量发展的重要内容。建议探索农业用地退出机制，就目前现状农用地布局零散、利用低效、退出无路径等问题进行专题研究，提高村集体腾退低效农用地的积极性，如设施农用地依据"以减定增、增减挂钩"等原则，通过退出低效用地为优质现代设施农业项目预留空间，助力乡村产业招大引强，提升农业发展能级。

3. 形成政策合力共同推进农业空间布局优化

农业空间布局优化的核心一是建设用地逐步集聚和复合用地模式研究，二是农林空间"置换"。其中，复合用地模式可结合上海乡村产业功能向"高科技、高附加值"方向延伸的发展导向，探索可弹性组合的用地类型及模式，在多元功能复合基础上促进项目能级提升和产业发展。根据不同类型项目需求定制化解决项目兼容复合利用的需求，适应新型现代乡村产业差异化、多样化用地需求，如探索设施农用地、建设用地、林地等的组合模式，促进新型乡村产业的导入；对农林空间"置换"涉及的林地，简化审批流程；等等。

（二）紧密衔接全域试点工作，构建职能部门联动机制

1. 探索乡村振兴示范区域成片推进模式

在当前乡村振兴示范村创建的基础上，统筹布局、整合资源、成片推进。在上位农业产业布局规划的基础上，突破镇、村行政边界，紧扣产业空间布局优化，结合市区重要战略，联动重大产业功能，放大集聚带动效应，划定示范区域。有效整合各条线资金、政策，引入社会资本，形成合力，共同打造乡村振兴示范连片区域。

2. 紧密衔接全域土地综合整治工作

以目标协调、空间统筹和政策衔接为重点，做好与全域土地综合整治工作的紧密衔接。全域土地综合整治工作全程介入，农业空间优化范围共同划定，农业空间优化要求提前明确，农业空间优化方案全程参与，农业空间优化政策紧密联动，农业空间优化成效及时评估。

3. 建立多职能部门工作联动机制

针对片区内农田优化可能涉及的水域、林地、市政、交通、低效建设用地等土地要

素,协调涉及的各条线相关部门,探索联动利用模式,促进区域空间优化。如建立田、林、水空间联动优化机制,探索开发边界外低效建设用地减量化与设施农用地的联动利用模式,探索重点区域小微设施功能的拓展。

(三)明确乡村产业招商名单,加大招商工作推进力度

1. 明确乡村产业招商"白名单"

建立上海乡村产业招商"白名单"制度,制定招商图谱,深入开展产业链招商,片区聚焦主导产业延链、扩链、强链。建立上海乡村产业链核心企业"白名单"。建立乡村产业链核心企业联系制度,会同有关单位发挥好产业链核心企业作用,紧盯重点企业,实施以商招商、基金招商、应用场景招商,吸引项目落户。

2. 市、区、镇三级全方位推进招商工作

结合全域土地综合整治市、区、镇三级平台,在不同层面推进招商工作。同时加大金融扶持力度,研究特定信贷政策,引导各类金融机构、金融产品支持设施农业、新型乡村产业的发展。完善科技人才评定与报酬激励机制,形成与现代农业发展相适应的专项人才政策配给保障制度。

3. 建立数字化招商平台,数字赋能提升招商效率

在全市上海数字农业云平台基础上,新增产业招商模块。根据现状基础梳理现代设施农业空间、新型乡村产业空间、耕地空间的潜力空间,形成农业产业投资地图。结合各类经营主体诉求,预判招商选址,实现精准招商。同时,集成投资指南、招商管理、企业管理、产业管理等功能,结合可视化监测分析模块,实现全生命周期管理。

**牵头领导**：施　忠
**牵头处室**：发展规划处
**课题组成员**：刘映芳　詹运洲　侯明明　郭保强
　　　　　　　吉　睿　邱　琛　王　超　王　超
　　　　　　　宁秀红　王峨嵋

# 26. 巴黎、东京、伦敦、纽约乡村发展及对上海启示研究

为加快走出一条国际大都市城乡融合发展的新路子,让乡村成为上海建设具有世界影响力的社会主义现代化国际大都市的亮点和美丽上海的底色,根据市领导提出对标巴黎、东京、伦敦、纽约等大都市乡村发展的要求,我们组织力量开展研究,系统梳理这些国际大都市乡村发展的情况,在借鉴其经验的基础上提出上海推进乡村振兴的工作建议。

## 一、基本情况

都市圈是城市群内部以超大特大城市或辐射带动功能强的大城市为中心、以1小时通勤圈为基本范围的城镇化空间形态,具有大城市溢出效应,可以发挥大城市、大都市区对乡村地区的辐射与带动作用。

根据各国城市行政区划的不同,参考学界主流研究范式,将巴黎、东京、伦敦、纽约四大都市圈的区域范围作如下界定:

巴黎即巴黎都市圈,根据法国《巴黎大区规划》,城区范围是巴黎市(105.15平方公里,224万人),郊区范围是近郊三省和远郊四省(12 070平方公里,876万人)。

东京即东京都市圈,城区范围是东京市(2 104平方公里,1 406万人),郊区范围是近郊三县和远郊四县(34 794平方公里,2 273万人)。

伦敦即伦敦都市圈,城区范围是大伦敦地区(也就是伦敦市,1 579平方公里,890万人),郊区范围是与之相邻的英格兰东南部郡镇(14 379平方公里,510万人)。

纽约即纽约都市圈,城区范围是纽约市(1 214平方公里,880万人),郊区范围是纽约州、新泽西州、康涅狄格州的近郊31县和远郊三州其他区域(162 797平方公里,2 555万人)。

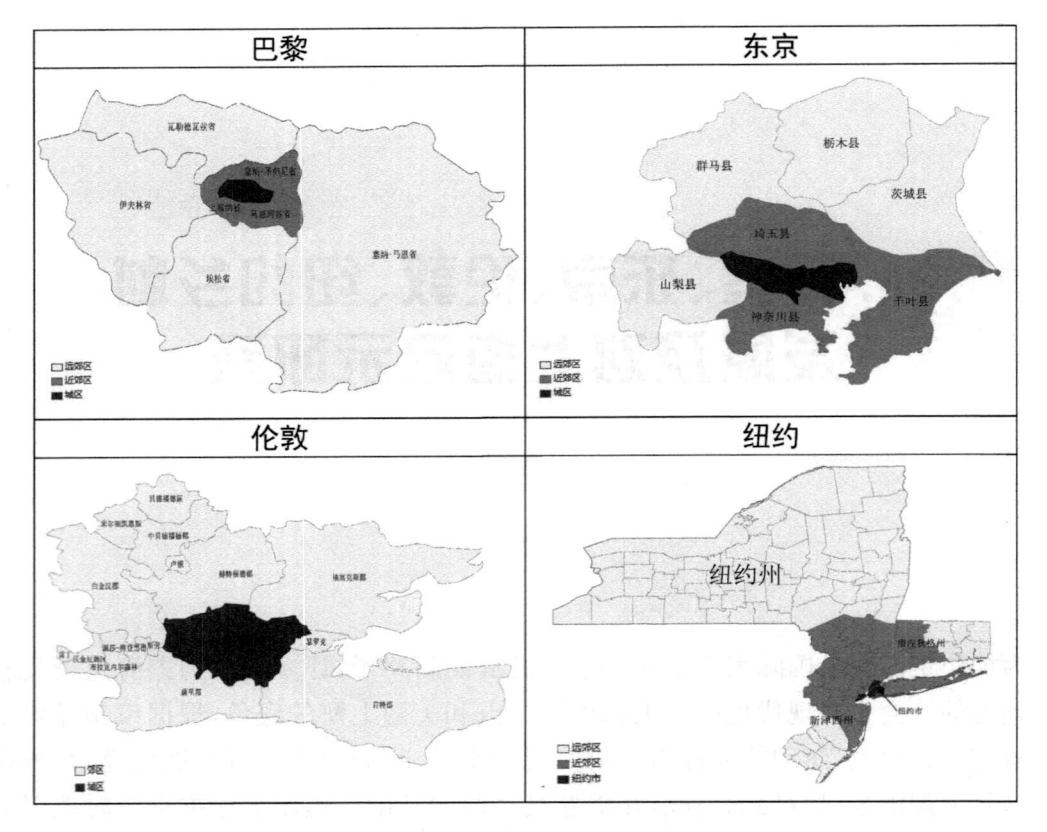

图 1　四大都市城郊区域示意

## 二、发展阶段

巴黎、东京、伦敦、纽约作为"世界城市",具有创新、促进、引导世界、维持城市财富递增、生态平衡、追寻人与自然和谐,以及促进城市可持续发展的号召力和地位。纵观四大城市的乡村发展,大致经历了三个阶段。

初级阶段(20世纪20至50年代)。乡村政策的重点在于阻止城市对乡村的无限扩张,通过建设乡村物质空间和改善农业现状,为乡村地区提供足够的基础设施(路、水、电、气、房)保障,提高乡村生活质量,实现乡村地区较好的经济和空间安排,为乡村振兴打造发展基础。

完善阶段(20世纪50年代至20世纪末)。乡村政策的重点在于保护乡村环境,在满足乡村生活和生产发展多样性需求的同时,鼓励增加就业、改善公共服务、促进农业空间不同利用方式的均衡发展。同时,乡村产业也逐步向多样化方向发展,乡村开始出现逆城市化现象。

成熟阶段(20世纪末至今)。乡村政策重点为对历史文化遗产和乡村特色的保护,促进乡村可持续发展和城乡融合发展。乡村就业总体模式趋近于城市,城乡互动日益频繁,城市功能逐渐向乡村地区转移,而乡村发展需求也已经扩大到乡村区域之外,城乡边界逐渐模糊,有效避免了城乡人口的单向流动。

## 三、主要特点

### (一)巴黎的乡村建设和都市农业特点

巴黎重视塑造乡村的物质文化与精神内核。通过建立自然保护区、历史遗迹保护区,实施"手工业企业装备奖励金"等政策,对郊区乡村的历史遗迹、自然村落、传统工艺进行了系统的保护,特别是在乡村打造多个印象画家群聚绘画的地点,传承独具法兰西文艺风情的浪漫文化。同时,加强乡村旅游市场管理,如颁布保护历史性街区的法令,对乡村民宿的住宅质量、服务质量和周围环境都制定了严格的规定和标准,既做到了在保护中开发乡村,又实现了通过开发加强对乡村的保护。

巴黎大区共有约56.9万公顷耕地,占总面积的46.7%。巴黎的农业生产呈现以下特点:一是农业生产结构以谷物种植为主,农业布局呈现较明显的圈层特征。农业生产以私人农场为主,大中型农场约为农场总数的80%。在近7 000个农场中,种植大田作物的农场占70%,园艺蔬菜农场占11%。巴黎大区的农业布局呈现比较明显的圈层式分异特征。邻近中心城区的近郊地区,是蔬菜、水果、花卉等园艺作物以及多种畜禽的主要生产区域,生产面积合计约占农业用地的10%,虽然比重较小,但为巴黎大区农产品的多样性提供了保障。距离中心城区较远的远郊区域,以规模化的大田作物种植业为主。二是农业对城市发展发挥着多元化的保障与服务功能,使农业及农产品产生巨大的经济拉动效应。巴黎将农业生产与打造城市景观、举办专业会展、增进休闲体验相结合,主要发挥着食品生产、生态和景观、社会文化和平台服务等功能。巴黎大区倡导和推动本地农业为居民近距离提供新鲜、安全的地产农产品。通过保护农业区域和保留农业,有效限制了城市过度扩张,构建了拥有开阔空间和吸引力的城市环境,保持生物多样性,保障城市可持续发展。通过可参与耕种的菜园、可采摘的果园、多元化的牧场、教育基地、农业博物馆等形式充分发挥农业的社会文化功能。此外,巴黎举办的法国国际农业博览会是世界最知名的大型博览会之一,每年9天左右展期平均吸引近70万观众,展览会对巴黎大区、法国本土和海外省的优势特色农产品起到了有效的宣传推介作用,促进了农业贸易和农耕文化发展。三是城区的都市农业呈现较快发展势头。巴黎利用城区空地和垂直空间发展城区农业。相对于传统的屋顶绿化,屋顶农业不仅可以观看,而且可以食用,同时可以发挥农业教育和科研作用。巴黎计划发展100公顷的屋顶和墙面绿化项目,其中30公顷计划发展农业。此外,巴黎城区也出现了公园空地利用现代科技,在密闭容器中人工创造光温水土条件,循环利用资源,零距离生产草莓的项目。非政府地方协会组织开展"48小时都市农业活动",通过多地点、多样化的公共活动项目,推动人们对都市农业的了解与关注。

### (二)东京的乡村建设和都市农业特点

东京郊区乡村呈现出由面到带、再到块状分散的演变形态,注重发展各种功能相协调的乡村产业,表现出很强的多元城乡互动模式。一是保障食品安全,由地方政府和农协共同建立农产品质量安全体系和多样化销售渠道,并发展"体验农园""优良田园住宅"等事业,搭建城乡物质交流的桥梁。二是促进城乡文化交流,通过发展各类文化产业、建设乡村文化基础设施等方式,塑造繁荣的乡村文化氛围,为东京地区社会文化的形成和维护奠定基础。三是通过法律法规,在保证农民利益的前提下吸引工商资本下乡和发展"六次产业"。日本坚持农地农用的基本原则,防止工商资本对农业的控制。为了合理利用工商业带动一二三产业融合发展,同时为提升农林渔业生产者参与"六次产业化"的主体地位,通过《农工商合作促进法》等法律,规定农业经营人员必须持有51%的股份,将工商业出资股份限制在49%以下。同时,允许农地所有者、农协、农业政府部门、农地中间管理机构(又称农地银行)等作为股东参与进来,主要就是防止农地转为非农化。四是通过建立完善机制,加强工商资本投入农业农村领域的引导和监管。一方面,加强工商资本下乡的事前审查,并对投资领域进行一定限制,要解决农民的问题,而不是跟农民抢饭碗。1971年出台了《农村工业引进促进法》,规定只能投资5个产业,虽然2016年该法修订取消了投资领域限制,但地方政府在招商引资时有一个招商目录,投资领域要解决当地问题。中央政府和地方政府会对解决城乡发展不均衡、地区之间发展不均衡的投资给予补贴。另一方面,为防止租地不从事农业或者再转租给他人,农业委员会和农协定期对农地流转和使用情况进行摸底检查和年报审查,同时建设设施必须获得周边农户的同意,从而构建起比较完善的监管体系。

东京市耕地面积占全市土地面积的2.9%,东京都市圈耕地面积占全区域土地面积的6.9%。东京农业发展具有以下特点:一是城区都市农业和纯农区农业相结合,充分利用城市空间发展农业。东京包括城区、都市调整区、纯农区三类区域。其中,都市调整区域内,原则上不能建宅基地,只能建城区的配套设施、公共设施,比如医院、垃圾场、机场等。因此,东京的农业包括城区的都市农业和纯农区的农业。在城区,由于部分人不愿意放弃耕作,因此通过《城市绿地法》保留下农地,作为一种景观维护,绿地的相应管理成本也较低,而如果认定为农地,因涉及农地法,流转会比较困难。将农地作为弥补都市设施单一化的重要空间,大多农地分布在高楼大厦之间,起到为市民提供优质生活环境和各种新鲜农产品的作用。不少高楼大厦将楼顶或地下室的闲置空间改造成工厂化的"室内农场",既能充分利用空间,增加农产品产量,又能够引导城里人参与农业劳动。在纯农区,水稻等粮食作物、蔬菜、水果、工业农产品和饲料作物、花卉等农产品种植面积所占比重分别为3%、53%、17%、8%、18%。耕地面积有一半以上用来种植蔬菜,其次是花卉和苗木。支持农户建设企业化的现代农园,为城市居民提供优质新鲜的时令蔬菜。二是农业产业业态多样化和生产高效益。形成了市民农园、观光果园、观光渔业、自然休养村、观光牧场、森林公园、自助菜园、农业公园等多种类型。比如,被视为日本都市农业发展典范和缩影的东京市练马区,保留了200多公顷的农用地,拥有约40个观光农园。东京单位农地面积产值是全国平均水平的2.2倍(27.7万日元/亩:12.5万日元/亩),主要有以下原因:首先,加大投入,大力发展设施农业。由于土地价格高、劳动成本大,因此东京充分利用资金、物资、科技优势增加农业投入,发展设施农业,主要种植经济价值较高的蔬菜、花卉和水果,同时还采取促成栽培、拉长上市供应期等措施,尽可能实现周年生产、周年供应,以提高单位面积的产量和产值。东京市70%以上已实现设施园艺化栽培,农户拥有玻璃温室和塑料大棚的比例明显高于全国平均数。其次,利用先进科技和优良品种,提高土地生产率和产品品质。日本在推动农业科技创新方面构建了包括协调型的农业科技创新管理机制、官产学各具特色并联合开发的农业技术创新机制、多层次农协组织与多元化技术转移机构共存的农业技术推广机制等在内的创新组织体系。东京市内农家十分注重引进先进科技、应用新品种种植,增加劳力投入,农业专业化、集约化程度明显高于其他农区。再次,与城市配套发展观光农业,产业融合程度高。为满足市民体验自然、亲近自然的迫切需求,观光农业应运而生。如设立市民农园和观光农园,开办苗圃。据统计,日本的市民农园80%集中在东京等三大都市农业圈。由于这些服务的收入大大高于传统农业,因此东京观光农业的收入已占到农家收入的80%。

(三)伦敦的乡村建设和都市农业特点

伦敦城乡发展高度融合,乡村环境优美、宜居宜业。完善的法律制度是伦敦郊区乡村得以繁荣的基石。在构建生态格局方面,通过实施"大伦敦绿化带政策",从规划法律制度层面建立城乡生态可持续发展的基本骨架,有效控制了城市无序蔓延,保护了乡村开敞空间和农业、林业用地,并为城市居民提供了体验乡村风情和休憩娱乐的场所。在体制机制方面,通过实施《乡村法》,赋予第三方评估机构(乡村委员会)监督和管理乡村规划建设的权利,可定期对所辖乡村的基础设施建设、乡村景观、人文景观因素的发展情况进行评估,不断提升乡村品质。在发展乡村旅游方面,建立东南乡村旅游集团(TSE),统筹规划和构建乡村多景点联合的互补开发模式,多元地展现伦敦郊区乡村风貌,实现了乡村景点的特色化、差异化发展。

大伦敦地区农田有135.66平方公里,占总面积的8.6%,几乎都靠近大伦敦区的边界。伦敦农业发展的突出特点:小型城市农田与大型城市农场相辅相成,共同保障城市居民新鲜农产品供应和发挥生态和公益功能。一方面,为鼓励发展城市农业以增加农产品供应,伦敦政府发起了"首都种植计划"项目,市民可以申请启动资金开办社区种植点,场所可以是运河堤岸、停车场边、屋顶、私人花园等,市中心有大概30 000块城市农田,33个自治市中已有至少12个自治市和2万名市民加入,社区居民志愿参与是该项目成功的关键。另一方面,伦敦拥有17处城市农场,3处由地方政府所有并经营,14处由慈善基金运营。比如,集农场、动物园、研学于一体的欧洲最大的城市农场Mudchute Park and Farm,占地面积约32英亩,拥有多重目标,以关爱环境为核心目标。城市农场运作必要的资源主要来自慈善团体、私人捐赠和地税,农场的长期志愿者每年超过1 000人,志愿者通过合作、实物捐赠等形式有效削减了农业生产的高投入。城市农场的产出主要提供给低收入群体,尤其是伦敦东部一些新鲜食物供应不足、所谓的"粮食贫困"社区,以保障当地居民的粮食安全和营养水平。

(四)纽约的乡村发展和都市农业特点

纽约郊区乡村的发展融入都市文化,现代文化艺术体现在乡村建筑和生活方式中,农业文化也与城市建设相融。乡村农舍建筑以木质为主,体现了最基本的舒适的需求,很多城市建筑的优点被融入乡村农舍的设计建设中。此外,乡村农舍和别墅讲究僻静和注重个人隐私,一般在林区、山野,且特别注重环境绿化,都有自己的花园,设计独特有创意。郊区乡村地区偏重生产、经济功能,兼顾生态功能,农业产业被纳入城市生态景观建设,城市农业成为投资新热点。部分乡村地区也存在基础设施欠缺、房屋闲置、环境萧条的问题。纽约从城乡互动的角度去认识和发展乡村地区,政府更多关注教育培训、就业、生态环境保护等领域,着重培育乡村的自我发展能力。政府对乡村发展的支持手段从单一的财政资金支持向市场与政府结合的多元化方向发展,借助市场力量来保障乡村地区能够获得足够的支持资金,支持手段由财政直接补贴向金融信贷扶持转变。

纽约都市圈耕地面积占总面积的 11.9%。纽约市全部实现城镇化,但拥有一定数量的农业用地散布在城市之中。纽约农业具有以下特点:一是家庭农场规模大、产出高、效益好。纽约都市圈有近 5 万家农场,98% 是家庭拥有的,由于人少地广,因此农场面积普遍较大,平均面积约为 1 200 亩。产值和效益最高的是苗圃和花卉、牧草和草皮、奶牛等,仅纽约州农场就提供了近 20 万个工作岗位。此外,一些以社区支持农业为主要模式的小型家庭农场建立起来,纽约拥有约 600 个小型农场,城市居民与农场生产者共同分担生产成本、风险及盈利,农场尽最大努力为市民提供安全、新鲜、高品质且低于市场零售价的农产品,社区为农场提供固定的销售渠道,做到双方互利。二是城区建立起立体的农产品生产供应体系。地方政府推动都市农业快速发展,形成了个人园艺、社区农园、商业农业、室内农业、屋顶温室等生产经营形态。纽约市里有许多社区型农场(都会农场)可以让"纽约客"在城市里体验都市农夫生活,栽种采食鲜美的蔬菜。比如,采取传统耕种方式在建筑屋顶生产的 Brooklyn Grange 都会农场,以及利用高科技在停车场就可以种植蔬果的 Square Roots 都会农场。三是注重发挥农业的多功能性,尤其突出服务城市的功能。纽约市议会在 2017 年通过首个都市农业政策法案,市政厅在 2021 年成立都市农业办公室和都市农业咨询委员会。农业作为城市生态景观建设的一项重要内容,被纳入城市发展规划,将城区内和城区间的闲置地块及废弃的足球场、棒球场逐步开发为可耕种的土地,为当地人扩大了健康食品的获取渠道,建立了强大的社区网络,改善了社区空气质量、生物多样性以及提供了教育机会和就业机会等。

(五)四大城市都市农业发展的共同特征

巴黎、东京、伦敦、纽约的都市农业内涵丰富,既包含城市内部和周边地区的园林绿化、森林、楼顶田园、农业会展、学校农园等生产、观光、体验农业,还包括从生产、加工、运输、消费到为城市提供农产品和服务的完整过程。

从功能定位看,即使工业发展、城市扩张对土地需求巨大,四大都市也依然保留着广阔的农业空间,在强化生态管理和可持续发展中发挥着重要作用。主要功能包括:充当城市的藩篱和绿化隔离带,防止市区无限制地扩张和摊大饼式地连成一片;作为"城市之肺",防治城市环境污染,营造清新、宁静的生活环境;为城市提供新鲜、安全卫生的农产品,并增加农业劳动者的就业机会及收入;为市民与农村交流、接触农业提供场所和机会;发挥教育功能,保持和继承农业和农村的文化与传统。

从市场定位看,四大都市的农业生产以鲜活农产品和加工食品消费市场为目标,发挥了城市农产品供给保障作用。在此基础上,进一步满足城市居民对精神生活、环境美化相关的农产品需求,以及提高健康生活品质的特色农产品需求。此外,四大城市充分利用国际经济中心的地位,打造国际、国内农产品交易展示平台、区域性信息服务平台、高能级技术服务平台,突出都市农业的市场联动作用。

从产业定位看,顺应城市需求变化,通过产业升级与融合,四大都市的农业日益成为城市文化与社会生活的组成部分,并越来越显示出"窗口农业"的作用。一方面,作为高科技农业园和农业教育园,为城市居民提供农业知识教育;另一方面,借助高度现代化与城市文明的优势,对其他地区起到样板、示范作用。同时,通过现代农业观光休闲、风情体验、农耕文化、教育认知等多形式融合,突出都市农业的产业联动作用。

我们认为,发展服务于城市的都市农业,是城市食品供给系统、生态系统和社会系统的重要组成部分,体现出与国际大都市相适应的特有风韵和业态。都市农业与乡村农业的重要区别在于,它是城市经济和城市生态系统的组成部分,融入城市系统是都市农业持续存在与发展的关键所在,也是都市农业在技术、经济、生态方面的影响比乡村农业更大的关键原因。

通过比较分析四大都市乡村建设和都市农业发展的现状和做法特点,我们认为,巴黎、东京、伦敦、纽约实现农业农村现代化,主要有赖于政府主导和市场推动的"双重力量",而且随着乡村发展政策目标的广泛化,市场和社会组织在乡村发展中的角色逐渐增强。

总体上看,四大都市在面对社会转型、城乡统筹、生态发展、环境提升的过程中,建设现代化的乡村,发展都市农业,成为国际化大都市可持续发展的重要载体。既要促进城市和乡村空间合理配置,多功能、多尺度利用农业、农村资源,加强城市与乡村交流,加速城乡一体化发展,也要满足城市对环境、资源和精神生活的需要,实现鲜活农产品和食品保障,提高社会公平和拓展就业空间,为城市居民提供精神享受的场所和农耕文化传承的场所。

## 四、比较分析

由于工业化和城镇化进程的滞后,我国的乡村振兴尚处于初级阶段,逐渐向完善阶段过渡。党的十八大以来,上海虽然在发展都市现代绿色农业、建设宜居宜业和美乡村、推动城乡公共服务均等化、促进农民持续增收等方面都取得了较大的进展,但与已经经历过"乡村衰败—乡村繁荣"的巴黎、东京、伦敦、纽约四大都市相比,上海郊区乡村还有较大差距,主要表现在四个方面:

一是乡村环境还不够优美。尽管农村人居环境优化提升工程取得了明显成效,但局部"脏乱差"的情况仍时有回潮;村庄布局分散,不利于形成统一的乡村风貌。

二是乡村产业结构相对单一。传统农业生产占据主导地位,现代化农业项目还不多;休闲农业和观光旅游还没有实现差异化发展;非农产业发展尚处在孵化阶段。

三是乡村传统文化日渐式微。农村老龄化、空心化的趋势较难扭转,传统乡村民俗文化传承面临后继乏人的问题。

四是城乡基础设施和公共服务均等化水平有待提高。尽管上海乡村的基础设施和公共服务已达到全国领先水平,但区域之间的不平衡性依然存在,远郊与近郊的差距有待缩小。

**表1　　　　　现阶段巴黎、东京、伦敦、纽约、上海乡村发展情况对比表**

| 对比内容 | 巴黎 | 东京 | 伦敦 | 纽约 | 上海 |
| --- | --- | --- | --- | --- | --- |
| 特色风貌 | 大规模农田景观;怀旧的老式城堡、中世纪村落、哥特式教堂等 | 美丽的稻田和农舍;推崇传统工艺建筑,木制房屋 | 英伦田园风光;维多利亚式庄园建筑 | 城市和农业用地融为一体 | 农村具有江南水乡风貌 |
| 村庄形态 | 建筑风格、空间布局和整体氛围沿袭了独特的历史底蕴;乡村的人文气息浓厚 | 建筑极富民族特色,多使用原生态材料,可抵御多种自然灾害;注重宅前屋后庭院美化 | 以教堂为中心,旧式英格兰农舍、古堡遗址点缀其中;乡村旅店、餐厅、商店等散布周围 | 很多城市建筑优点被融入乡村农舍设计建设中;注重环境绿化,都有花园 | 村庄沿河沿路分布,居住分散 |
| 产业发展 | 现代农业发达(处于各国首都前列),发展文艺典雅的乡村旅游 | 都市农业典范;打造一村一品;休闲农业多元(科普教育、观光旅游) | 乡村旅游世界闻名;休闲农业兴旺;畜牧业为主 | 农业被纳入城市生态景观建设,注重生态效益;小型农场成为连接社区的纽带 | 以传统农业生产为主,休闲农业和乡村旅游逐步发展 |
| 传统文化 | 法兰西风情庄园文化;历史遗迹保护开发合理;印象画派艺术文化资源在乡村地区彰显 | 重视农耕文化;传统乡村戏剧、乐舞、曲艺等表演繁荣 | 贵族庄园城堡;田园牧歌的英格兰乡村文化 | 现代文化气息浓郁,农耕文明与城市发展同步 | 农耕文化历史悠久,但传统文化民俗日渐式微,缺少传承人 |
| 卫生环境 |  | 卫生、干净、整洁、美丽　环保意识强烈　垃圾分类细致,固定日期回收　污水治理率100% |  |  | 卫生厕所普及率100%,污水治理率90%,垃圾分类达标率95% |
| 服务设施 |  | 教育、医疗设施完善　注重文化娱乐设施建设　公共服务设施与城市水平相当 |  |  | 基本公共服务水平全国领先,但资源配置不均衡的情况依然存在 |
| 基础设施 |  | 水、电、路、气、通信等基础设施非常完善　轨道交通便利,有效连接了城区与郊区 |  |  | 水、电、路、气、通信等基础设施完善,部分地区尚未建设轨道交通 |

通过对四大都市农业农村发展的比较,我们认为,东京都市圈、大伦敦地区、纽约都市圈的城镇化水平已经达到很高水平,耕地面积占区域总面积的比重分别只有6.9%、8.6%、11.9%,无论是乡村建设还是都市农业发展,与上海的实际有明显差异,只能借鉴其农业农村发展的历史经验和相关理念,现实可比性不强。相较而言,巴黎大区还拥有约46.7%的耕地面积,近郊、远郊的圈层结构明显,上海各方面的条件与之接近,乡村建设和都市农业发展阶段也更相仿。因此,结合上海实际,我们认为,巴黎的乡村建设和都市农业发展之路更值得上海学习借鉴。

## 五、启示建议

上海要在更高水平、更高标准上建设和美乡村、发展都市农业,应当学习借鉴国际大都市的成功经验,以巴黎为主,东京为辅,兼顾伦敦和纽约,汲取它们在法律制定、规划布局、政策引导等方面的思路和措施,做到为我所用,煅长板、补短板,探索走出一条社会主义国际大都市城乡融合发展的新路子。

一是加强法制的保障作用。通过系统性的立法,不断建立健全包含产业发展、生态保护、城乡融合、乡村发展、农民权益保护等多方面的法律法规体系,引导全社会形成从重视农业产业发展到重视农业农村全面发展,从重视经济发展到重视绿色发展和可持续发展的法治观念。同时,在法的层面将政府对乡村建设、农业发展的投资比例、投资数量、投资条件和程序等事项形成制度,从而加强法制的保障作用。

二是加强规划的引领作用。在总规、控规、详规各层面加强统筹引领,利用镇域土地综合整治契机,布局乡村产业用地,把乡村自然肌理、人文要素等公共产品转化为市场产品,通过产业植入使乡村由单一农产品供给向生态、服务等多维度、综合性产品供给转变,提升乡村服务城市能力。同时,对集建区外规划保留保护村的居住区,运用城市更新的理念,优化乡村空间形态,提升风貌,做强功能,增强与大都市规划融合、要素融合和机制融合的能力。

三是加强政策的引导作用。科学运用政策调控手段,更好地发挥政府的主导作用和市场的主体作用,通过行政和市场的双重力量,不断提升在乡村建设、农业发展过程中的资源配置效率,引导资金、土地、人才、信息等各类要素在城乡之间充分流动。同时,政府要持续改善营商环境,推动"放管服"改革,优化农业农村建设项目的规范、标准和审批流程;要借力社会资本,运用市场机制,提升乡村产业能级,有效承接城市溢出功能。

**牵头领导:** 冯志勇
**牵头处室:** 秘书处
**课题组成员:** 方志权　张孝宇　刘增金　陈　云
　　　　　　　张　晨　楼建丽　张莉侠　俞美莲
　　　　　　　贾　磊　周　洲　方秋爽　方萍萍